Wilhelm Gottlieb Tennemann

Geschichte der Philosophie

Fünfter Band.

Wilhelm Gottlieb Tennemann

Geschichte der Philosophie
Fünfter Band.

ISBN/EAN: 9783743670143

Hergestellt in Europa, USA, Kanada, Australien, Japan

Cover: Foto ©Thomas Meinert / pixelio.de

Weitere Bücher finden Sie auf **www.hansebooks.com**

Geschichte
der
Philosophie

von

D. Wilhelm Gottlieb Tennemann

ordentlichem öffentlichen Professor der Philosophie auf der Universität zu Marburg, der Akademie nützlicher Wissenschaften zu Erfurt Mitgliede und der lateinischen und mineralogischen Gesellschaft zu Jena Ehrenmitgliede.

Fünfter Band.

Leipzig, 1805.
bei Johann Ambrosius Barth.

Dem

Durchlauchtigsten Kurfürsten und Herrn

Herrn

Wilhelm dem Ersten

des heiligen Römischen Reichs Kurfürsten, Landgrafen
zu Hessen, Fürsten zu Hersfeld, Hanau und Fritzlar,
Grafen zu Katzenelnbogen, Dietz, Ziegenhain,
Nidda und Schaumburg ꝛc.

Meinem

gnädigsten Kurfürsten und Herrn

Durchlauchtigster Kurfürst

Gnädigster Kurfürst und Herr!

Wenn ich Ew. Kurfürstlichen Durchlaucht die Fortsetzung eines literarischen Werks vor Augen zu legen wage, so geschieht es blos in der Absicht, nicht durch Worte allein, sondern auch durch die That zu beweisen, daß ich von innigstem Dankgefühl für Höchstdero mir erwiesene hohe Gnade und Huld durchdrungen, die Muße, welche die Erfüllung der Lehrerpflichten verstattet, auf nützliche literarische Zwecke verwende; daß ich die doppelte Bestimmung eines akademischen Lehrers, durch Cultur und Vortrag der Wissenschaften zu nützen, zum unverrückten Zweck meines Strebens und Wirkens mache, und dadurch auf das große und erhabene Ziel Ew. Kurfürstlichen Durchlaucht preiswürdigen Regierung: Veredlung und Beglückung der Menschheit durch Weisheit und Wissenschaft, in einer niedern Sphäre nach dem Maß meiner Kräfte hinzuarbeiten strebe. Ew. Kurfürstliche Durch-

...laucht erhabene Denkungsart ist es allein, worauf sich die Zuversicht gründet, daß Höchstdieselben auch diese noch sehr unvollkommene Arbeit in Rücksicht auf die Quelle, woraus sie entsprungen ist, mit Gnade und nachsichtsvoller Huld aufnehmen werden. In tiefster Ehrfurcht und Devotion verharre ich

Durchlauchtigster Kurfürst

Gnädigster Kurfürst und Herr

Ew. Kurfürstlichen Durchlaucht

Marburg
im Junius 1805.

unterthänigster
Wilhelm Gottlieb Tennemann.

Vorrede.

Der Zeitraum von Christi Geburt bis gegen das vierte Jahrhundert bietet für die Geschichte der Philosophie bei weitem nicht die Mannigfaltigkeit von interessanten Begebenheiten dar, als ein gleicher Zeitraum vor dem Anfang unserer Zeitrechnung. Man kann zwar nicht behaupten, daß die Philosophie weniger Köpfe beschäftiget habe, als vorher; die Reihe der philosophischen Schriftsteller ist sehr ansehnlich, wenn wir, wie billig, auch diejenigen mit einrechnen, deren Werke verloren gegangen sind; jede Schule hatte unter den Griechen und Römern eine bedeutende Anzahl von Anhängern, Lehrern, Vertheidigern, deren Namen wir nicht einmal alle kennen. Einige Kenntniß der Philosophie gehörte in dem großen römischen Reiche, wie ehemals in Athen, wenigstens zu gewissen Zeiten, zum guten Tone und zu den Erfordernissen eines gebildeten Menschen. Gleichwohl ist bei aller dieser Ausbreitung der Gewinn an philosophischem Wissen sehr gering. Nur wenige Männer treten als Sterne von geringerm Range auf diesem Schauplatz hervor, um einige Regionen aus dem Dunkel hervorzuheben; wiewohl auch das Licht, das sie verbreiten, größtentheils nur fremde Lichtstrahlen sind, welche auf mancherlei Weise gebrochen und

und verändert in ihnen nur einen Vereinigungspunkt fanden; Männer, welche noch dazu oft sehr einseitig mit ihrem Lichte auf die Mitwelt wirkten, bald erleuchteten ohne zu erwärmen, bald nur erwärmten ohne zu erleuchten.

Es sind in diesem Zeitraume nur zwei Hauptparteien, welche den Geschichtsforscher fixiren können, nämlich die **vollendetere Gestalt des Skepticismus, und das schwärmerische System der Neuplatoniker,** weil sie das philosophische Selbstdenken, obgleich nach sehr einseitigen Richtungen, beurkunden.

Der **vollendetere Skepticismus** der ältern Philosophen liegt uns vollständig in den Schriften des Sextus dar; aber die Art seiner allmähligen Bildung und bestimmteren Richtung, die Geschichte seines Fortschreitens bis auf den Punkt, auf welchem wir ihn bei dem Sextus finden, diese liegt noch größtentheils in dem Dunkel, weil von Aenesidem bis auf Sextus eine Lücke ist, welche nur durch einige geschichtliche Data und Schlüsse ausgefüllt werden kann, so lange uns nicht bestimmtere Nachrichten von einem zwischen beiden in der Zeitreihe stehenden Skeptiker aus noch unbekannten Quellen dargeboten werden. Ich habe so viel, als es nach den wenigen Datis möglich war, den Fortschritt des Skepticismus von Aenesidem bis auf Sextus zu bestimmen gesucht. Es wird hier vorzüglich darauf ankommen, ob dem Aenesidem Gerechtigkeit wiederfahren sey, ob der Punkt, wo er den Skepticismus aufnahm und fortsetzte, und sein dabei beobachtetes Verfahren richtig aufgefaßt und dargestellt sey. Und hierauf möchte ich vorzüglich die Aufmerksamkeit derjenigen Gelehrten lenken, welche diesen Theil etwa in öffentlichen Blättern ihrer Beurtheilung unterwerfen.

Ich bemerke bei dieser Gelegenheit nur noch, daß ich hier ohne Nachtheil von dem Gesetz der Zeitfolge hätte abweichen und die Abschnitte, welche von Aenesidem und Sextus handeln, unmittelbar auf einander folgen lassen können; denn ungeachtet beide der Zeit nach weit aus einander stehen, so bildet doch ihr skeptisches Philosophiren eine eigne für sich bestehende Reihe von Begebenheiten, welche durch andere nicht unterbrochen wird. Skeptiker und Dogmatiker stehen für sich, es finden sich keine, oder doch sehr entfernte Berührungspunkte. Eine chronologische Abweichung der Art wäre daher nicht nur erlaubt, sondern sogar aus einem andern Grunde nothwendig gewesen. Denn offenbar würde die Uebersicht und Beurtheilung des Skepticismus gewonnen haben, wenn die Geschichte ohne Unterbrechung zeigte, was beide Denker für denselben gethan haben. Diese Bemerkung machte ich aber zu spät, um von ihr wirklichen Gebrauch machen zu können.

Was die philosophische Schwärmerei der Neuplatoniker und das aus ihr hervorgegangene System betrift, so wird sich mit ihrer Darstellung erst der folgende Band beschäftigen. Hier mußten nur die einzelnen Erscheinungen ähnlicher Denkart, welche vor ihr vorausgingen, die hauptsächlichsten Ursachen, welche auf ihre völlige Entwickelung Einfluß hatten, in der Geschichte einzelner Schulen herausgehoben werden. Nach diesen Vorbereitungen wird man die Erscheinung eines Plotin, der die Richtung einer auf den Flügeln der Phantasie sich erhebenden kühnen Speculation, wie sie sich schon vor ihm in noch unvollkommenen Versuchen verrieth, nur mit mehr Energie des Geistes und mit mehr Consequenz verfolgte, nicht unerwartet finden.

Seit

Vorrede.

Seit der Erscheinung des ersten Bandes sind mehrere wichtige und interessante Schriften über die Geschichte der Philosophie in ihrem ganzen Umfange und über einzelne Theile herausgekommen, welche ich hier zur Vervollständigung der in der Einleitung gegebenen Literatur nachtragen will.

Zu den allgemeinen Werken können wir jetzt auch die der französischen Nation Ehre bringende Histoire comparée des Systemes de Philosophie relativement aux principes des connoissances humaines par *Degerando*. Paris 1804. 3 B. 8. zählen, welche sich vor allen Arbeiten der Franzosen durch Quellenstudium, Benutzung aller literarischen Hülfsmittel auch des Auslandes, durch historische Genauigkeit und gründliches Selbstdenken sehr vortheilhaft auszeichnet.

Ein reichhaltiges wohl durchdachtes Compendium ist Soche rs Grundriß der Geschichte der philosophischen Systeme, von den Griechen bis auf Kant. München 1801. 8.

Kurzer Abriß der alten und neuen Philosophie, bis auf das 19te Jahrhundert. Bamberg 1802. 8.

Ueber einzelne Theile erschienen:

Resultate der philosophischen Forschungen über die Natur der menschlichen Erkenntniß, von Plato bis Kant. Eine gekrönte Preisschrift von Ch. A. Suabedissen. Marburg 1805. 8.

Preisschriften über die Frage: welche Fortschritte hat die Metaphysik seit Leibnitzens und Wolffs Zeiten in Deutschland gemacht? von J. C. Schwab, K. Leonh. Reinhold, und J. H. Abicht. Berlin 1796. 8.

G. S. Francke's Beantwortung der von der kl. Gesellschaft der Wissenschaften zu Kopenhagen aufgeworfenen Preisfrage: Quinam sunt notabiliores gradus, per quos philosophia practica, ex quo tempore systematice pertractari coepit, in eum, quem hodie obtinet, statum pervenerit. Altona 1801. 8.

Allgemeine kritische Geschichte der ältern und neuern Ethik, von Ch. Meiners. Götting. 1800. 1801. 1 u. 2 Th. 8.

Ch. Garves Darstellung der verschiedenen Moralsysteme von Aristoteles an bis auf Kant, bei seiner Uebersetzung der Ethik des Aristoteles. Breslau 1798. und auch besonders abgedruckt.

Chr. *Weise* Commentatio philosophica de Scepticismi causis atque natura. Lipsiae 1801. 4.

Der folgende Band wird, wenn nicht unerwartete Hindernisse eintreten, in dem künftigen Jahre erscheinen.

Marburg, in dem Monat Junius 1805.

Der Verfasser.

Inhalt.

Viertes Hauptstück. S. 3.
   Einleitung.
     Erster Abschnitt. Aenesidems Skepticismus 44.
     Zweiter Abschn. Philosophie unter den Römern 103.
       Erstes Kapitel. Cicero 110.
       Zweites Kapitel. Anhänger besonderer Schulen.
         Epikuräer 134.
         Stoiker 140.
         Peripatetiker 182.
         Pythagoräer 195.
         Platoniker 223.
     Dritter Abschn. Der Skepticismus in seiner vollendetern Gestalt.
       Sextus Empirikus 267.

Geschichte der Philosophie.

Fünfter Theil.
Eklektischer, synkretistischer und mystischer Geist der Philosophie.

Geschichte der Philosophie.

Viertes Hauptstück.
Vierte Periode.

Eklektischer, synkretistischer und mystischer Geist der Philosophie.

Von Christi Geburt bis zu Anfange des vierten Jahrhunderts.

Einleitung.

Wir haben in den vorhergehenden Perioden gesehen, wie sich die griechische Philosophie fortbildete und ihre höchste Stufe erreichte; wie verschiedene Parteien entstanden und mit einander um die Herrschaft stritten, und wie dann endlich der Streit zwischen dem Dogmatismus und Skepticismus eine scheinbar günstige Wendung für den ersten nahm, doch mit überwiegendem Interesse für das Praktische. Indessen war dieser Kampf nicht beendiget, nur auf eine Zeitlang unterbrochen; in den bisherigen Verhandlungen der Philosophen lag noch genug Stoff für den skeptischen Scharfsinn, der bisher noch nicht bearbeitet worden. Vorzüglich bot die Verschiedenheit der Ansichten, Principe und Resultate, welche durch die Speculation in den verschiednen Systemen zum Vorschein gekommen waren, einem denkenden Kopfe lehrreiche Betrachtungen dar, welche
entgegen-

entgegengesetzte Ansichten und Resultate gewähren mußten, je nachdem einer schon zum Voraus von der Nichtigkeit der Speculation oder von der Möglichkeit derselben überzeugt war. Die erste Ueberzeugung mußte denen Männern am ehesten zu Theil werden, welche den Versuch machten, speculative Systeme auf wirkliche Objecte der Erfahrung anzuwenden; daher waren die meisten und denkendsten Aerzte zum Skepticismus geneigt. Andere Männer, welche nicht diese Veranlassung hatten, oder entfernter von dem thätigen Leben mehr in dem Kreise der Schulphilosophie lebten, oder nichts anders wünschten, als für sich weise zu werden, und andere eine vernünftige Lebensweisheit zu lehren, begnügten sich mit den praktischen Ansichten, die sich in den mannigfaltigen Systemen fanden, ohne sich zur Prüfung der logischen und metaphysischen Wahrheit der Systeme selbst sehr aufgefodert zu fühlen, oder auf neue Entdeckungen auszugehen.

Indessen dauerten die Systeme fort, und breiteten sich weiter aus; der Hang zur Speculation schlummerte nur, durch die Tendenz des Zeitalters etwas zurückgesetzt, um bei neuer Veranlassung wieder mit neuer Kraft hervorzubrechen. Diese Veranlassung fand sich, und die Zeitumstände fügten es, daß Plato's speculatives System, welches bisher, wo nicht vergessen, doch von andern verdrängt schien, in einer ganz neuen Gestalt mit ganz andern Umgebungen hervortrat und großes Aufsehen machte, dessen Einfluß bis in späte Zeiten fortwirkte. Die Ursachen dieser merkwürdigen Erscheinung, welche um so mehr Aufmerksamkeit verdient, da zu derselben Zeit auch der Skepticismus in vollendeterer Gestalt, wenn gleich mit weit weniger Geräusch, als er zu einer andern Zeit würde gemacht haben, auftrat, liegen nicht allein in dem Zustande der wissenschaftlichen Philosophie und in der Tendenz des Zeitgeistes, sondern auch in manchen großen

Einleitung.

Begebenheiten, welche theils in eine frühere Periode gehören, theils jetzt erst ihre Wirklichkeit erhielten. Wir konnten bis hieher, ohne den Gang der Geschichte zu unterbrechen, diesen Begebenheiten keine Betrachtung widmen, und sie um so eher mit Stillschweigen übergehen, weil sie auf Philosophie und Philosophen wenigstens noch keinen bedeutenden Einfluß geäußert hatten. Jetzt wird es Zeit seyn, in der Einleitung zur vierten Periode, in welcher ihre Wirkung schon sichtbarer zu werden anfängt, unsere Betrachtung bei ihnen etwas verweilen zu lassen.

Griechenland blieb zwar in dieser Periode immer noch die Hauptquelle und der Hauptsitz aller wissenschaftlichen Aufklärung; aber sie war doch nicht auf dieses Mutterland eingeschränkt, sondern hatte sich nach mehrern Richtungen verbreitet. Die Hauptursachen waren die politischen Veränderungen, welche Alexanders Eroberungen, die Politik und der Eroberungsgeist der Römer nach und nach herbeigeführt hatten.

Alexanders kühner Zug hatte das persische Reich zernichtet und zertrümmert, der griechischen Nation in den Morgenländern ein großes Uebergewicht gegeben, ihrem Handel neue Länder, Zweige und Quellen geöffnet, neuen Verkehr mit fremden Nationen in Gang gebracht. Diese politische Umgestaltung der Welt konnte nicht ohne Einfluß auf das Gebiet der Wissenschaften seyn. So wie durch die Plünderung der asiatischen Schätze, durch vermehrte Industrie, und den erweiterten Handel sich der Wohlstand Griechenlands zum wenigsten in einzelnen Theilen erhöhet hatte, und dadurch der Wißbegierde und dem Streben nach Geistesbildung mehrere Hülfsmittel und größere Ausbreitung darbot; so war auch die Summe der Kenntnisse und das Gebiet des Wissenswürdigen durch die Bekanntschaft mit neuen Ländern, ihren Merkwürdigkeiten und Producten, Menschen von anderm Charakter, Denkungssungsart, Sitten, Gewohnheiten, andern Staatseinrichtungen und Religionsideen vermehrt worden. Eine Ausbeute davon waren Aristoteles und Theophrast's naturhistorische Werke. Einflußreicher wurde dieser neue Stoff erst in der Folge, als Alexandrien eine bedeutende Rolle als Hauptsitz der Gelehrsamkeit zu spielen anfing. Diese von Alexander gebauete, zum Verkehr dreier Welttheile so vortheilhaft gelegene Stadt wurde bald durch die Freigebigkeit und Prachtliebe einiger Ptolemäer der Sammelplatz von griechischen Gelehrten und der größten Büchersammlung der alten Welt. Diese königliche Freigebigkeit, welche auch ein Museum oder eine Art von Akademie und Pensionsanstalt für Gelehrte gestiftet hatte, war für andere Zweige der Wissenschaften wohlthätiger, als für eigentliche Philosophie. Hier, wo die Aussicht auf ein gemächliches Leben und königliche Belohnungen Männer anlockte, die nicht immer durch ausgezeichnete Talente und innern Beruf zu Selbstdenken bestimmt waren, wo in den aufgehäuften Bücherschätzen die merkwürdigsten Entdeckungen, Untersuchungen und Gedanken über wichtige Gegenstände des menschlichen Wissens aufbewahrt wurden, in Schriften, welche nicht allen zugänglich und verständlich waren, bot sich sehr natürlich eine Art von gelehrter Geschäftigkeit mit Philosophie, ohne selbst zu philosophiren, dar, zu welcher sich der Geist der Zeit ohnehin immer mehr hinneigte. Man commentirte und erläuterte die Werke der ältern Philosophen, man vertheidigte und bestritt sie, verglich ihre Lehren unter einander, vermischte und schmolz sie zusammen. So wenig Gewinn dadurch für die wissenschaftliche Cultur der Wissenschaft hervorging: so muß man doch auf der andern Seite nicht vergessen, daß diese gelehrten Anstalten der Ptolemäer und der ägyptischen Gelehrten in so fern Werth hatten, daß erstlich die Werke der echten Philosophen selbst aufbewahret und der Vergessenheit entrissen wurden; zweitens daß

doch

doch hierdurch der Sinn für die Schulphilosophie erhalten und gepflegt wurde, wenn er auch selbst nicht viel Früchte trug.

Alexandrien war in dieser Hinsicht das zweite Athen, ein Vereinigungsort der Anhänger von allen philosophischen Schulen, jedoch mit einiger Verschiedenheit, welche in den Ortverhältnissen beider Städte gegründet war. In Athen war die Philosophie ein einheimisches Product, in Alexandrien ein fremdes; in Athen wurden Philosophen durch den innern Drang ihrer Natur zum Forschen nach Principien hingeleitet, und sie fanden in dem Nachdenken selbst Belohnung und Zufriedenheit; in Alexandrien mußten erst Philosophen von fremden Orten hergerufen werden, und sie dienten entweder zur Belustigung der Könige, oder zur Befriedigung ihrer Prachtliebe. In Athen gab es philosophische Schulen, welche von Einheimischen und Fremden besucht wurden, weil Aufklärung des Verstandes als nothwendige Eigenschaft aller Gebildeten betrachtet wurde. Von ähnlichen Bildungsschulen in Alexandrien lesen wir nichts bis in das zweite Jahrhundert nach Christi Geburt. Auch scheint die Beförderung der Aufklärung nicht gerade Zweck der Könige gewesen zu seyn, da sie Philosophen nach Alexandrien beriefen, und vielleicht war der Handelsgeist und der Luxus nicht günstig zur Stiftung einer Schule zur wissenschaftlichen Bildung in einer Stadt, wo so verschiedenartige Nationen durch einander wühlten. Die fremden Philosophen, welche sich in Alexandrien einfanden, konnten also unter diesen Umständen nicht die Philosophie einheimisch machen, noch ein allgemeineres Streben nach Vernunfteinsicht verbreiten. Dessen ungeachtet aber konnte es nicht fehlen, daß nicht denkende Köpfe aller Art aus mancherlei Ursachen Alexandrien zu ihrem Aufenthalte aus eigner Bewegung wählten, wie es mit Athen und Rom der Fall war; die Liebhaberei mancher Großen und Reichen, die große Büchersammlung, die

Gele-

Gelegenheit, andere Gelehrte kennen zu lernen, in ihrem Umgang Unterhaltung und Belehrung zu finden, und andere Vortheile mehr reitzten gewiß manche, dahin zu gehen ¹).

Durch beide Mittel, durch die Bücher und die Gelehrten, wurde von Alexandrien aus die Kenntniß der griechischen Philosophie auch einigen denkenden Köpfen der östlichen Nationen mitgetheilt. Der sprechendste Beweis dafür findet sich in dem philosophischen Juden Aristobulus, noch mehr aber in dem Philo, der keine geringe Kenntniß der griechischen Philosophie überhaupt, und vorzüglich der platonischen, in seinen Werken an den Tag gelegt hat, wenn er sie auch zuweilen durch ein falsches Augenglas betrachtet. Dieser ist aber gewiß nicht der einzige seiner Nation, der mit der Literatur und Philosophie der Griechen Bekanntschaft gemacht hatte. Allenthalben, wo Griechen sich aufhielten und Verkehr mit fremden Nationen trieben, mußte bald mehr, bald weniger ein Austausch der Ideen, eine gegenseitige Bekanntschaft mit dem Gedankensysteme einer ganzen Nation, oder ihrer vorzüglichen Köpfe erfolgen, und daraus besondere Modificationen der eignen oder fremden Philosopheme entspringen. Denn es ist natürlich, daß die Griechen nicht allein die gebenden, sondern auch die empfangenden waren, und die Geschichte bezeuget, daß in Alexandrien vorzüglich dieser Ideenwechsel vorging, indem die Gelegenheit des Ortes zum stärkern Verkehr mancherlei Nationen diente, und die Zeitumstände, welche eine gewisse Gleichartigkeit der Denkungsart hervorgebracht hatten, denselben begünstigten.

Auf

---

1) So nennt Cicero (Academ. Quaest. II. c. 4.) einige Anhänger der neuen Akademie, welche sich zu Alexandrien aufhielten, als: Antiochus, Heraclitus, Aristus.

Auf eine andere Art wirkte die immer weiter um sich greifende Macht der Römer ebenfalls mächtig zu Verbreitung der griechischen Philosophie mit. Dieses stolze und kriegerische Volk, das durch Politik und Eroberungsgeist ein Land nach dem andern überwältigte, Macedonien, Griechenland, Aegypten und mehrere Theile von Asien zu Provinzen des weitläuftigen Reiches machte, setzte sich nach und nach auch in Besitz aller griechischen Gelehrsamkeit und Künste. Doch in den ersten Jahrhunderten der Republik war die Nation viel zu roh und ungebildet, der größere Theil zu arm und unaufhörlich mit Kriegen; der kleinere und wohlhabendere einzig mit Staatsgeschäften beschäftiget, als daß griechische Kunst und Wissenschaft gedeihen; die Einfachheit, Frugalität, Geschäftigkeit zu groß, als daß ein Verlangen darnach entstehen konnte. Doch als sich Reichthum und Wohlhabenheit mehrte, der Hang nach Vergnügungen und Zerstreuungen, Luxus und Pracht überhand nahm, griechische oder in Griechenland gekaufte Sklaven die griechischen Erfindungen für das Wohlleben in Rom bekannt machten, nach und nach der Sinn für feinere Lebensgenüsse durch Dichter und Theater geweckt wurde, der Verkehr mit Griechen sich erweiterte, so öffnete auch auf einmal Rom der griechischen Literatur die Thore, und nahm sie mit Vergnügen auf. Gegen die Philosophie der Griechen blieb aber immer eine gewisse Art von Mißtrauen und Geringschätzung übrig, welches sich theils aus dem Charakter, der Denkart und dem Staatsinteresse der Römer, theils aus der Art und Weise, wie die Römer die erste Bekanntschaft mit griechischen Philosophen machten, erklären läßt.

Wenn man auch den Römern nicht ganz und gar alle Anlagen eines originalen Geistes in Wissenschaften und Künsten abstreiten will, so muß man doch gestehen, daß die eigne Erfindungskraft in keinem Zweige derselben sich

sich hervorgethan hat, es sey nun, daß es diesem Volke an diesen Geistesanlagen gebrach, oder daß die Staatsverfassung, Erziehung und Beschäftigung der Römer in einer Reihe von Jahrhunderten die Entwickelung derselben nicht begünstiget und unterstützt hatten. Nicht als Originalgenie's, sondern als glückliche Nachahmer und Nachbilder glänzten sie. Und dazu trug unstreitig die Erziehung des jungen Römers, welche ganz dem Staatsinteresse angemessen war, das meiste bei. Nicht Bildung des Geistes an sich, sondern Tauglichkeit zu dem Dienst des Staates war die Hauptmaxime, welcher die Erziehung unterworfen war. Rom brauchte vorzüglich Krieger und Staatsleute, kluge Staatsverwaltung und Kriegskunst war der höchste Ruhm, nach welchem ein Römer streben konnte; alle Tugenden und Geistesvorzüge waren dem Patriotismus und dem Staatsinteresse untergeordnet. Hierdurch bildete sich eine gewisse beschränkte Denkungsart, die das Aufstreben des Geistes hinderte, eine engherzige Politik, die Rom für den orbis terrarum nahm, und alles Große und Edle nur auf die Erhaltung und Vergrößerung dieses Staats bezog, ein gewisser Nationalstolz, der blind für eigene Vorzüge, und ungerecht gegen Vollkommenheiten anderer Art als die einheimischen machte 2). Hinter diesen Stolz verbarg sich oft die Politik, welche die Staatsverfassung,

---

2) Ein Beweis ist davon Cato's Urtheil über den Sokrates: er sey ein Schwätzer gewesen, der die Sitten und die Denkungsart seines Volkes habe umkehren, und sich zum Alleinherrscher des athenienischen Staats machen wollen. **Plutarch im Leben des Cato C. 23.** Mehr zu bewundern ist es, daß selbst der aufgeklärte Cicero sich zuweilen Urtheile erlaubt, die nur aus verblendetem Nationalstolze entspringen konnten. Z. B. *Tusc. Quaest.* I. c. 1. Sed meum iudicium semper fuit, omnia nostros aut invenisse per se sapientius quam Graecos, aut accepta ab illis fecisse meliora, quae quidem digna statuissent, in quibus elaborarent.

fassung, und vorzüglich auch die angemaßten Vorrechte der Patricier nicht besser zu schützen wußte, als durch Beschränkung der emporstrebenden Geistesbildung, durch Unterdrückung des Forschungsgeistes und einer freiern Denkungsart, durch Feststellung der Tauglichkeit zu Staatszwecken als bestimmten Grenze des menschlichen Wissens ³).

Am meisten sträubten sich diese Nationalvorurtheile gegen Mathematik und Philosophie. Die erste fand bei den Römern nie, die zweite erst nach vielen Hindernissen Eingang, und würde vielleicht nie öffentlich geduldet worden seyn, wenn nicht Carthago, Roms gefährlichste Nebenbuhlerin, vernichtet worden wäre. Als im Jahr der Stadt Rom 698 die berühmte Gesandtschaft der Athenienser, welche aus den drei berühmtesten Philosophen jener Zeit, dem Stoiker Diogenes, dem Peripatetiker Critolaus und dem Akademiker Carneades bestand, nach Rom kam, und biß ihr Geschäft abgethan war, Vorträge über mancherlei Gegenstände hielt, machte die Neuheit solcher Forschungen, und die bezaubernde Beredtsamkeit vorzüglich des Akademikers einen außerordentlichen Eindruck auf die edlen jungen Römer, und entflammte ihre Wißbegierde so, daß sie darüber ihre sonstigen Vergnügungen und gewöhnlichen Beschäftigungen vergaßen. Dieses gefiel einigen Römern; allein der alte Cato sah weiter, und befürchtete, die Jünglinge möchten, von den Griechen angesteckt, lieber durch Bildung des Geistes und wissenschaftliche Thätigkeit, als durch Kriege und Thaten sich auszuzeichnen wünschen, und das Staatsinteresse bedürfe mehr der Thatkraft, als des wissenschaftlichen Denkens und der schönen Redekünste.

Denn

---

3) Plutarch. *Cato* c. 22. Cicero *Tusc. Quaest.* I. c. 2. in summo apud illos honore Geometria fuit; itaque nihil Mathematicis illustrius. At nos metiendi ratiocinandique utilitate huius artis terminavimus modum.

Denn überhaupt hatte Cato keinen Gefallen an der Geistes-cultur der Griechen, und am wenigsten liebte er ihre Philosophie, die die Sachen so scharf bestimmt, den Unterschied zwischen dem, was gewöhnlich geschieht, und zwischen dem, was seyn sollte, so klar ins Licht setzt. Cato war bei der Vorlesung zugegen, in welcher Carneades für und wider die Gerechtigkeit mit so hinreißender Beredtsamkeit gesprochen hatte; er hatte unter andern auch die kühne Aeußerung gehört: die Römer müßten, wenn sie gerecht seyn wollten, alle eroberte Länder zurückgeben, zu ihren alten Hütten zurückkehren, und aller ihrer Herrlichkeit und Pracht entsagen 4). Konnte ein Mann, wie Cato, der bei allem Ruhme der strengen Gerechtigkeitsliebe, der Vergrößerung und Befestigung der römischen Herrschaft, wenn es die Umstände wollten, das Recht nachsetzte, gegen solche kühne Aeußerungen gleichgültig seyn, mußte er nicht eine Philosophie fürchten, welche alles der freien Untersuchung und Prüfung unterwarf, und leicht Fragen veranlassen konnte, welche dem Besitzstande der reichen und vornehmen Römer gefährlich werden konnten. Daß dieses nicht seine eigenthümliche, sondern überhaupt römische Denkungsart war, sieht man aus dem Erfolg seiner Vorstellungen in dem Senate; es sey nicht klug, sagte er, diese Männer so lange in Rom verweilen zu lassen, man müsse die Rechtssache, derentwegen sie gekommen seyn, in der größten Geschwindigkeit abthun, damit sie zu ihren Hörsälen zurückkehren und die griechische Jugend belehren könnten, die römischen Jünglinge aber wie vorher den Gesetzen und Obern gehorchten 5). Die Gesandten wurden bald

---

4) Lactantius *divin. institut.* l. V. c. 14. 16. Vergl. 3. B. S. 353. f.

5) Plutarchus *Cato* c. 22. 23. Nicht weniger eingenommen war Cato gegen die griechischen Aerzte.

bald entlassen, und es erschien kurz darauf ein Befehl, daß kein griechischer Philosoph in Rom solle geduldet werden, so wie schon vorher ein ähnlicher gegen die griechischen Rhetoren ergangen war [6]). Es war Staatsmaxime, nichts Neues aufkommen, sondern alles bei dem Alten zu lassen.

Aber bald darauf änderten sich die Zeitumstände; Carthago und Corinth wurden zerstört; Rom hatte keinen Feind zu fürchten; der Reichthum und die Prachtliebe vieler Familien stieg außerordentlich; das Verkehr mit den Griechen, die nun größtentheils unter römische Botmäßigkeit gekommen waren, nahm zu; jene Staatsmaximen verloren nach und nach ihre Kraft; die Sieger befreundeten sich immer mehr mit den Besiegten. Noch in dem Zeitalter des Cato des Strengen fanden Scipio Africanus der jüngere, Lälius, Q. Tubero, Q. Mucius Scävola und Rutilius Fannius, Geschmack an der griechischen Philosophie; Panätius war der gemeinschaftliche Freund derselben, und er war es hauptsächlich, der die Neigung zum Studium der griechischen Philosophie unter den edlen Römern dauerhafter gründete. Es fehlte von dieser Zeit an nicht an Römern, welche ihren Geist durch Philosophie aufzuklären suchten, einen vertrauten Umgang mit griechischen Gelehrten pflogen, sie auf ihren Reisen in Staatsgeschäften besuchten; immer mehrere Griechen fanden sich in Rom ein, die sich wetteiferten, griechische Literatur auf römischen Boden zu verpflanzen; nach dem Mithridatischen Kriege stellten Sulla und Lucull ansehnliche Bibliotheken in Rom auf, in welchen auch die Werke des Aristoteles sich befanden, die bisher in Griechenland so gut als vergraben gewesen waren.

Bei allen diesen Beförderungsmitteln wollte doch die Philosophie nicht gedeihen; sie blieb bloß Privatsache einzelner

---

[6] Aulus Gellius *Noct. Attic.* I. XV. c. 11.)

zelner Römer; der Staat nahm keinen Antheil daran, und keine öffentlichen Schulen wurden gestiftet. Die alten Vorurtheile dauerten noch fort, und Cicero mußte daher fast in allen philosophischen Schriften die Philosophie gegen ihre Verächter und Tadler vertheidigen, und zeigen, daß sie eines edlen Römers nicht unwürdig sey, noch an der Besorgung öffentlicher Geschäfte hindere. Es war nur Geistesbedürfniß einiger Wenigen, und auch dieses nicht immer rein. Bei den meisten mußte erst das Staatsinteresse und die Brauchbarkeit in den öffentlichen und gerichtlichen Verhandlungen das Streben des denkenden Geistes wecken und beleben; selten erwachte in einem Römer ein reinwissenschaftlicher Geist; die Anwendung der Philosophie auf das öffentliche und häusliche Leben, mit einem Worte, Lebensweisheit war die Gestalt, welche das Philosophiren bei den Römern im Durchschnitt annahm. Ungeachtet daher die Hauptschulen der griechischen Philosophie Anhänger unter den Römern fanden, je nachdem die Denkungsart und der Charakter für das eine oder andere entschied, so bildete sich doch kein förmlicher Sektengeist, sondern eine liberalere Maxime, das Gute, wo es sich finde, zu schätzen und zu benutzen, faßte Wurzel, und selbst diejenigen Stoiker, welche die Philosophie eigentlich zuerst in Rom einführten, Panätius und Posidonius, waren dieser liberalen Denkungsart nicht abhold.

Aber nie waren die Zeitumstände für die Philosophie recht günstig. Nachdem die einschränkende Staatspolitik ihren Einfluß verloren hatte, nahm Luxus, Schwelgerei und Sittenverderben überhand; unter den bürgerlichen Kriegen, dem Despotismus, der Rohheit und Grausamkeit der meisten Kaiser, und bei der sklavischen und unmännlichen Denkungsart des größern Theils der Nation verwaisten die ernsthafteren Wissenschaften; die humanere Regierung einiger Regenten konnte auch selbst durch öffentliche

liche Aufmunterungen und Unterstützungen den tiefern Verfall der Sitten und der gelehrten Studien nicht aufhalten. Zwar fehlte es zu keiner Zeit an Philosophen; aber die meisten der sich so nennenden waren, mit wenigen Ausnahmen, mit keinem Interesse für die Wissenschaft erfüllt; sie unterrichteten die Jünglinge, oder dienten zur Vermehrung und Belustigung der Cirkel der Vornehmen, und verschmäheten zum Theil auch nicht die niedrigen Künste des Broterwerbs. Von den würdigern, die diesen Namen führten, befleißigten sich einige bloß der Kunde älterer Systeme, ohne einen höher strebenden Trieb des Geistes zu empfinden, oder sie betrachteten die Philosophie nur für eine Schule ihres eignen Lebens.

Unter diesen Umständen darf man sich nicht wundern, wenn die Philosophie durch die Römer keine Progressen machte. Indessen war doch selbst bei dem Stillstande der wissenschaftlichen Fortschritte die Verpflanzung der philosophischen Secten und der Denkmäler der besten griechischen Köpfe in das römische Reich nicht ohne Gewinn. Denn ohne die Dazwischenkunft der reichen und üppigen Römer wären wahrscheinlich die Geisteswerke der größten Denker (wie z. B. des Aristoteles) ein Raub des Moders, oder doch nicht so bekannt geworden; und ohne die Kunst des Cicero, womit er griechische Philosopheme über interessante Gegenstände so anziehend zusammenstellt und beurtheilt, würde selbst unsere Kenntniß der griechischen Philosophie noch weit unvollständiger und lückenhafter seyn. Das große römische Reich, welches Europa mit mehreren Ländern Asiens und Afrika's in Vereinigung brachte, beförderte die allgemeinere Ausbreitung der griechischen Philosophie; allenthalben, wo römische Cultur hingedrungen war, wurden Schulen angelegt, und auf denselben auch Philosophie gelehrt. Dieses alles diente dazu, daß der vorhandene Bildungsstoff erhalten, der

Same zu künftigen Geistesbildungen des neuern Europa ausgestreuet, und die dereinstige größere Vervollkommnung nach mehreren dazwischen getretenen Hindernissen vorbereitet wurde. Besonders merkwürdig ist der Einfluß der stoischen Philosophie auf das römische Recht, wodurch dieses manche philosophische Idee empfing, welche in neuern Zeiten zur Entwickelung des Naturrechts fruchtbar wurde.

Einflußreicher als alle diese Begebenheiten war, wenn auch nicht gleich anfänglich, die Einführung des Christenthums. Unter einem kleinen, nicht sehr geachteten Volke trat ein Mann auf, der durch seine Schicksale, wie durch seinen erhabenen Charakter, mustervolles Leben, und seine der Verbreitung echtreligiöser und sittlicher Denkungsart geweihete Thätigkeit, welcher er selbst sein Leben aufopferte, seinem Namen ein ewiges Gedächtniß stiftete, und ohne alle gelehrte Vorbereitung durch die Kraft seines eignen Geistes eine Religionslehre gründete, welche mit Verzichtleistung auf alles speculative Wissen nur Vertrauen zu Gott und redlichen Eifer in Erfüllung der Menschenpflichten forderte. Durch sein Wirken begann eine Umwandelung in der Denk- und Gesinnungsart, welche unter mancherlei Veränderungen, Hindernissen und Verunstaltungen, über den größten Theil des Menschengeschlechts die heilsamsten Folgen vorbereitet und bewirkt hat. Ungeachtet das Christenthum durch seinen Charakter der Reinheit und Einfalt des Herzens mehr für den großen Haufen, als für die Gebildetern berechnet schien, ungeachtet es weder von philosophischen Begriffen ausging, noch ein besonderes System philosophischer Kenntnisse begünstigte, so hatte es doch auf die wissenschaftliche Bearbeitung einen großen, lange bauernden, sehr verschiedenen Einfluß. Das Christenthum enthielt für das erste einen sehr fruchtbaren Stoff zu philosophischen Untersuchungen, weil es die geläutertsten Begriffe von Tugend und Religion,

ohne

ohne wissenschäftliche Begründung und systematische Ausführlichkeit, und manche neue Ansichten aufstellte. Diese Ideen ließen sich von sehr verschiedenen Gesichtspuncten ansehen, unter mannichfaltige Grundsätze ordnen, und auf mehr als eine Art systematisch bearbeiten, so daß dabei der eigenthümliche Geist der Lehre bald unverletzt erhalten wurde, bald mehr oder weniger verloren ging. Nie würde man diese Arbeit mit so vielem Eifer betrieben haben, wenn nicht der Glaube an den göttlichen Ursprung der christlichen Religion und die göttliche Inspiration der ersten Verkündiger derselben die Vorstellung erzeugt hätte, daß hier nicht allein von Gott geoffenbarte, mithin untrügliche und unwidersprechliche Wahrheiten, sondern auch die einzige Norm und Richtschnur aller Wahrheit zu finden sey. Nicht alle denkende Köpfe fühlten sich geneigt, diesen Glauben zu dem ihrigen zu machen, und als die christliche Lehre sich ausbreitete, fanden sich schon Lehrsysteme von festgegründetem Ansehen. Die Kirchenväter fanden daher genug zu thun, das übermenschliche Ansehen der Offenbarungsurkunden zu beweisen und zu vertheidigen, das Ansehen der heidnischen Philosophen zu widerlegen, zu zeigen, daß alles Gute und Wahre, was in denselben gefunden werde, aus einer und derselben Quelle mit den christlichen Religionswahrheiten geflossen sey, daß alles Uebrige, was mit dem Inhalt der Religionsurkunden nicht übereinstimme, oder mit denselben streite, menschlichen Ursprungs, trüglich und falsch sey.

Diese Geistesbeschäftigung zog nach dem ersten Anscheine den menschlichen Geist von der wahren Philosophie ab, denn wo die Vernunft höhern Aussprüchen unterworfen wird, da hört eigentlich Philosophie auf; aber nach langen Verirrungen diente eben diese supernaturalistische Tendenz dazu, die Würde der Vernunft und der Philosophie desto fester zu begründen, ihre Ansprüche in die gehörigen

hörigen Gränzen zu setzen, und gegen alle Willkür zu verwahren. Kurz, was Stillstand schien, war nur ein stilles Fortwirken für die Sammlung neuer Kräfte und die Ebnung und Aufräumung des sichern Weges zur Wissenschaft; war vielleicht nothwendig, um der Philosophie die Gestalt und Eigenheiten zu geben, wodurch sie auf die neueuropäische Cultur wirken, und von dieser wieder wechselseitig modificirt werden konnte. Doch ohne noch diese entferntern Folgen in Anschlag zu bringen, ist einleuchtend, daß die Berührung der christlichen Religionslehre mit der Philosophie, wie wir sie vorhin angegeben haben, nicht nur neue Untersuchungen auf die Bahn bringen, sondern auch selbst größtentheils das Interesse an den schon vorhandenen erhalten und neu beleben mußte, und daß ohne diese Gährung und Aneinanderreibung vielleicht eine völlige Barbarey eingetretten seyn würde. Der Speculationsgeist, der sich allmälig verloren hatte, und nur in den Schwärmereien der Neuplatoniker wieder eine neue Nahrungsquelle erhielt, wurde durch die Verbindung mit der positiven Theologie wieder von neuem angefacht; er nahm nun seinen Hauptsitz in der Theologie, welche, nachdem sie eine Zeitlang um die Alleinherrschaft mit der Philosophie gestritten hatte, endlich alle Philosophie, doch nur eine Zeitlang, verschlang. Unter diesen Kämpfen und eitlen Anstrengungen der Speculation ging die Moral ziemlich leer aus, und der reine Sinn für Moralität und Religion, der in dem Christenthum verwahrt war, und hier und da nur einer Aufhellung und Bestimmung bedurfte, um wahre Tugend zu befördern, blieb fast ohne alle Cultur, bis durch die Philosophie nach langem Hin- und Herschwanken der sichere Grund zur Wissenschaft gelegt, ihre Gränzen und Umfang bestimmt, die Gränzlinie zwischen Wissen und Glauben mit fester Hand gezogen, und der Vernunft ihr Recht wieder gegeben, und, mit einem Wort, durch die Philosophie das wirklich geleistet wurde,

was

was durch die Theologie nur angedeutet und in regem Bewußtseyn erhalten worden war.

So wie das Christenthum gegen seine ursprüngliche Bestimmung bald den Speculationen preis gegeben wurde, wozu die supernaturalistische Tendenz desselben so leicht verleitete, so nahm es auch bald mehr, bald weniger von dem herrschenden Zeitgeiste an, der auf Philosophie, Wissenschaften und Künste seinen Einfluß verbreitete. Wir müssen diesen wegen seiner wichtigen Folgen noch etwas umständlicher untersuchen. Da die cultivirtesten Länder der Welt unter ein großes Reich vereiniget waren, so müssen wir unsern ersten Blick auf die herrschende Denkart und Lebensweise der großen Hauptstadt richten; denn diese theilte sich nach und nach auch den übrigen Provinzen mit.

Die unermeßlichen Reichthümer, welche durch Plünderung eines großen Theils des Erdbodens in Rom zusammengehäuft waren, die Jagd nach Vergnügungen und Zerstreuungen aller Art, Schwelgerei und Luxus, das unruhige Ringen nach immer vergrößertem Vermögen, und das leichtsinnige Verschwenden des errungenen, das den übermäßigen Reichthum begleitete, beförderten das große Sittenverderben, welches schon in den Zeiten der Republik einzubrechen anfing. Daß es zu einer so fürchterlichen Höhe stieg, und wie ein Krebsschaden um sich fraß, wie es Seneca und Tacitus schildern, darf weniger befremden, wenn man die gewöhnlichen Sitten großer Städte, die bürgerlichen Kriege und Zerrüttungen des Staats, die Reihe schlechter verdorbener Regenten, und so mehrere andere Zeitumstände bedenkt 7).

---

7) Eine umständliche Schilderung des Sittenverderbens bei den Römern nach allen seinen Gestalten findet man in C. Meiners Geschichte des Verfalls der Sitten, der Wissenschaften und der Sprache der Römer. Wien 1791.

Vierter Abschnitt.

Die Folgen von diesem Sittenverderben waren auch für die Cultur des Geistes von großer Bedeutung. Alles Dichten und Trachten ging nur auf kleinliche nichtswürdige Dinge, und alles Sinnen und Streben nach edlen großen Zwecken war in dem Strudel unnatürlicher Lüste verschlungen. Eine Abspannung, Erschlaffung und Schwäche der Körperkräfte, so wie der Energie des Geistes, wurde immer sichtbarer, immer ausgebreiteter und folgereicher; Rohheit und abergläubische Denkungsart nahm immer mehr überhand. Dieselbe Umwandelung, welche die Schwelgerei in einzelnen Individuen hervorbringt, findet auch in ganzen Nationen Statt. Durch Lüste verdorbene Menschen verfallen entweder in thierische Rohheit, wenn unnatürliche Genüsse noch nicht im Stande waren, die Fülle der körperlichen Kräfte ganz aufzuzehren, oder aus Schwachheit des Verstandes ergeben sie sich dem sinnlosesten und abergläubischsten Gottesdienste; zu schwach, ihre Sinnesart ganz umzuändern, zu kraftlos, den Versuchungen zu widerstehen, in ihrem Gewissen unruhig über die thörigte und zwecklos vergeudete Lebenszeit, und doch zu träge und kraftlos, in würdigern Thaten das Bewußtseyn ihrer Nichtswürdigkeit auszulöschen, suchen sie entweder in leerem Ceremoniendienst die innere Stimme ihrer richtenden Vernunft zu betäuben, oder doch die Gnade des Himmels ohne alle Selbstüberwindung zu erkaufen. Diese Denkungsart war auch in den ersten Jahrhunderten nach Christi Geburt die herrschende in dem größten Theile des römischen Gebietes. Zwar haben wir nur vorzüglich von der Hauptstadt und von den höhern Ständen derselben umständliche Zeugnisse; aber mit Grund kann man auf die übrigen Provinzen und Theile des Reiches schließen, daß eine eben so unaufgeklärte, grobsinnliche Denkungsart, wenn auch in geringem Grade und mit weniger groben Ausbrüchen, sich verbreitet hatte, da der Keim der Religionsschwärmerei und des Aberglaubens in der religiösen

giösen Verfassung aller Völker schlummerte, und nur auf äußere Veranlassungen wartete.

Diese überhandnehmende abergläubische Denkungsart offenbarte sich durch mehrere sprechende Zeichen der Zeit. Zu keiner Zeit war man so nachgiebig und tolerant gegen allen fremden Cultus; vielmehr zeigte sich ein starker Hang, fremde Gottheiten aufzunehmen, ihnen Tempel zu erbauen und die Gebräuche ihres Dienstes einzuführen. Vorzüglich nahm in Rom der Dienst der Isis und des Osiris überhand. Mysterien und religiöse Geheimnißkrämerei waren nie mehr in Schwang. Ein auffallendes Factum dieser Art bietet der philosophische Kaiser Antonin dar, der, als er die Marcomannen bekriegen wollte, allen in- und ausländischen Gottheiten opfern, und fremde Priester nach Rom kommen und um Sieg beten ließ, die ganze Stadt durch Versöhnungsopfer reinigte, und alles that, was der Fanatismus nur eingeben konnte. Keine religiöse Sitte und Handlung war so unsinnig und thörigt, die nicht zur Schande des menschlichen Verstandes mit dem größten Eifer ausgeübt worden wäre [8]). Zu keiner Zeit wurden die Tempel fleißiger besucht, die Götter ceremoniöser verehret, mit mehreren unheiligen Bitten und Wünschen geplagt, als wenn die Sittenlosigkeit und Irreligiosität am größten war [9]). Schon war man nicht mit den ein-

bei-

---

8) Seneca *contra superstitiones*, bei Augustinus *de civitate Dei* VI. c. 10. Si cui intueri vacet quae faciunt, quaeque patiuntur, inueniet tam indecora honestis, tam indigna liberis, tam dissimilia sanis, ut nemo fuerit dubitaturus, furere eos, si cum paucioribus furerent; nunc sanitatis patrocinium est insanientium herba.

9) Seneca *Epistol.* X. Nunc enim quanta est dementia hominum? Turpissima vota diis insusurrant; si quis admoverit aurem, conticescent, et quod scire hominem nolunt, Deo narrant. *Persius* Sat. II.

heimischen Traumdeutern und Wahrsagern zufrieden; Sterndeuter aus Chaldäa und Schicksalsdeuter aus andern Ländern überströmten Rom und Italien, und ihre betrügerische Kunst fand die willigste Aufnahme [10]). Bei dem gewöhnlichen Thun und Treiben fast aller Stände der Hauptstadt war das Gepräge der Natürlichkeit fast ganz verwischt, der gewöhnliche Naturgang etwas zu Gemeines und Alltägliches. Das Uebernatürliche und Widernatürliche, das Mystische und Geheimnißvolle, Zauberein und magische Mittel fanden fast durchgehends mehr Eingang und Reiz. Beweise davon finden sich in den meisten Schriftstellern jener Zeit. Daher war es einem Apollonius und Alexander leicht, durch handgreifliche Künste sich den Glauben von übermenschlichen Wesen zu verschaffen; und nur wenige Männer besaßen Gesundheit und Stärke genug, um sich nicht mit dem großen Haufen betrügen zu lassen.

Zum Glück der Menschheit gab es freilich zu allen Zeiten Männer, welche mit ihrem freien und edlen Geist der ansteckenden Seuche, der herrschenden Mode und Thorheit trotzten; aber wenige, die nicht, sich selbst unbewußt, von dem Zeitgeiste etwas angenommen hätten. Auch war in der Hauptstadt des Reichs wegen des beständigen Zuflusses von Menschen allerlei Nationen und des zu großen Gewühles die Summe des Verderbens größer, als in allen Provinzen; aber auch diese boten denselben Stoff zu einem ähnlichen Gemälde, nur nicht in so grellen und vereinigten Zügen dar. Dieselben Fehler und Thorheiten der Hauptstadt zeigten sich in allen Provinzen, nur mehr in vereinzelten Gruppen; die gleichgesinnten wurden von dem glän-

---

10) Iuuenalis *Sat.* VI. v. 548. seq. Tacitus *Annal.* XII. c. 52 — XVI. c. 31. *Histor.* 1. 22. Genus hominum potentibus infidum, sperantibus fallax, quod in ciuitate nostra et vetabitur semper et retinebitur.

glänzenden Elende der Stadt angezogen, und viele durch die Gewalt des Beispiels verdorben. Die Leichtgläubigkeit, der Wunderglaube, der Aberglaube, die Schwärmerei waren überall verbreitet, nur in einer Provinz mehr als in der andern.

Noch ein Zug des Zeitgeistes muß hier ausgezeichnet werden, nämlich der Religionsindifferentismus. Der größere Verkehr mehrerer Nationen unter einander näherte auch die entgegengesetztesten Religionsvorstellungen; und je mehr die innere Frömmigkeit verschwand, und nur der äußere Cerimoniendienst übrig blieb, desto weniger sträubte man sich gegen die Aufnahme und Einführung eines fremden Cultus, welchen vielmehr der Reiz der Neuheit im Gegensatz des Alltäglichen empfahl. Auch die abergläubische Gottesfurcht wirkte mit dabei. Daher kam es, daß in dem römischen Reiche alle Religionscultus neben einander geduldet und geschützt wurden. Freilich beruhete diese Toleranz auf keinen sichern Gründen, und nicht selten störte der despotische Wille der Kaiser aus mancherlei Triebfedern den äußern Religionsfrieden. Am meisten Widerstand fand das Christenthum, weil es verkannt wurde, und reinere Gesinnungen lehrte, die dem größten Theile der damals lebenden Menschen fremd waren; aber ungeachtet aller Schwierigkeiten breitete es sich doch immer mehr aus. Durch Kaltsinn und Gleichgültigkeit wurde einer gereinigtern und der Vernunft angemessenern Religion der Eingang vorbereitet.

Dieser Zeitgeist äußerte seinen Einfluß auch auf die philosophischen Schulen, sowohl auf die schon vorhandenen, als die neu entstandenen, auf beide aber auf eine andere Weise. Die epikuräische Philosophie blieb im Ganzen am meisten unverändert. Ihr Streben ging auch jetzt dahin, das Interesse des Verstandes zu befördern, und allen Einfluß der Vernunftideen, vorzüglich der religiösen,

giösen, in dem Menschen zu zernichten. Ihre zahlreichen Anhänger suchten und lehrten nur frohen Lebensgenuß, ohne sich um den Lauf der Weltbegebenheiten, um die Verwaltung öffentlicher Geschäfte viel zu bekümmern, oder an der Cultur der Wissenschaften starkes Interesse zu nehmen. Indessen fand doch die Denkungsart dieser Männer, ihr natürlich gesunder Verstand, ihr Widerwille gegen allen Aberglauben, mystische und magische Thorheiten, gerade in diesen Zeiten nur zu viel Gelegenheit, sich um die Menschheit verdient zu machen. So waren es vorzüglich Epikuräer, welche sich den Betrügereien des Gauklers Alexander entgegensetzten [11]). Auch waren diese Philosophen, und die ihnen ähnlich denkenden Männer, wie Lucian und Celsus, vielleicht die einzigen, welche den Muth hatten, gegen die Blendwerke der Magie zu schreiben.

Anders verhielt es sich mit den Stoikern. Ihr System vereinigte Philosophie mit der Volksreligion, und nahm daher auch Träume, Wahrsagung und alle abergläubische Vorstellungen derselben in Schutz. Diese Denkungsart, welche nur bei wenigen durch ihre erhabenen moralischen Grundsätze unwirksam gemacht wurde, fand einen starken Berührungspunct in dem Zeitgeiste. Die herrschende Denkungsart verstärkte diese Tendenz ihres Systems, und sie begünstigten dagegen wieder manche Thorheit. Auch brachte diese Aehnlichkeit der Vorstellungen, diese Anschmiegung an das Zeitalter manche Verschlimmerung des Charakters hervor; dagegen wurde aber auch diese supernaturalistische Stimmung bei einigen, wie vorzüglich

---

[11]) Lucianus Alexander 5. B. Zw. X. S. 89. οἱ μὲν γὰρ ἀμφὶ τὸν Πλάτωνα καὶ Χρύσιππον καὶ Πυθαγόραν Φίλοι, καὶ εἰρήνη βαθεῖα πρὸς ἐκείνους ἦν. ὁ δὲ ἀτεγκτος Ἐπίκουρος (ὅτω γὰρ αὐτὸν ὀνομάζειν) ἐχθιστος, δικαίως ταῦτα, εἰ γέλωτι καὶ παιδιᾷ τιθέμενος. p. 99. 103. 106.

züglich bei dem Antonin sichtbar ist, durch ihre sittliche Gesinnungsart veredelt. Aber alle die Nachtheile, welche daraus entsprangen, wurden der Menschheit reichlich vergolten durch die sittlichen Grundsätze, welche der Stifter der Stoa in seinem System entwickelt hatte, und welche durch die zahlreichen Bekenner dieser Schule fortgepflanzt und weiter verbreitet wurden. Sie waren ein Damm gegen das immer mehr um sich greifende Sittenverderben, sie prägten Mäßigkeit, Geduld, Standhaftigkeit, einen freien Sinn, und ein offenes gerades Handeln, Unerschütterlichkeit in seinen Ueberzeugungen, und Verachtung aller äußern Dinge, wenn sie im Widerspruche mit dem Gewissen waren, ein. Die Stoa war in dieser Rücksicht die Pflanzschule der edelsten Menschen in jenen verdorbenen Zeiten, ein Vereinigungspunct für alle, welche nicht von dem Strome der Sittenlosigkeit fortgerissen wurden, und sie wirkte um so wohlthätiger für die Menschheit, je mehr die meisten Stoiker beflissen waren, ihr philosophisches System immer mehr von allen unnützen Speculationen und leeren Subtilitäten zu säubern, sie dagegen ganz dem praktischen Leben anzupassen.

Neben den Stoikern traten in diesem Zeitraum auch wieder Cyniker auf, die für die Wissenschaft gar nichts thaten, und ungeachtet alles geräuschvollen Strebens, gleich dem Herkules die Welt von den moralischen Ungeheuern zu reinigen, doch sehr wenig wirkten. Sie waren in ihrer Lebensart gleichsam die philosophischen Mönche, welche durch ihre freiwillige Entsagung aller feinern Genüsse des Lebens, Einschränkung auf die rohesten Bedürfnisse, durch die härteste Lebensart, Beleidigung alles Wohlstandes, durch den zügellosesten Spott über Thorheiten und Laster, selten einen Menschen besserten, nur Auszeichnung der Sonderbarkeit suchten und fanden, und nicht selten bei der ausgearteten vornehmen Welt, der alles

Natürliche zu gemein und alltäglich war, als Lustigmacher zur Kurzweil dienten. Ihr Spott erregte nur Lachen, und ihre Strafpredigten wurden meistens durch ihr eigenes ärgerliches Leben entkräftet. Unter ihnen fanden sich nur wenige von edler Denkungsart, die, wie ein Demetrius, Demonax und Oenomaus bei allem Cynismus die Humanität nicht verläugneten; die meisten trieben die cynische Lebensart nur als Gewerbe, um bei allem Müßiggange und Scheinheiligkeit ungehinderter ihren Lüsten fröhnen zu können. Daher züchtigten die eben genannten Männer, gleich dem Lusian, die Laster und Thorheiten der übrigen ausgearteten Cyniker; auch erklärten sie sich sehr frei über den Betrug der Orakel und alle Arten von Aberglauben — ein Punkt, worin sie mehr den Epikuräern als den Stoikern ähnlich waren.

Plato's Philosophie war durch Antiochus Bemühungen, die Skepsis der neuen Akademie mit dem Dogmatismus der alten zu vereinigen, durch die Hochschätzung einiger angesehenen Stoiker, durch Cicero's Urtheile und glückliche Uebertragung mehrerer Stellen und Sätze dieses Philosophen in die lateinische Sprache, aus der Vernachlässigung wieder hervorgezogen, in welche sie durch verschiedene Ursachen verfallen war. Mehrere Erzeugnisse seines mit hohem Fluge der Einbildungskraft gepaarten philosophischen Geistes boten mehrere Berührungspunkte mit dem Zeitgeiste dar. Vorzüglich beförderte seine mystische Sprache von der Erhebung des Geistes zu dem Ueberirdischen, seine philosophischen Träume von der Weltseele den religiösen und astrologischen Aberglauben. Daher wurde die pythagoräische und platonische Philosophie jetzt sehr enge verschwistert, weil diese Tendenz des Zeitalters in beiden gleiche Nahrung fand, und um so mehr befestigte sich der Glaube, daß auch Plato ursprünglich seine Hauptsätze aus der pythagoräischen Philosophie geschöpft habe.

habe. Uebrigens zeichnete sich keiner dieser neuen Platoniker durch irgend philosophischen Geist aus; die meisten waren nur mehr oder weniger glückliche Commentatoren, welche durch die Vermischung mit andern Philosophemen, oder durch Verschmelzung schwärmerischer Grillen mit platonischen Ideen meistentheils mehr Finsterniß als Licht über den göttlichen Philosophen verbreiteten. Für die Cultur und Aufklärung der Menschheit wirkten diese Männer eben so wenig, als sie die Fortschritte der Wissenschaft beförderten; ihr ganzes Verdienst bestehet darin, daß sie einige Philosopheme des Plato im Andenken erhielten und wieder auffrischten.

Die peripatetische Schule erhielt in diesem Zeitraume, nachdem die Schriften des Aristoteles wieder bekannter worden, mehrere Bearbeiter. Einige schränkten sich blos auf die Erklärung derselben ein, und suchten die dunkeln Sätze des Stagiriten blos aus ihm selbst, ohne Vermischung mit andern Philosophemen, aufzuklären. Andere beschäftigten sich mehr mit Vergleichung der peripatetischen und platonischen Philosophie, und stellten Betrachtungen über die Einheit und Harmonie oder Unverträglichkeit beider an. Eine Menge von Commentarien über einzelne Bücher des Aristoteles, worin bald der reine, bald der vermischte Peripateticismus erläutert wurde, trat in dieser Periode an das Licht, welche in der Folge immer noch mehr vermehrt wurde. Selten wurde ein philosophischer Gegenstand auf eine freiere wissenschaftliche Weise untersucht. Wenn auch diese Bearbeitung der aristotelischen Philosophie unmittelbar der Wissenschaft keinen beträchtlichen Nutzen brachte, so wurde doch der Forschungsgeist erhalten, und selbst der Stoff bereitet, an dem sich der subtile dialectische Geist der folgenden Zeit üben sollte.

Selbst die pythagorädische Schule kam in diesem Zeitraume noch einmal nicht nur wieder empor, sondern auch zu Ehren und Ansehen, ungeachtet sie für die Menschheit so wenig als für die Wissenschaft etwas Ersprießliches leistete. Sie wußte mit gutem Vortheil die schwache Seite der damaligen Menschheit, den religiösen Aberglauben zu benutzen, und bei der Leichtgläubigkeit des Zeitalters kostete es nicht viel Mühe, dem Apollonius von Tyana das Ansehen eines übermenschlichen Wesens, und der Magie den Schein von göttlicher Weisheit zu verschaffen.

In allen diesen Schulen war mehr oder weniger das Bestreben sichtbar, die Philosopheme anderer Schulen mit denen ihrer eignen zu verbinden, zu verschmelzen und auszuschmücken; die Neigung, sich nach dem Geist und Geschmack der Zeit zu bequemen; die Neigung, abergläubischen Vorstellungen nachzuhängen, das Wunderbare dem Natürlichen vorzuziehen, Wunderthätigkeit und Wahrsagekunst aus Gründen herzuleiten, das Philosophiren nicht an das Erfahrungsgemäße anzuschließen, sondern mit leeren Dichtungen und Phantasien über die Gränzen des Erfahrungsgebietes hinaus zu schwärmen; ein Herumirren des Nachdenkens ohne Festigkeit der Principien, ohne Streben nach Gründlichkeit und erschöpfender Vollständigkeit. Hierin offenbaret sich eine gewisse Einseitigkeit, Trägheit und Bequemlichkeit des Forschungsgeistes sowohl, als eine Unzufriedenheit mit dem bereits Erfundenen, und ein unruhiges dunkles Sehnen nach andern Ansichten, ohne Selbstmacht, sich dieselben durch eigene Energie des Geistes zu eröffnen. Und hieraus lassen sich sowohl die Versuche, schon vorhandene Philosopheme zusammenzusetzen und mit einander zu vermischen, als auch aus ihnen neue philosophische Systeme zu bilden, erklären.

Sobald ein System eine Zeitlang im Gange gewesen ist, verliert es den Reiz der Neuheit; die ausschließliche Anhänglichkeit und die blinde Eingenommenheit gegen andere

dere nimmt ab, und es entsteht eine freiere Achtsamkeit auf das von andern Denkern Gesagte. Es entsteht ein Geist der Auswahl (Eklekticismus), welcher theils von praktischer Art ist, und von der Maxime ausgeht, das Gute, das Wahre, ohne Rücksicht auf irgend ein System, aufzusuchen, und zur Cultur der Menschheit anzuwenden, theils aber mehr theoretisch ist, und aus verschiedenen Quellen entspringen kann, immer aber ein Zeichen ist, daß die Systeme anfangen zu veraltern und neuen Bildungen Platz zu machen. Mit diesem Eklekticismus verbindet sich leicht Synkretismus, wenn nämlich der menschliche Geist das Bedürfniß des Forschens fühlet, aber dabei durch Einseitigkeit und Trägheit beschränkt ist, daß er ein System ganz zu durchforschen, oder einen eignen noch nicht betretenen Weg sich zu bahnen, entweder nicht für nöthig oder zu beschwerlich findet. Die Vergleichung gegebener Systeme, die Vereinigung derselben gewähret eine Beschäftigung ohne große Anstrengung des philosophischen Geistes, welche durch den dunkeln Gedanken, daß die Vernunft sich nicht widersprechen kann, und daß zwei Systeme, in sofern sie durch die Vernunft aufgegeben und zu Stande gebracht worden, einstimmig seyn müssen, belebt werden kann. Aber weil man bis auf die letzten Principien zurückzugehen zu träge war, so hatte Stolz und Dünkel bei diesen Vereinigungsversuchen und den dadurch veranlaßten Streitigkeiten den größten Antheil. Wer einmal ein System angenommen hatte, wollte sich und andere gerne überreden, daß dasselbe die volle Wahrheit enthalte, und daß es entweder mit einem andern ihm entgegengesetzten einstimmig, oder das letzte falsch sey.

Die beiden Systeme, welche auf diese Art noch denkende Köpfe beschäftigten, waren das aristotelische und platonische, weil gerade diese beiden durch Zeitumstände in Schwung gebracht worden, weil die Epikuräer zufrieden mit dem ruhigen Selbstgenuß, den sie in ihrem System fanden, und die spätern Stoiker mehr auf die praktische Anwendung der erkannten Wahrheiten, als auf die theoretischen Voraussetzungen desselben bedacht waren. Ungeachtet durch diese Beschäftigungen die Wissenschaft keinen wahren Gewinn erhielt, so wurde doch das Bedürfniß derselben, und das Verlangen nach weitern Fortschritten einigermaßen unterhalten.

Da aber der speculative Geist durch keines der vorhandenen Systeme völlig befriediget wurde, so suchte er durch Benutzung derselben ein neues darzustellen, welches die Gebrechen nicht hätte, und der Vernunft zusagte. Der Punkt, in welchem alle die Speculation nicht völlig befriedigten, war das Absolute, und das Verhältniß desselben zu dem Endlichen. Diese Vernunftideen, deren sich der menschliche Geist gar nicht enthalten kann, verführen ihn durch das anhängende Bewußtseyn der Nothwendigkeit so leicht, dieselben als Erkenntnißprincipien zu gebrauchen. Dieses Mißverständniß herrschte in allen Systemen, das Epikurdische ausgenommen; aber es hatte ganz verschiedene entgegengesetzte Vorstellungsarten erzeugt, indem die Gottheit bald als Grundkraft der Welt, bald als ein außerweltliches Wesen, bald als materiell, bald als immateriell, eben so verschieden das Verhältniß der Welt und der Seele zu der Gottheit vorgestellt wurde. Diese Uneinigkeit hatten schon skeptische Philosophen als ein Mittel gebraucht, die Unwissenheit des menschlichen Geistes in Rücksicht dieser Gegenstände, und das Unvermögen der menschlichen Vernunft ins Licht zu setzen. Diesen Gedanken benutzten nun auch einige Kirchenväter, um die Nichtigkeit aller heidnischen Philosophie, und den göttlichen Ursprung der christlichen Religionslehre zu zeigen; sie behaupteten, daß die philosophischen Systeme

nur

nur theilweise Wahrheit enthalten, in sofern in ihnen zerstreuete Wahrheiten mit der göttlichen Offenbarung übereinstimmen [12]). Dieses Wahre habe einen gemeinschaftlichen Ursprung mit der christlichen Offenbarung, vermöge Tradition und Unterricht von den jüdischen Propheten. Diese Ansicht blieb auch den heidnischen Philosophen nicht unbekannt, welche, zumal in Alexandrien, in mancherlei Verbindung mit den Christen standen; wenigstens war sie beinahe die allgemeine Vorstellungsart fast aller denkenden Köpfe der Christenheit und des Heidenthums, die aber in Alexandrien wegen des Zusammenflusses so vieler Menschen aus allen Nationen von verschiedener Denkungsart, und wegen der größern religiös-mystischen Stimmung mehr als anderwärts Nahrung und eine bestimmtere Richtung erhielt. Es ist zum wenigsten unverkennbar, daß die Vereinigungsversuche, welche von Alexandrien ausgingen, eine bestimmtere Grundlage und Tendenz hatten, als die übrigen. Denn hier liegen Platonische Philosopheme zum Grunde, und zu ihnen werden andere Sätze aus andern Schulen hinzugefügt, welche sich mit den erstern nach dem Hauptzwecke vereinigen lassen. Dieser Zweck ist kein anderer, als das Uebersinnliche

---

[12) Lactantius *divinar. institut.* l. VII. c. 7. Facile est autem docere, pene universam veritatem per philosophorum sectas esse divisam. — Sed dum contradicendi studio insaniunt, dum sua etiam falsa defendunt, aliorum etiam vera subvertunt: non tantum elapsa ipsis veritas est, quam se quaerere simulabant, sed ipsi eam potissimum suo vitio perdiderunt. Quod si extitisset aliquis, qui veritatem sparsam per singulos, per sectasque diffusam colligeret in unum ac redigeret in corpus, is profecto non dissentiret a nobis. Sed hoc nemo facere nisi veri peritus ac sciens potest. Verum autem non nisi eius scire est, qui sit doctus a Deo.

liche als erkennbar durch Vernunft darzustellen, wobei aber die Phantasie unvermerkt ihr Spiel den Ideen der Vernunft unterschiebt, und in dieser Hinsicht ist die Philosophie der Alexandriner nichts anders, als eine erweiterte Ausführung der Hauptsätze des Platonischen Systems, mit dem Unterschiede, daß Plato zuweilen mit Bewußtseyn schwärmte, die Alexandriner aber ohne es zu wissen schwärmten; daß Plato bei den theologischen Speculationen nie das praktische Interesse aus den Augen ließ, bei den Alexandrinern es durch ihre zu weit getriebene dialektische Künsteleien verdunkelt wurde. Liegt gleich in der Platonischen Philosophie der Grund zu einem gewissen Enthusiasmus, so ist und soll dieser doch nur die Folge von gewissen lebhaft aufgefaßten Erkenntnissen seyn. Die Summe der Erkenntnisse wird immer bestimmt von jener Folge unterschieden. Bei den Alexandrinern wird die Ordnung selbst umgekehrt. Enthusiasmus nicht für praktische Ideen als das Wahre, Gute und Schöne, sondern für das unendliche Wesen wird als mit der Philosophie Ein und Dasselbe beschrieben. Wenn Plato auf nichts so sehr bringt, als den Charakter der Philosophie als eine Wissenschaft von dem Charakter der Dichtung zu unterscheiden, und daher Poesie und Magie von der Philosophie trennt, so gehen die Alexandriner darauf hinaus, vorzüglich die Magie und Theurgie als Eins mit der Philosophie, und als ihre höchste Stufe darzustellen. Die einzelnen Theile der Platonischen Philosophie, in denen dieser Denker am weitesten die Gränzen der Erkennbarkeit überschreitet, sind doch nur Hypothesen, gleichsam nur das Putzwerk, womit seine Einbildungskraft den ernsthaften Charakter seines philosophischen Gebäudes ausschmückt; aber bei den Platonikern werden diese geradezu mit den eigentlichen philosophischen Sätzen des Platonischen Systems in ein enges scheinbar wissenschaftliches Ganze strenger Wahrheit verbunden. Indem man diese Speculationen ver-

verfolgte, bildete sich der grüblerische, dialektische, schwärmerische Geist aus, der nach vergeblichen Bemühungen, das Uebersinnliche gleich Gegenständen der Erfahrung objectiv zu bestimmen, endlich zu einer intellectuellen Anschauung fortging, in deren trüglichen Gebilden er endlich die absolute Realität erhascht zu haben glaubte.

Unstreitig fand sich zu diesen schwärmerischen Speculationen nirgends so viel Stoff und Veranlassung, als in der Platonischen und Pythagoräischen Philosophie; allein um sie in der Gestalt, vorzüglich in der ersten, zu finden, mußte schon eine besondere Geistesstimmung vorausgehen. Diese fand sich, wie wir schon gesehen haben, gerade in den gegenwärtigen Zeiten, und sie verbreitete sich aus dem Morgenlande, vorzüglich Aegypten, immer weiter über die Abendländer. In Alexandrien vereinigte sich alles, dem Plato unter allen Philosophen Griechenlands das größte Ansehen und den bedeutendsten Einfluß zu verschaffen, weil seine Philosophie bei dem Mangel an systematischem Vortrage sich eher deuten ließ, und ihrem Inhalte nach der herrschend gewordenen Denkart schon an sich am nächsten kam; weil sie eine Vereinigung auf der einen Seite mit den pythagoräischen neu aufgestutzten Philosophemen, und auf der andern mit manchen bildlichen Philosophemen der Orientaler verstattete. Schon hatte der gelehrte Jude Philo zu zeigen gesucht, daß Plato seine besten philosophischen Gedanken aus einer morgenländischen Quelle, dem Gesetzgeber und den Propheten der Juden, geschöpft habe; mehrere Gelehrte aus andern Ländern des Orients konnten dieses mit eben so scheinbarem Rechte thun. So mußten Plato's Schriften und Philosophie das Vereinigungsband zwischen den Vorstellungsarten der griechischen eben so fein fühlenden als scharf denkenden Philosophen, und des mit übermäßiger Lebhaftigkeit der Phantasie ausgezeichneten Orients, und die Ideen eines Systems, in welchem die schönste Harmonie eines ausgebildeten menschlichen Geistes so wohlthätig auf jeden nicht verbildeten Menschen wirket, die Grundlage zu abenteuerlichen, in das unbekannte Land des Uebersinnlichen ausschweifenden Grillen werden, die durch ihr methodisches Gewand blendeten, aber um so mehr auf alle geistige Verhältnisse des Menschen verderblichen Einfluß äußerten.

Dieser herrschende Charakter, welchen die Philosophie annahm, begünstigte die kalte ruhige Stimmung des Skepticismus nur sehr wenig. Indessen dauerte er doch selbst in Alexandrien, dem Hauptsitze der schwärmerischen Philosophie, fort. Die Nachfolger des Aenesidemus, meistens gelehrte Aerzte, bildeten eine Reihe von skeptischen Philosophen, bis auf den Sextus Empirikus, der sie alle an Geist, Gelehrsamkeit und Scharfsinn übertraf. So gründlich aber dieser Forscher die Blößen der griechischen Philosophie aufdeckte, mit so schneidenden Schlüssen er das dogmatische Gewebe der berühmtesten Systeme zerstörte, so wenig Aufmerksamkeit scheint er erregt zu haben, vielleicht bloß darum, weil er nur die ältern Systeme in Untersuchung zog, und den jetzt herrschenden Dogmatismus ganz außer Acht ließ. Mit Sextus verschwand, wie es scheint, der skeptische Geist; er wurde auf eine Zeitlang durch den Dogmatismus überwältiget und verschlungen. So sehr dieses auf der einen Seite zu bedauern war, je ein reinerer Sinn für Wahrheit, Selbstständigkeit des Geistes, und Freiheit von den Vorurtheilen, dem Aberglauben und der Schwärmerei der damaligen Zeiten in den skeptischen Untersuchungen des Sextus sich offenbaret: so wenig war durch diese Methode zu philosophiren eine durchgreifende und wohlthätige Umänderung in der Denkart und der wissenschaftlichen Bearbeitung der Philosophie zu erwarten. Denn sie nahm nur die ältern philosophischen Systeme in Anspruch, zeigte, daß durch sie noch
keine

keine unumstößliche Wahrheit entdeckt worden, ohne einen neuen sichern Weg aufzuweisen, und ihre Räsonnements waren so beschaffen, daß sie selbst, ohne daß sie es wollte, die Zweifelsucht auf den Thron heben und den Untersuchungsgeist lähmen konnten. Nur dann, wenn der Forschungsgeist in voller Kraft regsam war, konnten die ernstlichen Angriffe des Skepticismus wohlthätig wirken, die vorhandenen Fehler in der Methode, in den Principien und der Anwendung derselben aufdecken, und das Streben nach etwas Besserm und Vollkommenerm wecken und lebendig erhalten. In einem Zeitalter, wo Geistesabspannung herrschend war, wären diese Wirkungen nie zu hoffen gewesen, wie selbst in neuern Zeiten unter andern Umständen eine ähnliche Erfahrung beweist.

Aus unsern bisherigen Bemerkungen ergibt sich das Resultat, daß der Inhalt dieses vierten Zeitraums nicht sehr reichhaltig seyn kann. Wenn man einen Blick auf die philosophische Literatur dieses Zeitraums wirft, und die Summe von den bloß erneuerten, wiederholten, oder auch bloß für das wirkliche Leben in Anwendung gebrachten Ideen abziehet, so bleibt ein kleiner Ueberrest von neuen Forschungen, welche die Geschichte darzulegen hat. Diese sind nämlich Aenesidem's erneuerter und von Sextus vollendeter Skepticismus, der in praktischer Hinsicht mehr entwickelte und fruchtbarer gemachte Stoicismus, und dann endlich der alexandrinische Neuplatonismus. Die übrigen Schulen bieten zu wenig Merkwürdiges dar, als daß ihre Geschichte in einem Werke, welches die wissenschaftliche Fortbildung der Philosophie hauptsächlich zum Augenmerk hat, eine Stelle einnehmen könnte. Mehrere in anderer Rücksicht merkwürdige Männer, als Cicero, Seneca, Plutarch, können zwar nicht ganz mit Stillschweigen übergangen werden; aber ihre ausführliche Lebensgeschichte und die Charakteristik ihrer Werke gehört mehr für die Literaturgeschichte. Da sie die Philosophie nur nach gewissen subjectiven Bedürfnissen zu ihrer Beschäftigung gewählt hatten, und bei ihnen mehr der praktische als wissenschaftliche Gesichtspunkt vorwaltete, so wird ihre Ansicht von der Philosophie nur in so fern, als sie auf die herrschende Denkart, und dadurch auf den folgenden Zustand der Philosophie Einfluß erhielt, in der Geschichte der Philosophie eine Erwägung verdienen.

Noch eine Frage bleibt hier zu untersuchen übrig: ob die Philosophie, oder vielmehr Philosopheme der Juden, besonders der Rabbinen und Kabbala, eine Stelle in der Geschichte der Philosophie einnehmen könne und dürfe. Wenn das Urtheil der verdienstvollsten Bearbeiter der Geschichte der Philosophie, eines Tiedemann und Buhle, welche nach Brucker diese jüdische Philosophie aufgenommen haben, entscheiden sollte, so müßte diese Frage bejahend beantwortet werden. Und in der That scheint auch, besonders die Kabbala, wegen ihres wichtigen Einflusses auf die Literatur und Philosophie des Mittelalters, nicht füglich aus dem Inhalte der Geschichte der gesammten Philosophie ausgeschlossen werden zu können. Wenn man indessen den Inhalt und die Form dieser Philosopheme näher betrachtet, so wird man wenigstens eingestehen müssen, daß die Gegengründe die Gründe für die Aufnahme überwiegen. Denn wenn man auch eingestehen muß, daß die jüdische Nation philosophische Köpfe aufzuweisen hatte, so ist doch auf der andern Seite wieder unläugbar, daß sie größtentheils keine Originalität hatten; daß sie nur philosophische Sätze griechischer Philosophen anwandten, um das Ansehen ihrer Religionsschriften als göttlicher Offenbarungen zu beweisen, und anstatt der Vernunft die erste Stimme in den Gegenständen des Wissens einzuräumen, sie vielmehr der Offenbarung unterordnen, und die Wahrheit eines philosophischen Satzes

nur

nur nach dem Grade ihrer Uebereinstimmung mit dem Organ der göttlichen Weisheit bestimmen. Ungeachtet nun diese Männer philosophische Ideen zu diesem Zwecke benutzen, und ihre Behauptungen sich auf eine Art von System zurückführen lassen, so war doch ihr Zweck dabei nicht, ein philosophisches System zu begründen, zu erweitern oder zu erläutern, sondern das Resultat zu unterstützen, daß alle Wahrheit von Gott offenbaret sey. Es gibt von dieser Behauptung eine philosophische Ansicht, von welcher auch die Geschichte der Philosophie nicht schweigen darf, und die philosophische Entwickelung des Supernaturalismus gehört allerdings auch mit in ihren Umfang: allein diese Entwickelung war für dieses Zeitalter noch zu früh, und von den historischen und exegetischen Gründen, welche die Stelle der philosophischen vertraten, nimmt die Geschichte der Philosophie natürlich keine Kenntniß. Ohne diese strenge Gränzscheidung würden theologische und philosophische Untersuchungen, zumal in neuern Zeiten, gar zu oft in einander fließen, und der Stoff der Geschichte der Philosophie müßte zu einem unübersehbaren Haufen anschwellen. Auf Commentare, Erläuterungen und Aufklärungen allerlei philosophischer Systeme muß diese Geschichte zwar allerdings auch Rücksicht nehmen, aber doch nur in so fern, als diese theils die herrschende Denkart bezeichnen, oder auf den Gang der wissenschaftlichen Cultur der Philosophie einen bedeutenden Einfluß haben. Nach dieser Maxime wird sich auch hier unterscheiden lassen, was für die Geschichte der Literatur überhaupt, und was für die Geschichte der Philosophie gehört.

Noch weniger aber ist die Kabbala dazu geeignet, eine Stelle in der Geschichte der Philosophie einzunehmen. Diese speculativen Grillen, die noch dazu als Ueberlieferungen übernatürlicher Offenbarungen aufgeführt werden, über deren Ursprung, Fortpflanzung und schriftliche Auf-

Auffassung noch manche Dunkelheit schwebet, müssen hier ausgeschlossen werden, nicht weil sie über die Gränzen der Erkennbarkeit in das Uebersinnliche ausschweifen, sondern weil sie nicht in der Gestalt von methodischen, von der Vernunft geleiteten Speculationen, sondern als Eingebungen von oben herab, dargelegt; weil sie eben dieses Charakters wegen nicht auf dem Wege des Raisonnements eingeleitet und fortgeführt, sondern in wilder Unordnung, ohne Zusammenhang, wie Träume, welche vor der Phantasie vorübergehen, dargestellt werden, wobei die Vernunft nicht thätig, sondern leidend sich verhält. Es läßt sich die Tendenz, der Zweck und die Gründe dieser phantastischen Gebilde ausspüren, und ihnen hinterdrein als eine Art von System unterlegen; aber die ganze Art der Ausführung zeigt, daß den Verfassern diese philosophischen Ideen sehr dunkel vorgeschwebt sind, und daß sie nicht im Stande waren, sie zu deutlichem Bewußtseyn zu entwickeln, methodische Forschungen darüber anzustellen, und ihre Resultate in bestimmt gedachten Begriffen niederzulegen. Die Sprache ist ganz bildlich, und die Vernunft erscheint noch ganz in ihrer Kindheit, unter der Herrschaft der Phantasie. Da endlich diese Kabbala nur erst im Mittelalter bekannt geworden, und da erst Anhänger und Verbreiter fand, so gehört das Historische davon nicht in diese, sondern in eine viel spätere Epoche.

Mit mehr Recht, dürfte es scheinen, müsse der Stifter der christlichen Religion eine Stelle in der Geschichte der Philosophie finden, theils wegen seines erhabenen Charakters und musterhaften Lebenswandels, theils wegen seiner Religionslehre, welche reine Tugend mit dem Glauben an Gott verband, theils wegen des großen und ausgebreiteten Einflusses, welchen das Christenthum auf Sitten, Denkart, dann auch auf Wissenschaften, und besonders Philosophie, geäußert hat. Ungeachtet die Moral und Religionsgionslehre Jesu nicht das Resultat tiefsinniger Forschungen, sondern Aussprüche eines reinen moralischen Sinnes und selbstständigen Charakters sind, so liegen ihnen doch durchaus reine Vernunftprincipien zum Grunde, und es haben daher in neuern Zeiten mehrere Theologen mit Glück versucht, die Lehren und Vorschriften des Christenthums auf solche zurückzuführen. Allein, dieser Gründe ungeachtet, stimmt der Charakter und die Tendenz der Christuslehre nicht zu dem Inhalte der Geschichte der Philosophie. Wenn man sie aus dem ursprünglichen Gesichtspuncte betrachtet, was sie ist und seyn sollte, so enthält sie nur populäre Belehrungen, keine Untersuchungen aus Principien; sie zwecket auf allgemeine Menschenbildung, auf Veredlung der religiösen Denk- und Gesinnungsart, nicht auf wissenschaftliche Entwickelung und Auflösung philosophischer Aufgaben, noch auf Bildung gelehrter Denker ab. Daß sie diesen Charakter verlor, und eine gelehrtere Einkleidung annahm, war die Folge von mancherlei zusammenwirkenden Umständen, welche in dem Zustande der Menschheit und der Cultur der Wissenschaften ihren Grund hatten, und unter Voraussetzung des göttlichen Ursprungs des Christenthums nothwendig so wirken mußten. Und hieraus entsprangen die mannigfaltigen Versuche, das System der auf das Christenthum gebauten Theologie als das einzig wahre zu begründen, und der Vernunft zur unbedingten Annahme und Unterwürfigkeit vorzuschreiben, zu welchem selbst die jedesmalige Zeitphilosophie oft den Stoff und die Methode leihen mußte. Darum darf aber doch die Gränzlinie zwischen Theologie und Philosophie in der Geschichte der letzten nicht vermischt und überschritten werden, ungeachtet etwas von jenen Versuchen, in sofern sie den Zustand und den Charakter der Philosophie beurkunden, berührt werden muß.

Nachdem wir den Inhalt der Geschichte dieses Zeitraums im Allgemeinen dargestellt haben, müssen wir noch

kurz

kurz die Quellen angeben, aus welchen die Thatsachen können geschöpft werden. Diese sind, des Aenesidemus Skepticismus ausgenommen, ziemlich reichhaltig und ergiebig, obgleich nicht immer mit kritischem Geiste geschrieben. Den ersten Rang behaupten auch hier die Schriften der Philosophen selbst, deren Anzahl, wenn man mit dem Namen des Philosophen nicht zu eigensinnig seyn will, nicht gering ist. Von dem Skeptiker Aenesidemus sind zwar alle schriftlichen Denkmäler seines Geistes verloren gegangen, doch hat Photius in seiner Bibliothek noch ein Fragment erhalten, aus welchem, in Verbindung mit einigen Nachrichten des Sextus, sich eine nothdürftige Kenntniß seines Philosophirens schöpfen läßt. Ein desto günstigeres Schicksal hat über die philosophischen Werke des Sextus Empirikus gewaltet, in denen wir außer einer Menge Notizen über die Philosopheme der vorhergehenden Zeiträume und ihre Geschichte eine getreue Darstellung des Skepticismus in seiner höchsten Stufe bei den Griechen finden. Es ist zu bedauern, wie wir schon oben bemerkten, daß dieser kalte ruhige Forscher über die philosophischen Ereignisse der neuern Zeit ein tiefes Stillschweigen beobachtet, er, der so großen Beruf hatte, den überschwenglichen Dogmatismus mancher philosophischen Parthie durch den skeptischen Ernst zu zügeln, wenn nicht etwa zum Theil manches philosophische Gaukelspiel ihm einer philosophischen Prüfung ganz unwürdig schien, und zum Theil die Philosopheme der Alexandriner zu neu waren, als daß er von ihnen Wissenschaft haben konnte.

Von den Schriften der neuern Pythagoräer ist außer einigen Fragmenten nichts übrig, als eine Sammlung von Briefen des berüchtigten Schwärmers Apollonius von Tyana, aus welchen man den Geist dieser Männer hinlänglich kennen lernt. Auch die Schriften des Philostratus, Porphyrius und Jamblichus enthalten

ten viele Materialien zur Kenntniß und Geschichte des neuern Pythagorismus; aber ihre Leichtgläubigkeit und ihre leidenschaftliche Vorliebe für alles Wunderbare, Schwärmerische, Unnatürliche und Uebernatürliche macht den Gebrauch ihrer Nachrichten sehr unsicher, und fordert zu der strengsten und behutsamsten Kritik auf. Da uns indessen nicht sowohl die Personen, ihre Thaten und Schicksale interessiren, als ihre Philosopheme, und diese an sich von keinem sonderlichen Gehalte sind, so werden uns diese trüben Quellen nicht sehr kümmern. Denn die Kenntniß des Zeitgeistes kann aus ihnen geschöpft werden, unabgesehen auf die kritische Beschaffenheit derselben, so bald nur ausgemacht ist, daß sie denselben im Allgemeinen nicht verfehlt haben. Denn von dieser Seite ist ihre Glaubwürdigkeit durch die Schilderungen anderer Schriftsteller von unbezweifelbarem Ansehen gerechtfertiget.

Auch von den eigentlichen Platonikern und Aristotelikern sind nur wenig Schriften von Bedeutung vorhanden, wenn man die Commentare und andere Erläuterungsschriften ausnimmt, wodurch die Philosophie im Ganzen nichts gewonnen hat. An die Stelle der erstern trat die Philosophie der Alexandriner, von deren Schriften so viel erhalten ist, als wir zur Kenntniß derselben nöthig haben. Das schätzbarste Denkmal in dieser Rücksicht sind die Werke des Plotin, welche bei aller hyperphysischen und schwärmerischen Tendenz dennoch auch viele trefliche Gedanken und helle Ansichten enthalten, und für die dialektische Subtilität weniger, aber für die systematische und strengwissenschaftliche Denkart ein Meisterstück des griechischen Geistes sind. In ihnen finden wir das vollständige System der alexandrinischen Philosophie, wie es aus Plato's metaphysischen Ideen, mit Verwebung pythagoräischer und anderer Meinungen, nach dem Geiste des Zeitalters gebildet worden; aus den übrigen lernen wir

bloß

bloß abweichende Meinungen über diejenigen Gegenstände, welche, bei allem Schein vom Wissen, doch außer dem Gebiete des Wissens liegen, und gelehrtere Versuche, manche Vorstellungsarten anderer Männer mit den Vorstellungsarten der Alexandriner zu verbinden und in Uebereinstimmung zu bringen, und außerdem manche historische Notizen, welche nicht ohne Werth sind. Wir rechnen dahin vorzüglich den Schüler des Plotins, den Porphyrius, welcher seinen Lehrer zwar nicht an Geistesschwunge, aber an logischer Kunst, Präcision des Vortrags und an mannigfaltigen gelehrten Kenntnissen übertraf. Wir übergehen hier sein Verdienst als Ausleger des Aristoteles und des Plato, und nennen nur sein Leben des Plotin, in welchem er, obgleich als enthusiastischer Lobpreiser, doch absichtlich kein Factum entstellt, sondern alles so erzählt hat, wie er es von seinem Lehrer und dessen Freunden und Schülern erfahren hatte. Die noch übrigen Schriften sind in philosophischer Rücksicht von geringerm Werthe, als andere, die verloren gegangen, oder nur noch aus Handschriften bekannt gemacht worden sind. Nicht ohne Interesse sind wenigstens die Bruchstücke aus seinen Schriften von den Seelenkräften und der Freiheit der Seele, welche Stobäus aufbewahret hat, in sofern sie theils geschichtliche Data enthalten, theils den noch nicht ganz erloschenen Forschungsgeist der damaligen Zeit beweisen, ungeachtet er sich hauptsächlich innerhalb des bereits Entdeckten hielt. Das Gesagte gilt auch gewissermaßen von Jamblich, wiewohl dieser dem Porphyr an Geistestalenten nicht gleich kam. Seine noch vorhandenen Schriften betreffen hauptsächlich die Philosophie des alten Pythagorismus und die Religionslehre der Aegyptier; in den von Stobäus aufbehaltenen Fragmenten ist vieles zur Dogmengeschichte der Philosophie, auch der neuern Zeiten, enthalten. Vorzüglich besteht der Werth dieser Schriften darin, daß sie zur Kenntniß der damaligen Denk-

Denkart und des Charakters des Philosophirens viele Beiträge liefern. Vielen Stoff für die Geschichte dieser Zeiten enthalten auch mehrere untergeschobene Werke, z. B. die Orakel des Zoroasters und die Schriften des Hermes Trismegistus.

Einen ganz andern Geist athmen die Schriften der Stoiker in diesem Zeitraume, des Seneca, Epictet, Arrian und Antonin. Sie sind vorzüglich merkwürdig, um den Stoicismus in seiner praktischen Ausbildung kennen zu lernen, durch welche die speculativen Ideen, wenn gleich nicht ganz vertilgt, doch verdunkelt und mehr auf die Seite gelegt wurden, so daß die praktischen Ideen vorzüglich sich ausbreiten konnten. Diese spätern Stoiker sahen ein, daß die Würde des Menschen nicht sowohl in dem Wissen, als in der freien Befolgung des Sittengesetzes bestehe, und betrachteten daher die Pflichtenlehre als den ersten und vornehmsten Theil der Philosophie, dem die übrigen theoretischen Sätze nur bei- und untergeordnet werden müßten. Das Moralsystem, welches in den Schriften dieser Männer aufgestellt ist, stimmt in den Principien mit dem der ältern überein, ist aber hier von manchen eigenthümlichen Seiten entwickelt, und vorzüglich für die Anwendung des wirklichen Lebens eingerichtet worden.

Außer diesen Schriften der Philosophen müssen noch die Sammlungen des Stobäus, des Aulus Gellius, die Werke des Lucian, Makrobius, Eusebius, theils wegen der in ihnen enthaltenen Bruchstücke aus nicht mehr vorhandenen philosophischen Schriftstellern, theils wegen mancher Beiträge zur Dogmengeschichte als Nebenquellen betrachtet werden, ohne welche die Kenntniß dieses Zeitraums noch weit lückenhafter und unzusammenhängender seyn würde. Zerstreuet finden sich auch noch in andern Schriftstellern, besonders Kirchenvätern, manche
Nach-

Nachrichten, welche nicht übersehen werden dürfen. Zu den Schriften, welche Lebensbeschreibungen der Philosophen enthalten, gehören außer der von Porphyr angeführten noch Philostratus Leben des Apollonius von Tyana, und des Eunapius kurze Biographien neuerer Philosophen, besonders aus der Schule der Neuplatoniker.

Viertes Hauptstück.

Erster Abschnitt.

Aenesidemus Skepticismus.

Ungeachtet die griechische Philosophie schon sehr bald in andern Ländern außer Griechenland bekannt war durch die Reisen und den Aufenthalt mehrerer Philosophen, so fällt doch die eigentliche Periode ihrer Fortpflanzung und Ausbreitung in dem römischen Reiche, welches jetzt alle bekanntern und cultivirtern Länder der drei Erdtheile in sich faßte, in diesen Zeitraum. Denn ungeachtet die Ptolemäer in Aegypten mehrere Philosophen und andere Gelehrte an ihren Hof gezogen, auch sogar eine Art von Akademie unter dem Namen des Museum gestiftet hatten, so war doch die Philosophie als ein ausländisches Studium zu betrachten, welches zwar von manchen Königen begünstiget und geschätzt wurde, aber doch noch nicht eigne Wurzel geschlagen hatte. Vielmehr war Griechenland noch immer das eigentliche Mutterland, die Pflanzschule der Philosophen und der Hauptsitz des philosophischen Studiums. Aber der Ruhm der philosophischen Schulen zu Athen überlebte den Verfall der politischen Freiheit nicht

nicht lange, und so wie die Erpressungen der Römer das Land um seinen Wohlstand brachten, verstummten auch immer mehr die Musen, und ihre Pfleger zerstreueten sich nach Rhodus, Alexandrien und Rom, wo sich immer mehr Große und reiche Individuen fanden, welche aus Neigung oder Eitelkeit Geschmack an den Wissenschaften fanden, und einen Ruhm drein setzten, Beschützer und Beförderer derselben zu seyn. Zudem war es natürlich, daß in Griechenland das Interesse für die Philosophie nach und nach, wo nicht erkaltete, doch abnahm, weil die Originalgenie's seltener wurden, und keine neuen Systeme und Ansichten mehr wie vorhin hervorkamen, sondern der Vortrag der Lehrer und das Studium der Lernenden immer in demselben Kreise eingeschränkt war; da hingegen das Ausland ein altes System, was aber jetzt erst bekannt wurde, mit Begierde und Wohlgefallen als etwas Neues aufnahm.

So ungünstig aber die Zeitumstände in Griechenland, welche die Philosophen in die benachbarten Länder zerstreueten, so anlockend manche äußern Verhältnisse waren, welche sie dahin zogen: so war doch die ganze Lage der damaligen cultivirten Welt nicht so beschaffen, daß die Verpflanzung der Philosophie in andere Länder der Wissenschaft selbst wesentliche Vortheile versprechen konnte. Es ist hier fast derselbe Fall, wie in der organischen Natur mit der Verpflanzung aus einem Boden in den andern; findet das fremde Gewächs nicht einen angemessenen Boden und Nahrungsmittel, so gedeiht es zu keinem fröhlichen Wuchse. Die Philosophie fand in dem römischen Reiche Empfänglichkeit zur Aufnahme, aber keine frische Kraft zu eigenem kraftvollem Getriebe, außer daß hier und da üppige Wasserreben hervorschossen. Die Zerrüttung des römischen Reichs, der herrschende Luxus und das Sittenverderben auf der einen Seite, auf der andern der Druck des Despotismus hinderten das glückliche Fortkommen

men und Emporstreben der Philosophie, wie der andern Wissenschaften. Kärglich sind die Früchte, welche unter diesen Umständen die philosophischen Forschungen der wenigen Männer trugen; sie gingen nicht über das hinaus, was die ältern Griechen durch ihre Forschungen entdeckt hatten; die Ausbreitung, Erläuterung und Verdeutlichung der griechischen Systeme, fortgesetzte Untersuchung der Streitfragen, welche sie entzweiet hatten; historische Kenntniß der griechischen Philosophie; Identität und Verschiedenheit, besonders der aristotelischen und platonischen Philosophie. Dieß war der Kreis der Forschungen, in welchem sich das Nachdenken begränzte, dieß der Tummelplatz manches Streites, durch den keine Wahrheit errungen wurde.

Die Geschichte dieses Zeitraums stellt also größtentheils nur ein Nachspiel schon da gewesener Erscheinungen auf. Dogmatismus und Skepticismus, beide treiben ihr altes Spiel; der erstere ununterbrochen, der zweite nur einigemal nach langen Zwischenzeiten; der Kampf zwischen beiden ist weit weniger hitzig, und wird mit wenigerer Theilnahme des Publicums geführt. Je ruhiger indessen der Skepticismus geworden war, mit desto mehr innerer Kraft und Stärke hatte er gelernt, die gewöhnlichen Waffen gegen den Dogmatismus zu gebrauchen. Er war die einzige Parthie der Philosophie, welche ihrer Vollendung aus dem Gesichtspunkte der griechischen Denker näher geführt ward. Den Grund dazu legte Aenesidem, der die Skepsis des Pyrrho wieder hervorsuchte, und sie den Akademikern, die mit dem Antiochus erklärte Dogmatiker geworden waren, entgegensetzte.

Von den Lebensumständen dieses Mannes ist sehr wenig bekannt, weil nur wenige Schriftsteller seiner erwähnen. Daß er von Geburt ein Kretenser, aus der Stadt Gnossus, war, der sich aber in Alexandrien aufhielt,

hielt, und daß er zu Cicero's Zeiten, oder vielleicht noch etwas später, lebte; dieß sind die wenigen Facta, welche wir von seinem Leben wissen[1]). Es ist wahrscheinlich, daß er aus eigener Neigung dem Studium der Philosophie seine Aufmerksamkeit schenkte, und besonders mit Vorliebe des Heraklits und des Pyrrho Philosophie studirte. Die letztere betrachtete er wenigstens, nach Sextus Zeugniß, als eine Vorbereitung für die erstere[2]). Als nun das Ansehen der letzten Akademiker gesunken, Antiochus offenbar zu der Partei der Dogmatiker wieder übergetreten war, und fast kein Mensch mehr an die Skeptiker und ihre Gründe gegen die Dogmatiker dachte, so nahm sich Aenesidemus vor, die pyrrhonische Schule zu erneuern; er lehrte ihre Grundsätze, und trug sie in einer eignen Schrift: Pyrrhonische Untersuchungen, vor, wovon Photius ein sehr dürftiges Fragment und Sextus einige Stellen erhalten hat[3]).

Wir

---

[1]) Diogenes Laert. IX. §. 116. Eusebius Praeparat. Evangel. XIV, 18. μηδενος δ' επιςραφεντος αυτων, ως ει μηδε εγενοντο το παραπαν, εχθες και πρωην εν Αλεξανδρεια τη κατ' Αιγυπτον Αινεσιδημος τις αναζωπυρειν ηρξατο τον υθλον τουτον. Photius Bibliothec. p. 546. (ed. Rothom. 1653.) nennt ihn ὁ ἐξ αιγων, welches aber wahrscheinlich eine falsche Lesart für αιγυπτιος oder αλεξανδρευς ist. Aegyptier oder Alexandriner kann er gar füglich heißen, weil er in Alexandrien lebte und lehrte. Eusebius Praep. Evangel. XIV. 7.

[2]) Sextus Empiricus Pyrrhon. Hypotypos. 1. §. 210. επει δε οι περι τον Αινησιδημον ελεγον, ὁδον ειναι την Σκεπτικην αγωγην επι την Ηρακλειτειον φιλοσοφιαν· διοτι προηγειται τε τ' αναντια περι το αυτο υπαρχειν, το τ' ακαντια περι το αυτο φαινεσθαι.

[3]) Photius Cod. 212. p. 542. Eusebius Praeparat. Evangel. XIV. c. 18. μηδενος δ' επιςραφεντος αυτων, ως ει μηδε εγενοντο το παραπαν, εχθες και πρωην εν Αλεξανδρεια τη κατ' Αιγυπτον Αινησιδημος τις αναζωπυρειν ηρξατο τον υθλον τουτον.

Wir werden nun Aenesidemus Ansicht von dem Skepticismus und seine Verdienste um denselben darstellen, und dann untersuchen müssen, in wie fern er einen solchen innigen Zusammenhang zwischen dem Skepticismus und dem System des Heraklits annehmen konnte. Und hierbei werden wir auch Gelegenheit finden, unsere im zweiten Bande geäußerte Behauptung, daß nämlich Aenesidem die zehn bekannten skeptischen Zweifelsgründe zuerst vorgetragen habe, durch neue Gründe zu unterstützen.

Das Werk des Aenesidemus bestand aus acht Büchern. In dem ersten entwickelte er den Unterschied zwischen den Pyrrhoniern und Akademikern, und stellte dann die pyrrhonische Methode in einem allgemeinen Abrisse dar. In diesem oder in dem dritten Buche wird er auch wahrscheinlich die zehn allgemeinen Gründe oder Ansichten der Skepsis aufgestellt haben. In dem zweiten Buche handelte er von Wahrheit, Ursache, Wirkung, Accidenzen, Bewegung, Entstehen und Untergange, und zeigte, daß alles dieses ungewiß und nicht erkennbar sey. Das dritte Buch hatte besonders die Bewegung und Empfindung zum Gegenstande, setzte den Widerstreit in den Empfindungen aus einander, und folgerte daraus ebenfalls die allgemeine Ungewißheit und Unerkennbarkeit der Dinge. In dem vierten bestritt er die ganze Lehre von den Zeichen, d. i. die Schlußart von dem Sinnlichen auf das Uebersinnliche, mit Anwendung auf die Natur, Welt und die Götter. In dem fünften sprach er von der Ungültigkeit und Leerheit des Begriffs der Causalität, und erwog vorzüglich die Fehler, welche in den Nachforschungen nach den Ursachen der Erscheinungen begangen werden. Dieses Buch bestand also aus zwei Theilen, skeptische Betrachtung der Causalität in abstracto und concreto. Die Erforschung der Ursachen in concreto nannte er Aetiologie, und was er von den dabei vorgehenden Fehlern sagt, davon

führt

führt Sextus die Hauptpunkte an⁴). In dem sechsten Buche handelte Aenesidem von dem Guten und Bösen, von dem Wünschenswürdigen und Verabscheuungswürdigen, von dem Vorzuziehenden und Nachzusetzenden (προηγμενα, αποπροηγμενα, Unterscheidungen der Stoiker) und bewies, daß der Mensch davon nichts erkenne. Das siebente handelte von den Tugenden, und folgerte aus den mancherlei abweichenden Meinungen der Philosophen, daß diese sich selbst täuschen, wenn sie sich und andern eine Einsicht von dem letzten Grund der Tugend vorspiegeln. Das achte Buch ist gegen die Lehre von dem Endzwecke des Menschen gerichtet; die Philosophen, welche diesen in der Glückseligkeit, oder in dem Vergnügen, oder in der Vernunft gesucht hatten, werden widerlegt. Aenesidem sucht zu beweisen, daß, so viel auch die Philosophen davon schwatzen, es doch keinen Endzweck gebe. Auf diese Art gibt Photius den Inhalt der acht Bücher des Aenesidemus an; ob durchaus richtig, dürfte noch hier und da zweifelhaft scheinen. Hätte es ihm nur gefallen, noch etwas ausführlicher die Gedanken dieses Denkers anzugeben, und wo nicht die Hauptstellen zu excerpiren, doch wenigstens so viel über jedes Buch zu sagen, als er über das erste gesagt hat, so würden wir ihm noch weit mehr Dank wissen, als jetzt, da wir ihm nicht viel mehr als die Kenntniß dieses Werkes verdanken, und zugleich im Stande seyn, über den Skepticismus dieses Mannes noch vollständiger urtheilen zu können. Es ist nur gut, daß er wenigstens aus dem ersten Buche Aenesidems Ansicht von dem pyrrhonischen Skepticismus, und von dem Unterschiede zwischen diesem und dem akademischen in einigen allgemeinen Zügen angegeben hat, woraus unwidersprechlich hervorgeht, daß Aenesidem, ungeachtet des Ansehens, in welchem er bei
dem

---

4) **Sextus Empiric.** *Pyrrhon. Hypotypos.* 1. §. 180.

dem Sextus stehet, doch mehr scharfsinnig als tiefsinnig und consequent in der erneuerten Begründung des Skepticismus verfuhr.

Die Akademiker, sagt er, sind Dogmatiker; sie sehen einiges als unbezweifelbare Wahrheit, einiges als unläugbar falsch an. Die Pyrrhonier sind dagegen durchgängig Zweifler, nehmen überhaupt kein Dogma an, und keiner von ihnen hat eine allgemeine Erkennbarkeit der Dinge so wenig, als eine durchgängige Unbegreiflichkeit derselben behauptet. Nach ihnen ist etwas eben so wenig von dieser als von jener bestimmten Beschaffenheit, als bald von dieser, bald von einer andern Art, oder für den Einen ein solches, für den Andern wieder ein solches, oder für einen Dritten gar ein Unding [5]).

Die Pyrrhonier behaupten nicht, daß der menschliche Verstand alles ohne Unterschied erreichen oder nicht erreichen könne; daß etwas wahr oder falsch, oder wahrscheinlich, real oder nicht real sei, sondern es ist ihnen ein und dasselbe eben so wenig ergründlich als unergründlich, eben so wenig wahr als falsch, wahrscheinlich als unwahrscheinlich, real oder nicht real [6]).

Denn

[5]) Photius l. c. p. 548. οἱ μεν απο της Ακαδημιας δογματικοι τε εισιν, και τα μεν τιθενται αδιστακτως, τα δε αιρεσιν αναμφιβολως· οἱ δε Πυρρωνειοι απορητικοι τε εισι και παντος απολελυμενοι δογματος· και κδεις αυτων το παραπαν ἠτε ακαταληπτα παντα ειρηκεν ητε καταληκτα· αλλ᾿ κδεν μαλλον τοιαδε η τοιαδε, η τοτε μεν τοια, τοτε δε κ τοια· η ᾠ μεν τοιαυτα, ᾠ δε κ τοιαυτα, ᾠ δε κδ᾿ ὁλως οντα.

[6]) Photius l. c. p. 548. ητε μην εφικτα παντα κοινως, η τινα τετων κκ εφικτα, αλλα κδεν μαλλον εφικτα η κκ εφικτα, η τοτε μεν εφικτα, τοτε δε κκ εφικτα· και μην κδ᾿ αληθινον, κδε ψευδος, κδε πιθανον, κδ᾿ ον κδε μη ον· αλλα το αυτο, ὡς ειπειν, κ μαλλον αληθες η ψευδος, η πιθανον η απιθανον, η ον, η κκ ον.

Denn die Pyrrhonier entscheiden über nichts, auch selbst nicht einmal darüber, daß sie nichts entscheiden. So drücken sie sich aus, weil sie sich nicht anders auszubrücken wissen 7). Nur dadurch allein erhalten sich die Pyrrhonier frei von allen Widersprüchen und setzen sich keinen Einwürfen aus, wie die Akademiker, welche vorzüglich jetzt selbst zuweilen stoischen Behauptungen beitreten, und wenn man die Wahrheit sagen soll, als Stoiker erscheinen, welche mit Stoikern im Streite begriffen sind. Sie setzen Tugend und Untugend, Gutes und Böses, Wahrheit und Falschheit, Realität und Nichtrealität voraus, entscheiden über vieles bestimmt, und bezweifeln bloß die begreifende Vorstellung der Stoiker. Dadurch aber gerathen sie, ohne es sich selbst bewußt zu seyn, in Widersprüche. Denn zugleich etwas setzen, und es keck wieder aufheben, und dabey behaupten, daß es allgemein erkennbare Dinge gebe, schließt einen offenbaren Widerspruch in sich. Denn wie ist es möglich, daß man noch zweifelt und unentschieden ist, wenn man erkannt hat, dieses da sey wahr, dieses aber falsch. Kann man noch anstehen, das eine anzunehmen, das andere zu verwerfen. Oder wenn man noch nicht erkannt hat, daß dieses gut oder böse, wahr oder falsch ist, so muß man schlechterdings eingestehen, daß durchaus nichts erkennbar ist. So bald es nur einleuchtend ist, daß man durch die Sinne oder durch den Verstand etwas erkennet, so ist auch alles erkennbar 8).

D 2 Wenn

7) Photius l. c. καθολυ γαρ κδεν ὁ Πυρρωνειος ὁριζει, αλλ' κδε αυτο τκτο, ὁτι κδεν διοριζεται· αλλ' κκ εχοντες φασιν ὁπως το νοκμενον εκλαλησωμεν, κτω φραζομεν.

8) Photius l. c. οἱ δε απο της Ακαδημιας μαλιστα της νυν, και ϛωϊκαις συμφερονται ενιοτε δοξαις, και ει χρη τ' αληθες ειπειν.

Wenn wir voraussetzen, daß Photius diese Gedanken richtig ausgezogen hat, was sich freilich nicht erweisen läßt und beinahe nicht wahrscheinlich ist, da er sich eine sehr geringe Vorstellung von dem Werthe dieses Buches machte, dem er allenfalls einige Brauchbarkeit zur Uebung des logischen Scharfsinnes beimißt, so ergibt sich daraus das Resultat, daß Aenesidemus in seiner Ansicht von dem Wesen und dem Grunde des Skepticismus nicht weiter gekommen ist, als Arcesilaus, Carneades und Philo, den einzigen Punkt ausgenommen, daß er nur den Skepticismus in seiner größten Allgemeinheit genommen für den wahren Skepticismus erklärte. Diese hatten einen bestimmten Punkt, von dem sie ausgingen, und worauf sie ihren Skepticismus gründeten, die begreifende Vorstellung der Stoiker; in Rücksicht auf diese, die als Kriterium der objectiven Wahrheit geltend gemacht werden sollte, behaupteten sie, daß sich nichts über die Wahrheit und die Realität der Erkenntniß entscheiden lasse, auch das nicht, daß sich nichts entscheiden lasse;

ειπειν, ϛωϊκοι φαινονται μαχομενοι ϛωϊκοι. Δευτερον και περι πολλων δογματιζεσι. Αρετην τε γαρ και αφροσυνην εισαγουσι και αγαθον και κακον· υποτιθεντοι και αληθειαν και ψευδος, και δη και πιθανον και απιθανον, και ον και μη ον, αλλα τε πολλα βεβαιως οριζουσι· διαμφισβητειν δε φασι περι μονης της καταληπτικης φαντασιας. Διο οἱ μεν απο Πυρρωνος εν τῳ μηδεν οριζειν ανεπιληπτοι τε παραπαν διαμενουσιν· οἱ δε εξ Ακαδημιας ὁμοιως τας ευθυνας τοις αλλοις φιλοσοφοις ὑπεχουσι. Το δε μεγιϛον, οἱ μεν περι παντος τα προτεθεντος διαπορουντες, το δε συϛοιχον διατηρουσι και ἑαυτοις ε μαχονται, ἀδε μαχομενοι ἑαυτοις συνισασι· το γαρ ἁμα τιθεναι τι και αιρειν αναμφιβολως, ἁμα τε φαναι κοινως ὑπαρχειν καταληπτα, μαχην ὁμολογημενην εισαγει. — ει μεν αγνοιται ὁτι τοδε εϛιν αγαθον η κακον, η τοδε μεν αληθες, τοδε δε ψευδος, και τοδε μεν ον, τοδε δε μη ον· παντως ὁμολογητεον, ἑκαϛον ακαταληπτον ειναι. ει δ'εναργως κατ' αισθησιν η κατα νοησιν καταλαμβανεται· καταληπτον ἑκαϛον φατεον.

laſſe; übrigens waren ſie keine entſchiedenen und durchgängigen Zweifler, läugneten wenigſtens nicht die praktiſchen Wahrheiten, wenn ſie auch nicht in die Gründe derſelben eindringen konnten. Aeneſidem betrachtet nun die Akademiker, dieſes particulären Skepticismus willen, für pure Dogmatiker, die ſich, ohne es gefühlt zu haben, in den gröbſten Widerſpruch geſtürzt hätten, gleichſam als läge in dem Satze: einiges läßt ſich erkennen, einiges nicht, der Widerſpruch: alles läßt ſich erkennen, nichts läßt ſich erkennen.) So wenig nun dieſes Raiſonnement als bündig erſcheint, zumal für unſere Vorſtellungsart, ſo darf man doch auf der andern Seite nicht verkennen, daß die Sache ein anderes Anſehen gewinnet, wenn man ſie aus dem Geſichtspunkte betrachtet, daß eigentlich der Streit der Dogmatiker mit den Akademikern und Skeptikern das Kriterium der Wahrheit betraf. Die erſten behaupteten ein ſolches wirklich gefunden zu haben, die letzten läugneten es. Nun war der Unterſchied zwiſchen einem bloß logiſchen und einem materialen Kriterium oder was daſſelbe iſt, Grundſatz des Wahren, noch nicht entwickelt und blickt kaum hier und da als dunkle Ahndung hervor, wiewohl die ſtreitenden Denker, ſich oft unbewußt, bald die logiſche, bald die materiale Beziehung des Kriteriums mehr vor Augen hatten. Die Akademiker beſtritten das Kriterium in materialer Beziehung, ohne darum logiſche und moraliſche Wahrheiten abläugnen zu wollen. Auf dieſen Unterſchied nimmt nun Aeneſidemus keine Rückſicht, darum beſchuldiget er die Akademiker einer auffallenden Inconſequenz, und darum behauptet er, daß der Skepticismus nur in ſeiner Allgemeinheit haltbar und gründlich ſey.

Allein dieſer allgemeine Skepticismus hat gar keinen philoſophiſchen Charakter. Denn ſoll der Skepticismus philoſophiſch ſeyn, ſo muß er doch wenigſtens etwas Sub-
jectiv-

jectivgewisses haben, von einer sichern Grundlage oder von Gründen ausgehen, welche die Ueberzeugung bewirken, daß entweder keine Erkenntniß möglich, oder daß sie nur bisher noch nicht entdeckt sey, ohne die Möglichkeit zu bestreiten. In dem ersten Falle würde aber ein solcher Skepticismus sich selbst zerstören, wenn er die Unmöglichkeit aller Erkenntniß aus Gründen überzeugend darthun könnte, und sich in ein Dilemma verstricken, welches schon mehrere Dogmatiker entgegengestellt hatten. Aenesidem suchte diesem durch eine Ausflucht zu entgehen, welche ebenfalls einige Akademiker benutzt hatten. Die Pyrrhonier, sagte er, entscheiden über nichts, selbst nicht über das, daß sie nichts entscheidend behaupten. Hierdurch glaubte er den Skepticismus gänzlich von dem Dogmatismus geschieden, und den Skeptiker durch die Lossagung von aller Behauptung gegen alle Einwürfe sicher gestellt zu haben. Dieß heißt aber mit andern Worten so viel als: wir fühlen es, daß wir recht haben, wenn wir nichts für gewiß und ausgemacht behaupten, wir können es aber nicht mit Gründen behaupten. Hiermit hört nun der Skepticismus auf, philosophisch zu seyn.

Nach allem diesem scheint es, als wenn Aenesidemus noch weit davon entfernt war, eine philosophische Ansicht von dem Skepticismus zu gewinnen, und aller Wahrscheinlichkeit nach gelang es erst dem Sextus, durch die Betretung eines andern Weges, dem Skepticismus eine andere vernunftgemäßere Gestalt zu geben. Dieses Resultat stimmt mit einer Nachricht zusammen, welche wir allein dem Sextus verdanken, daß Aenesidemus den Skepticismus als eine Einleitung und Vorbereitung für das Heraklitische System betrachtet habe. Aenesidem behauptete diesen Zusammenhang nicht etwa wegen einiger skeptischen Aeußerungen, die sich bei dem Heraklit finden, sondern weil er wirklich überzeugt war, daß die Idee, welche dem Heraklitischen System zum Grunde lag, alles entstehe

durch

durch entgegengesetztes Wirken, und jedes Ding sey in einem unaufhörlichen Flusse, indem es ohne Unterlaß eine Reihe entgegengesetzter Zustände durchlaufe, und daher alles sey und nicht sey, (man sehe I. B. S. 237.) gegründet sey. Um diese Wahrheit, daß an einem jeden Dinge Entgegengesetztes wirklich sey, (eigentlich werde), einzusehen, sagte er, müsse man sich vorher davon überzeugen, daß an einem und demselben Dinge Entgegengesetztes erscheine 9). Gewiß eine sonderbare Verbindung von Ideen und ein Beweis mehr, daß Aenesidem, wie wir vorhin bemerkten, das Wesen des Skepticismus sich nicht ganz enthüllen konnte. Wie war es möglich, von den Erscheinungen auf das Seyn, von dem Wechsel entgegengesetzter Erscheinungen auf die Vereinigung des Entgegengesetzten in der Natur jedes Dinges zu schließen, nachdem er als Pyrrhonier angenommen hatte, er wisse nichts und könne über nichts entscheiden. Mußte nicht durch jenen Schluß sein Skepticismus oder durch diesen seine dogmatische Behauptung umgestoßen werden? Wie konnte es ihm entgehen, daß er auf diese Art denselben Tadel und mit noch weit größerm Rechte verdiene, den er oben den Akademikern machte?

Diese Inconsequenz ist schwer zu erklären. Historische Data finden sich gar nicht, und nicht leicht wird eine Muthmaßung erdacht werden, welche einigermaßen befriedigte. Wenn man auch annehmen wollte, daß Aenesidem in einem andern Werke die skeptischen Betrachtungen angestellt, in einem andern aber jene Behauptung aufgestellt habe, oder daß er früher ein Anhänger des Heraklitischen Systems gewesen, und dann erst mit dem Skepticismus

des

---

9) **Sextus** *Pyrrhon.* *Hypotypos.* I. §. 210. Man s. oben Note 2.

des Pyrrho bekannt worden sey, so bringt uns dieses um keinen Schritt weiter [10]). Denn die verschiedenen Schriften sind doch dem Inhalte und Zwecke nach zu ähnlich, als daß sie eine so sehr veränderte Denkart begreiflich machen könnten; und wenn man auch annehmen wollte, daß er anfangs Anhänger des Heraklits und hernach erst Pyrrhonier geworden sey, so müßte er nach der obigen Aeußerung doch beides geblieben seyn. Diese Vereinigung ist aber eben das Unbegreifliche, oder wie Sextus, der ihn sonst so sehr schützt, sagt, Ungereimte, welches durch das Factum selbst auf keine Weise gehoben werden kann.

Es bleiben nur zwei Möglichkeiten zu denken übrig. Entweder, Aenesidem war im Grunde ein Heraklitiker, und nur Zeitumstände und wer weiß welche Absichten bestimmten ihn, in dem Geiste des Pyrrho Bücher zu schreiben und den Skepticismus zu lehren, ohne darum aufzuhören, im Innern ein Heraklitiker zu bleiben. Oder es gebrach ihm bei allem Scharfsinn in dem Einzelnen, an durchgreifendem Tiefsinn und systematischem Geiste, um die Unverträglichkeit des Skepticismus mit des Heraklits System aufzufassen, und in das innere Wesen des Skepticismus einzubringen. Diese Verblendung konnte ihm um so eher begegnen, da er in Rücksicht auf die Kenntniß der Gesetze des menschlichen Geistes oder in der Theorie des Erkenntnißvermögens bei derselben Ansicht stehen geblieben war, die Heraklit gewonnen hatte. Er setzte nämlich, gleich diesem Philosophen die Denkkraft nicht in, sondern außer
dem

---

10) Aenesidemus schrieb außer den angeführten πυρρωνειοι λογοι auch noch εις τα Πυρρωνεια υποτυπωσις Diog. IX, §. 78. Euseb. Praep. Evang. XIV, 18. κατα σοφιας und περι ζητησεως Diog. IX, §. 78. Man siehet aber nicht, wie der Inhalt irgend einer derselben etwas zur Aufklärung des Factums beitragen könne.

dem Menschen ¹¹). Darum mußte er ein Fremdling bleiben in Ansehung des Denkens und Erkennens, und der Gesetze dieser Operationen; er erhob sich nicht zu einer allgemeinen umfassenden Ansicht des Slepticismus und des Dogmatismus; und so wie er den Grund des letztern nie deutlich entdeckte, so nahe er auch in den Räsonnements gegen einzelne dogmatische Behauptungen lag, so mochte er auch wohl nie den Grund und die Gränzen des Skepticismus zum deutlichen Bewußtseyn entwickelt haben. Er folgte der Ansicht des Timon, welcher ebenfalls nicht von dem Erkenntnißvermögen, sondern von den Objecten und ihrem Verhältniß zu uns ausging, und nur darum die Zurückhaltung jedes entscheidenden Urtheiles verlangte, weil die Objecte sich nicht bestimmt erklären, was sie sind, oder nicht sind. (Man vergleiche 2 B. S. 181, 185.)

Sextus führet noch einige andere dogmatische Behauptungen des Aenesidems an, in denen er zum Theil dem Heraklit folgte. Dahin gehört die Annahme eines merkwürdigen Unterschiedes unter den Erscheinungen, nach welchem einige allen Menschen auf eine und dieselbe Weise, andere aber jedem Menschen auf eine eigne Weise erscheinen; jene allgemein übereinstimmende Erscheinungen seyen wahr, die abweichenden falsch ¹²); die Behauptung: daß der Theil

von

---

11) Sextus Empiricus adverf. Mathematic. VII. §. 349. 350. αλλα οἱ μεν εκτος τε σωματος την διανοιαν ειναι, ὡς Αινησιδημος, κατα Ἡρακλειτον — οἱ δε αυτην ειναι τας αισθησεις, καθαπερ δια τινων οπων των αισθητηριων προκυπτεσαν, ἧς τασεως ηρξε Στρατων ὁ Φυσικος και Αινησιδημος· ἐκ ἀρα κριτηριον ἐςιν ἡ διανοια.

12) Sextus Empiricus advers. Mathemat. VIII. §. 8. οἱ δε περι τον Αινησιδημον και Ἡρακλειτον και τον Επικερον επι τα αισθητα κοινως κατενεχθεντες, εν ειδει διεςησαν.

von dem Ganzen verschieden und mit demselben identisch sey. Denn das Reale sey das Ganze und der Theil; das Ganze, in Rücksicht auf die Welt, ein Theil, in Rücksicht auf die Natur eines individuellen Thieres [13]); endlich die Behauptung, die Zeit sey entweder das Reale oder die Ursubstanz selbst, oder doch nicht von derselben verschieden. Die Ursubstanz aber sey die Luft. Und daher bezögen sich zwei von den sechs einfachen Redetheilen, die Zeit und die Einheit auf die Substanz, welche körperlich sey [14]). Noch sagt Sextus an einem Orte [15]), Aenesidem habe zwei Gattungen von Bewe-

οἱ μεν γαρ περι τον Αινησιδημον λεγουσι τινα των φαινομένων διαφοραν, και φασι, τουτων τα μεν κοινως φαινεσθαι, τα δε ιδιως τισι· ὡν αληθη μεν ειναι τα κοινως πασι φαινομενα· ψευδη δε τα μη τοιαυτα. ὁθεν και αληθες φερωνυμως ειρησθαι το μη ληθον την κοινην γνωμην.

13) Sextus. advers. Mathemat. IX. §. 337. ὁ δε Αινησιδημος κατα Ἡρακλειτον και ἑτερον φησι το μερος. τα ὁλα και ταυτον. ἡ γαρ ουσια και ὁλη εστι και μερος. ὁλη μεν κατα τον κοσμον· μερος δε κατα την τηδε τα ζωα φυσιν.

14) Sextus Empiric. advers. Mathemat. X. §. 216. σωμα μεν ουν ελεξεν ειναι τον χρονον ὁ Αινησιδημος κατα τον Ἡρακλειτον· μη διαφερειν γαρ αυτον του οντος και του πρωτου σωματος· ὁθεν και δια της πρωτης εισαγωγης κατα ἐξ πραγματων τεταχθαι λεγων τας ἁπλας λεξεις, αἱτινες μερη του λογου τυγχανουσι, την μεν χρονος, προσηγοριαν, και την μονας, ἐπι της ουσιας τεταχθαι φησιν, ἡ τις ἐστι σωματικη· τα δε μεγεθη χρονων και κεφαλαια των αριθμων ἐπι πολυπλασιασμου μαλιστα ἐκφερεσθαι. το μεν γαρ νυν, ὁ δη χρονος μηνυμα ἐστι, ετι δε την μοναδα ουκ αλλο τι ειναι ἠ την ουσιαν· την δε ἡμεραν και τον μηνα και τον ενιαυτον, πολυπλασιασμον ὑπαρχειν του νυν, φημι δε του χρονου· τα δε δυο και τρια και δεκα και ἑκατον πολυπλασιασμον ειναι της μοναδος — §. 233. το τε ον κατα τον Ἡρακλειτον αηρ ἐστιν, ὡς φησιν ὁ Αινησιδημος.

15) Sextus Empiric. advers. Mathemat. X. §. 58. οἱ δε πλειους ἐν οἱς εἰσι και οἱ περι τον Αινησιδημον, διττην τινα κατα το ανωτατω κινησιν απολειπουσι, μιαν μεν, την μεταβλητικην, δευτεραν δε, την μεταβατικην.

Bewegungen übrig gelaſſen, nämlich Veränderung und Raumbewegung. Der Sinn iſt aber nicht, daß er dieſe zwei Gattungen dogmatiſch angenommen, ſondern nur, daß er alle Arten auf dieſe zwei Gattungen zurückgeführt habe. Es iſt die Rede vom Begriffe, nicht von der Sache: denn die Realität der Bewegung beſtritt er durch mehrere Gründe. Auch einige von den angeführten Behauptungen brauchte Aeneſidem zu ſeinen ſkeptiſchen Waffen gegen die Dogmatiker. So wußte er z. B. die Behauptung, der Grund des Denkens liege außer dem Menſchen, und die Gedanken würden durch etwas Aeußeres gewirkt, das durch die Empfindungen der Sinne, wie durch Oefnungen herausdringe, um ſich mit der allgemeinen Denkkraft in Verbindung zu ſetzen, ſehr gut zu benuzen, und er folgerte daraus, daß der Verſtand kein Kriterium der Wahrheit ſeyn könne. Indeß iſt dieß nicht bei allen angeführten Sätzen einleuchtend, am wenigſten verträgt ſich mit ſeinem Skepticismus die Annahme eines Unterſchiedes unter den Erſcheinungen, nach welchem er nothwendig ein Kriterium der objectiven Wahrheit müßte entdeckt haben.

Doch wir halten es für eine vergebliche Mühe, eine Vereinigung aller dieſer Sätze mit dem Skepticismus zu verſuchen; denn wenn es auch bei allen glückte, ſo würde doch die Vorſtellungsart von dem Verhältniß des Skepticismus zum Heraklitiſchen Syſtem allen Verſuchen widerſtreben. Eine Inconſequenz bleibt hier immer haften, und ſelbſt Sextus, der ſonſt den Aeneſidem ſo ſehr verehrt, ſpricht ihn nicht frei davon [16]).

Aene-

---

16) **Sextus Empiricus** *Hypot. Pyrrh.* I. §. 212. ατοπον αρα το την Σκεπτικην αγωγην επι την Ἡρακλειτειον φιλοσοφιαν ὁδον ειναι λεγειν.

Aenesidem war aber dessen ungeachtet ein Mann von großem Scharfsinn, der die Dogmatiker in ihren einzelnen Behauptungen meistens sehr glücklich bestritt. Dieses sein Verdienst müssen wir jetzt noch besonders erwägen, um so mehr, da dieses zum Theil verdunkelt war, und ohne die Bestimmung der Gränzen, wie weit er den Skepticismus brachte, das Verdienst der folgenden Skeptiker, besonders des Sextus, nur sehr unbestimmt gewürdiget werden kann.

Sextus erklärt den Aenesidem und den Menodot, einen seiner nächsten Vorgänger, für die Häupter der Secte der Skeptiker [17]. Sextus schrieb, gleich dem Aenesidem, einen Grundriß des Skepticismus und seine Berufungen auf diesen Schriftsteller und die Befolgung fast derselben Ordnung und Methode beweisen, wie vieles dieser ihm vorgearbeitet hatte. Dieses würde aber noch einleuchtender seyn, wenn uns eine vollständige Vergleichung beider Schriften möglich wäre. Doch wird dieses auch durch die Betrachtung einiger Bruchstücke aus den Schriften des Aenesidemus, wie sie uns vorzüglich Sextus erhalten hat, und durch die Beleuchtung einiger skeptischen Betrachtungen, wie wir glauben, wenigstens zum Theil überzeugend dargethan werden.

Die skeptische Denkart ist nach Aenesidem die vergleichende Reflexion über Erscheinungen, oder was sich der Mensch überhaupt vorstellt, deren Resultat ist, daß die größte Verwirrung und Gesetzlosigkeit in allen Dingen herrscht [18]. Eine voll-

---

17) Sextus Empiric. *Hypotyp. Pyrrh.* I. §. 222. νυν δε ὡς εν ὑποτυπωσει διαλαμβανομεν κατα Μηνοδοτον και Αινησιδημον (ὁτοι γαρ μαλιϛα ταυτης προεϛησαν της ϛασεως).

18) Diogenes Laert. IX. §. 78. εϛιν ὁ Πυρρωνειος λογος μνημη τις των φαινομενων η των ὁπωσουν νοουμενων, καθ᾽ ἣν παντα πασι συμβαλλεται, και συγκρινομενα πολλην ανωφελειαν και ταραχην εχοντα εὑρισκεται, καθα φησιν Αινεσιδημος

vollkommne Gemüthsruhe und Gleichgültigkeit in Ansehung der Objecte ist der Endzweck und die letzte Folge dieser Vergleichung. Man siehet wohl, daß Sextus bei seiner Einleitung in den pyrrhonischen Skepticismus das Werk des Aenesidemus vor Augen hatte, und bei seiner Erklärung der Skepsis diese Erklärung zum Grunde legte, jedoch mit einigen Abweichungen, welche eine Folge der in etwas abweichenden Denkart beider Männer seyn möchten. Nach Aenesidem bringen die Objecte durch die entgegengesetzten Vorstellungen, welche sie darbieten, diese Unentschiedenheit selbst hervor; jeder nachdenkende Mensch, der gewohnt ist, die Vorstellungen von den Objecten zu behalten und sie zu vergleichen, wird schon von selbst darauf geführt, das Widerstreitende in der Ansicht der Objecte, welche eine Folge von der Natur der Objecte selbst ist, wahrzunehmen. Die Skepsis ist eine μνημη oder μηνυσις. Sextus hingegen betrachtet sie vielmehr als ein besonderes Talent des menschlichen Geistes, alle mögliche Arten von Vorstellungen einander entgegen zu setzen, um zur Zurückhaltung alles entscheidenden Urtheils und dadurch zur Gemüthsruhe zu gelangen. Darin verfuhr aber Sextus mit mehr Einsicht, daß er das Object der Skepsis schärfer bestimmte, indem er Erscheinungen und die denselben zum Grunde liegenden Objecte von einander unterschied, und den Skepticismus nur auf die letzten ausdehnte, ohne in denselben Fehler wie Aenesidem zu verfallen, und dogmatisch zu behaupten, daß die Dinge an sich eben so beschaffen sind, wie die Erscheinungen; daß in ihrer Natur der Grund von dem mannigfaltigen, abwechselnden und widerstreitenden Spiele lieget, welches die Erscheinungen darbieten.

Durch

δημος εν τη εις τα Πυρρωνεια υποτυπωσει. Ob man μνημη oder μηνυσις nach Galesius Conjectur lese, ändert nicht viel in dem Sinne. §. 107. τελος δε οι σκεπτικοι φασι την εποχην, η σκιας τροπον επακολυθει η αταραξια, ως φασιν οι τε περι τον Τιμωνα και Αινεσιδημον.

Durch diesen dogmatisch-skeptischen Gesichtspunkt kam Aenesidem wahrscheinlich auf die so bekannten zehn Zweifelsgründe. Er schloß nämlich so: Sind die Erscheinungen durch die Natur der Dinge bestimmt, so daß man von jenen auf diese schließen darf; weisen die Erscheinungen auf ein durchaus veränderliches Seyn der Objecte hin, so wird man die Natur der Dinge nicht besser kennen lernen, als wenn man den Wechsel der Erscheinungen von allen möglichen entgegengesetzten Seiten betrachtet [19]. Das Widerstreitende in den Erscheinungen brachte er nun unter zehn verschiedene Gesichtspunkte, (τοποι oder τροποι της σκεψεως). Schon aus diesem Grunde wird es wahrscheinlich, daß Aenesidem der Erfinder derselben ist, weil die Veranlassung und die bestimmte Richtung des Denkens, woraus sie hervorgingen, sich bei ihm so natürlich und begreiflich nachweisen lassen. Hierzu kommen aber noch historische Zeugnisse, welche in Verbindung mit jenem innern Grunde kaum einen Zweifel übrig lassen.

Ungeachtet Sextus versichert, daß diese skeptischen Raisonnemens von den ältern Skeptikern gewöhnlich gebraucht und den folgenden überliefert worden seyn [20]; so muß man sich doch wundern, daß weder Sextus noch ein anderer Schriftsteller einen ältern Skeptiker als den Aenesidem

---

[19] Sextus Empiricus *Hypotypos. Pyrrh.* I. §. 210. επει δε οἱ περι τον Αινησιδημον ελεγον ὁδον ειναι την Σκεπτικην αγωγην επι την Ἡρακλειτειον φιλοσοφιαν· διοτι προηγειται τα τ'εναντια περι το αυτο ὑπαρχειν, το τ'εναντια περι το αυτο φαινεσθαι· και οἱ μεν Σκεπτικοι φαινεσθαι λεγουσι τα εναντια περι το αυτο· οἱ δε Ἡρακλειτειοι απο τουτου και επι το ὑπαρχειν αυτα μετερχονται.

[20] Sextus Empiricus *Pyrrhon. Hypotyp.* I. §. 36. παραδιδονται τοινυν συνηθως παρα τοις αρχαιοτεροις Σκεπτικοις τροποι, δι' ὧν η εποχη συναγεσθαι δοκει δεκα τον αριθμον, οὓς και λογους και τοπους συνωνυμως καλουσι.

sidem nennt, bei welchem sie gefunden werden. Allein man darf schon hieraus vermuthen, daß Sextus nicht die ältesten Skeptiker, den Pyrrho und den Timon, sondern den Aenesidem und die darauf zunächst folgenden müsse gemeint haben, so daß diese ältern in der Mitte zwischen den alten und neueren stehen. Daher werden auch erst nach Christi Geburt Schriften zur Erläuterung der zehn Zweifelsgründe erwähnt z. B. von Plutarchus und Favorinus [21]).

Was aber hier vorzüglich entscheiden muß, ist das Zeugniß des Aristokles und des Sextus selbst. Von dem ersten hat Eusebius ein Fragment erhalten, worin eine Widerlegung des pyrrhonischen Skepticismus vorkommt. Aristokles gehet in der beiläufig eingestreuten Geschichte desselben nur bis auf den Timon und Aenesidem zurück und führt beide als die Hauptschriftsteller über diese Art zu philosophiren an. Gleichwohl meldet er nichts davon, daß Timon diese skeptischen Raisonnemens in dieser bestimmten Gestalt aufgestellt habe; aber er sagt ausdrücklich, daß Aenesidem der erste war, der diesen Versuch machte, und er führt den Hauptinhalt und die Tendenz derselben in eben der Ordnung an, wie wir sie bei dem Dio-

---

[21]) Gellius *Noct. Atticar.* XI. c. 5. super qua re Favorinus quoque subtilissime argutissimeque decem libros composuit, quos πυρρωνειων τροπων inscripsit. Von Plutarch wird in dem Verzeichniß seiner Schriften eine περι των Πυρρωνος δεκα τοπων angeführt. Dieser Titel berechtiget aber noch keineswegs zu dem Schlusse, daß Plutarch den Pyrrho für den Erfinder derselben erkläre; denn in dem uneigentlichen Sinne kann man für πυρρωνειοι λογοι auch Πυρρωνος λογοι sagen, in sofern Pyrrho als erster Skeptiker für Skeptiker überhaupt genommen werden kann. Nur in diesem Sinne braucht auch Sextus η σκεπτικη und Πυρρωνειος αγωγη (*Hypotypos.* I. c. 3.) für gleichbedeutend.

Diogenes lesen [22]). Sextus endlich sagt es mit ausdrücklichen Worten, daß die skeptischen Betrachtungen nach den zehn Gesichtspunkten, wie wir sie in dem ersten Buche seines Grundrisses lesen, wenigstens dem Inhalte nach aus dem Aenesidem entlehnt sind [23]).

Allein, könnte man einwenden, darf man daraus, daß Sextus den Inhalt der zehn skeptischen Zweifelsgründe aus dem Aenesidem genommen hat, schließen, daß dieser auch der Erfinder derselben sey? Konnten sie nicht bei frühern Schriftstellern vorkommen, wenn sie auch Aenesidem vielleicht unter den ältern am besten dargestellt hat? Gegen die logische Möglichkeit dieses Einwurfes kann man zwar nichts erinnern, allein in historischer Rücksicht läßt sich nichts für denselben, aber sehr vieles gegen denselben sagen. Wie unwahrscheinlich ist es dann nicht, daß auch nicht ein einziger Schriftsteller etwas von diesen skeptischen Raisonnemens der ältesten Pyrrhonier anführt; daß auch nicht ein einziges Citat für einen derselben wie für den Aenesidem gefun-

---

[22] Eusebius Praeparat. Evangel. XIV. c. 18. ὁποταν γε μην Αινησιδημος εν τη ὑποτυπωσει τας εννεα (ist wohl ein Schreibfehler für δεκα) διεξιν τροπus, κατα τοσαυτας γαρ αποφαινειν αδηλα τα πραγματα πεπειραται, ποτερoι αυτον φωμεν ειδοτα λεγειν αυτας η αγνοουντα; φησι γαρ ὁτι τα ζωα διαφερει, και ἡμεις αυτα, και αἱ πολεις και οι βιοι και τα εθη και οι νομοι· και τας αισθησεις δε φησιν ἡμων, ασθενεις ειναι και πολλα τα εξωθεν λυμαινομενα την γνωσιν, αποστηματα και μεγεθη και κινησεις, ετι δε το μη ὁμοιως διακεισθαι νεας και πρεσβυτερας και εγρηγοροτας και κοιμωμενας και ὑγιαινοντας και νοσουντας· ουδενος τε ἡμας ἁπλα και ακραιφνεις αντιλαμβανεσθαι· παντα γαρ ειναι συγκεχυμενα και προς τι λεγομενα. Diogenes Laert. IX. §. 79 seq.

[23] Sextus Empiric. advers. Mathemat. VII. §. 345. ψευδονται γε εν πολλοις αἱ αισθησεις και διαφωνουσιν αλληλαις καθαπερ εδειξαμεν τας παρα τω Αινησιδημω δεκα τροπας επιοντες.

gefunden wird? Wie unwahrscheinlich ist es nicht, daß man so spät versuchte, sie mit mehr Methode und logischem Geiste zu bearbeiten, wenn sie schon Pyrrho oder Timon in der Gestalt, wie sie bei dem Sextus vorkommen, gebraucht hätte?

Doch vielleicht dürfte man aus ihrem Inhalte, daß in ihnen nämlich immer nur von Empfindungen, nicht auch von dem Denken, die Rede ist, gerade auf das Gegentheil schließen, daß sie in ein weit früheres Zeitalter, und eher dem Timon als dem Aenesidem, angehören. Allein auch dieser Einwurf ist schon dadurch entkräftet worden, daß diese Eigenthümlichkeit, wie wir gezeigt haben, sich mit der Ansicht des Aenesidems am ersten vereinigen läßt. Wir geben gerne zu, daß diese Raisonnemens noch etwas Jugendliches verrathen, vorzüglich in den übereilten Schlüssen, welche aus dem Widerstreit der Empfindungen gezogen werden; aber Aenesidem kann auch mit allem Recht als der zweite Urheber des Skepticismus betrachtet werden.

Dieses historische Datum bietet uns außerdem einen festen Punkt für die Geschichte des Skepticismus dar. Wir gewinnen durch denselben eine sichere Gränzlinie für die Unterscheidung des ältern und neuern Skepticismus, können nun mit freierem Blick den Fortgang und die Ausbildung desselben verfolgen, und das Factum erklären, daß unmittelbar nach dem Aenesidem andere Skeptiker den Versuch machten, die zehn skeptischen Gesichtspunkte auf wenigere und allgemeinere zurückzuführen, welches unbegreiflicher seyn würde, wenn Pyrrho oder Timon der erste Erfinder derselben gewesen, und eine Reihe von Denkern bis auf den Agrippa keinen Schritt weiter gegangen wäre.

Bei dem allen glauben wir nicht, daß uns Sextus das Raisonnement des Aenesidemus ganz rein und unvermischt wieder gegeben habe, ohne Zusätze und Berichtigungen nach seiner eignen Denkart. Die Ansicht des Aenesidemus von dem Skepticismus und seiner Tendenz, welche Sextus sich nicht enthalten kann für ungereimt zu erklären, führt uns schon von selbst auf diese Annahme, und in den Folgerungen, die aus der skeptischen Betrachtung der Erscheinungen hergeleitet werden, scheint uns mehr der Geist des Sextus als des Aenesidemus zu wehen. Aber freilich läßt sich diese Scheidung des hinzugekommenen Fremdartigen nicht bis in das Einzelne verfolgen.

Der erste Zweifelsgrund ist von der Verschiedenheit der Thiere und der daraus entspringenden Verschiedenheit der Empfindungen hergenommen. Die Thiere haben einen so verschiedenen Ursprung, und so viel Abweichendes in dem Bau ihres Körpers, daß man daraus mit Grund schließet, daß sie von einem und demselben Gegenstande nicht einerlei und übereinstimmende Empfindungen bekommen. Die Thiere werden auf verschiedene Art gezeugt, leben nicht in einerlei Elemente, haben verschiedene Nahrungsmittel, weichen in dem Bau der Sinnenwerkzeuge von einander ab: also werden auch ihre Empfindungen von einander abweichend seyn. Die Analogie spricht dafür. Den Gelbsüchtigen erscheinen alle Gegenstände gelb; also werden auch den Thieren, welche bleiche oder gelbe, oder rothe Augen haben, die Gegenstände in einer andern Farbe sich darstellen. Die Taschenspieler können machen, daß alle gegenwärtige Personen schwarz oder kupferfarbig aussehen, wenn sie die Dachte mit einer gewissen Materie reiben: eben so werden auch die verschiedenen Mischungen der Säfte in den Augen der Thiere verschiedene Farbenspiele hervorbringen. So wie die Gegenstände groß oder klein erscheinen, je nachdem der Spiegel erhaben oder vertieft geschliffen ist: so ist es zu erwarten, daß die Gegenstände sich den Thieren in verschiedener Gestalt und Größe darstellen, je nachdem ihre Augen

ver-

verschieden gestaltet sind. Auf diese Art verhält es sich nicht allein mit den Augen, sondern auch mit den übrigen Sinnen. Wie läßt es sich zum Beispiel denken, daß die Thiere, die mit Schalen, Stacheln, Federn, Schuppen bedeckt sind, auf einerlei Art durch das Gefühl afficirt werden? Denn gleichwie dieselbe Nahrung, wenn sie in unsern Körper aufgenommen und verdauet ist, hier in Adern, dort in Knochen, dort in Nerven verwandelt wird, und verschiedene Wirkungen hervorbringt, je nachdem die Theile verschieden sind, welche sie aufnahmen; und so wie das Wasser, mit welchem man die Bäume besprengt, obgleich kein zusammengesetzter Stoff, dennoch durch die Circulation hier in Rinde, dort in Zweige und Früchte übergehet: so ist es auch nicht befremdend, wenn dieselben Gegenstände nach der Verschiedenheit der von ihnen Vorstellungen bekommenden Thiere jedem anders erscheinen. Durch nichts wird dieses so einleuchtend als dadurch, daß verschiedene Thiere nicht einerlei Dinge lieben und suchen, hassen und fliehen. Erscheint also ein und derselbe Gegenstand verschiedenen Thieren auf verschiedene Weise, so läßt sich wohl sagen, wie dem Menschen ein Gegenstand erscheint, aber nicht wie er an sich selbst ist, oder welche von den mannigfaltigen Empfindungen, durch welche er erscheint, mit dem Objecte an sich übereinstimmt. Der Einwurf könnte zwar gemacht werden, das Resultat treffe nicht, weil Menschen und Thiere in eine Klasse mit einander gesetzt worden, ohne auf den großen Unterschied Rücksicht zu nehmen, durch welchen die Natur den Menschen als vernünftiges Wesen ausgezeichnet hat. Allein die Dogmatiker, welche diesen Einwurf machen, werden durch ihre eignen Waffen geschlagen, indem selbst berühmte Dogmatiker z. B. Chrysipp behaupten, daß die Thiere ebenfalls vernünftige Wesen sind. Und dann lehret die genaue Betrachtung der Thiere, z. B. eines sonst verächtlichen Thieres, des Hundes, daß sie nicht allein in Ansehung der Schärfe mehrerer

Sinne, sondern auch in Ansehung des Verstandesgebrauchs, selbst in Ansehung der Sprache, nicht verdienen, den Menschen nachgesetzt zu werden [24]).

Der zweite Zweifelsgrund betrift die Verschiedenheit der Menschen. Gesetzt, man wollte den Menschen einen Vorzug vor den Thieren einräumen, so daß man in Ansehung der Erkenntniß der Dinge ausschließend auf ihre Urtheile hören müßte, so gewinnt der Dogmatiker durch diese Nachgiebigkeit nicht das Geringste, weil die Menschen so sehr von einander abweichen. Diese Verschiedenheit zeigt sich erstlich an dem Körper. Nicht allein die äußere Gestalt des menschlichen Körpers, sondern auch die Mischung und das Verhältniß der Säfte stellt die größte nationale und individuelle Mannigfaltigkeit dar. Diese beweiset aber, daß ein Mensch nicht wie der andere von den äußern Gegenständen afficiret wird, nicht dieselben Vorstellungen erhält; und daher rührt es, daß die Neigungen und Abneigungen so sehr abweichend sind. Da nun der Körper, wie die Physiognomen sagen, ein Spiegel der Seele ist, so folgt schon aus der abweichenden Beschaffenheit des Körpers, daß auch die Seelen der Menschen eben so mannigfaltig und verschieden sind. Noch mehr erhellet dieses aber aus der Uneinigkeit der Menschen in Rücksicht auf das, was sie begehren und verabscheuen, für gut oder böse halten. Denn das Begehren und Verabscheuen wird durch das Gefühl der Lust und Unlust bestimmt, Lust und Unlust aber hängt ab von dem Empfinden und Vorstellen. Würden nun alle

Meh-

---

[24] Sextus Empiricus *Hypotyp. Pyrrh.* I; §. 40. seq. Diogen. Laert. IX §. 80. Es verdient bemerkt zu werden, daß hier Sextus §. 65. des λογος ενδιαθετος und προφορικος als einer Eintheilung der Stoiker erwähnt, und diese als die größten Gegner des Skepticismus zu jener Zeit nennet. Dieses beziehet sich augenscheinlich mehr auf das Zeitalter des Aenesidems als des Sextus.

Menschen, von den äußern Dingen auf einerlei Art afficirt, so würden sie auch dieselben Empfindungen und Vorstellungen, dieselben Gefühle haben, und in ihren Begehrungen und Neigungen einstimmig seyn. Wir können also wohl sagen, wie uns die Gegenstände erscheinen, aber nicht, wie sie an sich sind. Denn um dieses letzte zu können, müßte man entweder allen Menschen, oder nur einigen glauben. Das erste ist wegen der Widersprüche, und das zweite deswegen nicht möglich, weil sich nicht bestimmen läßt, welche diese einigen unter der Gesammtheit der Menschen seyn sollen. Ungereimt wäre es endlich, eine Mehrheit vorzuschlagen, da Niemand alle Menschen durchgehen und, worin sie einstimmig sind, untersuchen kann [25]).

Dritter Zweifelsgrund. Durch das vorhergehende wird schon der Dünkel der Dogmatiker, welche sich gerne als Richter, nicht als Partei in dieser Streitsache geltend machen wollen, niedergeschlagen. Doch wollte man es auch auf den Ausspruch eines Einzelnen, z. B. des stoischen Weisen ankommen lassen, so tritt abermals die Uneinigkeit der Sinne in den Weg. Ein Gemälde erscheint dem Auge mit Erhabenheiten und Vertiefungen; das Gefühl entdeckt nichts davon. Das Honig ist Einigen für den Geschmack angenehm, für das Auge unangenehm. Es ist also unmöglich zu bestimmen, ob es an und für sich angenehm oder unangenehm ist. Das Regenwasser ist den Augen zuträglich, macht aber die Luftröhre und die Lunge rauh. Ueberhaupt erscheint uns jeder Gegenstand der Sinne als ein Mannigfaltiges, z. B. der Apfel als etwas Glattes, Wohlriechendes, Süßes, Blaßgelbes. Es ist ungewiß, ob er diese verschiedenen Eigenschaften wirklich und außer diesen keine andern besitzt; oder ob er seiner
Na-

---

25) Sextus Empiricus Hypotyp. Pyrrhon. I. §. 79. seq. Diogen. Laert. IX. §. 81.

Natur nach etwas einfaches ist, das nur durch die verschiedene Einrichtung der Sinne mit so verschiedenen Beschaffenheiten erscheint; oder ob er außer den durch die Sinne zu entdeckenden Eigenschaften noch mehrere hat, welche uns nicht bekannt werden. Der eine Fall ist so möglich und gedenkbar als der andere. Es läßt sich z. B. denken, daß uns die Sinne für mehrere Eigenschaften fehlten, so wie für den Blinden und Tauben Farben und Töne nicht wahrnehmbar sind; so könnten auch die Sinnenobjecte noch ganz andere Eigenschaften besitzen, die wir wegen des Mangels anderer Sinne nie entdeckten. Oder sollte man behaupten, die Natur habe uns die Sinne gerade so zugemessen und zugetheilt, daß sie den Objecten vollkommen entsprächen? Dann entsteht nun die Frage: welche Natur? und wir gerathen wieder in lauter Ungewißheit und Streit mit den Dogmatikern. Es bleibt uns also das Object der Empfindungen durchaus unbekannt und da es die Sinne nicht erkennen, so ist es auch für den Verstand unerforschlich [26]).

Vierter Zweifelsgrund. Zufällige Zustände und Veränderungen des Subjects machen die Erkenntniß der Objecte ungewiß. Je nachdem ein Mensch in einem natürlichen oder widernatürlichen Zustande sich befindet, wacht oder schläft, jung oder alt, in Ruhe oder Bewegung ist, diese oder jene Sache liebt oder haßt, hungrig oder gesättigt, nüchtern oder trunken ist, diese oder jene vorhergegangene Empfindung eine gewisse Stimmung hervorgebracht hat, oder je nachdem er beherzt oder furchtsam in dem Zustande der Lust oder Unrust ist; nach allen diesen Umständen ändern sich die Empfin-

---

[26]) Sextus Empiricus *Hypotyp. Pyrrhon.* I. §. 90. seq. Diogen. Laert. IX. §. 81.

findungen und Vorstellungen ab, und die Gegenstände erscheinen auf eine andere Art ²⁷).

'Fünfter Zweifelsgrund. Ungewißheit der Erkenntniß wegen der verschiedenen Lage und Entfernung der Objecte, oder überhaupt wegen der Raumverhältniſſe. Ein Schiff scheint in der Entfernung klein und unbeweglich, in der Nähe groß und in Bewegung; ein Thurm sieht in der Entfernung rund, in der Nähe viereckigt aus. Ein Licht brennt in dem Sonnenscheine dunkel, in der Finsterniß helle; das Ruder erscheint innerhalb des Wassers gebrochen, außerhalb desselben gerade. Ein Gemälde scheint eben zu seyn, oder Erhabenheiten und Vertiefungen zu haben, je nachdem man demselben eine andere Lage zu dem Auge gibt, und der Hals einer Taube läßt nach Verschiedenheit der Lage andere Farben spielen. Da nun jedes Object in einem Raume, in einer gewissen Entfernung und Lage wahrgenommen werden muß, durch alles dieses aber die Vorstellungen anders modificiret werden: so folgt, daß ein bestimmtes Urtheil über das Object an sich selbst unmöglich ist ²⁸).

Sechster Zweifelsgrund. Wir erhalten keine Empfindung rein, allen ist etwas Fremdartiges zugemischt, sowohl von andern Objecten, als auch von den empfindenden Subjecten. Die Farbe der Menschen erscheint anders in der warmen, als in der kalten Luft; die Stimme ist

---

27) Sextus Empiricus Hypotyp. Pyrrhon. I. §. 100 seq. Diogen. Laert. IX. §. 82.

28) Sextus Empiricus Hypotyp. Pyrrhon. I. §. 118 seq. Diogen. Laert. IX. §. 85.

ist anders in einer dünnen als in einer dicken Luft. Gewürze riechen stärker in dem Badezimmer und in der Sonne, als in der kalten Luft. Ein Körper ist in dem Wasser leichter, in der Luft schwerer. Die Augen enthalten verschiedene Häute und Säfte; alle Gesichtsempfindungen werden zugleich durch diese modificirt; daher erscheint den Gelbsüchtigen alles gelb, und wer an Augenentzündungen leidet, siehet alles roth. Da die Töne in freien Oertern anders modificirt sind, als in eingeschlossenen, engen und gewundenen, anders in reiner, als in verdickter und trüber Luft: so müssen wir analogisch schließen, daß wir keinen Ton rein wahrnehmen, weil das Gehörwerkzeug aus engen, gewundenen Gängen besteht, welche mit Dünsten aus dem Kopfe angefüllt sind. Nicht anders verhält es sich mit den übrigen Sinnen. Die Sinne nehmen also kein Object wahr, wie es an sich, abgesondert von allen andern ist; aber auch der Verstand nicht. Denn erstlich täuschen die Sinne, welche den Verstand leiten; zweitens mischt der Verstand auch vielleicht etwas von den Sinnen zu dem hinzu, was die Sinne darstellen. Denn das Denkvermögen mag nun, wie die Dogmatiker behaupten, in dem Gehirne, oder in dem Herzen, oder in einem andern Theile des Körpers seinen Sitz haben, so finden wir an jedem Orte, wohin man es nur setzen will, gewisse daselbst einheimische Säfte [29]. Da wir nun keine Vorstellungen erhalten, in welchen ein Object rein und abgesondert von allen andern dargestellt würde, so wissen wir auch nicht, wie die

---

[29] Sextus Empiricus *Hypotypos. Pyrrhon.* I. §. 128. ἀλλ' οὐδὲ ἡ διάνοια· μάλιστα μὲν, ἐπεὶ αἱ ὁδηγοὶ αὐτῆς αἱ αἰσθήσεις σφάλλονται· ἴσως δὲ καὶ αὐτὴ ἐπιμιξίαν τινα ἰδίαν ποιεῖται πρὸς τὰ ὑπὸ τῶν αἰσθήσεων ἀναγγελλόμενα· περὶ γὰρ ἕκαστον τῶν τόπων, ἐν οἷς τὸ ἡγεμονικὸν εἶναι δοκοῦσιν οἱ Δογματικοὶ, χυμάς τινας ὑποκειμένους θεωροῦμεν. Dieser Gedanke mag wohl ein Zusatz des Sextus seyn.

die Objecte an sich ihrer Natur nach sind ³⁰).

Der siebente Zweifelsgrund betrift die Quantität und Structur der äußern Objecte, und die davon abhängende Verschiedenheit der Vorstellungen und Empfindungen, welche uns nöthiget, ein entscheidendes Urtheil über das Wesen der Dinge zurückzuhalten. Wenn man das Horn einer Ziege schabt, so sehen die kleinen unverbundenen Theilchen weiß, in der Zusammensetzung als Horn aber schwarz aus. Die einzelnen abgefeilten Theile des Silbers erscheinen schwarz, in der Verbindung aber weiß. Mäßig getrunkener Wein stärkt, übermäßig genossen aber schwächt er den menschlichen Körper. Die zusammengesetzten Arzneimittel wirken auf ganz verschiedene Art, je nachdem die einzelnen Bestandtheile in dem gehörigen Maße mit einander vereiniget worden oder nicht. Wir nehmen also immer nur Verhältnisse wahr, und können die Natur der Dinge nicht ergründen, weil die Empfindungen durch die Verbindungen und Verhältnisse mit andern immer abgeändert werden ³¹).

Achter Zweifelsgrund. In den vorhergehenden Betrachtungen war schon vielfältig auf das Relative in den Empfindungen und Vorstellungen Rücksicht genommen; Aenesidem widmet aber diesem Punkte seiner

---

30) Sextus Empiricus *Hypotypos. Pyrrhon.* I. §. 124 seq. Diogen. Laert. IX. §. 84.

31) Sextus Empiric. *Hypotyp. Pyrrh.* I. §. 129 seq. Diogen. Laert. IX. §. 86. Hier weicht Laerz vom Sextus ab. Nach dem ersten wurde außer den Quantitätsverhältnissen auch von Wärme und Kälte und von den Farben gehandelt. ὄγδοος, ὁ παρὰ τὰς ποσότητας αὐτῶν ἢ θερμότητας ἢ ψυχρότητας, ἢ ταχύτητας ἢ βραδύτητας, ἢ ὠχρότητας, ἢ ἑτεροχροιότητας.

seiner Wichtigkeit wegen noch eine besondere Betrachtung. Wenn alles nur in Verhältniß zu etwas anderm vorgestellt wird, so bleibt uns das wahre Wesen der Natur unbekannt. Denn so wie Vater und Sohn, größer und kleiner, schwer und leicht, nur in Beziehung auf einander vorstellbar sind, und wenn das eine Correlat aufgehoben wird, das andere in der Vorstellung verschwindet: so folget, daß wir nur Beziehungen uns vorstellen, keine den Dingen an sich zukommende Eigenschaften, welche auch außer der Vorstellung gegründet wären [32]. **Alles ist aber relativ in doppelter Beziehung, theils in Beziehung auf das Vorstellende, theils in Beziehung auf das Vorgestellte unter einander.** Denn alles, was vorgestellt wird, stehet in Verhältniß zu dem Vorstellenden, zu den besondern Eigenthümlichkeiten jedes individuellen Thieres, Menschen, und jedes besondern Sinnes. Alles Vorgestellte aber wird nur unter besondern Verbindungen, Zusammensetzungen, Vermischungen, auf eine bestimmte Weise, in bestimmter Quantität und Lage wahrgenommen.' — Sextus führt noch besondere Gründe an, woraus folget, daß alles relativ ist, d. h. nach der Sprache der Skeptiker scheinet, ob sie aber auch dem Aenesidem zugehören, läßt sich nicht entscheiden. Es sind folgende. Die Dogmatiker theilen die Dinge ein in relative und absolute (τα προς τι, τα προς διαφοραν, die sich an sich, ohne alle Beziehung, als individuelle Wesen von einander unterscheiden). Entweder sind nun die relativen von den absoluten unterschieden, oder nicht. In dem letzten Falle sind auch die absoluten Dinge relativ; eben

---

[32] Diogenes Laert IX. §. 87. Φυσα μεν αχ εϛι δεξιον, κατα δε την ως προς το ετερον σχεσιν νοειται. μετατεθεντος γαρ εκεινε, εκ ετ' εϛαι δεξιον. ὁμοιως και πατηρ και αδελφος ως ποϛ τι· και ἡμερα, ως προς τον ἡλιον· και παντα, ως προς την διανοιαν. αγνωϛα αν τα προς τι, ως καθ' ἑαυτα.

eben so aber auch in dem erſten. Denn Differenz, Verſchiedenheit, iſt nur denkbar in Beziehung auf etwas anderes. — Alle Dinge laſſen ſich unter Gattungen und Arten ordnen; die Arten ſind aber theils höher theils niedriger, und von den Gattungen gibt es eine höchſte und niedrigſte. Alles dieſes aber ſind Relationen. — Die Dinge ſind theils **wahrnehmbar, theils nicht wahrnehmbar** (προδηλα, αδηλα). Die Erſcheinungen ſind das Wahrnehmbare und zugleich dasjenige, wodurch ſich das nicht wahrnehmbare Object erkennen läßt. Beide Arten von Gegenſtänden ſtehen alſo in dem Verhältniß, wie das **Bezeichnende** und das **Bezeichnete** zu einander 33). Ferner ſind die Dinge entweder **ähnlich** oder **unähnlich**, und jene wieder gleich oder ungleich, welches wieder Relationen ſind. Wenn aber auch jemand behaupten wollte, nicht alles ſey relativ, der würde ſchon durch ſeine Behauptung eingeſtehen, was er läugnet, indem er dadurch an den Tag leget, daß er eine andere Anſicht von den Dingen hat, als die Skeptiker. — Hieraus ergibt ſich alſo, daß **wir keinen Gegenſtand an ſich nach ſeinem Weſen und abſoluten Eigenſchaften erkennen, ſondern nur wahrnehmen, wie er in Beziehung auf etwas anderes erſcheinet** 34).

Neunter Zweifelsgrund. Das Seltene und das Gemeine hat einen großen Einfluß auf unſere Empfindungen und Urtheile.
Ein

---

33) Sextus Empiricus *Hypotyp. Pyrrh.* I. §. 138. ετι των οντων τα μεν εςι προδηλα, τα δε αδηλα, ως αυτοι (οἱ Δογματικοι) φασι· και σημαινοντα μεν τα φαινομενα· σημαινομενα δε υπο των φαινομενων αδηλα· οψις γαρ κατ' αυτας των αδηλων τα φαινομενα· το δε σημαινον και το σημαινομενον εςι προς τι.

34) Sextus Empiric. *Hypotyp. Pyrrh.* I. §. 135 sq. Diogen. Laert. IX. §. 87. 88.

Ein Object macht einen ganz andern Eindruck auf uns, nachdem es uns selten oder oft vorkommt. Welches Aufsehen macht nicht ein Komet, und wie gleichgültig sind wir gegen die Sonne. Wie erschreckt nicht ein Erdbeben denjenigen, der noch nie dergleichen erlebt hat, und wie wenig achtet man darauf, wo es etwas gewöhnliches ist. Viele Dinge werden bloß darum geschäzt, weil sie selten sind, und andere sind verachtet, weil sie häufig sind. Daraus erhellet ebenfalls wieder, daß wir die Dinge an sich nicht erkennen 35).

Der zehnte Zweifelsgrund stellt die Widersprüche der Menschen in Ansehung der Erziehung, der Geseze und Gewohnheiten, der mythologischen Vorstellungsarten, der Behauptungen der Dogmatiker, und die abweichenden Vorstellungsarten von dem, was recht und unrecht, gut und böse ist, von Gott und der Religion, von Wahrheit und Falschheit auf, und folgert daraus, daß die Menschen von alle dem nichts wissen, sondern nur nach subjectiven Bedingungen sich die Dinge vorstellen 36).

Es

---

35) Sextus Empiric. *Hypotyp. Pyrrh.* I. §. 141 seq. Diogen. Laert. IX. §. 87.

36) Sextus Empiric. *Hypotyp. Pyrrh.* I. §. 145 seq. Diogen. Laert. IX. §. 83, 84. Sextus scheint diesen Artikel abgekürzt und nur summarisch vorgetragen zu haben. Er sagt §. 163. πολλα μεν ουν και αλλα ενην καθ' εκαστην των προειρημενων αντιθεσεων λαμβανειν παραδειγματα, ως επι συντομω δε λογω ταυτα αρκεσει. Darf man voraussezen, daß Diogenes den Inhalt dieser Betrachtung aus dem Aenesidem genommen hat, so ist es wahrscheinlich, daß ein großer Theil von dem, was Sextus in dem zweiten und dritten Buche seines Grundrisses vorträget, von dem Aenesidem

Es ist nicht zu läugnen, daß diese Raisonnements, ohne gerade den Hauptpunkt zu berühren, auf welchem bei dem Streite über die Objectivität und Realität der Erkenntniß alles ankommt, doch den Dogmatikern ungemein viel zu schaffen machten, indem sie durch psychologische Gründe und durch Hervorhebung des Abweichenden und Widerstreitenden in den menschlichen Vorstellungsarten die Relativität aller menschlichen Erkenntniß in ein so blendendes Licht setzten. Die Haupttendenz gehet dahin, zu zeigen, daß wir keine unmittelbare noch mittelbare Erkenntniß von den äußern Objecten haben, daß wir nur Beziehungen und Verhältnisse der Dinge wahrnehmen, nicht aber ihr inneres Wesen. Daher nehmen diese skeptischen Betrachtungen vorzüglich die Empfindungen und Anschauungen als objective reale Erkenntniß in Anspruch, weil auch die Stoiker als die entschiedensten Dogmatiker hierauf vorzüglich den Beweis der objectiven Wahrheit gründeten.

Aenesidem ging in keine tiefsinnige Untersuchung des Erkenntnißvermögens ein, um dadurch die Bedingungen und Gränzen des menschlichen Erkennens fest zu setzen. Die Dogmatiker fühlten sich aber eben so wenig durch die Angriffe der Skeptiker aufgefordert, diese Untersuchung zur Hand zu nehmen. Beide Parteien ahndeten vielmehr
nur,

sidem hier abgehandelt worden ist. In Ansehung der Folge der einzelnen skeptischen Betrachtungen weicht Sextus und Diogenes ziemlich von einander ab, wie auch der letzte einigemal, nur nicht immer und nicht immer richtig bemerket. So ist der zehnte Zweifelsgrund des Sextus beim Diogenes der fünfte. Von dem neunten sagt Diogenes, er sey bei dem Phavorinus der achte. Wenn er aber darauf fortfährt: Σεξτος δε και Αινεσιδημος. δεκατον, αλλα και τον δεκατον Σεξτος ογδοον φησι, Φαβωρινος δε εννατον, so ist es entweder ein Irrthum des Diogenes, oder ein Fehler der Abschreiber, und man muß vielleicht lesen: Σεξτος δε και Αινεσιδημος τον δεκατον ογδοον φησι.

nur, daß in ihrer Ansicht etwas Wahres enthalten sey, ohne daß sie dieses zu deutlichem Bewußtseyn entwickeln konnten. Beide blieben bei der Betrachtung und Vergleichung schon gebildeter Vorstellungen stehen, ohne sich in die eigentliche Genesis der objectiven Vorstellungen, in die Analysis der Handlungen des erkennenden Subjects einzulassen. Daher verfolgt auch Aenesidem keinen Wink weiter, der ihm zu solchen Untersuchungen dargeboten wurde. Wenn er z. B. einmal äußert, der Verstand könne selbst von dem Seinen etwas zu den Empfindungen hinzuthun, so wird die dadurch erregte Erwartung sogleich wieder in Nichts verwandelt, da man siehet, er denket an nichts weiter, als an gewisse Säfte, die sich an dem Sitze der Denkkraft befinden und die Vorstellungen verändern.

Das eigentliche Object der Skepsis scheint auch Aenesidem nicht scharf genug bestimmt zu haben. Es ist zum wenigsten wahrscheinlich, daß Sextus erst den Unterschied zwischen subjectivem Fürwahrhalten und objectiver Gewißheit deutlicher festsetzte, und das Wesen der Skepsis darin bestehen ließ, daß man aus dem Inhalte dieser Vorstellungen, deren empirisches Bewußtseyn der Skeptiker zugebe, nicht die reale Beschaffenheit der Objecte an sich erkennen könne. Dieses folgt wenigstens aus der verschiedenen Ansicht des Skepticismus beider Männer, wie wir diese oben angegeben haben, obgleich Sextus in der Darstellung der zehn Zweifelsgründe die Tendenz des Aenesidemus durchgängig entfernt gehalten hat. Uebrigens muß man schon bei Aenesidemus die Feinheit bewundern, mit welcher er in den Beweisen, wenn man von Beweisen bei einem Pyrrhonier sprechen darf, verfähret. Sie sind meistentheils apogogisch, ohne daß er sich um die Begründung der Prämissen sehr bekümmert; oder er schließt analogisch, wo er den Dogmatikern den Beweis eines Schlusses überläßt und auf dieselbe Art ein anderes Resultat ableitet, welches gelten

ten muß, wenn die Dogmatiker ihre Folgerung geltend machen wollen.

Außer diesen allgemeinen skeptischen Räsonnements findet man bei Sextus zwei ausführliche Bruchstücke aus des Aenesidemus Schriften, in deren einem er das Nachforschen nach den Ursachen irgend einer Wirkung, in dem andern aber den Begriff der Causalität überhaupt zweifelhaft zu machen sucht. Beide gehören wahrscheinlich zusammen, sind vermuthlich aus einem und demselben Buche. Denn Photius sagt in der Inhaltsanzeige des fünften Buches seiner Pyrrhonischen Betrachtungen, Aenesidem habe in demselben Zweifel gegen den Begriff der Causalität erhoben, zuerst den Begriff selbst als richtig dargestellt, und dann die Täuschungen besonders erwogen, in welche diejenigen gerathen, welche den Ursachen nachforschen [37]). Sextus aber führt dieses Raisonnement gegen den Causalitätsbegriff in abstracto und concreto an zwei ganz verschiedenen Stellen seiner Werke an; das letzte in dem ersten Buche seines Grundrisses, wo er den zehn allgemeinen Zweifelsgründen der Pyrrhonier, die speciellen gegen die Causalität beifüget, das erste aber in seinem Buche gegen die Physiker [38]). Wir stellen zuerst das letzte, seiner Wichtigkeit wegen, nach seinem Hauptinhalte dar; auch kann

---

[37]) **Photius** Cod. 212. p. 546. μηδεν μεν μηδενος αιτιον ειδιδας ειναι, ηπατησθαι δε και τας αιτιολογεντας, φασκων, και τροπας αριθμων, καθ᾽ ας οιεται αυτες αιτιολογειν, υπαχθεντας εις την τοιαυτην ενεχθηναι πλανην.

[38]) **Sextus Empiric.** Hypotypos. Pyrrhon. I. §. 180 seq. advers. Mathemat. IX. §. 217. ει γαρ μητε σωμα σωματος εςιν αιτιον, μητε ασωματον ασωματα, μητε σωμα ασωματε, μητε εναλλαξ, παρα δε ταυτα εδεν εςι κατα ανεγκην, εδεν εςιν αιτιον. αφελεςερον μεν ετω τινες παραμυθυνται τα τε εκκειμενα λογα λημματα. ο δε Αινησιδημος διαφορωτερον επ᾽ αυτωι εχρητο ταις περι της γενεσεως απορίαις.

kann man aus demselben Aenesidemus skeptische Methode in Bestreitung der Dogmatiker am besten kennen lernen.

Das Räsonnement des Aenesidem gegen die Realität des Causalitätsbegriffs beruhet darauf, daß er zu zeigen sucht, das Entstehen eines Dinges sey unbegreiflich; denn wenn es begreiflich seyn sollte, so müßte dasjenige, dessen Daseyn bewirkt wird, in dem Begriffe eines andern enthalten seyn; wäre dieses aber, so würde es schon sein Daseyn haben. Da nun in keinem Begriffe eines Dinges der Begriff eines andern, noch nicht seyenden, sondern erst werdenden zu finden sey, und überhaupt sich nicht denken lasse, wie aus dem, was ist, etwas anderes werden könne, was noch nicht ist, so sey das Causalitätsverhältniß eine bloße Täuschung. Dieses wird nun durch Induction bewiesen.

Erstens. Kein Körper kann die Ursache eines andern Körpers seyn, der erste mag nun entweder nicht entstanden und nicht wahrnehmbar, wie ein Atom, oder selbst entstanden und wahrnehmbar seyn, wie eine Pflanze, wie Eisen und Feuer. Denn er müßte entweder an und für sich, ohne Mitwirkung eines Andern, etwas verursachen, oder durch die Mitwirkung eines Andern. In dem ersten Falle kann er nichts anders hervorbringen, was nicht schon in seiner Natur enthalten ist. In dem zweiten Falle kann aber auch kein Körper durch Verbindung mit einem zweiten ein drittes hervorbringen, das nicht schon wirklich gewesen wäre. Denn es ist unmöglich, daß aus Einem Zwei werden, oder daß zwei ein Drittes erzeugen. Dieses Entstehen würde sonst keine

keine Gränzen haben, und aus Einem müßte Unendliches werden, was ungereimt ist ³⁹).

II. **Das Unkörperliche kann aus demselben Grunde nichts Unkörperliches hervorbringen.** Denn weder aus Einem noch aus Mehreren kann Mehreres entstehen, als was schon wirklich ist. Und da überhaupt das Unkörperliche seiner Natur nach weder berühren, noch berührt werden kann, so kann es auch weder wirken noch leiden ⁴⁰).

III. **Das Körperliche kann nicht Ursache des Unkörperlichen, noch das Unkörperliche des Körperlichen seyn.** Denn der Körper enthält nicht die Natur des Unkörperlichen, noch das Unkörperliche die Natur des Körperlichen in sich. Daher kann aus dem einen nicht das andere werden, so wie aus einem Platanenbaum kein Pferd, und aus einem Pferde kein Mensch entsteht. Wäre aber auch das eine in dem andern enthalten, so würde es nicht entstehen, sondern schon vorhanden seyn ⁴¹).

IV.

---

39) Sextus Empiric. advers. Mathemat. IX. §. 220. ἤτοι γὰρ καθ' ἑαυτὸ μένον ἕτερόν τι ποιεῖ, ἢ ἑτέρῳ συνελθόν. ἀλλὰ μένον μὲν καθ' ἑαυτὸ, πλέον αὐτὰ καὶ τῆς οἰκείας φύσεως οὐκ ἂν δύναιτό τι ποιεῖν· συνελθὸν δὲ ἑτέρῳ, τρίτον οὐκ ἂν δύναιτο ἀποτελεῖν ὃ μὴ πρότερον ἐν τῷ εἶναι ὑπῆρχεν· ὅτε γὰρ τὸ ἓν γενέσθαι δύο δυνατόν ἐστιν, ὅτε τὰ δύο τρίτον ἀποτελεῖ.

40) Sextus Empiric. advers. Mathemat. IX. §. 223. καὶ μὴν οὐδὲ ἀσώματον ἀσώματα, διὰ τὰς αὐτὰς αἰτίας. οὔτε γὰρ ἐξ ἑνός, οὔτε ἐκ πλειόνων ἢ ἑνὸς γένοιτ' ἄν τι πλείω. καὶ ἄλλως ἀναφὴς φύσις καθέστως τὸ ἀσώματον, οὔτε ποιεῖν οὔτε πάσχειν δύναται.

41) Sextus Empiric. advers. Mathemat. IX. §. 224. τό τε γὰρ σῶμα οὐκ ἔχει ἐν αὑτῷ τὴν τε ἀσωμάτου φύσιν· τό τε ἀσώματον οὐκ ἐμπεριέχει τὴν τε σώματος φύσιν. διόπερ οὐδέτερον

IV. Da nun alles, was ist, entweder körperlich oder unkörperlich ist, und außer den drei Fällen kein anderer gedenkbar ist, so folgt, daß es keine Ursache gibt.

V. Dasselbe Resultat ergibt sich aus andern Prämissen. Wenn nämlich etwas Ursache von etwas anderm ist, so ist entweder das Ruhende Ursache des Ruhenden, oder das Bewegte des Bewegten, oder das Bewegte des Ruhenden, oder das Ruhende des Bewegten. Auch hier sind nur diese vier Fälle gedenkbar.

VI. Das Ruhende ist nicht Ursache der Ruhe des Ruhenden, noch das Bewegte Ursache der Bewegung des Bewegten; denn da zwischen beiden, in sofern sie ruhen oder in Bewegung sind, kein Unterschied ist, so kann man mit eben dem Rechte sagen, daß das Eine, als daß das Andere Ursache der Ruhe oder Bewegung ist. Z. B. Ein Rad ist in Bewegung; derjenige, der das Rad treibt, ist aber ebenfalls in Bewegung: ist es nun nicht eben so möglich, daß das Rad durch den Radbeweger, als daß der Radbeweger durch das Rad in Bewegung gesetzt wird; da, so bald die Bewegung des Einen aufhört, auch die Bewegung des Andern ein Ende hat. Ursache ist nämlich dasjenige, durch dessen Gegenwart die Wirkung erfolgt; hier sind zwei Dinge vorhanden, durch deren Gegenwart die Wirkung erfolgt: also ist das Eine nicht weniger Ursache als das Andere. Eben so ruhet die Säule; es ruhet aber auch der auf ihr liegende Träger; man kann also eben so wenig sagen, daß der Träger durch die Säule, als daß die Säule durch den Träger ruhe;

τερον εξ ϰϑετερϰ συϛηναι δυναϰτον εϛιν. — ϰαι τοι ϰαν η το ετερον εν τῳ ετερῳ, παλιν ϰ γενησεται το ετερον εϰ τϰ ετερϰ. ει γαρ ον εϛιν εϰατερον, εϰ τϰ ετερϰ ϰ γινεται, αλλ' ηδη εϛιν εν τῳ ειναι· η δη δε ον, τῳ ειναι ϰ γινεται.

ruhe; da, wenn das eine weggenommen wird, das andere zur Erde fällt 42).

VII. Im Gegentheil kann aber auch das Ruhende nicht Ursache der Bewegung, noch das Bewegte Ursache der Ruhe seyn, wegen des entgegengesetzten Zustandes. Denn so wie das Kalte nicht erwärmen, und das Warme nicht abkühlen kann, weil jenes das Vermögen zu wärmen, dieses das Vermögen zu kühlen nicht in sich enthält: so kann auch das Bewegte nicht die Ursache der Ruhe des Ruhenden seyn, weil es den Grund des Ruhenden nicht in sich enthält 43).

VIII. Wenn etwas Ursache ist, so ist es entweder das zugleichseyende von dem, was zugleich ist, oder das vorhergehende von dem nachfolgenden, oder das nachfolgende von dem vorhergehenden. Keiner der drei Fälle ist denkbar. Denn in dem ersten Falle würde, da das eine wie das andere zu gleicher Zeit existirt, das eine nicht mehr als das andere Ursache von dem andern seyn, wegen der gleichen Existenz. In dem zweiten Falle ist zu der Zeit, da die Ursache wirklich ist, das Verursachte noch nicht wirklich. Aus diesem Grunde existirt aber auch weder die Ursache noch die Wirkung; denn beide sind Correlata, und

wo

---

42) Sextus Empiric. advers. Mathemat. IX. §. 228. το μεν κινμενον τω μενοντι μονης, και το κινμενον τω κινμενω κινησεως εκ αν αιτιον υπαρχοι, δι' απαραλλαξιαν. αμφοτερων γαρ επισης μενοντων, η αμφοτερων κατ' ισον κινμενων, ε μαλλον τοδε τωδε ερμεν ειναι αιτιον μονης και κινησεως, η τοδε τωδε.

43) Sextus Empiric. IX. §. 230. ωσαυτως δε εδε το μενον τω κινμενω κινησεως, η το κινμενον τω μενοντι μονης, δι' εναντιοτητα φυσεως. καθα γαρ το ψυχρον, εκ εχον τον τε θερμε λογον, εδεποτε δυναται θερμαινειν — ετως εδε το κινμενον μη εχον τον τε μενοντος λογον, εδεποτε δυναται μονης ειναι ποιητικον· η το αναπαλιν.

wo keine Wirkung ist, ist keine Ursache, und umgekehrt. Der dritte Fall ist ganz ungereimt, weil nach demselben die Wirkung eher seyn müßte, als dasjenige, was sie verursacht, und die Ursache, ehe sie wirklich wären, etwas bewirken müßte, was schon wirklich ist 44).

IX. Wenn etwas Ursache ist, so bringt es die Wirkung entweder bloß durch Anwendung seiner eignen Kraft hervor, oder es bedarf dazu der Mitwirkung einer leidenden Materie 45). In dem ersten Falle muß die Ursache, da sie ihre selbstständige Kraft unaufhörlich besitzt, auch beständig die Wirkungen hervorbringen, nicht aber bald wirken, bald unwirksam seyn. Sollte aber die Ursache, wie einige Dogmatiker wollen, nicht unter die absoluten, sondern relativen Dinge gehören, so daß das Wirkende nur in Beziehung auf das Leidende, und das Leidende nur in Beziehung auf das Wirkende denkbar ist, so kommt noch etwas Schlimmeres zum Vorschein. Denn nun fällt das Wirkende und Leidende in einen Begriff zusammen, und es bleibt nur eine Verschiedenheit in den Worten. Also wird in dem Wirkenden eben so wenig als in dem Leidenden die wirkende Kraft gegründet seyn, weil das Wirkende nichts ohne das Leidende wirken, und das Leidende nichts ohne das Wirkende leiden kann. Wir wollen annehmen, das Feuer sey die Ursache des Brennens. Also wird es entweder

---

44) Sextus Empiricus *adverf. Mathematic.* IX. §. 232. προς τουτοις, ει εστι τι τινος αιτιον, ητοι το αμα ον τω αμα οντος εστιν αιτιον, η το προτερον του υστερον, η το υστερον του προτερον. ουτε δε το αμα ον τω αμα οντος αιτιον εστιν, ουτε το προτερον του υστερον, ουτε το υστερον του προτερον — ουκ αρα εστι τι αιτιον.

45) Sextus Empiricus *advers. Mathemat.* IX. §. 237. και μην, ει εστι τι αιτιον, ητοι αυτοτελως και ιδια μονον προσχρωμενον δυναμει τινος εστι αιτιον, η συνεργου προς τουτο δειται της πασχουσης υλης.

weder selbstständig und unabhängig von allen andern diese Wirkung hervorbringen, oder durch Mitwirkung einer brennbaren Materie. In dem ersten Falle müßte es jederzeit, in sofern es seine Natur hat, brennen. Da es aber nicht jederzeit, sondern einige Stoffe bald brennet, bald nicht brennet: so brennt es nicht durch seine eigne, absolute Kraft. Ist aber zum Brennen eine gewisse taugliche Materie erforderlich, aus welchem Grunde kann man behaupten, daß das Feuer und nicht vielmehr die brennbare Materie die Ursache des Brennens ist?

X. Ist etwas Ursache, so muß sie entweder eine oder mehrere wirkende Kräfte haben. Nun ist aber weder das Eine noch das Andere. Hätte sie eine Kraft, so müßte sie jederzeit und auf alles auf einerlei Weise wirken. Dieses stimmt aber nicht mit der Erfahrung überein. Die Sonne brennt in den heißen, erwärmt in den gemäßigten, und leuchtet bloß in den kalten Himmelsstrichen; sie härtet den Thon, schmilzt das Wachs, bleichet die Zeuge, schwärzet unsere Haut und röthet manche Früchte; für die Menschen ist sie die Bedingung des Sehens, einige Nachtvögel aber hindert sie am Sehen. Also hat die Sonne nicht Eine wirkende Kraft; aber auch nicht mehrere; denn dann müßte sie mit allen Kräften auf alles gleichmäßig wirken, alles brennen, oder alles schmelzen, oder verhärten [46]. Zwar suchen die Dogmatiker dieser Folgerung dadurch zu begegnen, daß sie sagen, die Wirkungen einer und derselben Ursache änderten sich nach der Beschaffenheit des leidenden Objects und nach den Zwischenräumen ab; allein dadurch räumen sie fast ohne Widerrede

---

46) Sextus Empiric. advers. Mathemat. IX. §. 246.
ετι ει εςι το αιτιον, ητοι μιαν εχειν δει την δραςηριον δυναμιν, η πολλας. — μιαν μεν γαρ εκ εχει δυναμιν. επειπερ ει μιαν ειχεν, ωφειλε παντα ομοιως διατιθεναι και μη διαφεροντως — και μην ουδε πολλας, επει εχρην πασαις επι παντων ενεργειν.

derrede ein, daß das Leidende und Wirkende gar nichts Verschiedenes ist. Denn wenn nicht durch die Sonne, sondern durch die Empfänglichkeit der Wachsmaterie das Schmelzen bewirkt wird, so ist offenbar weder das Eine noch das Andere, sondern das Zusammentreffen beider die Ursache des Schmelzens, und man kann eben so wenig sagen, daß das Wachs durch die Sonne geschmolzen wird, als daß die Sonne durch das Wachs schmilzt 47).

XI. Die Ursache ist entweder getrennt von der leidenden Materie, oder mit ihr verbunden; aber weder in dem einen noch in dem andern Falle kann sie machen, daß die Materie leidet. Denn ist sie getrennt, so kann sie nicht wirken, wenn dasjenige nicht zugegen ist, in Ansehung dessen sie allein Ursache heißen kann, noch die Materie leiden, wenn das Wirkende nicht zugegen ist. Ist aber beides vereiniget: so wirkt entweder die Ursache allein, ohne zugleich zu leiden, oder sie wirkt und leidet zu gleicher Zeit. In dem letzten Falle ist beides das Wirkende und Leidende; denn in sofern die Ursache wirkt, leidet die Materie, und in sofern diese wirkt, ist die Ursache leidend, und also ist die Ursache nicht mehr wirkend als leidend, und die leidende Materie nicht mehr leidend als wirkend 48). Wirkt hingegen die Ursache allein, ohne zu leiden, so wirkt sie entweder bloß auf die Oberfläche durch Berührung, oder als durchdringende Kraft 49). Durch bloße Berührung der Oberfläche kann sie aber nicht wirken, in sofern die Oberfläche etwas Unkörperliches ist, das weder leiden noch wirten

---

47) Sextus Empiric. advers. Mathemat. IX. §. 249.
48) Sextus Empiric. advers. Mathemat. IX. §. 252.
49) Sextus Empiric. advers. Mathemat. IX. §. 255.
ει δε ποιει μεν, εκ αντιπασχει δε, ητοι κατα ψιλην ψαυσιν, τετεςι την κατ' επιφανειαν ποιει, η κατα διαδοσιν.

ken kann; eben so wenig aber auch durch das Durchdringen. Denn sie müßte dann entweder dichte Körper durchdringen, welches nicht möglich ist, da kein Körper den andern durchdringen kann, oder durch gewisse nicht wahrnehmbare, bloß denkbare Zwischenräume einwirken, welches aber nicht geschehen könnte, ohne Berührung der die Zwischenräume begränzenden Oberflächen, welche, wie schon vorher gesagt worden, weder wirken noch leiden können 50).

XII. Ueberhaupt bietet die Berührung noch Gründe dar, aus welchen die Möglichkeit sowohl des Wirkens als des Leidens zweifelhaft gemacht wird. Denn damit etwas wirke oder leide, muß es etwas anderes berühren oder berührt werden; es läßt sich aber zeigen, daß beides unmöglich ist. Bei dem Berühren sind nur vier Fälle möglich; es muß nämlich entweder das Ganze ein anderes Ganze, oder ein Theil den Theil, oder das Ganze einen Theil, oder ein Theil das Ganze berühren. Alle vier Fälle sind aber unmöglich. Wenn das Ganze ein anderes Ganze berührt, so ist es nicht Berührung, sondern Vereinigung beider Körper; denn dann müssen auch die innern Theile

---

50) **Sextus Empiric.** advers. Mathemat. IX. §. 256. και εξωθεν μεν προσπιπτον, και κατα ψιλην την επιφανειαν παραβαλλομενον τη πασχουση υλη, ου δυνησεται τι ποιειν. η γαρ επιφανεια ασωματος εστι· το δ' ασωματον ουτε ποιειν ουτε πασχειν πεφυκεν. ουκ αρα κατα ψιλην παραβαλλομενον την επιφανειαν το αιτιον τη υλη τι ποιειν δυνησεται. και μην ουδε κατα διαδοσιν οιον τε εστιν αυτο δραν. ητοι γαρ δια στερεων σωματων διιξεται, η δια νοητων τινων και αναισθητων πορων. αλλα δια μεν στερεων σωματων ουκ αν φερριτο· σωμα γαρ δια σωματος ου δυναται χωρειν. ει δε δια πορων τινων οφειλει ταις περιγραφαις τας πορας επιφανειαις προσπιπτον ποιειν· αλλ' ειγε επιφανειαι εισιν ασωματοι, και το ασωματον ουτε ποιειν ουτε πασχειν ευλογον εστι.

Theile berührt werden ⁵¹). Der zweite Fall ist so unmöglich als der erste. Denn ein Theil ist nur in Beziehung auf das Ganze ein Theil; an und für sich betrachtet, stellt er ein Ganzes vor. Wenn also ein Theil einen Theil berührt, so berühren sie einander entweder ganz oder nur theilweise; im ersten Fall ist es wieder Vereinigung, nicht Berührung; im zweiten aber wird der Theil des Theils für sich betrachtet wieder als Ganzes gedacht werden müssen; und so in das Unendliche fort ⁵²). Drittens kann auch kein Ganzes einen Theil berühren. Denn dann müßte das Ganze, indem es sich an einen Theil anlegt und zusammenzieht, zu einem Theile, und der Theil, indem er sich zum Umfassen des Ganzen ausdehnt, zum Ganzen werden. Denn was einem Theile oder einem Ganzen gleich ist, das hat auch dieselben Verhältnisse als ein Theil oder ein Ganzes. Es ist aber ungereimt, das Ganze zum Theile, oder den Theil zum Ganzen zu machen ⁵³). Ferner kann auch das Ganze keinen Theil berühren, weil dann eines

---

51) **Sextus Empiricus** *advers. Mathemat.* IX. §. 258 — 260. ει γαρ ολον ολε απτεται, ε θιξις εςαι, αλλα ενωσις αμφοτερων· κατα δυο σωματα εν εςαι σωμα, δια το και τοις κατα βαθος οφειλειν το ετερον τε ετερε θιγγανειν· δια το και ταυτα τε ολε καθεςαναι μερη.

52) **Sextus Empiric.** *advers. Mathemat.* IX. §. 261. το γαρ μερος κατα μεν την προς το ολον σχεσιν νοειται μερος, κατα δε την ιδιαν περιγραφην εςιν ολον. παλιν δε δια ταυτην την αιτιαν ητοι το ολον μερος τε ολε μερες αψεται, η μερος μερες· και ει μεν ολον ολε, ενωθησεται, και αμφοτερα εν γενησεται σωμα· ει δε μερει μερος, εκεινο παλιν το μερος κατ᾽ ιδιαν περιγραφην ολον νοεμενον, ητοι ολον ολε τε μερες αψεται, η μερει τινι τινος μερες· και ετως εις απειρον.

53) **Sextus Empiric.** *advers. Mathemat.* IX. §. 262. και μην εδε ολον μερες. ει γαρ το ολον τε μερες αψεται, εςαι και το ολον συνυποςελλομενον τω μερει μερος· και το μερος αντιπαρεκτεινομενον τω ολω ολον.

eines von beiden größer oder kleiner, als es selbst ist, müßte gedacht werden, welches noch schlimmer als das vorhergehende ist. Denn nimmt das Ganze den Raum des Theiles ein, so ist es dem Theile gleich, und kleiner als das Ganze; dehnt sich aber der Theil zum Ganzen aus, um es zu umfassen, so nimmt es den Raum des Ganzen ein, und ist größer als der Theil 54). Aus denselben Gründen kann auch viertens kein Theil das Ganze berühren.

XIII. Wenn endlich ein Körper einen andern berührt, so wird die Berührung entweder mittelbar oder unmittelbar geschehen. In jenem Falle wird nicht das Object der Berührung, sondern was sie vermittelt, berührt, im letzten Falle ist es keine Berührung, sondern Vereinigung 55).

XIV. Nicht weniger Zweifel dringen sich in Ansehung des Leidens auf. Denn wenn etwas leidet, so leidet es entweder in sofern es ist, oder in wiefern es nicht ist. Weder der eine noch der andere Fall ist möglich. Denn in sofern es ist, und seine eigne Natur hat, leidet es nicht; etwas das nicht ist, kann

---

54) Sextus Empiric. advers. Mathemat. IX. §. 263. το τε γαρ ὁλον, ει τον αυτον επιλαμβανει τοπον τῳ μερει, ισον εςαι τῳ μερει· ισον δε τουτου γινομενον, μικροτερον ἑαυτου εςαι. και αναπαλιν, το μερος, ει αντιπαρεκτεινεται τῳ ὁλῳ, τον αυτον εφεξει τουτῳ τοπον· τῳ δε ὁλῳ τον αυτον επεσχηκος τοπον, εςαι μειζον ἑαυτου.

55) Sextus Empiric. advers. Mathemat. IX. §. 265. προς τουτοις τε ει ἁπτεται τι τινος, ητοι μεσολαβουμενον ὑπο τινος, οἱον πουν ἡ γραμμης, ἁψεται τινος, η ὑπο ἀδειος ὑπολαβομενον. και ει μεν ὑπο τινος μεσολαβοιτο, ουχ ἁψεται ὁ λεγεται ἁπτεισθαι, αλλα του μεταξυ αμφοτερων. ει δε μηδενος ἁπαξαπλως μεταξυ αμφοτερων οντος το ἑτερον του ἑτερου ἁψεται, ἑνωσις εςαι αμφοτερων, αλλ' ου θιξις.

kann aber eben darum, weil es kein Seyn hat, auch nicht leiden 56). Wenn z. B. Sokrates stirbt, so stirbt er entweder in der Zeit, wenn er noch lebet, oder wenn er nicht mehr lebet. In einen von diesen beiden Zeitpunkten müßte diese Veränderung fallen, wenn sie möglich wäre. Allein wenn er lebet, so stirbt er nicht, und wenn er gestorben ist, so kann er nicht sterben; er müßte sonst zweimal sterben, was ungereimt ist. Sokrates kann also nicht sterben. Sollte ferner etwas, in sofern es ein reales Seyn hat, leiden, so müßte Ein und dasselbe etwas Entgegengesetztes in sich vereinigen, was nicht möglich ist. Man denke sich etwas Wirkliches, z. B. das Eisen, dessen Seyn in dem Hartseyn besteht; dieses leide eine Veränderung, es werde weich. Dieses kann nun, so ferne es ist, und in der Zeit, da es hart ist, nicht weich werden, weil sonst etwas Entgegengesetztes an ein und demselben Gegenstände seyn würde. Auch müßte dann etwas geschehen seyn, ehe es geschehen ist, welches ungereimt ist. Denn in sofern das Seyn desselben in dem Hartseyn bestehet, so ist es, so lange es ist, hart und nicht weich; soll es nun dann, wenn es ist, leiden und weich werden, so wird es weich werden, ehe es weich geworden ist 57).

XV.

---

56) Sextus Empiric. advers. Mathemat. IX. §. 267. α γαρ πασχα τι, ητοι το ον πασχα, η το μη ον — το μεν ον ον α πασχα. εφ᾿ οσον γαρ ον ετι, και την ιδιαν φυσιν εχα, α πασχα· το δε μη ον, τω μηδ᾿ ολως υπαρχαν, αν αν παθοι.

57) Sextus Empiric. advers. Mathemat. IX. §. 271. και ετι τρανοτερον· απερ γε το ον, οτε αν ετι, πασχα, ετα τανταντια υφ᾿ εν ει. τω αυτω· εχι δε γε τανταντια υφ᾿ εν περι τω αυτω συνιτατα αν αρα πασχα το ον, οτε ον ετιν. προς τατοις α λεγοι μεν το ον, οτε ον ετι πασχαν, ετα τι, πριν γεγονεναι, γεγονος. — α γαρ σκληρον ετι το ον, εφ᾿ οσον ον ετι, σκληρον ετι και α μαλακον· α δε μαλακον, προ τε γεγονεναι μαλακον, ετα μαλακον. η μεν γαρ ον ετι, σκληρον ετι και ατω μαλακον· η δε οτε ον ετι, τοτε αρξεται πασχαν, πριν γεγονεναι μαλακον, γενηται μαλακον· ατοκον δε γε το τοιατον.

XV. Wenn etwas leidet, so geschiehet es entweder durch Wegnahme, oder Zusetzung, oder Veränderung. Da aber jeder dieser drei Fälle unmöglich ist, so ist auch das Leiden überhaupt unmöglich 58). Dieses letzte Räsonnement ist zu weitläuftig, als daß es hier eine Stelle finden könnte. Man kann sich aber aus dem Vorhergehenden schon einen Begriff von dem Ideengange machen. Aenesidem gehet nämlich eben so disjunctive zu Werke, und entfernt jedes Glied der Disjunction. Z. B. um zu zeigen, daß kein Leiden durch Wegnahme möglich sey, unterscheidet er vier mögliche Fälle: es müßte nämlich etwas Unkörperliches von einem Unkörperlichen, oder etwas Körperliches von einem Körper, oder etwas Körperliches von einem Unkörperlichen, oder endlich etwas Unkörperliches von einem Körper weggenommen werden. Nun wird die Unmöglichkeit jedes dieser vier Fälle gezeigt. Wir bemerken nur noch, daß unter dem ersten Falle eine Deduction der Unmöglichkeit der Theilung einer gegebenen Linie in zwei Theile vorkommt, welche darauf hinaus läuft.

Jede auf einer Tafel gezogene Linie hat eine sinnlich wahrnehmbare Länge und Breite; die Linie aber, wie sie in diesem Problem von den Dogmatikern gedacht wird, ist eine Länge ohne Breite. Die sinnlich dargestellte Linie ist also nicht eigentlich eine Linie, und wer jene zu theilen unternimmt, theilet nicht die wirkliche Linie, sondern etwas, das keine Linie ist. Nach den Dogmatikern wird eine Linie als aus Punkten bestehend gedacht. Wir wollen annehmen, eine gegebene Linie, welche getheilt werden soll, bestehe aus ungeraden, zum Beispiel, neun Punkten.
Wird

---

58) Sextus Empiric. advers. Mathemat. IX. §. 277 seq. καὶ μὴν εἰ ἔστι τι τὸ πάσχον, ἤτοι κατὰ πρόσθεσιν πάσχει, ἢ κατὰ ἀφαίρεσιν, ἢ κατὰ ἑτεροίωσιν καὶ μεταβολήν.

Wird nun diese Linie in zwei gerade Hälften getheilt, so muß der fünfte Punkt, welcher zwischen den vieren auf beiden Seiten in der Mitte ist, getheilt werden; oder wenn das nicht geschiehet, so wird die eine Hälfte aus vier und die andere aus fünf Punkten bestehen, und die Linie nicht in zwei gerade, sondern ungerade Hälften getheilt seyn. Daß aber ein Punkt getheilt werde, ist unmöglich; denn er ist nach der Vorstellung der Dogmatiker einfach, und daher untheilbar. Es ist also unmöglich, daß eine Linie in zwei gerade Hälften getheilt werde. — Soll eine Linie getheilt werden, so müßte es entweder durch einen Körper oder durch etwas Unkörperliches geschehen. Das erste ist nicht möglich; denn das zu Theilende ist unkörperlich, kann weder angeschauet noch berühret, daher auch von einem Körper nicht getheilet werden; eben so wenig aber das zweite; denn dann müßte entweder der Punkt einen Punkt, oder eine Linie eine Linie theilen. Das erste ist unmöglich. Denn der theilende und zu theilende Punkt ist einfach, jener hat nichts, womit er theilen, und dieser keine Theile, in welche er zerlegt werden könnte. Soll aber eine Linie die andere theilen, so muß nothwendig ein Punkt der theilenden Linie, sie mag gerade oder schief angelegt werden, an einen Punkt der zu theilenden Linie anstoßen, welches unmöglich ist, da beide Linien einfach, ohne alle Theile sind. Man kann auch nicht sagen, daß dasjenige, was die Linie theilet, zwischen zwei Punkten der zu theilenden Linie durchgehe und so theile; dieses wäre noch ungereimter. Denn es läßt sich erstens in der ununterbrochen fortgehenden Linie keine Gränze zwischen zwei Punkten denken; also müßte das Theilende nothwendig auf einen Punkt treffen. Doch gesetzt, man wollte die Möglichkeit zugeben, daß das Theilende zwischen zwei Punkten durchgehe, so sind die Punkte, welche eine Linie ausmachen, entweder so zusammenhangend, daß sie keinen Punkt von außen zwischen sich aufnehmen, oder nicht. In dem letzten Falle machen die

Punkte keine verbundene und zusammenhangende Linie aus. In dem ersten müßte entweder ein Punkt zertrennt werden, oder die Punkte, welche die Linie ausmachen, müßten von einander weichen oder sich zusammenziehen, um dem eindringenden Punkte Platz zu machen; allein das eine ist so ungereimt als das andere 59).

Dieses ist das erste merkwürdige Raisonnement gegen die Realität des Begriffs einer Ursache und ursachlichen Verbindung. Zwar finden sich unter den Einwürfen viele Sophistereien; aber im Ganzen ist die Unmöglichkeit, sich die ursachliche Verbindung aus dem dogmatischen Gesichtspunkte nur als möglich zu denken, so in das Licht gesetzt, daß es wohl keinem Dogmatiker der damaligen Zeit gelungen seyn würde, diese skeptischen Schlüsse zu entkräften. Aenesidem mußte, um siegreich mit den Dogmatikern streiten zu können, mit den Dogmatikern annehmen, daß wir die Dinge erkennen, wie sie an sich sind, und er konnte daher keinen Unterschied zwischen der Ursache in der Erscheinung und zwischen der Ursache an sich machen; denn sein ganzes Raisonnement beruht darauf, daß wir aus bloßen Begriffen die Möglichkeit nicht einsehen können, wie etwas, das nicht ist, erst wirklich werde, und wie etwas anders den realen Grund enthalte, daß etwas anhebe zu seyn, was vorher

---

59) Sextus Empiric. advers. Mathemat. IX. §. 282 seq. Ich habe auch dieses Raisonnement dem Aenesidem beigelegt; andere Gelehrte glauben, daß Sextus diesen Skeptiker nur bis zu dem §. 267. sprechen lasse. Da aber an dieser Stelle nicht der geringste Grund ist, warum man hier abbrechen müßte; da Sextus sagt, daß Aenesidem die Materie von der Ursache und dem Causalverhältniß ganz ausführlich vorgetragen habe, und da endlich derselbe Gang in der Widerlegung der dogmatischen Behauptungen vom Anfange bis zu Ende herrscht, so glaube ich mit größerem Fug, auch das letzte Raisonnement dem Aenesidem beilegen zu müssen.

vorher nicht war. Indessen ist nicht läugnen, daß sein Raisonnement zuweilen den Schein erreget, als wenn er zuweilen so weit gehe, daß er sogar die Erfahrung aufhebe und nicht zugeben wolle, daß uns etwas als Ursache und Wirkung erscheine. Hierdurch aber lieferte der Skepticismus wieder den Dogmatikern die Waffen gegen sich in die Hände; denn es entstand der Verdacht, es sey nur Eigensinn, wenn der Skeptiker alle Erkenntniß bezweifle, da er sogar Dinge bezweifle, welche die tägliche Wahrnehmung außer allem Zweifel setze; die Folge davon war, daß der Dogmatiker nicht tief genug in die Gründe des Skeptikers einging, die Widerlegung derselben sich zu leicht machte, und daß der ganze Streit nicht den reellen Vortheil brachte, den man zum Besten der Philosophie wünschen mußte.

Aenesidem begnügte sich nicht damit, die Realität des Begrifs der Causalität anzufechten, sondern zeigte auch, daß die Anwendung desselben auf Gegenstände der Erfahrung nichtig und unzuverläßig sey, und er stellte auch hier acht Gründe auf, um die Forschungen der Dogmatiker nach den Ursachen, worauf sie sich am meisten einbildeten, in ihrer Blöße zu zeigen. 1) Diese Nachforschungen betreffen dunkle, unerforschliche Gegenstände, für deren Erklärung die Erscheinungen keine sichere allgemein einverstandene Bestätigung gewähren [60]). 2) Oft lassen sich von einer Wirkung viele Gründe denken, man bleibt aber einseitig nur bei einem stehen [61]). 3) Man gibt von Erscheinungen

---

[60]) Sextus Empiric. Hypotypos. Pyrrh. I. §. 181. πρωτον μεν (τροπον) ειναι φησι, καθ' ὁν το της αιτιολογιας γενος εν αφανεσιν αναστρεφομενοι, ουχ ὁμολογουμενην εχει την εκ των φαινομενων επιμαρτυρησιν.

[61]) Sextus Empiric. Hypotypos. Pyrrh. I. §. 181. πολλακις ευεπιφοριας ουσης δαψιλας, ώστε πολυτροπως αιτιολογησαι το ζητουμενον, καθ' ἑνα μονον τροπον τουτο τινες αιτιολογουσι.

gen, welche nach einer bestimmten Ordnung geschehen, eine Ursache an, welche nicht im geringsten auf eine Ordnung hinweisen 62). 4) Indem man wahrnimmt, wie die Erscheinungen geschehen, glaubt man auch die Art und Weise gefunden zu haben, wie die nicht erscheinenden Dinge geschehen, da es doch eben so möglich ist, daß sie auf dieselbe, als daß sie auf eine ganz eigene Art wirklich werden 63). 5) Alle forschen nach gewissen individuellen Voraussetzungen von Grundstoffen den Ursachen nach, ohne von allgemeinen einverstandenen Gründen auszugehen 64). 6) Man hascht nur nach dem, was seinen Hypothesen angemessen ist, und übersiehet, was ihnen entgegen ist; ungeachtet es eben so viel Wahrscheinlichkeit für sich hat, als das Erste 65). 7. Oft stellt man Ursachen auf, welche nicht nur den zu erklärenden Erscheinungen, sondern auch den eignen Hypothesen widerstreiten 66). 8) Oft ist das, was wir wahrzunehmen glauben, eben so dunkel und unbegreiflich, als
der

62) Sextus Empiric. Hypotypos. Pyrrh. I. §. 182.
των τεταγμενως γινομενων αιτιας αποδιδοασιν, εδεμιαν ταξιν επιφαινεσας.

63) Sextus Empiric. Hypotypos. Pyrrh. I. §. 182.
τα φαινομενα λαβοντες ως γινεται, και τα μη φαινομενα νομιζεσιν ως γινεται καταληφεναι· ταχα μεν ομοιως τοις φαινομενοις των αφανων επιτελεμενων, ταχα δ' εχ ομοιως, αλλ' ιδιαζοντως.

64) Sextus Empiric. Hypotypos. Pyrrh. I. §. 183.
παντες, ως επος απαν, κατα τας ιδιας των στοιχειων υποθεσεις, αλλ' ε κατα τινας κοινας και ομολογεμενας εφοδες αιτιολογετι.

65) Sextus Empiric. Hypotypos. Pyrrh. I. §. 183.
πολλακις τα μεν φωρατα ταις ιδιαις υποθεσεσι παραλαμβανετι· τα δε αντιπιπτοντα, και την ισην εχοντα πιθανοτητα, παραπεμπετι.

66) Sextus Empiric. Hypotypos. Pyrrh. I. §. 184.
πολλακις αποδιδοασιν αιτιας ε μονον τοις φαινομενοις, αλλα και ταις ιδιαις υποθεσεσι μαχομενας.

der Grund, durch den man jenes zu erklären sucht; man erklärt also das Dunkle aus dem eben so Dunkeln [67]. Außerdem können Fehler in diesen Nachforschungen gemacht werden, welche auf mehrere von den angegebenen Arten zugleich anstoßen.

Mit solchem Scharfsinne deckte Aenesidem die gewöhnlichen Fehler der Dogmatiker auf. An und für sich aber würden diese Rügen wenig Eindruck, und keinen Dogmatiker irre gemacht haben; da er aber zuvor den Begriff von Ursache unmittelbar als inhaltsleer und nichtig darzustellen gesucht hatte, so mußte dieses mehr ins Einzelne gehende Räsonnement nun desto bedeutender werden. So scharf und schneidend hatte sich, bei allen eingemischten Sophismen, die Skepsis noch nicht vernehmen lassen, als sie Aenesidem vortrug. Man würde sich daher billig wundern müssen, daß die Dogmatiker so wenig auf diese Zweifel achteten, daß sogar Seneca nichts von dem Aenesidem und seinen Nachfolgern zu wissen scheint, wenn der Skepticismus nicht zu jeder Zeit dasselbe Schicksal gehabt hätte [68]. Dagegen bildete sich aber zu Alexandrien eine eigne skeptische Schule, die ihren Weg für sich ging, und den Dogmatismus zu zerstören suchte, ohne ihn jedoch zu untergraben.

Wir bemerken nur noch, daß man sich nicht etwa durch das Wort Erscheinung (Φαινόμενα), welches Aenesidem so oft braucht, zu der Vorstellung verleiten lasse, als habe er schon den Gegensatz zwischen Erscheinung und Ding an sich deutlich gedacht; so weit war er noch nicht ge-

---

[67] Sextus Empiric. *Hypotypos. Pyrrh.* I. §. 184. πολλάκις οντων απορων ομοιως των τε φαινεσθαι δοκουντων και των επιζητουμενων, εκ των ομοιως απορων περι των ομοιως απορων ποιουνται τας διδασκαλιας.

[68] Seneca *Natural. Quaest.* VII. c. 32. Quis est, qui tradat praecepta Pyrrhonis.

gekommen. Ein Phänomenon ist ihm vielmehr nichts weiter als das bekannte Gegebene, was durch die Sinne wahrgenommen wird, und ihm steht das Unbekannte, Nichtgegebene (αφανες), was eben Gegenstand der Speculation ist, entgegen. Das Gegebene (φαινομενον) war dem Aenesidem nicht, wie Diogenes [69]) sich ausdrückt (man müßte denn hier den Aenesidem als Skeptiker und Aenesidem als Dogmatiker unterscheiden), ein Kriterium der Wahrheit, sondern nur der Grund, worauf er bei seinem Räsonnement gegen die Dogmatiker fußte.

Die unmittelbaren Nachfolger des Aenesidemus, unter denen einige berühmte Aerzte von der Schule der Empiriker waren, fuhren auf demselben Wege, die Dogmatiker fruchtlos zu bestreiten, fort. Man kennt von ihnen, ein Paar ausgenommen, nur die Namen. Zeuxippus Zeuxis, Antiochus von Laodicea, Apelles, Agrippa, Menodotus von Nicomedien, Theodos von Laodicea, Herodotus von Tarsus, Sextus Empiricus und Sextus Saturninus, dieß ist die ganze bekannte Reihe der Skeptiker. Der berühmteste unter allen ist Sextus, der, nach der Schule der Heilkunst, der er anhing, Empiricus heißt, und von dem wir in einem eignen Hauptstücke handeln werden. Menodotus, welcher ebenfalls empirischer Arzt war, wird von diesem Sextus als ein vorzüglicher Skeptiker gerühmt, und er sagt, daß er ihm und dem Aenesidem vorzüglich folge; worin aber sein Verdienst um den Skepticismus bestand, was er leistete oder schrieb, dieß ist im Dunkeln geblieben. Nur von einem der Genannten, dem Agrippa, muß hier noch etwas gesagt werden, weil es auf den Geist

---

[69]) Diogenes Laert. IX. §. 106. εειν κν κριτηριον κατα τας σκεπτικας το Φαινομενον, ως και Αινεσιδημος φησιν ετω δε και Επικρος.

Tennem. Gesch. d. Philos. V. Th.

Geist und die Beschäftigung der auf den Aenesidem folgenden Skeptiker einiges Licht wirft.

Wenn man die zehn Zweifelsgründe in der Ordnung, wie sie Aenesidem aufgestellt hatte, mit einiger Aufmerksamkeit betrachtet, so entdeckt man bald, daß in ihnen keine ganz strenge Ordnung herrscht, daß unter ihnen höhere und allgemeinere mit subordinirten untermischt sind. Natürlich wurden daher denkende Köpfe unter seinen Nachfolgern darauf geführt, jene Gründe mehr zu verallgemeinern, die besondern in einen höhern zusammenzufassen, und dadurch ihre Zahl zu verringern. Dieß that zuerst Agrippa, der die zehn Gründe auf fünf zurückführte, zugleich aber auch einige neue skeptische Ansichten entdeckte, indem er den Streit der Dogmatiker und Skeptiker nicht wie Aenesidem blos aus dem **materialen**, sondern vorzüglich aus dem **formalen oder logischen Gesichtspunkte** betrachtete [70]. Diese fünf Gründe sind folgende:

I. Die Uneinigkeit der Meinungen in dem Leben und in den Schulen der Philosophen über jeden Gegenstand, welcher durch kein entscheidendes Urtheil aufgehoben werden kann. Es ist unmöglich, eine der entgegengesetzten Vorstellungsarten so zu begründen, daß die entgegengesetzte völlig widerlegt wäre; es ist also auch unmöglich, etwas für gewiß oder unge-

---

70) Diogenes Laert. IX. §. 88. οἱ δὲ περὶ Ἀγρίππαν τούτοις ἄλλους πέντε προσεισάγουσι. Sextus Empiricus, Hypotyp. Pyrrhon. I. §. 164. οἱ δὲ νεώτεροι Σκεπτικοὶ παραδιδόασι τρόπους τῆς ἐποχῆς πέντε τούσδε· §. 177. τοιοῦτοι μὲν καὶ οἱ παρὰ τοῖς νεωτέροις παραδιδόμενοι πέντε τρόποι· ἃς ἐκτίθενται ἐκ ἐκβάλλοντες τὰς δέκα τρόπους, ἀλλ' ὑπὲρ τὰ ποικιλώτερον καὶ διὰ τοῦτο σὺν ἐκείνοις ἐλέγχειν τὴν τῶν Δογματικῶν προπέτειαν.

ungewiß zu erkennen, und wir müssen daher unser entscheidendes Urtheil aufschieben 71).

II. **Die Zurückschiebung des Beweises ins Unendliche.** Die Gründe, welche zur Bestätigung einer Sache angeführt werden, bedürfen wieder einer neuen Begründung, und so ins Unendliche fort. Es ist also unmöglich, einen Anfangspunkt für die Demonstration zu finden 72).

III. **Die Relativität (Subjectivität) alles Vorstellens und aller Objecte desselben.** Sextus beziehet sich dabei auf das Vorhergehende; wahrscheinlich begriff also Agrippa hierunter alle zehn Zweifelsgründe des Aenesidem 73).

IV. **Hypothesensucht.** Wenn die Dogmatiker sehen, daß sie durch die Forderung des Beweises ins Unendliche ins Gedränge kommen, so nehmen sie etwas ohne

---

71) Sextus Empiricus *Hypotyp. Pyrrhon.* I. §. 164. 165. καὶ ὁ μὲν ἀπὸ τῆς διαφωνίας ἐστὶ καθ᾽ ὃν περὶ τοῦ προτεθέντος πράγματος ἀνεπίκριτον ἐασιν παρὰ τε τῷ βίῳ καὶ παρὰ τοῖς φιλοσόφοις εὑρισκόμενον γεγενημένην, δι᾽ ἣν μὴ δυνάμενοι αἱρεῖσθαί τι ἢ ἀποδοκιμάζειν, καταλήγομεν εἰς ἐποχήν. Diogen. Laert. IX. §. 88.

72) Sextus Empiric. *Hypotyp. Pyrrh.* I. §. 166. ὁ δὲ ἀπὸ τῆς εἰς ἄπειρον ἐκπτώσεως ἐστὶν, ἐν ᾧ τὸ φερόμενον εἰς πίστιν τοῦ προτεθέντος πράγματος, πίστεως ἑτέρας χρῄζειν λέγομεν, κἀκεῖνο ἄλλης· καὶ μέχρις ἄπαρ· ὡς μὴ ἐχόντων ἡμῶν πόθεν ἀρξόμεθα τῆς κατασκευῆς, τὴν ἐποχὴν ἀκολουθεῖν. Diogen. Laert. IX. §. 88.

73) Sextus Empiricus *Hypotyp. Pyrrh.* I. §. 167. ὁ δὲ ἀπὸ τοῦ πρός τι, καθὼς προειρήκαμεν, ἐν ᾧ πρὸς μέν τι τὸ κρινόν· καὶ τὰ συνθεωρούμενα τοῖον ἢ τοῖον φαίνεται τοὐποκείμενον· ὁποῖον δὲ ἐστι πρὸς τὴν φύσιν ἐπέχομεν. Vergl. §. 39. Diogen. Laert. IX. §. 89.

ohne Beweis an, und verlangen, daß ihnen dieses zugestanden werde 74).

V. **Cirkel, im Beweisen,** wenn dasjenige, wodurch ein Gegenstand demonstrirt werden soll, selbst wieder aus dem zu demonstrirenden begründet werden muß, und also für beides entscheidende Gründe fehlen 75).

Auf diese Art hatte Agrippa die Hauptgebrechen der philosophischen Systeme und des menschlichen Erkennens überhaupt mit glücklichem Scharfsinn aufgefaßt, so weit sie aus dem Gesichtspunkte der Dogmatiker, ohne gründliche Beschränkung der Ansprüche des menschlichen Wissens gefaßt werden konnten. Denn ohne diese war es unmöglich, die Anmaßung der Dogmatiker und die Forderungen der Skyptiker in gehörigen Schranken zu halten; man ahndete und fühlte nur auf beiden Seiten, daß man Recht habe, vermochte aber nicht, dieses zur Ueberzeugung des Andern zu beweisen. Der Skeptiker hatte unstreitig Recht, wenn er die Uneinigkeit der Denker, die Hypothesensucht und die Cirkel im Beweise, als Thatsachen, welche aus allen bisherigen philosophischen Systemen klar hervorgingen, und als Beweise betrachtete, daß es der menschliche Geist noch zu keinem Wissen gebracht habe. Ob er aber nicht

---

74) Sextus Empiric. Hypotyp. Pyrrhon. I. §. 168. ὁ δε εξ ὑποθεσεως εστιν οταν εις απειρον εκβαλλομενοι οἱ Δογματικοι, απο τινος αρξωνται ὁ κατασκευαζεσι, αλλ᾽ ἁπλως και αναποδεικτως κατα συγχωρησιν λαμβανειν αξιωσι. Diogenes Laert. IX. §. 89.

75) Sextus Empiric. Hypotypos. Pyrrhon. I. §. 169. ὁ δε διαλληλος τροπος συνισταται, οταν το οφειλον τα ζητουμενα πραγματος ειναι βεβαιωτικον, χρειαν εχη της εκ τε ζητουμενα πιστεως ενθα μηδετερον δυναμενοι λαβειν προς κατασκευην θατερα, περι αμφοτερων επιχομεν. Diogen. Laert. IX. §. 89.

nicht zu weit gehe, wenn er aus der Relativität oder Subjectivität des Vorstellens auf die Unmöglichkeit aller objectiven Erkenntniß schließe, oder ob er die Forderungen nicht zu weit treibe, wenn er verlange, alles solle bewiesen, kein Princip ohne Beweis angenommen werden: dieß war ein Gegenstand, welcher nicht anders als durch eine gründliche Untersuchung des Erkenntnißvermögens konnte auf das Reine gebracht werden. Von dem Skeptiker war diese nicht zu erwarten; er hatte das Seinige gethan, wenn er durch seine skeptischen Ansichten und Angriffe den Dogmatikern diese Angelegenheit so dringend als möglich an das Herz legte. Und dieses hatte Agrippa hier wirklich gethan; er hatte sogar den Punkt der Untersuchung, worauf alles ankam, so deutlich, als noch nie vor ihm geschehen war, hervorgezogen. Die Dogmatiker aber waren taub gegen alle diese Forderungen, sie ahndeten auch nicht leise, was sie eigentlich zu thun hätten, um die Rechte der Vernunft zu retten.

Jede Vereinfachung der Streitpunkte war in dieser Hinsicht eine nähere Vorbereitung zur Auflösung. Agrippa oder einer seiner Nachfolger verdiente daher Dank, daß er jene fünf skeptischen Punkte endlich nur auf zwei zurückführte. Das Räsonnement war folgendes: **Alles, was erkannt wird, muß entweder unmittelbar gewiß seyn, oder aus einem andern erkannt werden**[76]). Daß aber nichts unmittelbar gewiß ist, erhellet aus der durchgängigen Uneinigkeit in Ansehung aller sinnlichen und denkbaren Gegenstände, und diese Uneinigkeit läßt sich nicht beilegen, da weder etwas Sinnliches, noch etwas Intellectuelles als Kriterium der Wahrheit gebraucht werden kann. Denn alles, was man

---

76) Sextus Empiricus *Hypotyp. Pyrrh.* I. §. 178. και το καταλαμβανομενον ητοι εξ εαυτυ καταλαμβανεσθαι δοκει, η εξ ετερα καταλαμβανεται.

man auch dafür annehmen wollte, ist ungewiß, dem Zweifel und Streite ausgesetzt. Ist aber nichts unmittelbar gewiß, so gibt es auch keine mittelbare Erkenntniß. Denn unter dieser Voraussetzung kann man nichts aus etwas anderm herleiten, ohne in den Fehler zu verfallen, etwas für bewiesen anzunehmen, was selbst unerwiesen ist (II.) oder im Cirkel zu beweisen (V.). Die weitere Ausführung dieses Räsonnements werden wir weiter unten bey dem Sextus sehen, wenn wir die skeptischen Einwürfe gegen die Zeichen (unmittelbare Erkenntniß des Unbekannten) und gegen die Demonstration beleuchten.

Nach dem Sextus bestehet ein Unterschied der Skeptiker und der Akademiker auch darin, daß die letzten sich zu sehr bei der Widerlegung der einzelnen dogmatischen Sätze, vorzüglich der Stoiker verweilten, die ersten hingegen das Besondere nur leicht berührten, die Hauptpunkte des Dogmatismus aber besonders heraushoben, und ihre Aufmerksamkeit mehr auf das Allgemeine richteten, mit welchem das Besondere stehen und fallen mußte 77). Zwar hatte Carneades schon diesen Weg gewissermaßen eingeschlagen; er scheint aber von den Akademikern nicht weiter verfolgt worden zu seyn, zumal da sie so bald wieder in den Dogmatismus verfielen. Von Aenesidem an aber ist es unverkennbar, daß die Skeptiker anfingen, den Streit zwischen dem Dogmatismus und Skep-

---

77) Sextus Empiric. advers. Mathemat. IX. §. 1. τον αυτον δε τροπον της ζητησεως παλιν ενταυθα συστησομεθα, εκ εμβραδυνοντες τοις κατα μερος, οποιον τι πεποιηκασιν οἱ περι Κλειτομαχον και ὁ λοιπος των Ακαδημαικων χορος (ως αλλοτριαν γαρ ὑλην εμβαντες, και επι συγχωρησεως των ἑτεροις δογματιζομενων ποιεμενοι τας λογας, αμετρως εμηχυναι την αντιρρησιν) αλλα τα κυριωτατα και τα συνεκτικωτατα κινωντες, εν οἱς ηπορημενα εξομεν και τα λοιπα.

Skepticismus aus gewissen allgemeinen und höhern Gesichtspunkten zu fassen, nicht nur in ihren Zweifeln gegen die dogmatische Erklärung der Dinge und das menschliche Wesen überhaupt zu höhern Gründen aufzusteigen, sondern auch in den Widerlegungen der einzelnen dogmatischen Sätze eine gewisse Methode zu beobachten. Diese Methode bestand darin, daß sie nur die wichtigsten Gegenstände ihrer Censur unterwarfen, und durch disjunctive Schlüsse alle mögliche Fälle zu entfernen suchten, aber nicht gerade darauf achteten, ob und was die Dogmatiker behaupteten, sondern was sie behaupten könnten, und jede mögliche Ausflucht, und was nur etwa zum Rückenhalt dienen könnte, abzuschneiden bemühet waren.

Zweiter Abschnitt.
Philosophie unter den Römern.

Die Skeptiker machten von jeher im Verhältniß zu den Dogmatikern nur eine kleine Partei aus. Ungeachtet zu manchen Zeiten und in gewissen Orten der Grundsatz: das für Andere Gewisse zu bezweifeln, gewissermaßen einheimisch, örtlich, ja sogar ansteckend geworden ist, so kann doch diese Denkungsart nie allgemein werden. Dogmatismus und Skepticismus wechseln immer mit einander ab, und nur wenn der erste zu dreist wird, tritt der zweite als Zuchtmeister auf, bis endlich wieder die Zeit kommt, wo diese Denkungsart, welche alles niederreißt und nichts wieder aufbauet, welche die übertriebenen Anmaßungen der Dogmatiker bestreitet, und doch nicht lehret, in welchen bestimmten Gränzen sich der menschliche Verstand halten müsse, dem menschlichen Geiste wegen ihrer

Unan-

Unangemessenheit gleichgültig oder wegen der Seichtigkeit zuwider wird, und dann nimmt der Dogmatismus wieder wie vorhin, seine Herrschaft ein.

Dieß war auch hier der Fall. Aenesidem und seine Nachfolger bis auf den Sextus machten wahrscheinlich außer Alexandrien keine Sensation, und ihre Gründe gegen den Dogmatismus blieben ohne Wirkung. In dem großen römischen Reiche, welches jetzt Griechenland mit seinen Wissenschaften verschlungen hatte, war kaum ein und der andere unter den Gelehrten, welche die Disputationen der Akademiker gegen die Dogmatiker etwas ernstlich beherzigte, und auch dieß nicht gethan hätte, wenn nicht andere Nebenrücksichten mit im Spiele gewesen wären. Uebrigens waren es die dogmatischen Systeme der Griechen, welche sich die Römer aneigneten, und nach verschiedenen Absichten und Gesichtspunkten zu ihrem Eigenthum zu machen strebten, und es ist daher der Dogmatismus, der in dieser langen Periode, nur in verschiedener Gestalt, sich die Herrschaft erwarb. Der Geschichte liegt also ob, zu zeigen, wie die griechische Philosophie nach Rom verpflanzt wurde, was sie hier für Eigenthümlichkeiten und besondere Modificationen annahm.

Die Römer besaßen an sich wenig von dem philosophischen Geiste, der durch leise Berührung von Außen leicht in freie Thätigkeit gesetzt wird, und nur in dem Forschen nach etwas Kahlen und Unbedingten seine Befriedigung findet. Die Nation hatte vielmehr durch die Lage der Republik und durch die beständigen Kriege einen kriegerischen Geist angenommen, der durch die Bekanntschaft mit griechischer Politur und Cultur, durch den überhandnehmenden Luxus und Hang zum Vergnügen erst spät gedämpft wurde. Nun wurden zwar die Sitten milder, man fand Geschmack an den Geisteswerken der Griechen; der eigentliche wissenschaftliche Geist blieb aber dennoch

beinahe

beinahe ein Fremdling unter den Römern; nur wenige folgten in weiter Ferne dem kühnen Fluge des griechischen Genius, wenige ahndeten die Feinheiten desselben; die meisten dachten nur ihren Vorgängern nach, und schufen sich aus den Forschungen derselben ein System von Philosophie für die Verhältnisse ihres Lebens.

Natürlich nehmen die philosophischen Forschungen einen andern Gang in einer Nation, in welcher die Philosophie entsteht und sich selbst nach und nach ausbildet, einen andern da, wo eine Nation von einer andern schon gebildeten philosophischen Stoff empfängt; anders ist der Gang da, wo das Philosophiren eignes Geistesbedürfniß ist; anders, wo es nicht als Zweck an sich, sondern als Mittel zu etwas anderm getrieben wird; anders, wo sich die Sprache zum wissenschaftlichen Gebrauch selbst durch das Bedürfniß philosophischer Forschungen bildet; anders, wo wissenschaftliche Begriffe und Sätze auf einem fremden Boden entsprossen, in eine Nation verpflanzt werden, deren Sprache schon einen festen Bau ohne wissenschaftliche Bildung gewonnen hat; wo der Luxus und das Sittenverderben mit und neben der Cultur des Geistes wie Unkraut aufwächst, und wo Philosophie erst aufkommt, nachdem Luxus und Ueppigkeit schon den Geist einer Nation verdorben haben.

In diesem letzten Falle befanden sich die Römer. Ihre Geistesbildung entwickelte sich nicht von Innen, sondern von Außen durch den Verkehr mit den Griechen. Daher nahm nicht die ganze Nation, sondern nur einige wenige der edlen und begüterten Römer Antheil daran, die theils aus Liebhaberei, theils aus Ehrgeiz und Eitelkeit, theils aus politischen Absichten, theils auch wohl aus innerm Geistesdrang sich mit den griechischen Werken des Geschmacks und der Wissenschaft bekannt machten, und auf ihrem Wege fortzugehen strebten. Reines Interesse

teresse für die Wissenschaft lag jedoch gar nicht in dem Charakter der römischen Nation, welche alles nach bloßen äußern Vortheilen berechnete, und auch diesen Maßstab bei den Wissenschaften anlegte ¹). Zuweilen regte sich zwar ein freieres Streben des Geistes, wie zur Zeit der berühmten Gesandtschaft der drei Philosophen, aber die Politik wußte es immer wieder zu unterdrücken.

Die Römer erhielten nicht nur den ersten Anreiz zum Philosophiren, sondern auch den schon verarbeiteten philosophischen Stoff von den Griechen. Die verschiedenen philosophischen Systeme, Denkarten und Methoden wurden ihnen in ihrer vollkommenen Ausbildung mitgetheilt; sie fanden in ihnen entweder schon volle Befriedigung ihrer Wißbegierde, oder Stoff zu mannigfaltigen Vergleichungen, Räsonnements und Resultaten, wie sie ihrem Charakter, ihrer Denkart und den Bedürfnissen und Verhältnissen der Zeit angemessen waren. Selten aber waren unter den Römern diejenigen Männer, welche sich entschieden und ausschließend für ein System erklärten; meistentheils beseelte sie ein freierer vielseitigerer Geist, daß sie auch an andern manches Gute und Brauchbare schätzten. Dieses rührte theils von ihrer Bekanntschaft mit mehreren Systemen, theils von dem weniger strengen systematischen Geiste, theils endlich von dem praktischen, mehr auf das wirkliche Leben gerichteten Sinne der Römer her. Aber immer hingen sie doch einem Systeme vor dem andern an. Diese Vorliebe wurde eben sowohl durch den eigenthümlichen Geist des Systems, als durch die Denkungsart der Römer in Rücksicht auf Speculation, Moralität und Religion bestimmt. Wer mehr für stillen Lebens-

1) Cicero *Tuscul. Quaest.* I. c. 2. at nos metiendi ratiocinandique vtilitate huius artis (Mathematicorum) terminauimus modum.

Lebensgenuß war, wählte sich Epikurs Philosophie zum Führer; der Stoicismus fand mehr Eingang bei denen, die mit ihrem Geiste mehr zum Wirken außer sich strebten, und höhere Zwecke des Lebens kannten, als Befriedigung der eignen kleinen Bedürfnisse. Männer von religiöser Denkart fanden in dem letzten, freier denkende und sich für aufgeklärter haltende hingegen in dem Epikureismus mehr Befriedigung.

Von den Schriften des Aristoteles waren damals die Abschriften selten und die peripatetische Schule überhaupt nicht so berühmt, als jene; daher bekannten sich verhältnißmäßig wenige Römer zu Anhängern derselben. Aber auch die neuere Akademie, welche weit mehr Aufsehen machte, gewann nur wenige Bekenner, und würde auch diese nicht einmal erhalten haben, wenn man sie nicht für eine gute Schule der Beredtsamkeit gehalten hätte, weil sie kein System von Wahrheiten, sondern Systeme zerstören lehrte.

An wissenschaftlichem Genie standen die Römer den Griechen weit nach. Daher haben sie auch im eigentlichen Sinne nichts erfunden; indessen sind doch durch einige ihrer Denker einige praktische Wahrheiten noch mehr als von den Griechen untersucht, befestiget und aufgekläret worden, z. B. die Lehre von der Bestimmung des Menschen, von Tugend, Recht, Religion, und über einige dieser Punkte kamen nicht gemeine Ansichten durch sie in den Gang. Am meisten gewann die Rechtswissenschaft der Römer durch die Anwendung der Philosophie. In dem Theoretischen war es mehr die Physik als die Metaphysik, welche einige Römer beschäftigte, denn sie hatten keinen solchen speculativgrüblerischen Geist als die Griechen.

Neben den Römern beschäftigten sich auch immerfort Griechen mit der Philosophie auf mancherlei Art und aus
ver-

verschiedenen Rückſichten. Die mehreſten Griechen pflanzten bloß die Schule fort, der ſie angehörten, oder erklärten die Schriften ihrer Stifter, welches vorzüglich bei den Peripatetikern der Fall war. Einige ſtrebten dahin, die theoretiſche Grundlage ihres Syſtems weiter zu entwickeln und zu befeſtigen; oder ließen ſich in Polemik mit den Gegnern deſſelben ein, oder ſuchten entgegengeſetzte Syſteme mit einander zu vereinigen. Dieſes galt vorzüglich die Philoſophie des Plato, der Pythagoräer und des Ariſtoteles, und zwar hauptſächlich gewiſſe Gegenſtände der Speculation, die ein großes Intereſſe hatten, z. B. den Urſprung der Welt, das Weſen und die Unſterblichkeit der Seele, Freiheit und Vorſehung und ihre Vereinigung. Andere wandten Philoſophie auf das wirkliche Leben an, und bearbeiteten einige intereſſante Gegenſtände auf eine populäre Weiſe. Immer aber behielt die Speculation die Oberhand bei den Griechen.

Aber nicht genug, daß die Vorliebe zur Speculation die Griechen von den Römern unterſchied; man bemerkt noch außerdem einen merkwürdigen Charakterzug bei den letzten. Sectengeiſt, Synkretismus, Hang zur Schwärmerei, zum Supernaturalismus, offenbarte ſich mehr bei den Griechen als bei den Römern. Wahrſcheinlich kam dieſes daher, daß es nur müßige, dem beſchaulichen Leben ergebene Köpfe waren, die ſich mit dem Philoſophiren beſchäftigten, da hingegen die philoſophirenden Römer meiſtentheils zugleich Geſchäftsmänner waren. Es iſt daher nicht befremdend, daß die Schwärmerei bei der ohnehin ſchon weiter verbreiteten Neigung dazu durch die Abgezogenheit von dem wirklichen Leben mehr befördert wurde, und auf das Philoſophiren einen mächtigen Einfluß gewann. Erſt nach Plotin ſcheint dieſe Gemüthsſtimmung auch bei den Römern mehr Eingang gefunden zu haben.

Alle

Alle diese Männer spielten als Philosophen keine große Rolle, und brachten, ungeachtet alles Schreibens, Disputirens und Lehrens, wenig Gewinn für die Philosophie als Wissenschaft. Denn, ungeachtet einzelne Theile der Philosophie fleißig bearbeitet wurden, so blieben doch die Hauptfragen, von deren Beantwortung das Gedeihen der Philosophie als Wissenschaft eigentlich abhing, unbeachtet, und alles Philosophiren drehte sich auf dem einmal betretenen Weg immer um denselben Punkt, ohne einen Schritt weiter zu kommen. Es würde daher unzweckmäßig seyn, wenn sich die Geschichte bei ihnen zu lange verweilen wollte. Es wird schon genug seyn, wenn wir im Allgemeinen die Art ihres Philosophirens charakterisiren, die Gegenstände, welche sie mehr aufklärten, angeben, und zugleich die Einflüsse des Zeitgeistes bemerklich machen, welcher in der Folge in der Neuplatonischen Philosophie sich sprechender ausdrückte.

Die natürlichste Abtheilung dieses ganzen Zeitraums scheint diese zu seyn, wenn wir die Männer, welche sich am meisten auszeichneten, nach den verschiedenen Schulen, denen sie anhingen, auftreten lassen. Wir werden zuerst mit demjenigen beginnen, der mit seinem Geiste alle Schulen umfaßte, wiewohl er in gewissen Theilen der Philosophie bald dieser, bald jener den Vorzug einräumte, und mit den Anhängern der platonischen Schule schließen, woran sich dann ganz natürlich die Geschichte des Neuplatonismus anschließen wird, in dem griechische und orientalische Vorstellungen zu einem Ganzen verschmelzt wurden.

Erstes Kapitel.

Cicero.

Cicero lebte gerade in einem Zeitalter, wo die römische Republik die höchste Stufe von Macht, Glanz und Ansehen erreicht hatte, ungeachtet die versteckteren Fehler der Verfassung und die Folgen des Sittenverderbens im Innern an der Auflösung des Staats arbeiteten. Griechische Kunst und Wissenschaft machten die größten Fortschritte, gewannen Liebhaber und Nacheiferer. Die vornehmen und reichen Römer besuchten die griechischen Schulen, machten Bekanntschaft mit den Gelehrten, und eine beträchtliche Anzahl von gelehrten und gebildeten Griechen fanden bei ihnen eine günstige Aufnahme. Jede Schule der griechischen Philosophie hatte schon erklärte Bekenner erhalten. So waren Nigidius und Vatinius Pythagoräer, Vellejus, Cassius, Catius, L. Torquatus, Pansa, Atticus Epikuräer, Varro, Cotta Platoniker, Piso Peripatetiker, C. Lälius, Sp. Mummius, M. Cato, M. Vigellius, L. Aelius, Q. Tubero, C. Lucilius Balbus, M. Brutus Stoiker.

Ungeachtet dieser glänzenden Aussichten erscheint dennoch bei näherer Betrachtung der innere Zustand der Philosophie bei den Römern eben in keinem vortheilhaften Lichte; Cicero war noch in seinem hohen Alter genöthiget, sich zu rechtfertigen, daß er die Philosophie zu seiner Hauptbeschäftigung gewählt hatte; und selbst seine Apologie verräth nur zu deutlich, daß er nur hauptsächlich durch den Drang der Zeitverhältnisse gezwungen, das Studium der Philosophie gegen die glänzendere Laufbahn eines

Staatsmanns und Redners vertauscht hatte [1]). Einige, und zwar nicht ungebildete Römer, tadelten überhaupt das ganze Studium der Philosophie, oder wollten es doch wenigstens sehr eingeschränkt wissen. Andere waren so eingenommen für die Griechen, daß sie nicht einmal eine in der Nationalsprache abgefaßte Schrift über philosophische Gegenstände lesen mochten. Einige wollten das Philosophiren zwar nicht überhaupt verwerfen, glaubten aber doch, daß es für Römer aus den höhern Ständen nicht die angemessenste Beschäftigung, sondern eine Art von Erniedrigung sey [2]).

Cicero hatte zwar einen zu gebildeten Geist, als daß er diesen Urtheilen hätte beistimmen sollen; indessen erhellet doch daraus, wie sehr der römische Charakter sich sträubte, sich in dem reinen Interesse für Wissenschaft zu erheben, der die Griechen so auszeichnete. Sein Geist, angespornt von großer Ruhmbegierde, und getrieben durch innere Kraft, hatte sich vorgesetzt, nicht in den Gränzen der Mittelmäßigkeit stehen zu bleiben, sondern durch Vortrefflichkeit sich einen Namen zu machen. Sein Ziel war das Feld der Politik und der Staatsverwaltung, die Mittel dazu Beredtsamkeit und Ausbildung aller Talente durch Künste und Wissenschaften. Was aber nur den Weg zu einem größern Wirkungskreise bahnen sollte, umfaßte er mit leidenschaftlicher Wärme, und achtete nicht darauf, daß er von der größten Menge seiner Mitbürger mit den keinesweges aufmunternden Namen eines Schulgelehrten und Griechen (Grieche war aber so viel als Pedant) belegt zu werden [3]). Gewiß würde er auch in den höhern

---

1) Cicero *Academicar. Quaest.* I. c. 3. *de Divin.* II. c. 2.
2) Cicero *de Finib.* I. c. 1. *Academic. Quaest.* I. c. 2. 3.
3) Plutarchus *Vita Ciceronis* c. 5. ταύτα δη τα Ρωμαιων τοις βαναυσοτατοις προχειρα και συνηθη ρηματα, Γραικος και σχολαστικος, ακουειν.

höhern Wissenschaften mehr geleistet haben, wenn er nicht immer seinen Hauptzweck vor Augen gehabt und zu bald in den Strudel der Geschäfte wäre verwickelt worden. Dem Staate seine Dienste zu weihen, und sich in diesen Beschäftigungen Ruhm und Ansehen zu erwerben, dieß war der herrschende Gedanke, der ihn nie verließ.

Erst in den letzten Jahren seines Lebens, nachdem er so vielfältig erfahren hatte, wie eitel und vergänglich der Ruhm ist, nachdem er durch die Herrschsucht einiger Großen um allen Einfluß und Antheil an der Staatsverwaltung gekommen war, suchte er seine alten Vertrauten, die Wissenschaften, vorzüglich die Philosophie, wieder hervor, und schloß sich enger als je an sie an 4). Aber auch hier war die Triebfeder des Ruhms mächtig mit im Spiele. Da die Umstände der Zeit ihm verboten, durch Beredtsamkeit zu glänzen, und seinen sonst bedeutenden Einfluß an den Senatsverhandlungen und auf dem Forum geltend zu machen, da nahm er sich vor, durch Verpflanzung der griechischen Philosophie auf einheimischen Boden den Griechen ihren letzten Ruhm zu entreißen, und sich ein neues Verdienst um seine Nation zu erwerben, wenn seine Mitbürger nicht mehr nöthig fänden, in Griechenland zu suchen, was sie zu Hause eben so gut finden könnten 5).

Unstrei-

---

4) Cicero *de natura Deor.* I. c. 4. *de divinatione* II. c. 1, 2. *de officiis* II, c. 1, 2. *Acad. Qu.* I. c. 3.

5) Cicero *de divinat.* II. c. 2. Quod cum accidisset nostrae reipublicae, tum pristinis orbati muneribus haec studia reuocare coepimus, vt et animus molestia hac potissimum releuaretur, et prodessemus ciuibus nostris quarecumque possemus, in libris enim sententiam dicebamus, concionabamur; philosophiam nobis pro reipublicae procuratione substitutam putabamus. — Magnificum illud etiam, Romanisque hominibus gloriosum, ut graecis de philosophia literis non egeant. *Academicar. Quaest.* I. c. 3. *Tuscul. Quaest.* II. c. 2.

Unstreitig war dieser Gedanke zu stolz, und man würde den Cicero einer Unkunde der griechischen Philosophie beschuldigen können, wenn er sich einbildete, ihnen diesen glänzenden Ruhm durch einige philosophische Schriften in so kurzer Zeit rauben zu können; hätte ihn nicht Ruhmbegierde eingegeben, die nicht immer mit hellen Augen siehet. Dem sey aber wie ihm wolle, genug wir müssen es dem Cicero noch Dank wissen, daß er dieses kühne Unternehmen auffaßte. Der große Zweck wurde nicht erreicht, er war für seine Kräfte zu groß; und zuweilen scheint ihm selbst mehr als ein Zweifel wegen der Ausführbarkeit desselben in den Sinn gekommen zu seyn [6]). Indessen war doch sein Unternehmen nicht allein für seine Zeitgenossen, sondern auch für die gesammte Literatur wohlthätig. Er machte die Römer nicht allein mit den Hauptuntersuchungen und vorzüglichsten Resultaten der griechischen Philosophen, und zwar nach allen Hauptschulen bekannter, da die meisten sonst nur einer Schule huldigten, sondern legte auch dadurch in seine Schriften einen schätzbaren Vorrath historischer Nachrichten von den philosophischen Schulen der Griechen nieder, ohne welche dieser Theil der Geschichte noch weit unvollständiger und unzusammenhängender seyn würde. Die Zusammenstellung der Resultate verschieden denkender Philosophen über einige der wichtigsten Gegenstände, war für die damalige Zeit interessant, in wiefern daraus der Fortschritt des menschlichen Geistes mit einem Blicke erhellte, und selbst nicht unfruchtbar an manchen Wahrheiten, die aus der Vergleichung der entdeckten, bestrittenen und bezweifelten Wahrheiten hervorgingen.

Hiernach muß das Verdienst des Cicero als philosophirenden Schriftstellers beurtheilt werden. Den Stoff zu seinen Betrachtungen entlehnte er fast durchgängig aus den

---

[6]) Cicero de offic. I. c. 1. III. c. 33.

Tennem. Gesch. d. Philos. V. Th.　　　　H

den Schätzen der griechischen Weisheit; die Darstellung, die vergleichende Zusammenstellung, die Beurtheilung der Streitpuncte, die Herleitung einiger wichtigen Resultate, und die Anwendung auf manche von den Griechen weniger beachtete Gegenstände war sein Eigenthum [7]). Als tiefeindringenden Forscher hat er sich dabei nicht bewiesen; seine philosophischen Betrachtungen gehen nicht auf die letzten Gründe zurück, sondern sind mehr populär für die Fassungskraft der Mehrheit gebildeter Menschen berechnet, wie man sie von einem Manne, erwarten kann, der auch in dem Gebiete ernsthafter Untersuchung den Redner nicht verläugnet. Allgemeine Verständlichkeit, geschmackvolle Darstellung, Belebung des Vortrags durch Witz und Lectüre: dieß war nicht etwa ein Nebenzweck, den er mit dem Hauptzwecke geschickt zu vereinigen wußte, sondern in seinen Augen selbst ein wesentliches Erforderniß der Philosophie [8]). Darum bearbeitete er auch kein System der Philosophie, sondern nur einige vorzügliche Gegenstände, welche gleichsam den Kern der Philosophie ausmachten. Hier fühlte sich die Freiheit seines Geistes in keine zu engen Schranken eingeschlossen; er durfte nicht bis auf die absolut letzten Principien zurückgehen, und war an keinen zu strengen wissenschaftlichen Zusammenhang gebunden. Er behielt die Frei-

7) Cicero *de Finib.* I. c. 2. Quae autem de bene beateque vivendo a Platone disputata sunt, haec explicari non placebit latine? Quod si nos non interpretum fungimur munere, sed tuemur ea, quae dicta sunt ab iis, quos probamus, eisque nostrum iudicium et nostrum scribendi ordinem adiungimus: quid habent, cur graeca anteponant iis, quae et splendide dicta sint, neque sint conversa de graecis? c. 3. *de offic.* I. c. 2.

8) Cicero *Tusculan. Quaest.* I. c. 4. hanc enim perfectam philosophiam semper iudicavi, quae de maximis quaestionibus copiose posset ornateque dicere.

Freiheit, die verschiedenen Ansichten einer Sache darzulegen, und überall sein unbefangenes Urtheil einzuweben.

Daß er sich frei vom Sectengeiste erhalten hatte, kam ihm dabei sehr zu statten. Er hatte in seiner Jugend Umgang mit Männern aus verschiedenen Secten gehabt, ihren Unterricht genossen, aber nie einer Schule ausschließlich gehuldiget, nie unter ihre Autorität sein eignes Urtheil gefangen gegeben. Er konnte nach eigner Einsicht das Beste von allen benutzen, und ihre Mängel freimüthig beleuchten 9). Was die speculative Philosophie betrifft, so trat er auf die Seite der neuen Akademie, welche alles Wissen in Anspruch nahm, und nur die Entscheidung nach subjectiven Gründen oder Wahrscheinlichkeit gelten ließ. Diese Art zu philosophiren schien Cicero den Vorzug vor allen übrigen einzuräumen. Denn sie schmeichelte dem jugendlichen Stolze, sie schärfte den Verstand, und gab dem Geiste eine große Gewandtheit, sie hatte ihm den Preis der Beredtsamkeit erringen helfen, und bei seinen philosophischen Untersuchungen gestattete sie dem Räsonnement mehr Freiheit und mannichfaltigern Stoff. Weit bedeutender war jedoch der Vortheil, daß sie einen denkenden Kopf aus der Verlegenheit riß, worein ihn nothwendig bei dem Mangel an leitenden Principien die große Uneinigkeit der Meinungen in den wichtigsten, die Menschheit am meisten interessirenden Gegenständen verwickeln konnte. Es schien kein anderer Ausweg zu seyn, als die Hauptparteien ihre Sätze gegen einander aufstellen und verfechten zu lassen, und auf diese Art abzuwägen, auf welcher Seite das größte Gewicht von Gründen sey, oder wo dieses zu gewagt schien,

---

9) Cicero *de natura deor.* l. c. 5. *Academicar. Quaest.* IV. c. 3. Hoc autem liberiores et solutiores sumus, quod integra nobis est iudicandi potestas, neque ut omnia, quae praescripta, et quasi superata sint, defendamus, necessitate ulla cogimur.

jedes entscheidende Urtheil aufzuschieben und nur die Möglichkeit des weitern Nachforschens sich offen zu erhalten [10]).

Wenn ihm die akademische Methode zu philosophiren von Seiten der Speculation Genüge that, so ließ sie ihn dagegen in Beziehung auf das Praktische unbefriediget; sie stellte sogar Zweifelsgründe gegen die allgemeinsten Ueberzeugungen der Menschheit, über Pflicht und Recht auf, die er nicht widerlegen konnte [11]). Die Untersuchung und Aufstellung wahrer Grundsätze über die Pflichten und Rechte der Menschen hielt er aber für ein wesentliches Geschäft der Philosophie, daß er schon darum in dem Praktischen den andern Schulen, welche nicht zerstörten, sondern ein Gebäude der Sittlichkeit aufstellten, den Vorzug einräumte [12]). Am meisten befriedigte ihn darin die stoische Lehre, weil sie der Tugend einen absoluten Werth zuerkannte, womit er doch auch einen großen Theil des Systems des Plato und Aristoteles mehr und weniger vereinigte [13]). Er hielt sich bei diesen Untersuchungen frei von dem Sectengeiste, ließ sich nur von seinem eignen gesunden Verstande und sittlichen Urtheile leiten, und nahm aus jeder Schule an, was ihm wahr und gut dünkte — eine Freiheit, welche er mit den Grundsätzen der neuen Akademie gut zu vereinigen wußte [14]).

Die

---

10) Cicero *Academicar. Quaest.* IV. c. 3. *Tusculanar. Qu.* II. c. 2.

11) Cicero *de legib.* I. c. 15.

12) Cicero *Academicar. Quaest.* IV. c. 9. etenim duo esse haec maxima in philosophia, iudicium veri et finem bonorum. *de offic.* I. c. 2.

13) Cicero *de offic.* I. c. 2. Itaque propria est ea praeceptio Stoicorum et Academicorum et Peripateticorum. — Sequemur igitur hoc quidem tempore et in hac quaestione potissimum Stoicos.

14) Cicero *de natura deor.* I. c. 5. *Academicar. Quaest.* IV. c. 3.

Die Gegenstände, über welche Cicero auf eine populäre Art philosophirte, waren der Streit der Akademiker und Stoiker über die objective Wahrheit der widerstreitenden Vorstellungsarten über Gottes Existenz und Eigenschaften; über den Grund oder Ungrund der Divination; über das Fatum; über das höchste Gut oder das Princip der Pflichten; Untersuchungen über die Pflichten; über die Leidenschaften und deren Beherrschung; Tugend das absolute Gut des Menschen; Unsterblichkeit der Seele; Untersuchungen über die bürgerlichen Gesetze und den Grund derselben.

In den theoretischen Untersuchungen behauptet er durchgängig den Charakter eines Akademikers. Sie können als ein treues und sprechendes Gemälde von dem damaligen Zustande der speculativen Philosophie angesehen werden, indem sie in allen Theilen der Wissenschaft Uneinigkeit der Urtheile aus Mangel an festen unerschütterlichen Grundsätzen, ein Hin- und Herschwanken der Meinungen in das helleste Licht setzen. Man mochte seinen Blick auf die Theorien von dem Erkenntnißvermögen, auf die Versuche eine allgemeine Regel für die objective Wahrheit aufzustellen, auf die so entgegengesetzten Wege und Resultate der Untersuchungen über die Natur der Dinge, endlich auf die Grundsätze von dem höchsten Gut, von dem letzten Zweck alles menschlichen Strebens und der obersten Regel der Handlungen vernünftiger Wesen richten: nirgends traf man auf etwas Gewisses, Ausgemachtes und Gültiges; kein fester Punkt stellte sich dar, wovon man ausgehen, wohin man gelangen sollte. In dieser Ansicht der Dinge wurden selbst die Ueberzeugungen erschüttert, welche in dem praktischen Leben, ohne Rücksicht auf die Sätze der mit einander streitenden Schulen, ihre vollkommenste Kraft und Gültigkeit bewiesen. So entschieden für das Leben die Wahrheit war, daß man seine Pflichten ohne alle Rücksicht auf Vortheile erfüllen müsse, daß Selbstachtung die
Haupt-

Hauptbedingung aller Zufriedenheit und Glückseligkeit des Lebens sey, so wurden doch diese Ueberzeugungen durch die Uneinigkeit der Schulen mit in die allgemeine Ungewißheit verwickelt [14b].

So hätte dieses Gemälde, in welchem Cicero nur die verschiedenen Verhandlungen und Streitigkeiten der Stoiker und Akademiker in ein Ganzes vereinigte, zu vielen lehrreichen Untersuchungen reizen und auffordern können, hätte selbst endlich auf die Quelle aller Uneinigkeiten, Streitigkeiten und des Mißlingens aller wissenschaftlichen Versuche und auf das erste Bedürfniß der Philosophie führen müssen, wenn es selbst in diesem Geiste wäre verfertiget worden. Allein Cicero glich hier einem Arzte, der die Gebrechen siehet, aber die Ursachen derselben nicht entdeckt, und daher keine Heilmittel vorschlagen kann. Er begnügte sich, den wissenschaftlichen Zustand der Philosophie, und das unmittelbar daraus fließende Resultat dargelegt zu haben, daß die Ansprüche der menschlichen Vernunft auf das Wissen und Erkennen der Dinge noch unentschieden sind, daß man so lange mit Wahrscheinlichkeit, welche für die technischen und praktischen Zwecke des Menschen zureicht, sich begnügen müsse [15].

Die Materie von der Existenz und den Eigenschaften Gottes hatte er in seinen akademischen Untersuchungen nur kurz berührt; er widmete ihr daher eine eigne Schrift, worin

---

[14b] Cicero *Academicar. Quaest.* IV. c. 46.

[15] Cicero *de natura deor.* L. c. 5. Non enim sumus ii, quibus nihil verum esse videatur: sed ii, qui omnibus veris falsa quaedam adiuncta esse dicamus, tanta similitudine, ut in iis nulla insit certa iudicandi et assentiendi nota. Ex quo exsistit et illud, multa esse probabilia, quae, quamquam non perciperentur, tamen quia visum haberent quendam insignem et illustrem, his sapientis vita regeretur.

Philosophie des Cicero.

in er einen Epikureer und einen Stoiker ihre Ideen über Gott und Vorsehung entwickeln, und beide von einem Akademiker widerlegen läßt. Die Gründe und Gegengründe werden mit viel Scharfsinn und Beredtsamkeit vorgetragen. Carneades hatte ihm darin schon treflich vorgearbeitet, daß er den von diesem entlehnten Stoff mit seinen eignen Urtheilen und Bemerkungen leicht verbinden, und in die dialogische Form bringen konnte. Sein Zweck war, erstlich zu zeigen, daß die Vernunft in dieser Sache noch zu keiner festen, jede Prüfung aushaltenden Ueberzeugung habe gelangen können, da bei den so sehr abweichenden Vorstellungsarten über Gott und sein Verhältniß zur Welt, welche unter den Gelehrten und Ungelehrten herrschten, keine anzutreffen sey, gegen welche die prüfende Vernunft nicht siegreich disputiren könne; und da es möglich sey, daß von allen widerstreitenden Behauptungen keine einzige, unmöglich aber, daß mehr als eine wahr sey [16]). Zweitens sollte eben dadurch der Untersuchungsgeist geweckt werden, einen Gegenstand, der für die Menschheit so wichtig ist, von dessen Realität die religiösen Gesinnungen und Handlungen, und am Ende sogar alle Moralität abhängen, von neuem auf das gründlichste in Untersuchung zu nehmen [17]). Der Akademiker setzt hier Vernunftgründen

Ver-

---

16) Cicero *de natura deor.* I. c. 2. Contra quos Carneades ita multa disseruit, ut excitaret homines non socordes ad veri investigandi cupiditatem. Res enim nulla est, de qua tantopere non solum indocti, sed etiam docti dissentiant, quorum opiniones cum tam variae sint, tamque inter se dissidentes: alterum fieri profecto potest, ut earum nulla; alterum certe non potest, ut plus una vera sit.

17) Cicero *de natura deor.* I. c. 1. 2. ea (dissensio) nisi diiudicetur, in summo errore necesse est homines atque in maximarum rerum ignoratione versari. — In specie autem fictae simulationi sicut reliquae

vir-

Vernunftgründe entgegen, nicht um die religiösen Ueberzeugungen des gesunden, sich selbst überlassenen gemeinen Verstandes, sondern bloß die Versuche der philosophirenden Vernunft, jenen Glauben auf Gründe zu stützen, zu widerlegen 18). Diese Entgegensetzung der speculirenden und der gemeinen Vernunft, der Speculation und des Glaubens, ist hier besonders merkwürdig, da sie so deutlich noch nie zur Sprache gekommen war. Die Grundlosigkeit der philosophischen Behauptungen über Gott, sein Daseyn und sein Verhältniß zur Welt, ihre Unvereinbarkeit unter einander, ihre Widersprüche mit der nicht philosophischen religiösen Ueberzeugung, ja selbst ihre Ungereimtheiten im Gegensatze der Festigkeit, der Allgemeinheit des religiösen Glaubens ohne Gründe, mit dem zwar auch manche ungereimte Vorstellungsart sich vermenget hatte, die sich aber von dem wesentlichen Inhalte trennen ließ, war eine Erscheinung, die jeden forschenden Geist um so mehr erschüttern mußte, da die meisten Philosophen in ihren Beweisen für das Daseyn Gottes sich auf den gemeinen Glauben beriefen.

Aber freilich wurde der Sieg des Skeptikers durch die Beschaffenheit der Gründe für die Existenz und Vorsehung

virtutes ita pietas inesse non potest; cum qua simul et sanctitatem et religionem tolli necesse est, quibus sublatis, perturbatio vitae sequitur et magna confusio. Atque haud scio, an pietate aduersus deos sublata, fides etiam et societas generis humani et una excellentissima virtus, iustitia tollatur.

18) Cicero *de natura deor.* III. c. 2. Fac nunc ergo intelligam, tu quid sentias. A te enim philosopho rationem accipere debeo religionis, maioribus autem nostris, etiam nulla ratione reddita, credere. c. 4. sed tu auctoritates contemnis, ratione pugnas. Patere igitur, rationem meam cum tua ratione contendere.

hung Gottes sehr erleichtert. Indem Epikur alles aus der Idee von Gott entfernen wollte, was zur abergläubischen Furcht Veranlassung geben konnte, bildete er ein menschenähnliches Wesen, das in Unthätigkeit nur die größte Seligkeit findet. Die Stoiker, um der Idee Objectivität zu geben, vermengen Gott und die Welt, und fallen wieder von einer andern Seite in den Anthropomorphismus. Neben den cosmologischen und physikotheologischen Gründen von der Ordnung und Zweckmäßigkeit der Natureinrichtungen, werden die Sagen von Erscheinungen der Götter, von Vorhersagungen, Weissagungen, wunderbaren Erscheinungen der Natur, als von gleicher Kraft mit jenen aufgestellt, wobei der Zweifler leicht gewonnen Spiel hat. Aber eben deswegen verlieren auch die Gründe des Skeptikers viel von ihrem Gewichte; es scheint als wären die Behauptungen der dogmatischen Philosophen viel zu schwach vorgetragen, und würden, von den falschen Nebenvorstellungen gereiniget, eine siegreichere Beweiskraft haben.

Sehr verdienstlich war seine Abhandlung über die Divination, worin er alle von den Stoikern und andern Philosophen angegebenen Gründe für die Realität derselben sowohl, als auch die Gründe gegen dieselbe ausführlicher, als es noch je geschehen war, darstellt. Dieser Aberglaube, der sich so allgemein verbreitet hatte, war von den meisten Philosophen, vorzüglich aber von den Stoikern, in Schutz genommen worden, und nur wenige Aufgeklärtere unter den Nationen wie unter den Philosophen hatten sich über denselben erhoben. Die Stoiker stützten sich auf folgenden Schluß: Wenn es eine Gottheit gibt, welche die Welt regieret, über die Schicksale der Menschen waltet und sie zeigt den Menschen nicht die künftigen Ereignisse an: so liebe sie entweder die Menschen nicht; oder sie weiß nicht, was geschehen wird, oder sie hält

hält das Vorherwissen des Künftigen dem Menschen für gleichgültig; oder hält es unter ihrer Würde, den Menschen Anzeigen davon zu geben, oder ist dazu unvermögend. Aber alles dieses läßt sich von der Gottheit nicht denken. Es gibt also eine Divination [19]). Wenn wir voraussetzen, daß eine göttliche Kraft in dem Weltall alles lenket, und besonders über die Schicksale der Menschen waltet, so läßt sich leicht die Möglichkeit denken, wie die Menschen durch Anzeigen der Opferthiere, durch den Flug der Vögel, durch Blitze u. s. w. die Kenntniß künftiger Begebenheiten erhalten können. Denn eben die göttliche Kraft, welche in dem Weltall verbreitet ist, kann dahin leiten, ein gewisses bestimmtes Opferthier zu wählen, kann in dem Augenblicke, da es geopfert wird, eine Veränderung der Eingeweide bewirken, daß an der Organisation derselben etwas überflüssig ist, oder fehlet, oder anders beschaffen ist [20]). Und da die Götter ohne Augen, Ohren und Sprachwerkzeuge vernehmen, was Götter und Menschen in der Stille für sich wünschen und denken: so kann auch die Seele der Menschen in dem Zustande der Begeisterung oder im Schlafe, da sie von den Banden des Körpers befreiet, in freier Thätigkeit ist, Dinge einsehen, welche in dem gewöhnlichen Zustande ihr verborgen waren [21]). Wenn es aber der Wille der Gottheit war, den Menschen das Künftige zu offenbaren und die Zeichen, woraus dieses geschlossen wird, oft dunkel und zweideutig sind, so mußte sie, um nicht zwecklos zu handeln, dafür sorgen, daß es nicht an Mitteln fehlte, das Dunkle zu enthüllen, und darum begabte sie gewisse

Men-

---

19) Cicero *de divinatione* II. c. 49.
20) Cicero *de divinatione* I. c. 52.
21) Cicero *de divinatione* I. c. 57.

Menschen mit besonderen Gaben, die Träume, die Orakel, die Weissagungen und andere Zeichen zu erklären [22]).

Dagegen zeigt Cicero, daß die Divination eigentlich gar keinen Gegenstand hat. Denn wenn man diejenigen Dinge abziehet, welche durch die Sinne wahrgenommen, und welche durch gewisse Künste bewerkstelliget werden; oder in das Gebiet einer Wissenschaft, oder der Philosophie gehören, oder was unsere Pflichten betrift — lauter Dinge, worüber man durch die Divination keine Belehrung erhalten kann — so bleibt für diese nichts übrig, als zufällige Ereignisse. Allein, auch diese wahrscheinlich zu bestimmen und vorher zu sagen, gehört schon zum Theil mit in das Gebiet der Künste und Wissenschaften, und die Divination müßte sich bloß auf die Vorhersagung derjenigen Dinge beschränken, welche durch keine Kunst, durch keine Vernunftgründe, durch keine Erfahrung oder Vermuthung vorher bestimmt werden können. Diese Zufälligkeiten nun, bei denen kein Grund ersichtlich ist, warum oder wodurch sie geschehen, können auch gar nicht vorhergesehen werden. Haben zufällige Dinge gar keine Ursache, so kann sie kein Mensch, ja kein Gott vorher wissen, denn müßte er es voraus, so müßte es auch nothwendig geschehen, und hörte eben darum auf, zufällig zu seyn. Haben sie aber ihre bestimmten Ursachen, wie sich denn die Vernunft gegen nichts so sehr sträubt, als gegen das bloße Ungefähr, gegen den blinden Zufall, so sind es nothwendige Erfolge, und man müßte eine ganz andere Erklärung von der Divination geben. Ist alles durch ein unveränderliches Schicksal bestimmt, so ist die Divination unnütz; da kein Erfolg umgeändert, oder durch Klugheit vermieden werden kann; wäre das letzt, so würde der Erfolg nicht gewiß seyn. Ueberhaupt ist das Vorherwissen

22) Cicero *de divinatione* I. c. 51.

wissen des Zukünftigen dem Menschen mehr schädlich als nützlich ²³). Endlich schließen die Stoiker aus Prämissen, die keinesweges ausgemachte und von allen eingestandene Wahrheiten sind. Die Existenz eines göttlichen Wesens folgern sie aus den Vorhersagungen und Orakeln, und hier beweisen sie dieselben wieder aus der vorausgesetzten Existenz der Götter. Die Güte der Götter gegen die Menschen wird vom Epikurus in Zweifel gezogen, und selbst die Divination, welche aus ihr bewiesen werden soll, zeuget gegen sie. Denn das Künftige müßte den Menschen nicht so dunkel und räthselhaft offenbaret werden, wenn es für sie eine Wohlthat seyn sollte. Warum sollte die Gottheit die Menschen in Träumen warnen, und von der Zukunft unterrichten, da die Träume so leicht aus dem Gedächtniß verschwinden oder nicht geachtet werden? Warum nicht lieber die Wachenden als die Schlafenden ²⁴)? Treffender sind noch die Gründe, mit welchen die einzelnen Arten der Divination bestritten werden; sie können aber ohne zu große Weitläuftigkeit nicht angeführt werden. Sein Resultat ist dieses: Aberglaube sey etwas Vernunftwidriges, und müsse durchaus ausgerottet werden. Damit werde die Religion nicht über den Haufen geworfen, welche auch sattsam gegründet sey. Denn die schöne Zweckmäßigkeit und Ordnung der Welt nöthiget uns zu dem Glauben, es gebe ein ewiges und vollkommenstes Wesen, welchem das menschliche Geschlecht Bewunderung und Verehrung schuldig sey ²⁵).

Eine

---

23) Cicero *de divinatione* II. c. 5—9.
24) Cicero *de divinatione* II. c. 49—62.
25) Cicero *de divinatione* II. c. 72. Nec vero superstitione tollenda religio tollitur. Nam et maiorum instituta tueri sacris caeremoniisque retinendis sapientis est et esse praestantem aliquam aeternamque naturam et eam suspiciendam admirandamque hominum generi, pulchritudo mundi ordoque rerum coelestium cogit confiteri.

Eine der verwickeltsten Untersuchungen der Alten war das Fatum, und darum ein sehr anziehender Gegenstand für Denker, wie so viele Schriften darüber beweisen. So wie auf der einen Seite die Behauptung, daß es ein Fatum oder eine allgemeine Verkettung der Dinge durch das Causalitätsverhältniß gebe, wodurch alles Ungefähr und aller Zufall ausgeschlossen wird, dem Interesse der speculativen Vernunft zusaget; so sehr fühlte sich die Vernunft durch eben diesen Naturzusammenhang in Verlegenheit gesetzt, ob damit Freiheit, die sie aus praktischem Interesse anzunehmen genöthiget ist, bestehe oder nicht; ob das theoretische Interesse dem praktischen, oder dieses jenem weichen müsse; ob man also eine allgemeine Nothwendigkeit nach dem Naturgesetz ohne Freiheit, oder eine neben der Naturnothwendigkeit bestehende Freiheit annehmen müsse. Eine andere Schwierigkeit entstand in Ansehung der Beurtheilung des Künftigen, ob man es als bloß möglich und zufällig, oder als nothwendig sich denken müsse, eine Frage, bei welcher die logische und reale Möglichkeit und Nothwendigkeit vielfältig verwechselt wurde. Ueber diesen Gegenstand enthält die Schrift des Cicero von dem Fatum, so lückenhaft sie auch auf uns gekommen ist, eine mit gesunden Urtheilen verwebte geschichtliche Darstellung, ungeachtet die Lösung des Knotens, die wahre Ausgleichung beider Forderungen der Vernunft, nur zuweilen von weiten geahndet wird.

Die moralischen Schriften des Cicero haben ein noch größeres Interesse, als seine theoretischen; theils wegen des richtigen Gefühls, welches seine Urtheile leitete, theils wegen mancher wichtigen Resultate und heller Ansichten, zu welchen ihm die Lesung der griechischen Philosophen und die geistvolle Benutzung und Prüfung des bisher über diese Gegenstände Verhandelten verhalf. Seine Darstellung der verschiedenen Behauptungen der berühmtesten Schulen der Griechen über das höchste Gut, als die oberste

Regel

Regel der Handlungen vernünftiger Wesen, und seine Beurtheilung des Werths dieser verschiedenen Systeme bleibt sich zwar nicht immer gleich, und scheint zuweilen von der Ebbe und Fluth der Meinungen selbst mit hingerissen zu werden; indessen hat sie doch für uns großen historischen Werth, schon dadurch, daß sie uns das Daseyn mancher Systeme und Behauptungen zur Kenntniß bringt, mag auch sein Urtheil zuweilen schwanken oder nicht richtig ausfallen. Das epikureische System fand an ihm durchgängig einen entschiedenen Gegner, nicht etwa aus Parteilichkeit oder Sectenhaß, wie manche Gelehrte geurtheilet haben, sondern aus Einsicht, daß Sittlichkeit und Tugend ohne Uneigennützigkeit der Gesinnung gar nicht bestehen kann: dagegen billigte er das platonische, aristotelische und stoische System, als der echten Tugend angemessen. Aber hier zeigt sich eben eine Unbeständigkeit, indem er diese verschiedenen Systeme bald als einstimmig, nur in Worten abweichend, bald als in wesentlichen Punkten abweichend betrachtet [26].

Wir verweilen aber lieber bei einigen sittlichen Grundbegriffen, welche Cicero durch die sorgfältige Prüfung entgegengesetzter Behauptungen in einem kläreren Licht erblickte, als selbst seine griechischen Vorgänger, und verzeihen ihm gerne einige Fehltritte, welche unvermeidlich waren, so lange man nicht die ganze Gesetzgebung der Vernunft systematisch und vollständig erforscht hatte, und selbst einigen Wankelmuth, der nur durch die vollkommenste Einsicht gänzlich gehoben werden kann.

Daß die Tugend eine Gesinnung sey, welche alle Rücksichten auf Nutzen und Schaden verschmähet, war ein Lehrsatz

---

[26] *Cicero Tusculan. Quaest.* V. c. 11. *de offic.* I. c. 2. III. c. 7. *de finib.* II. c. 21. *Academic. Quaest.* IV. c. 43. 44. 45.

Lehrsatz der Stoiker, den auch Cicero an mehr als einem Orte mit allem Nachdrucke vertheidiget. Die Stoiker folgerten ihn aus dem Satze, daß die Tugend nicht allein das höchste, sondern auch das einzige Gut sey. Ungeachtet er nun nicht völlig mit sich einig war, ob die Tugend das einzige oder nur das höchste Gut sey [27]; so war es ihm doch eine ausgemachte Wahrheit, daß Eigennützigkeit nicht mit Tugend bestehen könne, weil sie ihren absoluten Werth in sich selbst hat. Die Sache selbst war nicht neu — wie sollte etwas, das in dem gemeinen sittlichen Urtheile liegt, allen Philosophen entgangen seyn — aber Cicero trug doch zur deutlichern Anerkennung derselben bei, daß er diese Eigenthümlichkeit der Tugend mit einem besondern Worte (gratuita virtus) bezeichnete [28]. Es gibt also eine innere Verpflichtung zur Tugend, ohne alle Rücksicht auf äußere Belohnung oder Bestrafung, welche sich durch das billigende oder verdammende Urtheil des Gewissens zu erkennen gibt. Diese Gesinnung ist

---

[27] Cicero *de offic.* III. c. 7. mihi utrumvis satis est, et cum hoc, tum illud probabilius videtur, nec praeterea quidquam probabile.

[28] Cicero *Academ. Quaest.* IV. c. 46. *de legib.* I. c. 18. Sequitur, ius et omne honestum sua sponte esse expetendum. Etenim omnes viri boni ipsam aequitatem et ius ipsum amant, nec est viri boni errare et diligere, quod per se non sit diligendum. Per se igitur ius est expetendum et colendum: quod si ius, etiam iustitia, sic reliquae quoque virtutes per se colendae sunt. Quid liberalitas? *gratuitane* est an mercenaria? Si sine praemio benigna, est gratuita, si cum mercede, conducta; nec est dubium, quin is, qui liberalis benignusque dicitur, *officium non fractum* sequatur. Ergo item iustitia nihil expetit praemii, nihil pretii; per se igitur expetitur. Eademque omnium virtutum causa atque sententia est.

ist dasjenige, was die Güte des Charakters ausmacht; ohne diese kann man wohl ein kluger und verschlagener, aber kein guter Mensch seyn [29]).

Der Mensch ist ein vernünftiges Wesen; die Gottheit hat ihn durch das Geschenk der Vernunft vor allen andern lebenden Wesen ausgezeichnet. In der Vernunft liegt der Keim, gleichsam die verborgenen Grundzüge der Wissenschaft, welche durch die Leitung der Natur selbst völlig ausgebildet wird. Die gebildete und vollendete Vernunft ist aber das höchste in der Natur liegende Gesetz, welches vorschreibt, was gethan und gelassen werden soll; sie ist denn das Nachbild der göttlichen Weisheit. Hierin liegt der Grund aller Tugend, alles dessen, was recht und gut ist. Durch die Vernunft sind wir mit der Gottheit verwandt, ihr Ebenbild; durch die Vernunft sind alle Menschen als vernünftige Wesen mit einander zu einer rechtlichen und sittlichen Gemeinschaft verbunden. Denn die Vernunft ist in allen dieselbe; alle müssen also das lieben und achten, was an sich selbst einen Werth hat, das ist das Recht und die Tugend; diese Gemeinschaft wird noch verstärkt durch eine natürliche Liebe und Sympathie gegen alle Menschen [30]).

Wie

---

29) Cicero *de legib.* I. c. 14. Tum autem si non ipso honesto movemur, ut boni viri simus, sed utilitate aliqua atque fructu, *callidi* sumus non *boni*.

30) Cicero *de legib.* I. c. 7. seq. c. 13. Videtur mihi quidem certe ex natura ortum esse ius. *Att.* An mihi

Wie wenig Cicero in die eigentlichen Gründe der Sittlichkeit eindrang, gehet aus dem eben angeführten deutlich hervor. Allenthalben, wo er darauf geführt wurde, bleibt er an der Oberfläche stehen, und begnügt sich mit der Wiederholung einiger von griechischen Philosophen entlehnten Formeln. Sein Geist besaß mehr Anlage zur Darstellung, Beurtheilung und Anwendung des Erfundenen, als zum eignen Forschen und Eindringen. Daher rührte auch das offenherzige Geständniß, er wisse die von den Akademikern erhobenen Zweifel gegen die Grundsätze echter Sittlichkeit (man sehe darüber den Abschnitt von dem Carneades nach) nicht aufzulösen und zu entkräften [31]).

Daher kann man in seinen Abhandlungen eben so viele Gedanken sammlen, welche den echten sittlichen Geist athmen, als solche, welche mit demselben nicht übereinstimmen und mit den erstern streiten. So behauptet er auf der einen Seite Uneigennützigkeit der Tugend, die Verpflichtung zur Erfüllung der Pflicht um ihrer selbst willen; behauptet aber dagegen auch wiederum, daß es ein Grundgesetz der menschlichen Natur sey, seinen eignen Vortheil zum Bestimmungsgrunde seines Handelns zu machen, daß es daher ein Irrthum sey, der die Naturgesetze umstoße, wenn

---

mihi aliter videri possit, cum haec iam perfecta sint: primum quasi muneribus deorum nos esse instructos et ornatos; secundo autem loco, unam esse hominum inter ipsos vivendi parem communemque rationem; deinde omnes inter se naturali quadam indulgentia et benevolentia, tum etiam societate iuris contineri.

31) Cicero *de legib.* I. c. 13. Perturbatricem autem harum omnium rerum, Academiam, *exoremus, ut sileat.* Nam si invaserit in haec, quae satis scite nobis instructa et composita videntur, nimias edet ruinas. *Quam quidem ego placare cupio, submovere non audeo.*

wenn man die Rücksicht auf eignen Nutzen von der Beobachtung des Sittengesetzes trennen wolle ³²). Diese Maxime, welche Cicero einigen Philosophen nachsprach, wendet er nicht etwa dazu an, um die Befriedigung der Neigungen im Collisionsfall mit der Pflicht zu beschönigen, vielmehr findet er es recht, seine Pflicht selbst mit Abbruch der Neigungen zu erfüllen, wie er an dem Beispiele des Regulus zeigt ³³). Es ist also bloße Inconsequenz, welche daher entsprang, daß er das Sittengesetz nicht in seiner Reinheit, und abgesondert von den Naturgesetzen des Begehrens sich gedacht; sich durch die Zweideutigkeit, welche in dem Begriff des Guten liegt, irre führen lassen.

Seine Pflichtenlehre, welche den Stoikern, vorzüglich dem Panätius nachgebildet ist, enthält Sittenregeln für Menschen, wie sie gewöhnlich sind, nicht wie sie seyn sollen. Dieser Unterschied hat auf den Gehalt der Moral keinen Einfluß, und darf ihn nicht haben. Denn die Grundsätze der Sittlichkeit sind für alle vernünftige Wesen gültig

32) Cicero *de offic.* III. c. 28. Pervertunt homines ea, quae sunt fundamenta naturae, cum utilitatem ab honestate seiungunt. Omnes enim expetimus utilitatem ad eamque rapimur, nec facere aliter ullo modo possumus. Nam quis est, qui utilia fugiat? aut quis potius, qui ea non studiosissime persequatur? Sed quia nusquam possumus, nisi in laude, decore, honestate utilia reperire, propterea illa prima et summa habemus; utilitatis nomen non tam splendidum quam necessarium ducimus.

33) Cicero *de offic.* III. c. 6. non enim mihi est vita mea utilior, quam animi talis affectio, neminem ut violem commodi mei gratia — Quamobrem hoc quidem deliberantium genus pellatur e medio (est enim totum sceleratum et impium) qui deliberant, utrum id sequantur, quod honestum esse videant, an se scienter scelere contaminent: in ipsa enim dubitatione facinus inest, etiamsi ad id non pervenerint.

gültig und verpflichtend, und selbst der gemeine Mann erkennt sie in seinem Bewußtseyn an. Doch damit hatte es bei den Stoikern eine andere Bewandtniß. In sofern sie die tugendhaften Handlungen als nach den Naturgesetzen vernünftiger Wesen vollbrachte Thätigkeiten betrachteten, welche desto vollkommener sind, je vollkommener die Kraft ist, aus welcher sie entspringen; so folgte daraus, daß theils andere Sittenvorschriften für Weise, das ist völlig Tugendhafte, und für solche, die nur einen niedrigern Grad der Tugend besitzen, theils nicht mit derselben Strenge für beide aufgestellt werden können 34). Aber auch hier finden wir dieselbe Inconsequenz wieder. Denn ungeachtet dieser angenommenen Verschiedenheit, wird dennoch mit Recht behauptet, daß die Sittlichkeit einen absoluten Werth habe, und daher nie mit dem Nützlichen in eine Vergleichung gebracht werden dürfe, und daß schon der Wille, sich zu bedenken, was man in der Collision der Pflicht und des Vortheils zu thun habe, unsittlich sey 35). Nur darin wird etwas von der Strenge der Sittenlehre nachgegeben, daß ein besonderer Theil Vorschriften gibt, wie man, nicht etwa gegen die Gebote der Pflicht, sondern mit Beobachtung derselben, seinen wahren Vortheil bedenken, sich Macht, Ansehen und Vermögen verschaffen könne. Eine Klugheitslehre, welche auf ganz andern Principien beruhet, als die Pflichtenlehre. Allein diese Inconsequenz darf dem

---

34) Cicero *de offic.* III. c. 3. 4.

35) Cicero *de offic.* III. c. 4. Quocirca nec id, quod vere honestum est, fas est, cum utilitatis repugnantia comparari; nec id, quod communiter appellamus honestum, quod colitur ab iis, qui bonos se viros haberi volunt, cum emolumentis unquam est comparandum. — Etenim non modo pluris putare, quod utile videatur, quam quod honestum, sed haec etiam inter se comparare et in his addubitare, turpissimum est. c. 6.

Cicero nicht zur Last fallen, der darin seinem griechischen Muster nachfolgte.

Die Lehre von der Collision ist das Eigenthum des Cicero, wozu ihm Panätius bloß die Idee angegeben hatte. Nicht die Collision der Pflichten, sondern der Widerstreit des Sittlichen mit dem Nützlichen ist es, was er nach seinem eignen Nachdenken zu der Abhandlung von den Pflichten hinzuthat. Eigentlich kann es keine solche Collision geben, weswegen auch Panätius diesen Theil unbearbeitet gelassen hatte, und er hatte sich ganz richtig ausgedrückt, wenn er sagte, die Menschen pflegten in solchen Fällen zweifelhaft zu seyn, und sich zu bedenken, was zu thun sey; wodurch er den Unterschied zwischen dem, was gewöhnlich geschiehet, und was geschehen sollte, bemerklich machen wollte 36). Da es also keinen solchen Widerspruch, sondern nur einen Schein von Widerspruch geben kann, so wollte Cicero nur Regeln geben, wie man solche Fälle richtig beurtheilen müsse, daß man den Schein löse und einsehe, das Sittliche stimme auch jederzeit mit dem wahren Vortheile jedes Einzelnen überein 37). Die Beispiele, welche er so zahlreich aus der Geschichte beibringt, werden meistentheils richtig beurtheilt, ausgenommen, wo ihn blinder Nationalstolz verführt; aber bestimmte Grundsätze zur Entscheidung sucht man vergebens. „Wo sich ein Vortheil darbietet, welcher mit irgend einem Gebot der Vernunft streitet, und

---

36) Cicero *de offic*. III. c. 4. Itaque existimo, Panaetium, cum dixerit, homines solere in hac comparatione dubitare, hoc ipsum sensisse, quod dixerit, solere modo, non etiam oportere.

37) Cicero *de offic*. III. c. 7. Itaque, non ut aliquando anteponeremus utilia honestis, sed ut ea sine errore diiudicaremus, si quando incidissent, induxit (Panaetius) eam, quae videretur esse, non quae esset, repugnantiam.

und der handelnden Person Schande bringen würde: da darf man sicher annehmen, daß die Sache nicht wirklich, sondern nur scheinbar vortheilhaft war. Denn es ist nichts so sehr gegen die Natur, als Schande, nichts so sehr mit der Natur übereinstimmend, als Nutzen; beide können daher in einer und derselben Sache nicht verbunden seyn —" 38). Dieß ist der Grundsatz, den er zur Entscheidung beibringt, der also die Vereinigung zweier Sachen enthält, die nichts mit einander gemein haben; denn wenn es auch trift, daß beides, die Beobachtung der Pflicht und das wahre Wohl, zusammentreffen, so ist doch die Verbindung nur zufällig. Und wenn es auch wahr ist, daß eine unsittliche That so viel Unruhe, Bangigkeit, Unzufriedenheit, Vorwürfe, Scham vor sich und andern zur Folge hat, daß dagegen aller Vortheil, der etwa gewonnen worden, für nichts zu rechnen ist 39): so darf doch dieses als Bewegungsgrund für den Entschluß gar nicht in Anschlag gebracht werden.

So wenig wissenschaftlichen Werth Ciceros moralische Abhandlungen haben, da er keinen Schritt weiter ging als seine griechischen Vorgänger, so schätzbar war doch ihr Inhalt in anderer Hinsicht. Sie erhielten die Schätze griechischer Philosophie, welche Cicero seinen Zeitgenossen mittheilen wollte, auch für die Nachwelt, Stoff und Reiz, um

---

38) Cicero *de offic.* III. c. 8. Quod si nihil est tam contra naturam, quam turpitudo (recta enim et convenientia et constantia natura desiderat, aspernaturque contraria) nihilque tam secundum naturam quam utilitas; certe in eadem re utilitas et turpitudo esse non potest.

39) Cicero *de offic.* III. c. 21. Possunt enim cuiquam esse utiles angores, sollicitudines, diurni et nocturni metus, vita insidiarum periculorumque plenissima.

um dieselben Untersuchungen in den finstern Zeiten der Barbarei wieder aufzunehmen, und halfen durch die Bekanntschaft anderer Ansichten verschieden denkender Forscher dem Geistesdespotismus und dem einseitigen Sectengeiste steuern, der durch die Scholastik alle freie Geisteskraft zu fesseln drohte. Vorzüglich gehören dahin seine Untersuchungen über das höchste Gut, über die Pflichten, besonders auch für besondere Lagen und Verhältnisse des Lebens, seine Gedanken über die Natur, oder wie es bei ihm noch heißt, das Völkerrecht (ius gentium), als Grund und Norm des bürgerlichen Rechts, und so mehrere andere nur hie und da hingeworfene Gedanken und Winke.

Zweites Kapitel.

Anhänger besonderer Schulen.

I. Epikureer.

Die Philosophie des Epikurus wurde in Rom sehr bald bekannt, und erhielt aus leicht zu erklärenden Ursachen [1]) eine Menge Anhänger, vorzüglich unter den gebildeten Römern, welche den ruhigen Genuß des körperlichen oder geistigen Vergnügens dem geschäftigen Leben vorzogen. Unter allen diesen war aber, den Lucrez etwa ausgenommen, nicht Einer, der für die Wissenschaften überhaupt, oder auch nur für das System des Epikurus etwas geleistet hätte, das sich der Mühe lohnte, und seinen Namen auf die Nachwelt gebracht hätte; man müßte denn etwa den Plinius und Lucian, den Celsus und Diogenes von Laerta unter

---

1) Cicero *de Finib.* L. c. 7. Seneca *Epistol.* 21. Lactantius *divin. institut.* III. c. 17.

unter die Anhänger dieser Schule rechnen, weil sie in ihren Schriften bloß einige Vorliebe für die Lehrsätze des Epikurus geäußert haben, welches aber nicht hinreichend ist, sie für wirkliche Epikureer zu halten, denn sonst würde auch Seneca gewissermaßen dahin gerechnet werden müssen. Es ist auch nicht wahrscheinlich, daß dieses Urtheil große Veränderung leiden wird, wenn auch das Glück die Bemühungen der Neuern, verborgene literärische Denkmäler wieder aufzufinden, noch so sehr begünstigen sollte.

Die Alten rühmen mit den größten Lobsprüchen die Einigkeit und Harmonie aller der Männer, welche sich zu dieser Schule bekannten. Diese erstreckte sich nicht bloß auf das äußere gesellschaftliche Verhältniß, sondern auch auf das Lehrsystem. Keiner wagte es, einen Schritt weiter zu gehen, als die Stifter der Schule; keiner nahm sich die Freiheit heraus, einen Lehrsatz zu ändern; was Epikur gelehrt hatte, das war ihnen heilige Wahrheit, welche sie alle wie aus einem Munde bekannten [2]). Epikurus war so glücklich gewesen, durch ganz einfache Mittel eine Harmonie in dem Gedankensysteme seiner Anhänger hervorzubringen, als die Hierarchie in der christlichen Kirche mit aller Klugheit und Macht nicht hat zu Stande bringen können. Sein Ansehen, seine angenommene Kennermiene, die Abziehung von den interessantesten speculativen Untersuchungen,

---

[2]) Seneca *Epistol.* 33. Non sumus sub rege, sibi quisque se vindicat. Apud istos quicquid dicit Hermachus, quicquid Metrodorus, ad unum refertur. Omnia, quae quisquam in illo contubernio locutus est, unius ductu et auspiciis dicta sunt. Eusebius *Praeparat. Evangel.* XIV. c. 5. ὑπῆρξε τε εκ τοτε επιπλειστον τοις μετεπειτα Επικυρειοις, μηδε αυτοις ειπειν τι εναντιον ετε αλληλοις ετε Επικυρω μηδεν, οτι και μνησθηναι αξιον· αλλ᾽ εστιν αυτοις παρανομημα, μαλλον δε ασεβημα, και κατηγορισαι το καινοτομηθεν. και δια τοτο ουδεις ουδε τολμα κατα πολλην δε ειρηνην αυτοις ηρεμει τα δογματα.

chungen, das Streben nach ruhigem Genuß des Lebens mit Entsagung auf alle höhere geistige Ansprüche — alle diese Umstände vereinigten sich, den regen Forschungsgeist des Menschen zurückzuhalten, den Erweiterungstrieb in Schranken zu halten, und an die bequeme Art zu philosophiren zu gewöhnen, wo Einer für alle denkt, und alle dem Lehrer nur nachbeten. Epikur hatte die einzige wahre Philosophie entdeckt und vollendet; den Weg zur Glückseligkeit gebahnt; es bedurfte weiter nichts, als seine Entdeckungen zu benutzen, um sich der Glückseligkeit theilhaftig zu machen. Wozu also noch weiter forschen? Diese Denkart der Epikureer macht die Erscheinung, daß sie so wenig geforscht, geschrieben und für die Wissenschaften geleistet haben, vollkommen begreiflich.

Als Epikur seine Schule gegründet hatte, mußte er mancherlei Widersprüche und Bestreitungen seiner Lehrsätze bald durch Gründe, bald durch die Waffen des Spottes erfahren. Die Eitelkeit, sich einen Namen zu machen, und eine Schule zu stiften, und die Nothwendigkeit, sich zu vertheidigen, setzte seine Feder in Bewegung; diese Triebfeder wirkte auch noch in seinen nächsten Nachfolgern. Aber mit der Zeit mußte dieses Triebwerk abgespannt werden, da die Streitigkeiten nach und nach abnahmen, oder weniger Eindruck machten, da die Schule fest gegründet war, und den Neckereien der Nebenbuhlerinnen ruhig zusehen konnte. Damit war aber auch alle Thätigkeit für wissenschaftliche Zwecke vollends gelähmt.

Nur die Einführung der epikurischen Philosophie bei den Römern gab wieder ein neues Interesse. Die Römer, welche sie zuerst hatten kennen lernen, suchten diese Philosophie, welche die Kunst, immer fröhlich zu seyn, auf so einem bequemen Wege zu lehren schien, zum Besten ihrer Mitbürger allgemeiner auszubreiten. Den ersten Versuch dieser Art machten Catius und Amafanius,

deren

deren Schriften, so unvollkommen sie auch waren, doch begierig von einer Menge Menschen gelesen wurden, welche theils durch den Inhalt, eine Philosophie, welche dem Volkssinne so angemessen ist, theils durch populäre, allgemeinfaßliche Schreibart sich angezogen fühlten 3).

Mit mehr Glück betrat denselben Weg der Dichter Lucretius zu den Zeiten des Cicero, der einen so trocknen Gegenstand, als die Naturlehre ist, durch dichterischen Geist in einem Lehrgedichte mit Anmuth, Würde und Kraft zu behandeln wußte. Seine Einbildungskraft wurde durch Enthusiasmus für den Stifter der Schule und für die Verbreitung seines Lehrgebäudes und durch den Zweck, die Menschen aufzuklären und religiöse Vorurtheile zu zerstreuen, aufgeregt und in Schwung gesetzt. Er wählte die poetische Form, um durch ihren Zauber den Verstand desto eher von der Wahrheit seiner Lehren zu überzeugen, wie ein Arzt bittere Arzneien für Kinder mit etwas Annehmlichen versetzt, damit sie ohne Widerwillen genommen werden 4). Der Stoff des Lehrgedichts ist aus den Schriften des Epikurus genommen; er eignet sich kein Verdienst der eignen Erfindung, sondern nur die Einkleidung zu

3) Cicero *Epistol. ad Divers.* XV. 19. *Tusculanar. Quaest.* IV. c. 3. Cum interim illis silentibus C. Amafanius extitit; cuius libris editis commota multitudo contulit se ad eandem potissimum disciplinam, sive quod erat cognita perfacilis, sive quod invitabatur illecebris blandis voluptatis, sive etiam, quia nihil prolatum erat melius, illud, quod erat, tenebant. Post Amafanium autem multi eiusdem aemuli rationis multa cum scripsissent, Italiam totam occupaverunt; quodque maximum argumentum est, non dici illa subtiliter, quod et facile ediscantur, et ab indoctis probentur, id illi firmamentum esse disciplinae putant.

4) Lucretius l. IV. v. 10—25.

zu 5). Den höchsten Preis der epikureischen Philosophie setzt er darin, daß sie den Menschen von aller Abhängigkeit von dem Uebersinnlichen lossprecht, von aller religiösen Furcht befreie, welche nur auf Aberglauben beruhe. Daher schildert er mit sehr lebendigen Farben alle die Uebel, welche die Religion über das Menschengeschlecht gebracht habe, und er rechnet es dem Epikur zum unsterblichen Verdienste an, daß er zuerst gezeigt habe, die Götter seyen selige Wesen, die sich um die Welt und Menschen nicht bekümmern, frei von allen Affecten und Leidenschaften, unfähig, etwas zu hassen oder zu lieben, von denen man also auch nichts zu fürchten oder zu hoffen habe: daß er bewiesen habe, die Seele entgehe nicht dem Schicksale des Körpers, mit dem leiblichen Tode sey auch alles geistige Leben des Individuums zernichtet, also nach dem Tode weder etwas zu hoffen noch zu fürchten 6).

Wenn man den Zustand der religiösen, moralischen und wissenschaftlichen Cultur seiner Zeitgenossen in Rom kennet, so wird es begreiflich genug, wie ein Mann von feuriger Einbildungskraft und etwas beschränktem Verstande verleitet werden konnte, den Triumpf der Aufklärung darin zu setzen, die religiösen Ideen in ein leeres speculatives und todtes Wissen zu verwandeln, und das Band zwischen Religion und Moral aufzulösen. Er richtete seine Aufmerksamkeit bloß auf den äußern Cultus, auf den todten Mechanismus desselben, auf die ungereimten Vorstellungen und thörichten Handlungen, welche mit demselben

---

5) Lucretius l. III. v. 9—13.
    Tu, pater et rerum inventor, tu patria nobis
    Suppeditas praecepta, tuisque ex, inclute, chartis,
    Floriferis ut apes in saltibus omnia limant,
    Omnia nos itidem depascimur aurea dicta,
    Aurea, perpetua semper dignissima vita.

6) Lucretius l. I. v. 57 seq. III. v. 14 seq.

ben verbunden waren, und er fand in einem Staate, wo die Religion so sehr Machinerie des Staates ist, sehr reichlichen Stoff zu solchen Betrachtungen; er beachtete aber nicht den ganzen Menschen nach seinen geistigen und sittlichen Anlagen, Gesetzen und Bedürfnissen, und verkannte daher den innern Grund der religiösen Ideen, und den Geist, der auch in den äußern Cultus Leben bringt. Männer von gebildetem Geiste seiner Zeit wußten mit schärferem Blicke den Aberglauben von dem Glauben, das Vorurtheil von den Ueberzeugungen des gesunden Menschenverstandes zu unterscheiden, und bei ihnen war Aufklärung nicht Verwerfung, sondern Läuterung der Religion.

Diese einseitige Richtung, welche durch Epikurs System in allen seinen Anhängern sich fortpflanzte, hatte die Folge, daß sie meistentheils entschiedne Gegner und Bestreiter jeder Art des Aberglaubens waren, und dadurch der Menschheit in den folgenden Zeiten, als jenes Unkraut sich sehr stark verbreitete, wenigstens von einer Seite sich nützlich bewiesen 7).

Uebrigens erhellet aus dem, was wir gesagt haben, daß und warum sie nichts für die Philosophie als Wissenschaft leisteten. Sie hatten ein System von Ueberzeugungen, welches einmal für allemal für sie geschlossen war, aus welchem und über welches sie nie hinausgingen. Dazu wurden sie auch durch keine Streitigkeiten der Gegenpartei genöthiget, zumal als in der Folge ihnen eben so gut als den Platonikern, Peripatetikern und Stoikern Lehrstühle der Philosophie mit Besoldungen eingeräumt wurden 8).

II.

---

7) Lucianus *Alexander* T. V. Bip. c. 24. 21.
8) Lucianus *Eunuchus* T. V. c. 3.

II. Stoiker.

Die Gegnerin der epikureischen Schule, die stoische, hatte noch früher in Rom Eingang gefunden. Männer von großem Charakter, von Talent und entschiedener Neigung für das Geschäftsleben nahmen die Grundsätze der Stoa an, und machten von derselben Gebrauch sowohl in ihrem eignen Lebenswandel, als auch in ihrem Geschäftskreise. Hierdurch erhielt die praktische Tendenz der stoischen Philosophie ein überwiegendes Interesse, und einen Einfluß auf das wirkliche Leben, als sonst keine Philosophie des Alterthums. Panätius führte die stoische Philosophie in Rom ein. Scipio Afrikanus, der ältere Lälius, Furius und mehrere angesehene Römer ehrten ihn als Freund und schätzten seinen Umgang; unter diesen waren auch drei angesehene Rechtsgelehrte, P. Rutilius Rufus, Q. Lubero und Q. Mutius Scävola, welche durch Anwendung der stoischen Philosophie in den rohen und ungeordneten Haufen von Gesetzen und gesetzlichen Vorschriften eine Art von System zu bringen suchten, und dadurch den Grund zur Rechtswissenschaft legten 9). Wenigstens mochten sie die Idee eines Systems zuerst gefaßt und für sie Aufmerksamkeit erregt haben, daher auch Cicero ein Buch über diesen Gegenstand schrieb 10). Dieser Einfluß der stoischen Philosophie wurde noch sichtbarer, als unter Augustus der Rechtsgelehrte Antistius Labeo eine eigne Schule stiftete, welche besonders den Grundsätzen der Stoa huldigte, und unter verschiedenen Namen fortdauerte, endlich auch selbst aus dieser und der entgegengesetzten Schule der

---

9) Cicero *Brutus* c. 26. 30. 31. 39. 47. *de Oratore* I. 3..22. *de officiis* III. c. 2. Velleius Pat. I. o. 13. Gellius *Noct. Attic.* I. c. 22. Athenaeus *Dipnosoph.* VI. c. 21.

10) Gellius *Noct. Attic.* I. c. 22. Cicero in libro, qui inscriptus est, de iure civili in artem redigendo.

der Sabinianer eine dritte eklektische hervorging, welche ebenfalls aus der stoischen Philosophie vieles schöpfte.

Diese Aufnahme der stoischen Philosophie war das Werk theils des Zufalls, theils ihres Charakters. Daß nach jener bekannten Gesandtschaft der drei Philosophen, welche zuerst Interesse für die Philosophie erweckte, vorzüglich stoische Philosophen nach Rom kamen, und daß gerade damals diese Schule an Ruhm und Glanz die übrigen verdunkelte; dieses hatte allerdings Einfluß auf das künftige Schicksal dieser Philosophie. Sie hätte aber doch das Glück in Rom nicht gemacht, wenn nicht ihr Geist in der ernsten Denkart, dem Geiste und Charakter der Römer, wenigstens der edlen, nicht ausgearteten Römer, eine harmonische Stimmung gefunden hätte. Eine gewisse Größe, Stärke und Standhaftigkeit des Geistes, welche sich aus dem Charakter der alten Römer erhalten hatte, der Republikanische Sinn, die Liebe zur Unabhängigkeit und die Vorliebe für politische Thätigkeit wurde um so mehr zu dieser Philosophie hingezogen, je weniger die innern Veränderungen des Staats ihnen erlaubten, nach ihren Grundsätzen in dem äußern Wirkungskreise zu handeln; je mehr der Despotismus der Kaiser Zurückziehung aus der großen Welt, Geduld und standhafte Ertragung, Muth und Entschlossenheit forderte. Daher hat auch die Geschichte mehrere Namen von Römern aufgezeichnet, welche mit heldenmüthiger Entschlossenheit oder Resignation dem ungerechten Beginnen mancher lasterhaften Kaiser sich widersetzten, und ihr Leben opferten.

Es ist natürlich, daß die stoische Philosophie bei ihrer Verpflanzung nach Rom, theils durch den Charakter der Römer, theils durch den herrschenden Geist der Zeit, gewisse Modificationen annahm, und so zu sagen ein anderes Gepräge erhielt. Die Speculationen, welche die
Grund-

Grundlage des ganzen Gebäudes ausmachten, wurden zwar auch mit angenommen, weil sie zum Ganzen gehörten; aber sie interessirten doch die für das praktische Leben gestimmten Römer weit weniger, als der praktische Theil des Systems, der unmittelbaren Einfluß auf das Leben haben konnte. Die speculativen Sätze wurden in nähere Beziehung und Verbindung mit den Grundsätzen der Tugendlehre gebracht; die Widersprüche, welche die ältern Stoiker nicht ganz gehoben, oder gar nicht bemerkt hatten, so viel als möglich ausgeglichen. Mit vorzüglichem Interesse verweilten sie bei den ethischen Vorschriften und ihrer Anwendung auf besondere Verhältnisse und Lagen des menschlichen Lebens; mehrere Pflichten wurden mit vorzüglichem Fleiße bearbeitet, z. B. die allgemeine Menschenliebe und die Feindesliebe, Geduld und standhaftes Betragen in Widerwärtigkeiten; die Tugendmittel erhielten besondere Aufmerksamkeit. Bei allen neuern Stoikern war die Philosophie mehr Angelegenheit des Herzens, als des Verstandes; daher der populäre, auf die sittliche Bildung der Menschen abzweckende Vortrag praktischer Gegenstände; daher auch in allen ihren Schriften mehr Individualität, lebendige innere Ueberzeugung von der Wahrheit des Vorgetragenen, und die herzliche Sprache. Mit einem Worte, wir treffen bei diesen neuern Stoikern mehr das Bestreben, die Grundsätze der Philosophie, welche sie für die richtigste, der menschlichen Natur am meisten entsprechende, hielten, auf das Leben anzuwenden, ihnen praktischen Einfluß zu verschaffen, als das System derselben in einer vollkommenen wissenschaftlichen Gestalt auszubilden.

So vortreflich daher auch die Betrachtungen des Seneca, Epiktets und Antonins — denn dieses sind die vorzüglichsten stoischen Philosophen dieses Zeitraums — in mehrern Rücksichten sind, und ein so großes Interesse sie für die sittliche Bildung haben, so darf doch

doch eine Geschichte der Philosophie, welche den Gang und die Fortschritte der wissenschaftlichen Philosophie zu ihrem beständigen Augenmerke gewählt hat, nicht sehr lange bei ihnen verweilen. Eine kurze Schilderung ihrer Denkart in Rücksicht auf Philosophie und philosophische Gegenstände, und eine gedrängte Uebersicht dessen, was sie zur Erweiterung oder Erläuterung der stoischen Philosophie beigetragen haben, ist alles, was hier erwartet werden darf.

Lucius Annäus Seneca, der in seinen Jugendjahren große Neigung zur Philosophie hatte, aber durch seinen Vater von diesem Studium eher abgezogen, als zu demselben aufgemuntert wurde, genoß zuerst den Unterricht eines strengen Pythagoräer, des Sotion, der ihn mit solchem Enthusiasmus für die pythagoräische Lebensweise erfüllte, daß er dem Luxus seiner Zeit entsagte, und sich aller animalischen Nahrungsmittel enthielt. Aber die Bitten seines Vaters und ein Verbot des Tiberius gegen allen fremden Ritus, führten ihn bald wieder auf den Weg der damals gewöhnlichen Lebensart zurück. Er hörte darauf den Stoiker Attalus, und las die philosophischen Werke aus verschiedenen Schulen [11]. Daher nahm er zwar das stoische System an, aber ohne sclavischen Sinn, und benutzte dabei alles Gute und Vortrefliche, was er außer der Stoa fand; er gab seinen Geist nicht unter die Autorität der Schule gefangen, sondern behielt sich die Freiheit des eignen Denkens und Forschens vor [12]. Ein großer

---

11) Seneca *Epistol.* 108.

12) Seneca *Epistol.* 20. Facere docet philosophia, non dicere, et hoc exigit, ut ad legem suam quisque vivat, ne orationi vita dissentiat, ut ipsa inter se vita unius, sine actionum dissensione, coloris sit. Maximum hoc est et officium sapientiae et iudicium, ut verbis opera concordent, ut et ipse ubique par sibi idemque sit. 45. 82.

großer Theil seines Lebens war philosophischen Betrachtungen oder andern literarischen Beschäftigungen gewidmet. Er unterschied die Philosophie für die Schule und für das Leben sehr sorgfältig, und nur die letzte schien ihm Philosophie im eigentlichen Sinne, dem Bestreben vernünftiger Wesen und der Bestimmung des Menschen angemessen zu seyn. Mit den Grundsätzen von dem sittlichen Verhalten, welche er für wahr erkannt hatte, suchte er sein eignes Leben in Uebereinstimmung zu bringen, aber auch die Ueberzeugungen von der Würde und hohen Bestimmung des Menschen, von der Tugend, die er im Kampfe mit den sinnlichen Triebfedern erringen müsse, von der Ruhe und Seligkeit, welche sie unzertrennlich begleitet, zu verbreiten und zu befestigen; alle den Menschen erniedrigende Vorstellungen, Vorurtheile, Irrthümer und unsittlichen Maximen auszurotten. Seine Gedanken über die Mittel, sich der Herrschaft der Sinnlichkeit zu entreißen, moralische Gebrechen zu heilen, den Willen in guten Vorsätzen zu befestigen, sind größtentheils vortreflich, und mit tiefen Blikken in das menschliche Herz verbunden; sie würden noch stärkern Eindruck machen, wenn sie nicht in dem Tone eines Weisen, der den Kampf mit Leichtigkeit geendet hat, und mit zu viel blendendem und gesuchtem Witz vorgetragen wären. Die Kraft der Wahrheit wird durch das Spiel von Antithesen und Metaphern, und durch Affectation, welche aus eiteler Ruhmsucht entsprang, nicht selten geschwächt [13]). Als ein populärer Philosoph und Sittenlehrer, der eine große Welt- und Menschenkenntniß besitzt, ist Seneca sehr schätzbar; aber zum wissenschaftlichen Philoso-

---

13) Seneca *Epistol.* 79. Gloria umbra virtutis est; etiam inuitos comitabitur. — Nulla virtus latet, et latuisse, non ipsius damnum est. Veniet, qui conditam et seculi sui malignitate compressam, dies publicet. Paucis natus est, qui populum aetatis suae cogitat.

losophiren besaß er weit weniger Talent; er erhebt sich nie zum freien Nachdenken über die absoluten Principien dessen, was ist und seyn soll, sondern denkt nur den Stoikern nach und hält sich immer in ihrer Sphäre. Dagegen sind seine Verdienste um die Erläuterung und festere Begründung der stoischen Philosophie, und um die Ausfüllung mancher Lücken desto größer. Daher war er die Hauptquelle, aus welcher die neuern Bearbeiter dieser Philosophie vorzüglich schöpften.

Die Philosophie betrachtete Seneca immer hauptsächlich in Beziehung auf den letzten Zweck des Menschen — sittliche Vollkommenheit. Weisheit bezeichnet diesen Zustand, welcher das vollendete Gut der menschlichen Vernunft ausmacht. **Philosophie ist das Streben nach Weisheit;** diese ist das Ziel alles Strebens vernünftiger Wesen, und die Philosophie muß uns den Weg zeigen, wie wir zu derselben gelangen können. Man kann daher auch sagen, **Philosophie ist das Streben nach Tugend durch die Tugend selbst;** denn ohne Tugend ist selbst Philosophie nicht möglich [14]). Sie ist die **unveränderliche Wissenschaft des Guten und Bösen;** eine Wissenschaft, welche keine andere Quelle, als die Vernunft selbst hat. Ihre Bestimmung ist, das Wahre in den menschlichen und göttlichen Dingen zu erforschen; sie lehret Verehrung der Gottheit, Liebe zur Menschheit, daß die Menschen Glieder eines Staates sind, welcher

---

14) Seneca *Epistol.* 89. Sapientia perfectum bonum est mentis humanae; philosophia sapientiae amor est et affectatio. — Nec philosophia sine virtute est, nec sine philosophia virtus est. Philosophia studium virtutis est, sed per ipsam virtutem; nec virtus autem esse sine studio sui potest, nec virtutis studium sine ipsa.

welcher von der Gottheit regieret wird; ihr unzertrennliches Gefolge ist Gerechtigkeit, Liebe, Religion und alle übrigen Tugenden. Den Besitz dieser Wissenschaft muß sich jeder Mensch selbst verschaffen, nur die Anlage, das Vermögen zu philosophiren ist allen gemein und ein Geschenk der Gottheit [15]).

Ungeachtet die Philosophie einen bloß praktischen Zweck hat, so theilet sie Seneca doch wie gewöhnlich in Logik, Physik und Ethik, aber mit steter Rücksicht auf den Hauptzweck [16]). Er tadelt aber, daß die Philosophen das, worauf alles Philosophiren zuletzt abzwecken soll, zu oft aus den Augen verloren, sich in leere Speculationen vertieften, und ihre Zeit und Kräfte an Untersuchungen verschwendeten, die keinen Nutzen haben, keinen Beitrag zur Vervollkommnung der Menschheit geben. Daher unterscheidet er die Philosophie für die Schule, und die Philosophie für das Leben. Die erste hat eine bloß speculative Tendenz, es ist ihr bloß um das Wissen zu thun; die zweite ist bloß praktisch, sie bezweckt ein Wissen, das Einfluß auf das Leben und Handeln des Menschen hat; der Zweck der Lebensphilosophie ist der gute Wille, Sittlichkeit; diese zu befördern und zu befestigen in sich und andern. Was nicht dahin abzweckt, ist nicht nothwendig zu wissen, sondern gehört zum Ueberflüssigen, zum Luxus des menschlichen Verstandes [17]).

Es

---

15) Seneca *Epist.* 88. Una re consummatur animus, scientia bonorum ac malorum immutabili, quae soli philosophiae competit. *Epist.* 16.

16) Seneca *Epist.* 89.

17) Seneca *Epist.* 88. Philosophi quantum habent supervacui, quantum ab usu recedentis! Ipsi quoque ad syllabarum distinctiones et coniunctionum et propositionum proprietates descenderunt et invidere

Stoiker.

Es ist allerdings eine schöne Idee, alles menschliche Wissen und Forschen auf den höchsten Vernunftzweck zu beziehen; sie ist aber nur nicht bestimmt genug aufgefaßt. Ob diese Zweckbestimmung nur eine Disciplin der speculativen Vernunft, oder eine wirkliche Hemmung alles theoretischen Forschens enthalten solle, wenn es nicht unmittelbar für den praktischen Gebrauch abzielt, und ob zu diesem bloß Tugendübung oder auch eine Erkenntniß der praktischen Gesetzgebung, und in diesem Falle bloß eine gemeine oder auch eine wissenschaftliche Erkenntniß gehöre: dieß sind Fragen, deren Entscheidung nicht durch die Idee angegeben ist, so nothwendig sie auch war, um eine Anlage der menschlichen Natur nicht auf Kosten und zum Nachtheil der andern zu befördern, und um dem Hange des Zeitalters zur seichten Popularität oder zur ungebundenen Schwärmerei nicht noch mehr Nahrung zu geben. Selbst Seneca schweift sehr oft, ungeachtet er verlangt, daß man nur für das Leben philosophiren soll, in die verbotenen Regionen des Ueberflüssigen aus, zum Beweis, daß jener Maßstab zu unbestimmt war, oder daß er ihn nicht zu gebrauchen verstand. Wenn er zur Philosophie die Erkenntniß der menschlichen und göttlichen Dinge erfordert, wenn er dahin auch die Fragen über die Zeit: ob sie etwas an sich sey, ob etwas vor der Zeit existire, ob sie mit der Welt entstanden u.s.w. oder über die Seele: woher sie sey, wenn ihre

---

dere grammatico, invidere geometris. *Epistol.* 106. Laterculis ludimus, supervacuis subtilitas teritur. Non faciunt bonos ista, sed doctos. Apertior res est sapere, imo simplicior. Paucis opus est ad bonam mentem literis. Sed nos ut cetera in superuacuum diffundimus, ita philosophiam ipsam. Quemadmodum omnium rerum, sic literarum quoque intemperantia laboramus. *Non vitae sed scholae discimus.* *Epistol.* 113. 20; 35. 45. 48.

Existenz anfange und wie lange sie daure, ob sie ihren Aufenthalt wechsele, in andere Thierformen übergehe, ob sie körperlicher Natur sey oder nicht, worin ihre Thätigkeit bestehen werde, wenn sie von den Banden des Körpers abgelöst worden u. s. w. rechnet [18]); oder wenn er über den höchsten Gattungsbegriff, ob es der eines Dinges, oder eines Etwas überhaupt sey, wie einige Stoiker mit Recht behaupteten, Untersuchungen anstellt [19]); oder wenn er die Frage: ob das Gute und die Tugend ein Körper sey oder nicht, zwar belachenswerth findet, aber doch ernstlich sich mit der Widerlegung derselben befaßt [20]): so stehet man wohl, daß er seinem Grundsatz, von dem Zweck des Philosophirens, nicht ganz getreu bleibt, wenn er auch das alles als Spielerei will betrachtet wissen, welche dem Philosophen zuweilen erlaubt seyn müsse.

Die Ethik war also nach dem Seneca der Haupttheil der Philosophie. Die ältern Stoiker hatten schon in der Ethik zwei Theile unterschieden, einen allgemeinen und einen besondern. Der erste umfaßte die Untersuchungen, welche wir zur allgemeinen praktischen Philosophie ziehen, über das höchste Gut und die Tugend, Grundsätze, um den Werth der Dinge zu bestimmen; der andere aber enthielt die Anwendung davon auf das wirkliche Leben, und die besondern Verhältnisse desselben. Man kann

---

18) Seneca *Epist.* 88. Magna et speciosa res est sapientia; vacuo illi loco opus est; de divinis humanisque discendum est, de praeteritis, de futuris, de caducis, de aeternis, de tempore, de quo uno vide, quam multa quaerantur. — Innumerabiles quaestiones de animo sunt. *Epist.* 90.

19) Seneca *Epist.* 58.

20) Seneca *Epist.* 106. 113. 65. 117.

kann den Unterschied beider Theile auch kürzer so fassen: der erste gibt **Grundsätze** (decreta), der zweite **besondere Regeln und Sittenvorschriften** (praecepta). Ueber die Nothwendigkeit und den Nutzen der speciellen Ethik waren schon unter den ältern Stoikern Streitigkeiten entstanden, da Aristo Chius dieselbe als entbehrlich und überflüssig verwarf, Cleanth aber sie in Verbindung mit dem allgemeinen Theil für nützlich erklärte [21]. (Man s. 4 B. der Geschichte S. 211.) Seneca untersuchte diesen Gegenstand von neuem, und suchte den Werth der speciellen Ethik und ihr Verhältniß zu der allgemeinen bestimmter zu entwickeln; aber er mengt zu vielerlei unter dem Begriffe von praeceptiva philosophia zusammen, nicht allein specielle Pflichtenlehre, sondern auch Ermahnungen, Aufmunterungen, Beispiele, Warnungen, Abmahnungen und überhaupt alles, was auf das Gemüth in praktischer Hinsicht Einfluß haben kann — Dinge, welche nicht nach einerlei Maßstabe beurtheilet werden dürfen. Sie ist, sagte er, **unentbehrlich und von großem Nutzen zur sittlichen Bildung; soll sie aber dieses vollständig und zuverläßig leisten, so muß sie in Verbindung mit dem allgemeinen Theile stehen.** Wir wissen von Natur nicht, was wir in einzelnen Fällen zu thun und zu lassen verpflichtet sind; dieses müssen uns die speciellen Vorschriften lehren. Sind diese auch nicht vermögend, die Grundirrthümer zu verscheuchen, aus welchen unsittliche Handlungen entspringen, so folgt doch nicht, daß sie in Verbindung mit den Grundsätzen diesen Zweck nicht erreichen sollten. Und wenn auch die speciellen Sittenvorschriften nichts Neues oder Unbekanntes lehren, so sind sie doch nicht überflüssig, wenn sie nur an die Grundsätze und die Pflicht erinnern, die so gerne durch entgegenstehende Trieb-

---

[21] Seneca *Epist.* 94.

Triebfedern in Vergessenheit gestellt zu werden pflegen. Was so heilsam ist, muß öfters in Anregung gebracht, von allen Seiten erwogen werden; es muß uns nicht allein bekannt, sondern auch zum Gebrauch allezeit in Bereitschaft seyn. Durch die specielle Ethik wird uns das Gewisse noch einleuchtender, das Einzelne und Zerstreuete wird in Zusammenhang gebracht, und oft thut sie, auch ohne Beweise, erstaunliche Wirkung und bringt die auffallendste Sinnesänderung hervor. Denn die Keime des Sittlichen liegen in jeder Seele, und werden oft durch eine leise Berührung und einen kleinen Anstoß zur lebendigen Thätigkeit erweckt [22].

Zur Weisheit gehöret zweierlei, die Erkenntniß dessen, was man thun und lassen soll, und der Uebergang dieser Erkenntniß zur Fertigkeit und in den Charakter. Die specielle Ethik befördert beides, sie gibt Regeln, und bestimmt das Gemüth zur Ausübung derselben. Nur spät gelangt man zu einem vollkommenen moralischen Charakter, da man sich selbst genug ist zur Erkenntniß und Erfüllung der Pflicht, und nie einen andern als sittlichen Entschluß fassen kann. Auf dem Wege zu dieser Vollkommenheit ist fremde Ermahnung sehr nöthig und heilsam; wollte man den Zeitpunkt erwarten, wo ein Mensch durch die Kraft seines eignen Geistes sich selbst auf den rechten Weg findet, so würde er oft Fehltritte thun, und dadurch jenes Ziel nur

---

[22] Seneca *Epist.* 94. Omnium honestarum rerum semina animi gerunt, quae admonitione excitantur non aliter, quam scintilla flatu levi adiuta ignem suum explicat. Erigitur virtus cum tacta est et impulsa. — Si quis non habet recta decreta, quid illum admonitiones iuuabunt vitiis obligatum? Hoc scilicet, ut illis liberetur. Non enim extincta in illo indoles naturalis est, sed obscurata et oppressa. Sic quoque tentat resurgere et contra prava nititur; nacta vero praesidium et adiuta praeceptis, conualescit.

nur um so weiter entrückt werden. Zum sittlichen Handeln ist eine allgemeine Regel nicht hinreichend, es kommt besonders auch auf die Art und Weise, auf Zeit und Ortsumstände an, welche nur die specielle Ethik bestimmen kann. Endlich erhellet auch aus der zu großen Verschiedenheit der Sinnes- und Denkungsart die Nothwendigkeit jenes Theiles der Ethik, da nicht einerlei, sondern sehr verschiedene Mittel angewendet werden müssen, um auf das Gemüth zu wirken, welches Grundsätze allein nicht leisten können.

Allein diese speciellen Regeln sind allein nicht hinreichend; es müssen Grundsätze hinzukommen. Denn sollen jene wirksam seyn, so muß das Gemüth geneigt seyn, ihnen zu folgen; das ist es aber nur dann, wenn das Gemüth nicht von bösen Meinungen eingenommen ist. Richtiges Handeln können sie wohl bewirken, aber nicht die Einsicht, wie, wo und wann etwas gethan oder gelassen werden soll, um seine Pflicht zu thun; nicht die Ueberzeugung, ob und daß man recht handle; nicht den festen und unerschütterlichen Willen, recht zu handeln: dieß ist nur das Resultat von Grundsätzen [23]). So braucht er dieselben Gründe, den Nutzen der besondern Vorschriften wieder einzuschränken, aus welchen er denselben vorher empfohlen hatte, weil sein Räsonnement zwischen Unbestimmtheiten hin und her schwankt.

Ueberhaupt wurde diese specielle Ethik von den Stoikern dieser Zeit vorzüglich bearbeitet; denn in der allgemeinen

---

[23]) Seneca *Epist.* 95. Non tamen semper ad actiones rectas praecepta perducunt, sed cum obsequens ingenium est; aliquando frustra admoventur, si animum opiniones obsident pravae. Deinde etiamsi recte faciunt, nesciunt facere si recte. Non potest enim quisquam nisi ab initio formatus et tota ratione compositus, omnes exsequi numeros, ut sciat, quando oporteat, et in quantum, et cum quo, et quemadmodum.

nen Ethik hatten die ältern Stoiker den jüngern wenig oder nichts zu thun übrig gelassen, so bald man ihren Grundsätzen von dem höchsten Gute beistimmte, ausgenommen die Verdeutlichung und Aufklärung einiger einzelnen Materien. Dagegen bot die specielle Ethik einen sehr ergiebigen Stoff zur Bearbeitung dar, und die herrschenden Sitten lenkten das Nachdenken aller, welche es mit der Menschheit wohl meinten, vorzüglich auf diese Seite hin, wo sie am meisten Gutes zu bewirken und Böses zu verhüten hoffen konnten [24]). Aber eben diese Richtung und die zunehmende Scheu der Gründlichkeit waren Ursache, daß diese Thätigkeit keinen großen Gewinn der Wissenschaft brachte. Wir werden daher nur einige Gedanken des Seneca, in welchen entweder die Grundsätze der Stoa mehr aufgeklärt und modificirt, oder das sittliche Bewußtseyn überhaupt mehr entwickelt worden ist, hier aufnehmen.

Der Mensch, als vernünftiges Wesen, kann nichts für gut halten, als das Sittliche, und nichts für böse, als das Unsittliche. Dieser Satz ist dem Seneca, wie überhaupt den Stoikern, der erste Grundsatz der Philosophie, und die Ueberzeugung von demselben die erste Bedingung der Weisheit und Seligkeit. Diesen Satz, nebst seinen Folgesätzen, sucht er bei allen Gelegenheiten deutlicher und einleuchtender zu machen, und er nimmt dabei noch mehr auf die Aussagen des sittlichen Bewußtseyns Rücksicht. Aber ungeachtet mancher glück-

---

24) Seneca *Epist.* 8. 39. 64. Multum adhuc restat operis multumque restabit, nec ulli nato post mille secula praecludetur occasio, aliquid adhuc adiiciendi. Sed etiamsi omnia a veteribus inventa sunt: hoc semper nouum erit, usus et inventorum ab aliis scientia et dispositio. — Animi remedia inventa sunt ab antiquis: quomodo autem admoveantur aut quando, nostri operis est quaerere. Multum egerunt, qui ante nos fuerunt, sed non peregerunt.

glücklichen Blicke, ist es ihm doch nicht gelungen, diese wichtige Lehre auf eine interessante Art zu entwickeln, und alle Schwierigkeiten zu entfernen.

Gut und sittlich waren den ältern Stoikern gleichgeltende Worte. Auch Seneca bedient sich desselben Sprachgebrauchs, doch zuweilen mit einiger Abweichung, welche ihn dem Systeme des Plato und Aristoteles näherte. Gut, sagt er, ist alles, was der Natur gemäß ist. Dieß ist der Gattungsbegriff des Sittlichen; denn alles Sittliche muß der Natur angemessen seyn; aber nicht alles, was der Natur angemessen ist, ist darum auch etwas Sittliches. Denn was der Natur angemessen ist, kann auch an sich sehr gering und unbedeutend seyn, und dann verdient es nicht den herrlichen Namen eines Guts, dessen Begriff etwas Großes und Vollkommenes in sich schließt. Das Naturangemessene muß daher einen hohen Grad, und dadurch gewissermaßen eine andere Natur annehmen, wenn es ein Gut seyn soll. Das vollkommene Gut ist nun das Sittliche [25]). Es bestehet in der Angemessenheit mit der vernünftigen Natur; denn die Vernunft ist das Einzige, was der Mensch vor den Thieren voraus hat, und eine ausgebildete, vollendete Vernunft macht

---

[25]) Seneca *Epist.* 118. Multa quidem naturae consentiunt, sed tam pusilla sunt, ut non conveniat illis boni nomen. Levia enim sunt et contemnenda. Nullum, nec minimum contemnendum bonum. Cum bonum esse coepit, non exiguum est. Unde aliquid cognoscitur bonum? Si perfecte secundum naturam est. Quomodo ergo illud bonum est, cum haec non sint? quomodo ad aliam proprietatem pervenit, cum utrique praecipuum illud commune sit, secundum naturam esse? ipsa scilicet magnitudine. Honestum est perfectum bonum, quod ad se impetum animi secundum naturam movet.

macht seine eigenthümliche Vollkommenheit oder Tugend aus, kann allein seine Seligkeit bewirken 26).

Fragt man nach der bestimmteren Erklärung des Sittlichen, und des Charakters, woran es zu erkennen ist, so findet man mehr Beschreibungen als Erklärungen, und Beschreibungen setzen immer das zu Erklärende wieder voraus. Denn die Deduction des Sittlichen kann nur aus der vollständigen Erörterung des sittlichen Bewußtseyns hervorgehen, worauf Seneca zwar auch zuweilen, aber doch nur wie im Vorbeigehen einen Blick wirft; dagegen kommt man durch den Begriff des Guten oder des vollkommenen Guten, nie auf ein absolutes Merkmal, sondern wird immer in einem Kreise herumgeführt. Von der Art ist, wenn er sagt, das Gute ist dasjenige, welches das Begehrungsvermögen der Seele in Gemäßheit der Natur auf sich richtet, und welches begehrungswürdig ist, wenn es anfängt begehrungswerth zu seyn 27). Es ist ein ewiger Cirkel zwischen dem Guten und dem Naturangemessenen;

26) Seneca *Epistol.* 71. 76. Ratio perfecta proprium hominis bonum est, cetera illi cum animalibus satisque communia sunt — Si omnis res, cum bonum suum perfecit, laudabilis est, et ad finem naturae suae pervenit, homini autem suum bonum ratio est; si hanc perfecit, laudabilis est et finem naturae suae attigit. Haec ratio perfecta virtus vocatur, eademque honestum est. — Ratio explicita, recta et ad naturae voluntatem accommodata — vocatur virtus, hoc est honestum et unicum hominis bonum. Nam cum sola ratio perficiat hominem, sola ratio perfecta beatum facit. Hoc autem unum hominis bonum est, quo uno beatus efficitur.

27) Seneca *Epistol.* 118. Bonum est, quod ad se impetum animi secundum naturam movet, et ita demum petendum est, cum coepit esse expetendum.

messenen; auch selbst, wenn man eine Natur sich denkt, welche von der Gottheit beseelet, oder selbst die Gottheit ist, so kann doch das ihr angemessene nur darum gut seyn, weil es mit dem Willen eines völlig guten Wesens zusammenstimmt ²⁸). Oder wenn er sagt: Eine gute Handlung entspringt nur allein aus dem guten Willen; der gute Wille aber kann nur da seyn, wo das Gemüth seine richtige Beschaffenheit hat, oder wenn in dem Gemüthe alles recht und gut stehet. Diese richtige Beschaffenheit des Gemüths ist wiederum nur unter der Bedingung möglich, wenn man die Gesetze des ganzen Lebens erkannt und erwogen hat, wie man jede Sache beurtheilen muß, das ist, alles auf die Regel des Wahren zurückführet ²⁹). Das heißt mit andern Worten, eine Handlung ist gut, welche aus einem sittlichen Character des Gemüths entspringt; denn wahr und sittlich sind gleichgeltende Begriffe ³⁰).

Zuweilen scheint indessen Seneca diese leeren Formeln zu verlassen, und eingedenk des Gedankens, daß man den guten Willen nur aus der Tugend erkennen könne ³¹), auf das sittliche Bewußtseyn zu reflectiren, und den

28) Seneca *Epistol.* 65. 122. 71.
29) Seneca *Epist.* 95. Actio recta non erit nisi recta fuerit voluntas. Ab hac enim est actio. Rursus voluntas non erit recta, nisi habitus animi rectus fuerit. Habitus porro animi non erit in optimo, nisi totius vitae leges perceperit, et quid de quoque iudicandum sit, exegerit, nisi res ad verum redegerit.
30) Seneca *Epist.* 71. quid erit haec virtus? iudicium verum et immotum.
31) Seneca *Epist.* 95. Virtus e: aliorum scientia est et sui; discendum de ipsa est, ut ipsa voluntas discatur.

den Charakter des guten Willens zu erforschen. Die Einheit und Gleichförmigkeit der Willensbestimmung, die Unterwerfung aller Willenshandlungen unter eine und dieselbe Regel; dieß ist der wesentliche Charakter der Weisheit und der Tugend [32]). Seneca setzt noch hinzu: es sey nicht einmal nöthig, hinzuzusetzen, daß die Regel richtig seyn müsse; denn es sey unmöglich, daß einem Menschen immer ein und dasselbe gefallen könne, wenn es nicht recht sey. Dieser Zusatz ist aber allerdings nothwendig, weil in jener Erklärung etwas von dem sittlichen Charakter, aber dieser selbst noch nicht ganz in seiner völligen Bestimmtheit aufgefaßt ist. Es ist nicht genug, daß das Handeln einer Regel unterworfen ist, die Regel muß auch allgemein seyn, die Form eines Gesetzes haben; nur dann ist es unnöthig, die Qualität der Handlungsmaximen zu bestimmen, denn die Gesetzmäßigkeit ist der ursprüngliche Charakter des rechtschaffenen Verhaltens. Diese Gesetzmäßigkeit hatten Zeno und seine Nachfolger im Sinne, wenn sie das Wesen der Sittlichkeit in der Uebereinstimmung mit der Natur bestehen ließen; denn sie setzten eine sittliche, durch die Gottheit in dem Weltall bestehende Ordnung voraus, und sie verwandelten den praktischen Glauben in einen Gegenstand des Wissens [33]).

Aus diesem Mangel an völlig bestimmten sittlichen Grundbegriffen muß man es auch erklären, daß Seneca, so wie überhaupt die Stoiker, in der Bestimmung mancher Pflichten, vorzüglich der Selbstpflichten, mehrere Fehler begingen,

---

[32]) Seneca *Epist.* 20. Quid est sapientia? Semper idem velle atque idem nolle. Licet illam exceptiunculam non adiiciam, ut rectum sit, quod velis. Non potest cuiquam semper idem placere, nisi rectum. 35. 71.

[33]) Seneca *Epist.* 95. 73. 92. 41.

begingen, nicht immer einen und denselben Charakter behaupteten, nicht immer consequent verfuhren. So bei dem Selbstmorde, den sie für erlaubt, ja für eine rühmliche und große That halten, weil sie die Freiheit, Selbstständigkeit und Würde des Menschen beweise, indem er seinem Willen alles unterwerfe; die unbestimmte Formel von der Gleichförmigkeit der Handlungsweise gestattete ihnen, eine Maxime zu billigen, nach welcher der Mensch sich isolirt und eine Regel zu seinem Gesetze macht, die bloß für ihn paßt, nicht zu einer allgemeinen Gesetzgebung tauglich ist [34]). So streitet mit der Pflicht, welche sie dem Menschen, als Theile eines großen Ganzen, vorschreiben, Gott und der Natur zu folgen, die Erhebung über die Natur, die Verachtung und Herabwürdigung aller Dinge als eines bloßen Spiels des Zufalls.

Dagegen fehlt es nicht an Urtheilen und Behauptungen, welche einen sehr lautern moralischen Sinn offenbaren. So erfordert er zum Wesen der Tugend die **Uneigennützigkeit der Gesinnung, das Gute bloß um des Guten willen zu thun** [35]); und lehret, daß die **Güte einer Handlung in der Maxime bestehet, aus welcher sie entspringt, nicht in dem Materiale der Handlung** [36]); daß der gute Charakter das einzige

34) Seneca *Epist.* 65. cum visum fuerit, distraham cum illo (corpore) societatem — animus ad se omne ius ducet.

35) Seneca *Epist.* 113. Hoc ante omnia sibi quisque persuadeat, me iustum esse gratis oportet. Parum est, adhuc illud persuadeat sibi, me in hanc pulcherrimam virtutem ultro etiam impendere iubeor, ut tota cogitatio a privatis commodis quam longissime aversa sit. Non est, quod spectes, quod sit iustae rei praemium maius, quam iustum esse.

36) Seneca *Epist.* 85. Huic (sapienti) enim propositum est in vita agenda non utique, quod tentat efficere, sed omnia recte facere.

einzige ist, was an dem Menschen geachtet wird, und wenn er auch arm, kränklich und von niedriger Herkunft sey; dagegen auch ein reicher vornehmer Bösewicht verachtet werde 37). Allein so reich auch seine Schriften an solchen und ähnlichen Gedanken sind, so haben sie doch keinen großen wissenschaftlichen Werth; denn nach seiner Ueberzeugung war die Wissenschaft des Lebens, was die Grundsätze betrift, vollendet, und es kam nur darauf an, die Entdeckungen der ältern Weisen gemeinnützig zu machen und in Anwendung zu bringen. Zu einer neuen gründlichen Erforschung des Gemüths nach den sittlichen Anlagen und Vermögen hatte er weder Neigung, noch besonderes Talent. Die Dialektik der ältern Stoiker verwarf er als die Kunst feiner Subtilitäten, ohne den rechten und unrechten Gebrauch derselben zu unterscheiden.

Die Lehre von der Affectlosigkeit des Weisen erklärte Seneca den Grundsätzen der Stoa angemessen, doch ohne alle Uebertreibung. Nicht die Regungen der Natur, die Gemüthsbewegungen, welche von dem Einwirken äußerer Gegenstände abhängen und unwillkürlich sind, sollen ausgerottet, sondern nur ihre Herrschaft über den vernünftigen Menschen gebrochen werden, daß er seine Freiheit behalte, das Object seines Strebens durch die Vernunft aufzusuchen, und nicht gleich den Thieren durch die Gewalt der Eindrücke gezwungen werde, das höchste Gut in etwas anders zu setzen, als in seine eigne Thätigkeit 38).

Da die Stoiker das Sittliche für das einzige und höchste Gut, und das Unsittliche für das einzige Böse, alle übrige

---

37) Seneca *Epist.* 76. Si sit aliquis malus, puto improbabitur, si bonus, probabitur. Id ergo in homine proprium solumque est, quo et probatur et improbatur.

38) Seneca *Epist.* 81. 116.

übrige Dinge für gleichgültig erklärten, so ist es nicht recht
einleuchtend, warum einige dennoch das Wesen der Tugend in die vernünftige Auswahl der gleichgültigen oder weder guten noch bösen Dinge
setzten 39). Seneca gibt darüber einige Aufklärung.
Alle Dinge, außer der Tugend, sagt er, sind keine Güter;
aber sie sind doch Gegenstände und Stoff für die Tugend.
Wenn Gesundheit, Ruhe und ein schmerzloser Zustand mit
der Tugend bestehen können, und sie nicht einschränken,
warum sollte man sie nicht suchen? Nicht als wären sie
an sich Güter, sondern weil sie der Natur angemessen sind;
nur müssen sie mit richtigem Urtheil gesucht und genommen
werden. Man handelt dann gut, nicht in Rücksicht des
Materialen, sondern in Rücksicht auf die Form der Handlung, oder die vernünftige Bestimmung des
Willens. Denn überhaupt bestehet die Sittlichkeit
nicht in dem, was man thut, sondern in der Handlungsweise des Willens 40).

Eine interessante Frage: wie der Mensch zuerst zu
sittlichen Begriffen gekommen sey, beantwortet Seneca als
ein geübter Beobachter des menschlichen Herzens. Die
Natur kann uns die Erkenntniß des Sittlichen nicht gegeben haben; sie gibt nur die Keime der Erkenntniß,
die Erkenntniß aber nicht selbst. Die Beobachtung und die Vergleichung des öfters Geschehenen ist
die Quelle jener Begriffe, indem unser Verstand das Gute
und Sittliche nach einer gewisse Analogie beurtheilte 41).

Die

---

39) Cicero *de Finib. bonor.* III. c. 4. virtutis proprium,
earum rerum, quae secundum naturam sint, habere
delectum. *Offic.* I. c. 3.

40) Seneca *Epist.* 92. Quia non in re bonum est, sed
in electione: quia actiones nostrae honestae sunt,
non ipsa, quae aguntur.

41) Seneca *Epist.* 120. Nobis videtur observatio col-
le-

Die Gesundheit des Körpers war uns bekannt; wir folgerten daraus auch eine gewisse Gesundheit der Seele; von der Stärke des Leibes schloß man analogisch auf die Stärke der Seele. Einige Handlungen der Wohlthätigkeit, Menschlichkeit, Seelenstärke setzten uns in Erstaunen, wir fingen sie als vollkommen an zu bewundern; die Fehler, welche eine glänzende That etwas verdunkelten, wurden absichtlich in Schatten gestellt. Es ist Wille der Natur, das Lobenswürdige zu erhöhen, und noch nie ist der Ruhm innerhalb den Gränzen der Wahrheit geblieben. Aus allen diesen schöpften wir die Vorstellung eines großen Gutes. Oft bietet selbst das Böse Ideen des Sittlichen dar; es gibt Laster, welche an Tugenden gränzen, und das Schändliche hat oft Aehnlichkeit mit dem Edlen. Dieser Schein zwang uns zur aufmerksamern Beachtung und schärfern Unterscheidung des Aehnlichen und Verschiedenen. Ferner bemerkten wir Menschen, welche wir, ungeachtet der Bewunderung, welche einzelnen edeln Thaten gezollt wurde, doch nicht als Menschen hochachten konnten, weil sie keinen festen Charakter, keine unveränderlichen Grundsätze bei ihren Handlungen zeigten. Dagegen fanden wir auch Menschen, welche ihr ganzes Leben hindurch und in allen ihren Handlungen immer dieselbe Person waren, nicht allein gut in Entschlüssen sich zeigten, sondern es auch dahin gebracht hatten, daß sie gar nicht anders als gut und recht handeln konnten. Hier stellte sich die vollendete Tugend zur Betrachtung dar. — Diese Bemerkungen sind sehr gut, wenn man voraussetzt, was man voraussetzen muß, daß diese analogischen Schlüsse und Urtheile uns auf die Beantwortung der obigen Frage führen

legisse et rerum saepe factarum inter se collatio per analogiam nostro intellectu et honestum et bonum iudicante.

führen sollen, nämlich die Anlage zur Sittlichkeit in der Vernunft zu entdecken 42).

In keinem Punkte hat sich Seneca so viele Mühe gegeben, die Grundsätze des Stoicismus weiter zu entwikkeln und auf die Verhältnisse seiner Zeit anzupassen, als in der Anpreisung der Geduld und Standhaftigkeit bei Leiden und Widerwärtigkeiten, und der ruhigen Ergebung in den Willen der Natur und der Gottheit. Wir wollen nicht bei den Schilderungen der Würde und Erhabenheit der menschlichen Natur, welche ihn über das Schicksal erhebt, nicht bei den Lobpreisungen des Heroismus, der mit dem Schicksale kämpft und nicht unterliegt, verweilen, sondern diesen Heroismus selbst nach seinen Gründen und seinem Zusammenhange mit der Lehre von Freiheit und Gott untersuchen, und vorzüglich seine Gedanken über den Selbstmord etwas schärfer beleuchten.

Die Freiheit des Menschen, als moralischen Wesens, gründet sich auf das sittliche Bewußtseyn. Sie ist die Bedingung, unter welcher allein Persönlichkeit und Moralität gedenkbar ist, und daher bei allen praktischen Ueberzeugungen und Lehren stillschweigend vorausgesetzt wird. Aber Seneca will die Freiheit beweisen, aus theoretischen Gründen beweisen, welche außer dem Systeme keine Beweiskraft haben, und daher die Sache, die sie beweisen sollen, problematischer machen, als sie vorher war. Alles, sagt er, bestehet aus Gott und Materie. Gott ist das Wirkende; die Materie das Bestimmbare, welches dem Lenker und

---

42) Seneca *Epist.* 52. 118. Omnibus enim natura fundamenta dedit semenque virtutum; omnes ad omnia ista nati sumus. Cum irritator accessit, tunc illa animi bona velut sopita excitantur.

und Regierer des Alls willig folgt. In eben demselben Verhältnisse stehet die Seele zu dem Körper; das Schlechtere und Unedlere muß dem Edlern dienen und unterwürfig seyn. Daher müssen wir standhaft gegen das Schicksal seyn, Kränkungen, Wunden, Gefängniß, Armuth nicht fürchten, auch den Tod nicht, welcher entweder Vernichtung oder Uebergang in ein anderes Daseyn ist. Die Verachtung des Körpers ist die wahre Freiheit des Menschen 43). Gott und der Geist des Menschen ist ein und dasselbe. Gott ist der alles durchdringende Geist, die allein thätige Kraft, welche in dem Weltall alles wirkt, beseelet, leitet und regieret. Gott ist daher auch in jedem Menschen; es ist der Geist, der in uns wirket, durch den wir denken und wirken 44). Vorzüglich ist der göttliche Geist in den guten Menschen wirksam; der gute Wille ist nicht ohne Gott; von Gott kommen alle große und erhabene Entschlüsse 45). Diese

---

43) Seneca *Epist.* 65. Contemtus corporis sui certa libertas est. — Huic libertati multum conferet et illa, de qua loquebamur, inspectio. Nempe universa ex materia et ex deo constant. Deus ista temperat, quae circumfusa rectorem sequantur et ducem. Potentius autem est, quod facit, quod est Deus, quam materia. Quem in hoc mundo locum Deus obtinet, hunc in homine animus; quod est illic materia, id nobis deus est.

44) Seneca *Epist.* 92. Ratio diis hominibusque communis — Quid est autem, cur existimes in eo divini aliquid existere, qui Dei pars est? Totum hoc, quo continemur, et unum est et Deus et socii eius sumus et membra. Caput est noster animus, perfertur illo, si vitia non deprimant. 31. *de providentia.* c. 1. *de beneficiis* 10. c. 6. *de vita beata* c. 32.

45) Seneca *Epist.* 41. Prope est a te Deus, tecum est, intus est. Ita dico, Lucili, sacer intra nos spi-
ritus

Diese Sätze sind so schlecht unter einander verbunden, daß sie einander zum Theil aufheben. Ist Gott der Weltgeist, sind die Seelen Theile und Glieder der Gottheit, so ist gar nicht zu begreifen, wie in Ansehung des Geistigen und Moralischen eine solche Verschiedenheit Statt finden kann; es müßte lauter gute Menschen geben. Ist die moralische Gesinnungsart eine Wirkung des göttlichen Einflußes, so muß es auch die entgegengesetzte Denkart des Bösen seyn. Man müßte jene aus einem positiven, und diese aus einem negativen Einflüsse erklären. Dann ergäbe sich aber auch der Satz: ohne Gott ist kein Mensch böse. Ist nun aber dieser positive Einfluß der Grund der moralischen Freiheit; so ist nicht der Mensch, sondern Gott der letzte Urheber menschlicher Handlungen. Scheint es nicht, als ob Seneca dem Menschen noch eine andere Freiheit beilege, vermöge deren es in seiner Macht stehe, wie er den göttlichen Geist, der alles Gute wirkt, annehmen und achten wolle? Und wie stimmt endlich mit diesen Behauptungen, daß der gute Wille nur allein von Gott ist, die Großsprecherei, daß der Weise noch einen höhern Grad von Vollkommenheit besitze, als die Gottheit, weil der Mensch die Weisheit sich selbst, die Gottheit aber ihrem Wesen verdanke 46).

Dieselben Widersprüche und Schwierigkeiten finden sich auch in der stoischen Lehre von der Vorsehung und

---

titus sedet, malorum bonorumque nostrorum observator et custos; hic prout a nobis tractatus est, ita nos ipse tractat. Bonus vir sine Deo nemo est. An potest aliquis supra fortunam, nisi ab illo adiutus, exsurgere. Ille dat consilia magnifica et erecta. 74.

46) Seneca *Epist.* 53. Est aliquid quo sapiens antecedat Deum. Ille naturae beneficio, non suo, sapiens est. Ecce res magna, habere imbecillitatem hominis securitatem Dei. *Epist.* 73.

dem Bösen in der Welt. Ihr System von Gott und Welt, nach welchem Gott als ein Geist von unendlicher Macht und Weisheit die träge und bildsame Materie zu einem zusammenstimmenden Ganzen ordnet und regieret, läßt für das Böse keinen Raum übrig. Aber die Erfahrung aller Jahrhunderte widersprach ihrer Behauptung, und sie sahen sich daher zu dem Versuche genöthiget, das Böse mit der Vorsehung und Weltregierung Gottes, so gut als es gehen wollte, in Uebereinstimmung zu bringen. Aber jeder Versuch einer Theodicee ist in diesem System ein Widerspruch, und wenn auch dem Stoiker der Beweis gelungen wäre, daß das physische Böse nur eine leere Einbildung sey, da nur Untugend und Laster für etwas Böses könne gehalten werden, und was dem einzelnen Menschen Unannehmlichkeit verursache, aus der Vollkommenheit des Ganzen fließe oder dieselbe befördere, so läßt sich doch das moralische Böse mit der Theologie der Stoiker, und insbesondere des Seneca, auf keine Weise vereinigen, weil Gott der allgemeine Weltgeist ist, alle Seelen Theile dieses Weltgeistes sind, wodurch der letzte Grund des Daseyns des Bösen doch endlich in Gott, es sey durch positive Wirkung, oder durch Zulassung, gesetzt wird.

Setzt man jedoch die Frage wegen des Grundes des moralischen Bösen auf die Seite, so ist nicht zu läugnen, daß Seneca eine andere untergeordnete Frage: Warum den Rechtschaffenen oft so viele Widerwärtigkeiten begegnen, von einer interessanten Seite erwogen und beantwortet habe, ohne jedoch die Hauptschwierigkeiten, welche mit dem System zu wesentlich verknüpft sind, entfernen zu können. Er betrachtet sie nämlich aus dem moralischen Gesichtspunkte. Alle Widerwärtigkeiten

tigkeiten, welche tugendhaften Menschen begegnen, ſind als ein Kampfplatz und Uebungsſchule zu betrachten, in welcher ſich die Tugend entwickelt, bildet und ſtärket. Nur in Unglück lernt man ſich ſelbſt recht kennen, ſeine innern Kräfte ſchätzen und anwenden. Wen Gott lieb hat, den bewähret er durch Unglück, den nimmt er in ſeine väterliche Zucht, wie Väter, welche ihre Kinder wirklich lieb haben. Ein zu großes Glück, wo einem alles nach Wunſch gehet, kein Wunſch unbefriediget bleibt, iſt daher in der That das größte Unglück 47). Das Unglück iſt alſo ſelbſt für die leidenden Rechtſchaffenen heilſam; heilſam aber auch für Andere, für Alle, für die geſammte Menſchheit. Gott will dadurch den Menſchen die Augen öfnen, daß ſie erkennen, was wirklich gut und böſe iſt, daß ſie einſehen, das, was der große Haufe begehret und fürchtet, ſey weder gut noch böſe. Nur dann müßte man die Geſchenke des Glücks für wahre Güter halten, wenn ſie nur den Guten zu Theil würden, und das Unglück als etwas Böſes betrachten, wenn es nur allein den Böſen begegnete 48). Alles, was dem einzelnen Menſchen und dem ganzen menſchlichen Geſchlechte begegnet, iſt nichts zufälliges; es iſt ein

Theil

---

47) Seneca *de providentia* c. 4. Opus est enim ad notitiam sui experimento; quid quisque posset, nisi tentando non didicit. — Calamitas virtutis occasio est. — Hos itaque Deus, quos probat, quos amat, indurat, recognoscit, exercet, eos autem, quibus indulgere videtur, quibus parcere, molles venturis malis servat.

48) Seneca *de providentia* c. 5. Adiice nunc, quod pro omnibus est, optimum quemque, ut ita dicam, militare et edere operas. Hoc est propositum Deo, quod sapienti viro, ostendere, haec quae vulgus appetit, quae reformidat, nec bona esse nec mala. Apparebunt autem bona esse, si illa non nisi bonis viris tribuerit, et mala esse, si malis tantum irrogaverit.

Theil des Schicksals, gehört mit in die Reihe von Ursachen und Wirkungen, welche nach einem unabänderlichen Gesetze bestimmt und festgesetzt ist. Die Schicksale jedes Menschen, seine Lebensdauer, alles, was ihm Freude und Traurigkeit macht, alles ist längst vor dem Anfange seines Lebens angeordnet. Gott hat diese Schicksale bestimmt; er hat ein für allemal die Gesetze des Universums angeordnet, und sich ihnen selbst unterworfen. Es ist umsonst, daß man klagt und murrt, es läßt sich nichts ändern. Besser ist es, dem Schicksale willig folgen und geduldig ertragen, was allen beschieden ist, und sich damit trösten, daß es das allgemeine Loos ist, welches keine Ausnahme gestattet. Dasjenige, sey es auch was es wolle, was uns vorgeschrieben hat, so zu leben, so zu sterben, das bindet auch an dieselbe Nothwendigkeit die Götter; ein **unaufhaltsamer Strom reißt das Menschliche und Göttliche mit fort** 49).

Seneca mochte wohl fühlen, daß diese Gründe, die überhaupt mehr mit rednerischem Schwunge, als mit philosophischer Bestimmtheit ausgeführt sind, nicht hinreichend sind, das menschliche Gemüth wegen des Bösen und Uebels in der Welt nicht allein zu beruhigen, sondern auch zu befriedigen. Denn etwas anders ist die geduldige Fügung in sein Schicksal, weil es nicht zu ändern ist, etwas anderes, die Einsicht, daß das, was uns als Einschränkung unserer Thätigkeit erscheinet, mit den Zwecken der höchsten Weisheit zusammenstimmt, und daher das Böse nicht

---

49) Seneca *de providentia* c. 5. Quid est boni viri? praebere se fato. Grande solatium est, cum universo rapi. Quicquid est, quod nos sic viuere iussit, sic mori, eadem necessitate et deos alligari; irrevocabilis humana pariter ac divina cursus vehit. Ille ipse omnium conditor ac rector scripsit quidem fata, sed sequitur. Semper paret, semel iussit.

nicht böse, nur Schein ist. Das erste, nicht das letzte, bewirken seine Gründe. Das moralische Böse läßt sich aus denselben gar nicht begreifen, und was das physische Uebel betrift, so war es zwar den Grundsätzen der Stoa völlig angemessen, es nicht als etwas Böses, sondern als ein zufälliges Uebel darzustellen, welches den moralischen Werth eines Menschen im geringsten nicht mindert. Aber es regte sich doch in dem Seneca einige Bedenklichkeit gegen diese Behauptung, und eine leise Ahndung eines moralischen Reiches, in welchem alles nach dem höchsten Vernunftzweck bestimmt, das Physische dem Moralischen nicht allein untergeordnet, sondern auch nach dem Grade der Würdigkeit angemessen ist. Und da sah er nun keinen andern Ausweg, als wie Plato, den Grund des physischen Uebels in der ursprünglichen Materie zu suchen, deren ursprüngliche Beschaffenheit der bildenden Gottheit Hindernisse in den Weg gelegt habe [50]). Aber dieser Ausweg führet nicht weit, und streitet mit andern Sätzen der stoischen Physiologie. Wenn die Materie ohne alle Qualitäten und Kräfte ist, Gott aber die einzige wirkende Kraft, der allmächtige Geist, der alles durchdringt, bildet und belebet, so läßt sich keine solche Widerspenstigkeit der zu bildenden Materie denken, welche den Bildenden in seiner Wirksamkeit einschränkte.

Alle diese Widersprüche und Schwierigkeiten werden dann recht sichtbar, wo Seneca alle Beruhigungsgründe in ihrer größten Stärke zusammenfaßt, und sie in eine Anrede der Gottheit an die leidenden Rechtschaffenen einkleidet.

50) Seneca *de providentia* c. 5. Quare tamen Deus tam iniquus in distributione fati fuit, ut bonis viris paupertatem, vulnera et acerba funera adscriberet. Non potest artifex mutare materiam. Haec passa est. Quaedam separari a quibusdam non possunt; cohaerent, individua sunt.

bleibet. Wie könnt ihr über mich klagen, heißt es unter andern, ihr, denen nichts gefällt, als was recht ist. Euch habe ich das einzige wahre Gut gegeben, welches euer unverkennbares wesentliches Eigenthum ist. Die andern umhing ich blaß mit Scheingütern, und täuschte ihren leeren Geist gleichsam mit einem langen trügerischen Traume. Sie glänzen äußerlich von Gold, Silber und Elfenbein: aber in ihrem Innern ist nichts Gutes [51]. Eure Glückseligkeit ist, der Glückseligkeit nicht bedürfen. Freilich begegnet euch vieles Unangenehme, Beschwerliche, Furchtbare; weil ich euch davon nicht befreien konnte, so bewafnete ich euer Gemüth gegen alle Widerwärtigkeiten [52]. Duldet standhaft; darin könnt ihr selbst einen Vorzug vor der Gottheit erwerben. Gott ist außer allem Leiden; ihr könnt euch über dasselbe erheben. Seyd gleichgültig gegen die Armuth; niemand lebt so arm, als wie er geboren wurde: gegen den Schmerz, er wird gehoben werden, oder euch auflösen; gegen das Unglück, es kann eure Seele nicht verwunden; gegen den Tod, er zernichtet euch, oder versetzt euch in einen andern Zustand. Vor allen Dingen habe ich dafür gesorgt, daß kein Mensch gezwungen ist, wider seinen Willen in der Welt zu bleiben. Der Ausgang ist geöffnet. Wollt ihr nicht kämpfen, so ist euch die Flucht erlaubt. Daher habe ich

51) Seneca *de providentia* c. 6. Quid habetis, quod de me queri possitis vos, quibus recta placuerunt? Aliis bona falsa circumdedi, et animos inanes velut longo fallacique somno lusi. Auro illos, argento et ebore ornavi; intus nihil boni est.

52) Seneca *de providentia* c. 6. Non egere felicitate, felicitas vestra est. At multa incidunt tristia, horrenda, dura, tolerata. Quia non poteram vos istis subtrahere, animos vestros adversus omnia armaui.

ich unter allen Dingen, deren Nothwendigkeit ich euch unterworfen habe, nichts so leicht gemacht, als das Sterben 53). Es leuchtet sogleich ein, daß hier lauter Widersprüche vorkommen. Gott ist Urheber des sittlichen Bösen durch die ungleiche Vertheilung der Anlagen zur Tugend und Untugend; dieses streitet mit der Behauptung, daß das Böse nicht von Gott herrühret, und ist noch dazu auf eine die Vernunft empörende Art ausgedrückt. Der Satz: Gott konnte das physische Uebel nicht aus der Welt entfernen, streitet mit dem: daß es Gott zum Besten für die Leidenden und für das Ganze angeordnet habe. Und mit der Pflicht der standhaften Duldung, welche als Pflicht gegen Gott und gegen sich selbst dargestellt wird, stehet die gegebene Erlaubniß zur beliebigen Flucht aus dem Kampfe und zur freiwilligen Selbsttödtung in Widerspruch.

Dieselben Widersprüche treten auch in der Lehre von dem freiwilligen Tode hervor, welche zwar schon die ältern Stoiker vortrugen, zum Theil auch selbst ausübten, aber doch, wie mir wahrscheinlich dünkt, erst bei den Römern unter der Regierung der Kaiser recht in Schwung kam. Die älteren hielten den Selbstmord für etwas Erlaubtes, wenn der Tugendhafte Gründe habe, den Tod dem Leben vorzuziehen 54). Seneca aber streicht den freiwilligen Tod als den höchsten Grad der Tugend heraus. Und doch sind alle seine Gründe für den Selbstmord nichtig, zum Theil sogar unmoralisch und im Widerstreit

---

53) Seneca *de providentia* c. 6. Ante omnia cavi, ne quis vos teneret invitos. Patet exitus. Si pugnare non vultis, licet fugere. Idcoque ex omnibus rebus, quas esse vobis necessarias volui, nihil feci facilius, quam mori.

54) Cicero *de finibus* III. c. 9. Diogenes Laert. VII. §. 130.

streit mit dem, was er anderswo für Pflicht erklärt hatte. Wir wollen seine Gedanken über den Selbstmord kürzlich darstellen und prüfen.

Ist es erlaubt, aus eigener Macht sein Leben zu verkürzen, ohne die Stunde abzuwarten, wo nach den Gesetzen der Natur unser irdisches Leben aufgelöset wird? Warum sollte es nicht erlaubt seyn? denn Leben und Tod gehören unter die Dinge, welche weder gut noch böse sind. Es kommt also nicht darauf an, wie lange, sondern wie gut man lebet. Daher lebet der Weise nicht so lange als er kann, sondern so lange als er soll. Er muß entscheiden, wo, mit wem, und wie er leben soll, und was er zu thun habe. Wenn daher viele Bedrängnisse eintreten, welche seine Ruhe stören, dann tritt er aus dem Kreise dieses Lebens heraus; und das thut er nicht nur in der äußersten Noth, sondern so bald ihm das Glück verdächtig zu werden anfängt, überlegt er seine ganze Lage, ob er nicht etwa schon denselben Tag sein Leben aufgeben müsse. Er ist überzeugt, daß ihm nichts daran liege, ob er sein Lebensende mache oder empfange; ob es eher oder später geschehe [55]).

Auch der Tod gehört unter die gleichgültigen Dinge. Ob man früher oder später stirbt, darauf kommt nichts an; aber alles kommt darauf an, wie man stirbt, ob gut oder böse, vernünftig oder unvernünftig. Vernünftig sterben ist aber nichts anders, als sich zum Tode aus dem Stunde ent-

[55]) Seneca *Epist.* 70. Non enim vivere bonum est, sed bene vivere. Itaque sapiens vivit, quantum debet, non quantum potest. Videbit, ubi victurus sit, cum quibus, quomodo, quid acturus. — Nihil existimat sua referre, faciat finem an accipiat: tardius fiat an citius.

entschließen, um der Gefahr zu entgehen, böse d. i. unsittlich zu leben ⁵⁶).

Der freiwillige Tod ist das einzige Rettungsmittel der Freiheit des Menschen. Denn so lange der Mensch lebt, ist er unter der Herrschaft des Zufalls und der äußern Natur. Wer zu sterben weiß, der hat sich von der Gewalt des Schicksals frei gemacht. Wäre der Mensch verpflichtet, sein Lebensende auf dem natürlichen Wege zu erwarten, so würde er der Nothwendigkeit unterworfen, und seine Freiheit beschränkt. Es ist daher weislich durch die ewigen Gesetze eingerichtet, daß nur ein Eingang in das Leben führet, aber viele Ausgänge offen stehen. Die Menschheit ist nur darum in einer glücklichen Lage, weil Niemand, außer durch seine Schuld, elend ist. Gefällt einem das Leben, der bleibe; gefällt es ihm nicht, so kann er dahin zurückkehren, woher er gekommen ist ⁵⁷).

Es ist noch eine Frage, ob in dem Falle, wenn man sein Lebensende gewiß voraussiehet, und es gewiß ist, daß man durch die Hand eines Andern z. B. als ein Verbrecher sterben muß, man sein Schicksal ruhig erwarten, oder

---

56) Seneca *Epist.* 70. Citius mori vel tardius, ad rem non pertinet: bene mori vel male, ad rem pertinet; bene autem mori, est effugere male vivendi periculum.

57) Seneca *Epist.* 70. Ego cogitem in eo, qui vivit, omnia posse fortunam, potius, quam cogitem, in eo, qui scit mori, nihil posse fortunam — Expectandum esse exitum, quem natura decrevit; hoc qui dicit, non videt, se libertati viam claudere. — Bono loco res humanae sunt, quod nemo nisi vitio suo miser est. Placet? vive; non placet? licet eo reverti, unde venisti. — Hoc unum intuere, ut te fortunae quam celerrime eripias.

oder durch eigene kühne That demselben zuvorkommen soll? Seneca ist geneigt, für das erste zu entscheiden. Es wäre Thorheit, sagt er, aus Furcht vor dem Tode zu sterben. Es wird einer kommen, welcher dem Leben ein Ende macht; warum wollte man sich voreilig zum Werkzeuge fremder Grausamkeit machen und nicht lieber warten? Er beruft sich auf das Beispiel des Sokrates; setzt aber doch hinzu, es lasse sich darüber im Allgemeinen nichts festsetzen 58). Indessen gebe doch die Todesart einen Ausschlag. Wenn die eine martervoll, die andere einfach und leicht sey, so könne man sich ohne Bedenken selbst entleiben. Wer sich freiwillig den Tod wählt, der hat auch das Recht, die Art des Todes zu bestimmen. In keiner Sache muß man seinen Wünschen so nachgeben, als bei dem Tode. Die Todesart, die uns gefällt, ist auch die beste. Zudem trägt die Länge nicht zur Vollkommenheit des Lebens bei, aber ein langsamer Tod ist auf jeden Fall der schlimmere 59).

Die Gründe, welche zum freiwilligen Tode berechtigen, dürfen nicht gerade sehr wichtig seyn; ist doch dasjenige, was uns an das Leben fesselt, auch meistentheils ziemlich unerheblich 60). Doch sagt er an einem andern Orte,

58) Seneca *Epist.* 70. Aliquando tamen, etiam si certa mors instabit, et destinatum sibi supplicium sciet, non commodabit poenae suae manum. Stultitia est, timore mortis mori. Venit, qui occidat. Expecta, quid occupas? Quare suscipis alienae crudelitatis procurationem?

59) Seneca *Epist.* 70. Praeterea quemadmodum non utique melior est longior vita, sic peior utique mors longior. In nulla re magis, quam in morte, morem animo gerere debemus.

60) Seneca *Epist.* 77. Saepe autem et fortiter desinendum est, et non ex maximis causis. Nam nec hae maximae sunt, quae nos tenent.

Orte, daß man dieses nur dann thun dürfe, wenn der Körper für den Dienst des Geistes unbrauchbar geworden, und man aus dieser Ursache ein schlimmes Leben zu befürchten habe; wenn das Alter oder Krankheit den Geist anzugreifen und zu schwächen drohe. In diesen Fällen müsse man nicht säumen, das Leben aufzuopfern, nicht um der Krankheit und der Schmerzen willen, denn das wäre Feigheit, sondern um nicht durch zu karge Liebe des Lebens in Umstände versetzt zu werden, in denen das Leben zwecklos ist [61]).

Es ist kaum nöthig, zu erinnern, wie alle für den freiwilligen Tod angeführte Gründe denen widersprechen, durch welche er die Menschen wegen des Uebels in der Welt beruhigen wollte. Sind diese Leiden über die redlichsten Menschen von der göttlichen Weisheit verhängt, zu ihrem und der Welt Besten, zur Stärkung und Prüfung ihrer Tugend: so darf kein Mensch sich eigenwillig denselben entziehen, und die Selbsttödtung wäre Frevel und Thorheit zugleich. Gibt es eine Vorsehung, welche alles weise und zur Beförderung der Sittlichkeit angeordnet hat, so gibt es kein blindes Schicksal, keinen Zufall, von dessen Herrschaft man sich durch den Tod befreien müßte. Ist Tugend das einzige wahre Gut, welches durch keine äußere Macht dem Menschen entzogen werden kann, so kann er auch nie in Umstände kommen, unter denen er den Zweck des Lebens verlieren könnte. Ist es nicht ein grober Widerspruch, wenn der freiwillige Tod bald als etwas Großes und Erhabenes, bald als ein Entschluß feiger und weichlicher

---

61) Seneca *Epist.* 58. Morbum morte non fugiam, dumtaxat sanabilem, nec officientem animo; non afferam mihi manus propter dolorem; sic mori vinci est. Hunc tamen si sciero perpetuo mihi esse patiendum, exibo, non propter ipsum, sed quia impedimento mihi futurus est ad omne, propter quod vivitur.

licher Seelen vorgestellt wird, welche nicht Kraft genug haben, alles, was der Naturgang zur Folge, oder was Gott jedem beschieden hat, standhaft zu ertragen? Man darf nur diese Briefe, wo er unter den angegebenen Umständen den Selbstmord empfiehlt, mit denen vergleichen, wo die Pflicht des Gehorsams gegen die Naturordnung und sich in allem dem göttlichen Willen mit religiösem Sinne zu unterwerfen, so kräftig eingeschärft wird [62]), um sich zu überzeugen, daß hier noch sehr verwirrte Begriffe von Pflicht und Tugend zum Grunde liegen.

Es ist nichts als ein täuschender Mißgriff in dem Begriff der Freiheit, welche die Bedingung der Sittlichkeit ausmacht, eine mangelhafte Erkenntniß von dem Gesetz der Vernunft, welches eine praktische Idee ist, welcher keine Wirklichkeit durchaus ganz entsprechen kann, und der daher entstandene Irrthum, als stehe der Weise mit Gott auf einer Stufe, ja zuweilen noch etwas höher, welche die Täuschung von dem Erlaubtseyn, ja von dem moralischen Werth des freiwilligen Todes erzeugen und erhalten konnte. Dieses wird deutlich aus dem, was Seneca zur Entfernung eines Einwurfes sagt. Ich will noch leben, läßt er Einen einwenden, weil ich recht handle, und ich verlasse die Berufspflichten des Lebens ungerne, die ich treu und eifrig erfülle. Was? antwortet er, weißt du nicht, daß auch zu den Pflichten des Lebens das Sterben gehört? Man verläßt keine Pflicht. Stellst du dir eine bestimmte Summe von pflichtmäßigen Handlungen vor, welche du voll machen müßtest, so wird diese nie vollendet. Auch das längste Leben ist zu kurz. Das menschliche Leben ist nichts anders, als ein Schauspiel; es kommt nichts darauf an, wie lange, sondern wie gut es gespielt wird. Es ist gleichgültig,

---

[62] Seneca Epist. 78. 104. 74. 107.

gültig, an welcher Stelle du endest; du kannst aufhören, wo du willst, aber denke nur darauf, einen guten Beschluß zu machen 63).

Nach der Ansicht von dem Hauptzweck der Philosphie darf man von dem Senrca keine Erweiterung des theoretischen Theils der Philosophie erwarten. Die stoischen Begriffe von Gott und Welt adoptirte auch Seneca; aber in Ansehung der Unsterblichkeit der Seele ist er weit schwankender, als irgend ein anderer Stoiker. Er drückt sich sehr oft so ungewiß aus, daß man wohl siehet, er hielt die theoretischen Gründe für und gegen die Fortdauer der Seele für nicht entscheidend; der nothwendige Zusammenhang der persönlichen Fortdauer mit der Sittlichkeit, war noch nicht gehörig in das Licht gesetzt worden, und aus dem Moralsystem der Stoiker war er gar nicht erweislich. Aber wahrscheinlich hatte der Pythagoräer Sotion, der viel Einfluß auf sein jugendliches Gemüth gehabt hatte, ein gewisses theoretisches Interesse für die Fortdauer der Seele erregt 64), und darum legte er einiges Gewicht auf die

63) Seneca *Epist.* 77. Sed ego, inquit, vivere volo, qui multa honeste facio; invitus relinquo officia vitae, quibus fideliter et cum industria fungor. Quid? tu nescis, unum esse ex vitae officiis et mori. Nullum officium relinquis. Non enim certus numerus, quem debeas explere, finitur. Nulla vita est non brevis. — Quomodo fabula, sic vita: non quam diu, sed quam bene acta sit, refert. Nihil ad rem pertinet, quo loco desinas; quocumque voles desine; tantum bonam clausulam impone.

64) Seneca *Epist.* 108. non pudebit fateri, quem mihi amorem Pythagorae iniecerit Sotion. — Non credis, läßt er den Sotion sprechen, nihil perire in hoc mundo, sed mutare regionem. Nec tantum coelestia per certos circuitus verti, sed animalia quoque per

die Allgemeinheit dieser Ueberzeugung ⁶⁵), welche die Stoiker sonst auch zur Verstärkung der Beweisgründe für das Daseyn Gottes benützten, hier aber, weil das System dagegen strebte, nicht achteten. Daher mochte die schwankende Ueberzeugung des Seneca entspringen, daß er bald von der Fortdauer der Seele wie ein Platoniker spricht und den Tod als den Uebergang zum eigentlichen Leben betrachtet, indem die Seele nach Ablegung der irdischen Hülle, mit völlig freiem und geistigem Blicke die Dinge betrachten und selbst zum Anschauen der Gottheit gelangen werde ⁶⁶); bald als Stoiker den Tod für eine Auflösung und Zurückkehr in die ursprünglichen Elemente, hält ⁶⁷);

Doch wir wollen nicht länger uns bei einem Manne verweilen, welcher keinen Beruf zum wissenschaftlichen Anbau der Philosophie hatte, sondern mehr dahin strebte, durch die Anwendung der Philosophie auf das Leben sich und andern nützlich zu werden. Und es ist nicht zu läugnen, daß er als populärer Philosoph bedeutende Verdienste sich erworben hat, vorzüglich durch seine speciellen Sittenregeln,

per vices ire et animas per orbem agi?. Magni ita crediderunt viri. Itaque iudicium quidem tuum sustine, caeterum omnia tibi in integro serua.

65) Seneca *Epist.* 117. Multum dare solemus praesumtioni omnium hominum. Apud nos veritatis argumentum est, aliquid omnibus videri; tanquam deos esse, inter alia sic colligimus, quod omnibus de diis opinio insita est — cum de animarum aeternitate disserimus, non leve momentum apud nos habet consensus hominum, aut timentium inferos aut colentium.

66) Seneca *Epist.* 102 *Consolat. ad Polybium* c. 28. *Consolat. ad Helviam* c. 8. 11. *Consolat. ad Marciam* c. 23. 24.

67) Seneca *Consolatio ad Marciam* c. 26. *Epist.* 24. 66.

regeln, durch die kräftige Darstellung sittlicher Beweggründe und der Tugendmittel, durch seine geläuterten religiösen Begriffe, und die Bestreitung des Aberglaubens und des unvernünftigen Götzendienstes 67).

Denselben Ruhm theilten mit dem Seneca zwei Stoiker von sehr ungleichem Stande, der eine ein Sclave und dann Freigelassener, der andere ein liebenswürdiger und glücklicher Kaiser, aber beide durch ihren Charakter gleich ehrwürdige Männer. Beide tragen, nur mit weniger Prunk, mit mehr Einfalt und Herzlichkeit, eben so strenge Sittenlehren als Seneca vor, welche sich für die Lebenskunst als wahr und beseligend bewähren; aber beide erklärten sich auch ebenfalls gegen alle Speculationen, und hielten nur das praktische Wissen, welches sogleich ins Leben übergehen kann, für die rechte Philosophie, so wie ihnen nur derjenige für einen wahren Philosophen galt, welcher die erkannten Gesetze der Vernunft befolgt und ausübt 68).

Epictet kennen wir als Mensch viel zu wenig. Er war aus Hieropolis in Phrygien, ein Sclave, in dessen Brust ein edler Geist und hoher Sinn für die Würde und die Freiheit des Menschen schlug. Nachdem er von seinem Herrn, dem Epaphroditus, einem Liebling des Nero, freigelassen worden, hielt er sich in Rom auf, und widmete sich der Philosophie, worin er von Rufus, einem strengen Stoiker, Unterricht erhielt. Unter dem Domitian wurde er mit den übrigen Philosophen aus Rom verbannt; er
begab

---

67) Man sehe besonders seine Fragmente aus dem Lactanz und Augustin.

68) Epictet. *Enchiridion* c. 49. 51. Antoninus l. X. §. 16. VIII. §. 1. I. §. 17. II. §. 17. V. §. 9. Gellius *Noct. Attic.* I. c. 2. XVII. c. 19.

begab sich nach Nicopolis in Epirus, wo er philosophische Vorlesungen hielt, von welchen ein Theil durch seines Schülers Arrians Bemühung sich bis auf unsere Zeit erhalten hat. Die stoische Lehre war in denselben in ihrer reinen Gestalt, mit steter Beziehung auf Brauchbarkeit für das Leben und für die Bildung des moralischen Charakters entwickelt worden. Diese Vorlesungen hatten daher bei den Alten als Quelle der stoischen Philosophie gleiches Ansehen mit den Schriften des Zeno und Chrysippus [69]. Das Handbuch der Lebensweisheit ist ein kernhafter Auszug aus denselben, den wir ebenfalls dem Arrian zu verdanken haben. Epictet erreichte ein sehr hohes Alter; sein Tod fällt wahrscheinlich in die Regierung des Trajan [70].

Die Lehren des Epictet haben weit mehr Einfalt und Natürlichkeit, als die des Seneca; sie sind ganz der Abdruck seines Charakters und Lebens. Sein ganzes Leben war harmonisch mit den Grundsätzen, die er vortrug; er wollte nicht scheinen, sondern das seyn, was der Mensch nach seiner Ueberzeugung seyn sollte; und in seinen Lehren zeigt sich nicht die geringste Anwandlung von anmaßendem Stolz, keine Spur von der Sucht zu gefallen und zu schimmern; die Naturgemäßheit, welche nach den Stoikern der Charakter der ausgebildeten Menschheit ist, ist auch das Gepräge seiner Lehrvorschriften. Sein Hauptgrundsatz war: alles, was die innere Ueberzeugung, das Gewissen, als gut und böse vorstellt, als ein unverbrüchliches Gesetz zu betrachten, und sich weder durch Lust noch durch

---

[69] Gellius *Noct. Attic.* XIX. 1. XV. c. 11.
[70] Suidas. Gellius *Noct. Attic.* II. 18. Arrian. *Dissertat.* I. c. 9. 10. 19. 25. II. c. 6. III. c. 15. 23. IV. 1. Origenes *advers. Celsum* I. 111. Simplicius *Commentar. in Enchiridion.*

Stoiker.

durch Unluſt davon abwendig machen zu laſſen 71). Um ſich von allen moraliſchen Vergehungen rein zu erhalten, darf man daher nur zwei Regeln beobachten: zu ertragen, was man ertragen, und ſich das zu verſagen, wovon man ſich enthalten muß 72). Uebrigens trägt Epictet das ſtoiſche Syſtem, von allen Subtilitäten gereiniget, und ganz auf das Praktiſche bezogen, in populärer allgemein verſtändlicher Geſtalt vor, und gehet dabei von der Unterſcheidung deſſen, was in unſerer Gewalt iſt, von uns und unſerer Thätigkeit abhängt, oder nicht, aus, indem jeder Menſch, der alle Dinge nach dieſem Geſichtspunkte richtig beurtheilet, und nur dasjenige, was ſeine Perſon angehet, von ſeinem Wirken abhängt, zum Ziele ſeines Beſtrebens macht, immer froh, zufrieden und glückſelig leben könne 73). Dieſe Unterſcheidung iſt dem ſtoiſchen Syſteme ganz gemäß, aber in wiſſenſchaftlicher Hinſicht von keinem großen Werth, denn ſie läßt ganz unbeſtimmt, was nach Naturgeſetzen geſchehen muß, und nach dem Geſetz der Vernunft geſchehen ſoll; daher auch Epictet in der Anwendung derſelben viel zu weit gehet.

M 2 Ohne

---

71) Epicteti *Enchir.* c. 50. και παν το βελτιστον φαινομενον εςω σοι νομος απαραβατος· καν επιπονον τι, η ἡδυ, η ενδοξον, η αδοξον προσαγηται, μεμνησο, ὁτι νυν ὁ αγων.

72) Gellius *Noct. Attic.* XVII. c. 19. duo esse vitia multo omnium gravissima ac teterrima, intolerantiam et incontinentiam, quum aut iniurias, quae sunt ferendae, non toleramus, neque ferimus, aut a quibus rebus voluntatibusque nos tenere debemus, non tenemus. Itaque, inquit, si quis haec duo verba cordi habeat, eaque sibi imperando atque observando curet, is erit pleraque impeccabilis vitamque vivet tranquillissimam. Verba duo haec dicebat ανεχε και απεχε.

73) Epicteti *Enchiridion.* c. 1. 2.

Ohne uns dabei zu verweilen, zeichnen wir nur noch seine Ansicht von der Philosophie aus.

Der wichtigste und nothwendigste Punkt der Philosophie ist nach ihm die Anwendung der Lehrsätze, z. B. man soll nicht lügen; der zweite, der Beweis der Lehrsätze, z. B. warum man nicht lügen soll; der dritte, die Regeln des Denkens, wodurch jene Beweise ihre überzeugende Form erhalten oder die Untersuchung, was ein Beweis, was eine Folge, was Widerspruch, Wahrheit und Falschheit ist. Das dritte ist nothwendig wegen des zweiten, das zweite wegen des ersten. Bei dem ersten, als dem Hauptzweck der Philosophie, könnte man stehen bleiben. Gewöhnlich aber kehrt man die Ordnung um, man verweilt bei dem dritten, und vernachlässiget das erste, und daher lügt man wohl, ist aber immer mit dem Beweise, daß man nicht lügen dürfe, bei der Hand 74).

Von der anziehendsten Gestalt erscheint der Stoicismus bei dem philosophischen Kaiser Antonin, welcher der Menschheit und der Fürstenwürde so viel Ehre machte. Sein gebildeter Geist hatte das stoische System als eine Lehre für das Leben, nicht für die Schule, mit inniger Lebendigkeit ergriffen, und sein wahrhaft menschlicher Charakter, sein religiöser Sinn und seine Humanität gaben dem Ganzen ein eigenes hervorstechendes Gepräge. Ohne den wesentlichen Geist des stoischen Systems aufzuopfern, und den strengen moralischen Grundsätzen etwas zu vergeben, verbindet er mit denselben in der Anwendung mehr Milde und Toleranz in Beurtheilung der nicht nach denselben Grundsätzen lebenden Menschen, mehr Nachsicht mit den Fehlenden, mehr Liebe und Achtung für die Menschheit in jedem Individuum des Menschengeschlechts. Bei aller Nichtigkeit, in welcher alle Dinge in

---

74) Epicteti Enchiridion c. 51.

Vergleichung mit dem Ideale der Vernunft von wahrer Größe erscheinen, fordert er doch von dem Menschen keine Verläugnung eines menschlichen Gefühls und Triebes, sondern nur die Veredlung desselben durch die Vernunft. Die theoretischen Behauptungen des Systems von einem vernünftigen Geiste, welcher die Seele des Alls ist, welche hier und da unter dem Praktischen durchschimmern, braucht er nur zur Befestigung moralischer Grundsätze und zur Belebung der allgemeinen Menschenliebe; der Mensch soll sich als Glied eines Ganzen, welches von einer höchst weisen Intelligenz regieret wird, sich mit andern Menschen als Kinder eines gerechten und liebevollen Vaters, alle seine Schicksale als weise Verfügungen des obersten Gesetzgebers der Natur betrachten, und seinen Privatwillen dem unveränderlichen Willen des Einen höchst weisen Wesens unterwerfen. Diese religiöse Ansicht der Welt und der Menschen liegt zwar in dem stoischen System überhaupt, aber sie ist doch mehr hervorgehoben durch die eigne Denkart des Antonin, und hat dadurch etwas ungemein Herzliches erhalten. Auch ist eine Folge davon, daß er, so wie auch Epictet, weit weniger dem Selbstmorde das Wort redet; beide verlangen nur eine der Vernunft angemessene ruhige Ergebung in den Willen Gottes, eine furchtlose Erwartung des Todes, ein fleißiges Andenken an denselben, als ein moralisches Uebungs- und Stärkungsmittel.

So hatte die stoische Philosophie in diesem Zeitraume eine durchgängige praktische Tendenz angenommen; man war, ohne den Hang zu Speculationen in seine gehörigen Schranken gewiesen zu haben, von selbst größtentheils von unfruchtbaren Grübeleien zurückgekommen; und obgleich diese einem Stoiker das Gebiet des menschlichen Wissens im geringsten nicht erweiterten, so war es doch in jenen Zeiten

Zeiten kein geringes Verdienst, daß sie eine so gesunde Nahrung für den Verstand und das Herz bereiteten, ohne den Hang zur Schwärmerei und zum Aberglauben zu befördern.

Wir übergehen die übrigen Stoiker, welche mehr durch ihr Leben oder praktischen Unterricht, als durch wissenschaftliches Forschen sich um die Menschheit verdient machten, den Athenodorus, Anndus Cornutus, Cajus Musonius Rufus, Dio Chrysostomus, Euphrates, Basilides, welcher als Lehrer des philosophischen Kaisers Antoninus gerühmt wird, und in der Logik manche eigenthümliche Behauptungen hatte [75]), und andere.

III. Peripatetiker.

Die Seltenheit und Dunkelheit der Schriften des Aristoteles hat einen entscheidenden Einfluß auf das Schicksal dieser Philosophie gehabt. Denn die meisten Peripatetiker beschäftigten sich, nachdem die Werke dieses Philosophen mit des Apellicon Bibliothek nach Rom gekommen waren, mit der Vervielfältigung der Abschriften und Erklärung der einzelnen Bücher. Ein anderer Theil der Peripatetiker widmete sich bloß dem Vortrage der Aristotelischen Lehre in Athen und an andern Orten. Von beiden Klassen war wenig für die Erweiterung oder wissenschaftliche Vervollkommnung der Wissenschaft zu erwarten; denn sie erhoben sich selten über den Gesichtspunkt und Gesichtskreis des Aristoteles, sondern schränkten ihr Nachdenken bloß

---

[75]) Eusebius *Chronicon* Jahr 2163. Sextus Empiric. *advers. Logic.* VIII. §. 258. ὁρῶμεν δὲ ὡς εἰσι τινες οἱ ἀνῃρηκότες τὴν ὕπαρξιν τῶν λεκτῶν, καὶ οὐχ οἱ ἑτερόδοξοι μόνον, ὡς οἱ Ἐπικούρειοι, ἀλλὰ καὶ οἱ Στωικοὶ, ὡς οἱ περὶ τὸν Βασιλείδην, οἷς ἐδόξε μηδὲν εἶναι ἀσώματον.

bloß auf die Erklärung oder Erläuterung seiner Gedanken ein. Ihr Verdienst bestehet hauptsächlich darin, daß sie durch die Auslegung und Verbreitung der Aristotelischen Philosophie, durch die Vergleichung derselben mit den Behauptungen anderer Denker, zuweilen auch durch die Bearbeitung mancher besondern Gegenstände, den Sinn für philosophische Untersuchungen erhielten und die logische Reflexion übten.

Die Commentatoren des Aristoteles waren an Geistesgaben und philosophischem Geist sehr ungleich; und demnach mußten ihre Schriften über den Aristoteles auch von verschiedenem Werthe seyn. Sie theilen sich aber in zwei Hauptklassen. Einige haben sich die Erklärung der Aristotelischen Philosophie, ohne sie mit fremden Ideen zu vermischen, zum Zweck gesetzt. Andere hingegen gingen auf Vereinigung der Philosopheme des Aristoteles mit andern ihnen entgegengesetzten aus; obgleich nicht alle auf einem und demselben Wege, indem bald Aristoteles System andern, oder diese jenem angepaßt und genähert wurden. Da diese Commentatoren keinen Schritt über das, was Aristoteles behauptet hatte, oder ihnen behauptet zu haben schien, hinaus gingen, und nur in der weitern Auseinandersetzung und Erklärung der Aristotelischen Sätze ihren ganzen Werth setzten, so sind sie nicht weiter für die Geschichte der Philosophie wichtig, als in sofern sie etwa eine eigne Idee hatten, und diese mit den Aristotelischen verschmelzten, so daß sie in der Folge, als Aristoteles die Dictatur in der gelehrten Welt erhalten hatte, nicht ohne Einfluß blieben; oder in sofern sie, besonders die synkretistischen, mehrere Bruchstücke aus den Denkmälern der ältern Philosophen retteten. Es ist daher auch für unsern Zweck hinreichend, ihre Namen bloß zu nennen. Reine Peripatetiker waren Andronikus Rhodius, Nicolaus Damascenus, Xenarchus aus Seleucia,

Ale-

Alexander Aegäus, Adrastus, Alexander Aphrodisäus; Synkretistische Peripatetiker, Ammonius von Alexandrien, der Lehrer des Plutarchus, Ammonius Saccas, Porphyrius und mehrere Platoniker.

Diese Art, die Philosophie des Aristoteles zu erklären, stimmte übrigens ganz genau zu der Denkart dieser Zeiten. Ohne selbstständige Erforschung des menschlichen Gemüths, ohne freies Nachdenken über die wichtigen Aufgaben, welche den Inhalt der Philosophie ausmachen, hielt man sich an die Resultate, welche die großen Denker der vorhergehenden Periode darüber aufgestellt hatten, in der Ueberzeugung, daß sie das ganze Gebiet des menschlichen Wissens ausgemessen, die Summe alles Wahren erschöpft, und nichts mehr zu erforschen und zu erfinden übrig gelassen hätten. Man hielt das Gebiet des philosophischen Wissens für geschlossen, und in demselben nur noch für die Verdeutlichung und Erklärung etwas zu thun übrig. Diese Denkart hatte sich seit der Zeit gebildet, da in Athen, und in der Folge auch zu Alexandrien, beständige Schulen für die vier Hauptparteien der Philosophen, die Platoniker, Aristoteliker, Stoiker und Epikuräer, entstanden waren, welche unter der Regierung des Kaisers Antonin sogar öffentliche Sanction erhielten; sie mußten dann schon ihres Berufs wegen die Existenz, das Ansehen und die Ehre ihres Systems erhalten, wozu sie weiter nichts brauchten, als die Lehren des Stifters deutlich vorzutragen und zu vertheidigen, wobei die vergleichende Rücksicht auf andere Systeme schon ein verdienstliches Werk war.

Die Vernunft wirkte also in diesen Zeiten nicht mehr frei und selbstständig, sondern nur an dem Gängelbande fremder Auctorität. Als wenn man sich nicht Kräfte genug zutraute, ging man nur den Fußstapfen eines Führers nach, und was dieser gesagt, gedacht und gelehrt hatte, das wieder-

wiederholte man in anderer Form. Aber zu eigner freier Ansicht erhob man sich nicht. Der Geist erhielt nur eine beschränkte einseitige Bildung. Nicht die Vernunft, sondern der Verstand, nicht Tiefsinn, sondern Scharfsinn wurde geübt. Man stieg nicht durch eigne Geisteskraft zu Principien empor, sondern blieb bei Entwickelung und Vergleichung gegebener Begriffe stehen, schärfte den Verstand an dem Einzelnen, ohne die Sehkraft des Geistes zu einem umfassenden Blick des Ganzen zu gewöhnen. Es ist nicht zu verkennen, daß unter diesen Commentatoren des Aristoteles viele scharfsinnige Männer waren, welche mit vielem Fleiße die einzelnen Bücher des Aristoteles von Abschnitt zu Abschnitt erklärten — viele paraphrasirten aber auch bloß den Text — die dunkeln Worte deutlicher machten, die Begriffe analysirten, die Sätze entwickelten, Zweifel und Einwürfe hoben, auch auf abweichende Behauptungen Rücksicht nahmen; aber ihr Fleiß war für die Philosophie unfruchtbar, wenn man nicht etwa das als Gewinn in Anschlag bringen will, daß diese ganze Reihe von Erklärungsschriften des Aristoteles nebst einigen der Neuplatoniker hauptsächlich die Schule war, in welcher sich der dialektisch feine Grübelgeist der Scholastiker bildete.

Wenn man auf diese ganze Reihe von Schriften, welche sich immer um denselben Ideenkreis herumdrehen, hinblickt, so muß man über die Trägheitskraft des menschlichen Geistes erstaunen, daß so viele Denker an die philosophischen Schriften eines Mannes alle ihre Kräfte verwendeten, und den innern Geist desselben auszupressen suchten; man muß sich wundern, daß ihnen diese Geistesbeschäftigung nicht zuletzt zum Ekel wurde, und die übrige gelehrte Welt nicht die Gedulb und alles Interesse für die Philosophie verlor. Allein, wenn man auf der andern Seite bedenkt, daß, ungeachtet das Interesse für gründliche Forschungen gesunken war, dennoch der Name und das Ansehen

Ansehen des Aristoteles zu fest gegründet war, und das Bedürfniß eines Systems philosophischer Erkenntniß in Reysamkeit erhielt; daß bei dem allgemeinen Mangel eigener Energie des Geistes ein Führer nothwendig war; daß die Erklärer des Aristoteles, doch jeder auf seine eigene Art, einigen Geistesantheil an demselben sich erwarben, und durch irgend eine Eigenthümlichkeit, wenn auch von sehr ungleichem Werthe, das Interesse zu gewinnen suchten: so wird man sich dieß Factum weniger befremden lassen.

Unter diesen genannten Männern zeichnete sich nur ein einziger Denker, Alexander Aphrodisäus, nicht allein durch die gründliche Erklärung der Aristotelischen Philosophie, welche bis auf die spätesten Zeiten als die Norm des echten Peripaticismus betrachtet wurde, sondern auch durch gründliche Untersuchung des Verhältnisses der Freiheit zum Schicksal aus. Er bestreitet darin hauptsächlich die Lehre der Stoiker von dem Fatum, als einem allgemeinen Determinismus, mit welchem die Freiheit und Moralität nicht bestehen kann, auf eine zwar nicht ganz befriedigende Weise, jedoch mit so viel Scharfsinn und Deutlichkeit, daß seine Schrift in dieser Rücksicht Epoche macht, welche auch durch manche andere sehr helle Ansichten, besonders über Tugend und Zurechnung, und überhaupt durch die für die damaligen Zeiten abstechende Nüchternheit in der Entfernung alles Schwärmerischen merkwürdig ist. Wir werden uns daher etwas bei ihr verweilen.

Die Stoiker behaupteten ein Fatum, das ist, einen allgemeinen Causalnexus, daß nichts geschiehet, was nicht als Folge durch etwas Vorhergehendes bestimmt worden, und sie suchten mit dieser ursachlichen Verknüpfung die Freiheit der Willkür in Harmonie zu bringen, so daß weder ein zufälliges Ungefähr die Reihe der Bedingungen unterbreche, noch durch Naturmechanismus die Persönlichkeit und

und moralische Selbstbestimmung des Menschen aufgehoben werde. Allein, aller ihrer Bemühungen ungeachtet, konnten sie den Fatalismus nicht aus ihrem Systeme verbannen, und ihre einzige Ausflucht, daß die menschlichen Seelen nicht auf einerlei Art von den Außendingen bestimmt werden, sondern nach ihrer ursprünglichen Beschaffenheit und Kraft das Fatum bald eine hinreichende und überwältigende Kraft über sie ausübt, bald aber selbst modificiret und gebrochen wird, warf sie wieder in die Schlingen des Fatalismus zurück. (Man sehe 4 B. S. 297 f.) Die Hauptfrage: ob alle Begebenheiten der Welt eine ununterbrochene Reihe ausmachen, welche durch die oberste Welturfache bedingt ist, so, daß nichts möglich ist, was nicht in dem Zusammenhange dieser Reihe durch das Urwesen bestimmt worden, übergehet Alexander ganz mit Stillschweigen, und suchet nur den Begriff von dem Fatum mit dem Aristotelischen System in Uebereinstimmung zu bringen. Nach der von Aristoteles aufgestellten Classification der Ursachen, ist das Fatum eine nach Zwecken wirkende Ursache, also einerlei mit der Natur. Alles was geschiehet, ist durch die Natur des Einzelnen und des Ganzen bestimmt, daß es so und nicht anders erfolgt; aber die Natur verfehlt auch zuweilen ihren Zweck, es gibt daher außer der gewöhnlichen Naturordnung auch Abweichungen von derselben. Denn was durch die Natur geschiehet, erfolget nicht nach einem solchen Gesetz der strengen Nothwendigkeit, daß nach Setzung derselben Bedingungen nur ein und derselbe Erfolg unabänderlich erfolgte, sondern nur nach einer Regel, welche gewöhnlich geschiehet, aber doch Ausnahmen zuläßt, weil die Wirkung durch andere Ursachen verhindert wird [72]). Dieser Naturzusammenhang begreift aber

---

[72]) Alexander Aphrodis. *de fato* nach der Grotiusschen Uebersetzung in *Philosophorum sententiae de fato Am-*

aber die Thätigkeit der Vernunft nicht in sich. Die Wirksamkeit nach Zwecken ist der gemeinschaftliche Charakter der Natur und der Vernunft; die Vernunftthätigkeit unterscheidet sich aber dadurch, daß mit derselben das Vermögen zu handeln und nicht zu handeln, oder Wahlfreiheit verbunden ist. Es wäre daher ungereimt, zu sagen, ein Haus oder anderes Kunstwerk sey durch das Fatum entstanden, denn der Künstler hat das Vermögen, ein Kunstwerk hervorzubringen oder nicht hervorzubringen 73). Da nun aber Alexander seinen Gegnern darin einstimmet, daß nichts ohne Ursache geschiehet, also kein Zufall anzunehmen ist; daß in der Reihe der Ursachen einen unendlichen Fortgang anzunehmen, ungereimt ist, und man also auf eine letzte Ursache kommt, welche keine Bedingung voraussetzt, da alles übrige bedingt 74): so siehet man nicht ein, wie er eine allgemeine ursachliche Verknüpfung läugnen oder von sich ablehnen kann. Allein man wird bald inne, daß es ihm nur darum zu thun war, die Freiheit des Menschen zu retten,

Amstelod. 1648. p. 166. 167. Sed sunt, quae natura eveniunt, ex eorum numero, quae plerumque sic eveniunt; non tamen mera necessitate. Locum enim in istis habent et quaedam, quae praeter naturam accidunt, quod evenit, ubi natura per causam extraneam prohibetur opus suum peragere.

73) Alexander Aphrod. *de fato* p. 166. Ac quando eorum, quae ad propositum destinantur, alia fiunt natura, alia ratiocinatione, an ponendum, fatum circa utraque haec versari, ita ut omnia, quae sic fiunt, fato fieri dicantur; an circa horum alterum genus? Sed enim quae ratiocinatione fiunt, ideo videntur dici ratiocinatione fieri, quia is, qui fecit, etiam non faciendi habuit potestatem. Et quomodo non sit inconveniens dicere, domum aut lectum fato facta, aut testudinem fato temperari?

74) Alexander Aphrodis. *de fato* p. 213.

retten, welche, wie er glaubte, nicht bestehen kann, wenn alles in der Welt so verkettet ist, daß unter denselben Bedingungen kein anderer Erfolg möglich ist, und in der Kette der Glieder das folgende durchgängig durch das Vorhergehende nothwendig bestimmt ist [75]).

Daß nun mit einem solchen Determinismus die Moralität nicht bestehen kann, indem alsdann der Mensch weder freie Ursache seiner Entschließungen seyn könnte, und also alle Zurechnung, Belohnung und Bestrafung, Tugend und Laster, mit einem Wort, die moralische Natur des Menschen aufgehoben würde, weil der Mensch, um als moralisches Wesen zu handeln, Herr seiner Entschlüsse seyn muß: dieses hat Alexander mit völliger Deutlichkeit ins Licht gesetzt, und dabei geläuterte Begriffe über die Natur der Sittlichkeit in Anwendung gebracht. Nur ist sein Begriff von der Freiheit, als der Bedingung der Moralität selbst, noch nicht bestimmt genug, und er würde daher, wenn man nach strenger Consequenz verfahren wollte, auf dasselbe Resultat führen, welches er bestreitet.

Der Mensch, sagt er, ist die letzte Ursache seiner Handlungen; dieses gehöret zu seinem Wesen. Daher

---

[75]) Alexander Aphrod. *de fato* p. 207. cum, inquam, diversimode sint causae, ex aequo tamen de omnibus illis hoc aiunt esse verum, fieri nequire, ut iisdem rebus circumstantibus, tam circa causam, quam circa id, quod ex causa fluit, aliquando certum aliquid fiat, aliquando id non fiat, aut sic et aliter fiat. Nam id si fieret, tum futuram aliquam sine causa motionem. p. 195. Non enim semper, quae ex causa fiunt, extra se causam habent, cur sint; dicitur enim aliquid esse in nostra potestate ob ius illud, per quod nos talium dominium habemus, non autem externa aliqua causa: et ista sic sine causa oriri dicuntur, ut tamen a nobis causam habeant.

Daher werden andere Dinge in ihrem Wirken durch äußere Ursachen bestimmt; der Mensch aber stehet nicht immer unter dem Einfluß der Naturnothwendigkeit, sondern kann sich auch selbst frei und unabhängig zu seinem Handeln bestimmen [76]. Hierauf beruhet seine Freiheit. Man muß aber **Willkür** und **Freiheit** unterscheiden. **Willkür ist überhaupt die Caufalität durch Vorstellungen**, oder das Bestimmtwerden durch Empfindungen und Begehrungen, welches nicht allein bei Menschen, sondern auch bei Thieren Statt findet. Hängt aber dieser bestimmende Einfluß der Vorstellungen von der **Wirksamkeit der Vernunft**, also von eigener Ueberlegung und Beurtheilung ab, dann handelt der Mensch nicht allein **willkürlich**, sondern auch **frei** [77]. Denn durch die Vernunft bestimmt er, was zu thun und nicht zu thun sey, er hat es in seiner Gewalt, dem Antriebe der Empfindungen und Begehrungen zu widerstehen, und ihre Caufalität aufzuhalten oder zu gestatten. Daher ist die **Vernunft eigentlich der Grund der freien Caufalität des Menschen**, oder welches eben so viel ist, des Vermögens zu handeln und nicht zu handeln [78]. Auch hat der Mensch nicht

---

[76] Alexander Aphrod. *de fato* p. 195.

[77] Alexander Aphrod. *de fato* p. 191. Libertas agendi non in eo sita est, quod ubi visio accidit animanti, id animans vi suapte cedat viso, et appetitione moveatur ad id, quod sibi obversatur; sed possit id forte efficere ac probare, actionem esse sponte susceptam — Sponte enim fit, quod fit approbatione non extorta; libere vero, quod ex approbatione secuta rationem et iudicium.

[78] Alexander Aphrod. *de fato* p. 192. At in sua potestate habere quae faciat, id vero hominis proprium. Nam eo ipso est rationis particeps, quod in se habeat rationem visorum, quae ipsi accidunt, omniumque agendorum ac non agendorum iudicem et

nicht allein das Vermögen zu überlegen, ob er handeln soll oder nicht; sondern er kann auch diese Ueberlegung nach mehrern Rücksichten anstellen; bald ist die Sittlichkeit, bald das Annehmliche, bald das Nützliche der Hauptpunkt, nach welchem untersucht wird, ob dieses gethan oder gelassen, so oder anders gehandelt werden soll. Nachdem nun das Eine oder das Andere der Bestimmungsgrund der Ueberlegung ist, nachdem sind auch die daraus entspringenden Entschlüsse und Handlungen von verschiedener Beschaffenheit 79).

Daß nun diese Freiheit zu handeln, die Grundbedingung des sittlichen Verhaltens sey, beweiset Alexander treffend. Denn ohne diese Freiheit findet keine Zurechnung, kein Lob noch Tadel, keine Belohnung oder Bestrafung statt; es würde eine gänzliche Verwirrung der moralischen Begriffe erfolgen, und alles Streben nach Tugend entkräftet werden. Welcher Mensch würde sich noch ein Ziel vorsetzen, welches mit Mühe und Anstrengung zu erringen ist, wenn er in der Hand des Fatums nur bloße Maschine und Mittel wäre. Oder wie könnte die Erwerbung der Tugend dem Menschen als ein Act der Freiheit zugerechnet werden, da es gegen alle sittliche Begriffe bloß als ein Geschenk der Natur oder einer fremden Causalität müßte betrachtet werden, ob einer tugendhaft oder lasterhaft ist? Dann hätte die Vorstellung des Gesetzes keinen wirksamen Einfluß;
Er-

et repertricem. — Ratione uti nihil est aliud, quam principium esse suarum actionum — hoc autem idem valet, quod in se principium habere aggrediendi aliquid vel non aggrediendi.

79) Alexander Aphrod. *de fato* p. 195. deligimus enim ea, quae deligimus, nunc quidem propter honestum, nunc vero propter id, quod suave est, saepe et propter utilitatem, et ex his non eadem fluunt effecta.

Ermahnungen, Belohnungen und Strafen könnten nicht als Beweggründe wirken [80]).

Nach dieser Widerlegung des Fatums, welche sich auf den Satz stützt, daß die Annahme desselben mit evidenten Wahrheiten streitet, entkräftet er auch die von den Stoikern dafür angeführten Gründe, welche darum einer Anführung werth sind, weil sie theils die Kenntniß des Stoicismus vervollständigen, theils weil sie beweisen, daß die Streitigkeiten über Freiheit und Nothwendigkeit schon damals wie in den neuern Zeiten mit theologischen Sätzen zusammenhängen [81]). Alexander führet drei Gründe an, welche alle apagogisch sind; zwei entfernen die von den Gegnern des Fatums abgeleiteten Folgerungen gegen die Moralität, einer macht das Fatum zur Bedingung der Allwissenheit Gottes, und schließt aus der Aufhebung derselben auf die Realität des Fatum.

Der erste Beweis besteht aus folgendem Kettenschlusse. Wenn es ein Fatum gibt, so ist alles bestimmt; ist alles bestimmt, so ist auch jedwedem sein Loos oder Zustand bestimmt; ist dieses, so gibt es eine bestimmte Austheilung des einem jeden gehörigen Zustandes; ist dieses, so muß es ein Gesetz geben; ist dieses, so muß es eine unfehlbare Vernunft geben, welche gebietet, was zu thun ist, und verbietet, was zu unterlassen ist; nun werden böse Handlungen verboten, gute geboten. Es folgt also nicht aus dem Fatum, daß das Rechtthun und Unrechtthun unmöglich sey, vielmehr wird die Wahrheit gegründet, daß Tugend

---

80) Alexander Aphrod. *de fato* p. 215 seq.

81) Wir haben diese Gründe für das Fatum nicht bei dem Zeno mit angeführt, weil sie wahrscheinlich spätern Ursprungs sind, da sie zum Theil schon auf die dagegen gemachten Einwürfe Rücksicht nahmen, obgleich nicht ausgemittelt werden kann, in welches bestimmte Zeitalter sie gehören.

Tugend und Laster einander entgegengesetzt sind, daß Tugend lobenswürdig, das Laster verabscheuungswürdig sey, und somit auch jede andere moralische Wahrheit [82]). Der Hauptsatz, auf welchem die ganze Schlußreihe beruhet, wenn es kein Fatum gibt, so gibt es kein Gesetz, ist so unbestimmt ausgedrückt, daß die Folgerung nur bittweise angenommen scheint. Daher konnte Alexander mit allem Recht das Gegentheil ableiten, vorausgesetzt, daß unter dem Fatum eine absolute Naturnothwendigkeit und unter dem Gesetz ein Gesetz der Vernunft verstanden werde. Denn da ist es ganz richtig, daß ein solches Gesetz für die Freiheit nur unter der Bedingung gebietet und verbietet, daß demselben aus freiem Entschlusse Folge geleistet, die Uebertretung desselben aber als Verschuldung bestraft werden könne; eine Bedingung, welche mit einem solchen Fatum streitet.

Eben so unzusammenhängend und unkräftig ist der zweite Beweis: Wenn es kein Fatum gibt, so gibt es keine solche Weltregierung, welche durch nichts eingeschränkt und gehindert werden kann. Ist dieses, so existirt keine Welt; existirt keine Welt, so existiren auch keine Götter. Gibt es aber Götter, so sind sie gut; sind sie gut, so gibt es Tugend, und folglich auch Weisheit, als die Erkenntniß dessen, was zu thun und nicht zu thun ist. Nun soll man Gutes thun, und das Böse lassen; daraus folgt also, daß

---

82) Alexander Aphrod. *de fato* p. 233. Non potest esse tutum ut non destinatum aliquid, nec si est destinatum aliquid, non esse sors, nec si est sors, non esse sortis distributio, nec si est sortis distributio, non esse lex, nec si est lex, non esse recta ratio, iubens quae facienda, quae non facienda prohibens etc.

daß, wenn nicht alles nach dem Fatum geschiehet, weder recht noch unrecht gehandelt wird 83).

Der dritte Beweis. Es ist vernünftig anzunehmen, daß die Götter alles Zukünftige wissen; ist dieses, so muß man auch annehmen, daß alles nothwendig durch vorhergehende Gründe bestimmt werde. Denn was nicht auf diese Art erfolgt, daß es in dem Vorhergehenden seinen zureichenden Grund hat, ist zufällig, kann geschehen oder nicht geschehen, ohne Widerspruch; dann ist es aber auch kein Gegenstand einer gewissen Erkenntniß 84). Dagegen raisonnirt Alexander folgendergestalt: Wenn eine solche Erkenntniß des Künftigen möglich ist, so muß sie der Gottheit unstreitig zukommen; da sie aber unmöglich ist, so kann sie auch der Gottheit vernünftiger Weise nicht beigelegt werden. Denn was an sich unmöglich ist, ist es auch für die Gottheit. Daß die Diagonale einer der Seiten gleich sey, oder daß zweimal zwei die Summe von fünf gebe, oder das Geschehene ungeschehen sey, ist auch für die Gottheit eine Unmöglichkeit. Erkennt aber die Gottheit wirklich das Zukünftige, Zufällige, so muß sie es als solches erkennen; das Gegentheil aber würde folgen, wenn durch das Vorherwissen die Natur des Zufälligen umgeändert würde, daß es nun nothwendig erfolgte 85).

Alexan-

---

83) Alexander Aphrod. *de fato* p. 239. Si non fato fiunt omnia, non est mundi gubernatio talis, quae prohiberi impediriquae nequeat. Quod si hoc ita se habeat, non est mundus. Si mundus non est, nec Dii sunt. Si vero Dii sunt, sunt boni, si boni sunt, est virtus, si est virtus, est et prudentia, si est prudentia, est ergo cognitio rerum faciendarum et non faciendarum; faciendae autem sunt actiones, quae recte se habent, non faciendae vero eae, in quibus peccatum est. Sequitur ergo, nisi fato fiant omnia, nihil recte fieri, nihil peccari.

84) Alexander Aphrod. *de fato* p. 221.

85) Alexander Aphrod. *de fato* p. 221. Nam si natura

Alexander gehet in seinem Raisonnement von der Natur der Sittlichkeit, welche Freiheit der Willkür voraussetzt, als dem Gewissen und einem Factum der Vernunft aus, und in dieser Rücksicht haben seine Gründe gegen das Fatum eine siegreiche Gewalt; aber die theoretischen Gründe und das Interesse, welches das Fatum des Systems von einem allgemeinen Causalzusammenhange aller Begebenheiten in der Welt für die Speculation hat, ziehet er fast gar nicht in Betrachtung, und darum fehlt seinen Gründen das entscheidende Uebergewicht, welches alle fernere Bemühungen, eine andere Ueberzeugung zu suchen, gleich in der Wurzel erstickt.

IV. Pythagoräer.

In diesen Zeiten der Schwäche und Unfruchtbarkeit der Geisteskraft, da kein eigenthümliches und selbstständiges Produkt des forschenden Geistes mehr zum Vorschein kam, sondern nur Nachahmung und Wiederholung älterer Gedankensysteme die einzige Beschäftigung derjenigen Männer war, welche nicht von dem allgemeinen Strudel der Gedankenlosigkeit und unedlen Zerstreuung fortgerissen wurden, kam auch die Reihe wieder an das Pythagoräische System, und es erhielt durch die Vereinigung mehrerer Zeitumstände ein Ansehen, von dem man vorher nichts geahndet hatte. Die Strenge und Reinheit der Sitten, der religiöse Geist, welche in dem Leben des Pythagoras so ausgezeichnet hervorstechen, erregten neues Interesse für dieses

natura rerum id capiat, neminem magis credibile est ventura nosse quam deos; at cum futura talem praedictionem praesensionemque non capiant, ne dii quidem credi debent nosse, quae nosci nequeunt. Quae enim omnino per naturam fieri nequeunt, ea etiam apud deos eam servant naturam.

dieses sonderbaren Mannes Leben und Lehre, theils durch den Contrast mit dem Sittenverderben, theils durch nahe Berührung der damals herrschenden Denkart. Die strengere Sittsamkeit, welche Pythagoras befolgt und zur Norm seines Ordens gemacht hatte, verbunden mit der frugalen Lebensart, worauf jene zum Theil sich gründete, bot für jene verdorbenen Zeiten, wo Schwelgerei, Luxus und Niederträchtigkeit das menschliche Geschlecht größtentheils verdorben hatten, das Bild einer vollkommenern Menschheit dar, nach welcher sich die eblern Menschen sehnten. Zwar stellte auch die Stoa ein Ideal dieser Art, und zwar noch ein höheres dar; aber je erhabener es war, desto weniger konnte man hoffen, es zu erreichen. Welcher Mensch wagt es, ein vollkommener Weiser zu werden, welcher Gott in allem, die Unendlichkeit der Existenz ausgenommen, gleich ist? Und wie schwer ist nicht der Weg, der dahin führet, eine völlige Leidenschaftlosigkeit und Verläugnung der sinnlichen Natur? Die Pythagoräische Lebensweise machte keine solche Forderungen, nur Mäßigung der Begierden und Leidenschaften, zur Herstellung eines schönen Ebenmaßes in dem Innern des Menschen [86]. Wenn die Einschränkung der Willkür und die Entsagung gewisser sinnlichen Genüsse diese Philosophie weniger geeignet zur Verbreitung machten, so erregte der religiöse Geist und die Auszeichnung in der äußern Lebensart dagegen wieder bei Manchen, welche derselben fähig waren, einen desto stärkern Enthusiasmus [87]. Dieser religiöse Geist war von ganz anderer Beschaffenheit, als in der stoischen Philosophie, lebendiger, der Sinnlichkeit angemessener, in größerer Harmonie mit der Denkungsart des Volks, daher selbst dem Aber-

---

[86] Seneca *de brevitate vitae* c. 14. *Epist.* 64.

[87] So hatte sich selbst Seneca in seinen jüngern Jahren durch den Sotion für die Enthaltung von den Fleischspeisen einnehmen lassen. *Epist.* 108.

Aberglauben nicht entgegen, und was vorzüglich von Einfluß seyn mußte, den Glauben an Unsterblichkeit begünstigend. Für eine gewisse Klasse von Menschen mußte aber das Leben, das Ansehen und sein folgenreiches Wirken die größte Anziehungskraft haben. Die vielfältig erdichteten Mährchen von seinen Wundergaben und Wunderwirkungen mußten in jenen Zeiten und zumal unter weniger gebildeten Völkern um desto mehr Glauben finden, je mehr der Wunderglaube mit der Schwäche der Vernunft sich verbreitet hatte, und je schwieriger es war, die Ereignisse so entfernter Zeiten zu untersuchen und die Glaubwürdigkeit der sie erzählenden Schriftsteller nach sichern Regeln zu würdigen; je mehr Wahres und Erdichtetes in eine schwer zu sondernde Masse zusammengeflossen war, und das Unglaubliche selbst durch das damit verbundene Geschichtliche Bestätigung erhielt. Und das Beispiel des Pythagoras, der auf seine Zeitgenossen einen so großen, vielleicht selbst auch übertriebenen Einfluß gehabt hatte, war zu verführerisch, um nicht zu ähnlichen Versuchen, durch verborgene Kenntnisse und eine übernatürliche Verbindung mit göttlichen Wesen, zu reizen.

Ein Theil der neuen Anhänger des Pythagoras ging also darauf aus, die Sitten zu reformiren, ein anderer, der immer mehr zunehmenden Gleichgültigkeit gegen die herrschende Religion einen Damm entgegen zu stellen, das Ansehen und den Glanz des Cultus wieder herzustellen. Dieses letzte war wohl nicht anders zu erreichen, als durch den Glauben an Offenbarung und unmittelbare Verbindung mit den Göttern, und durch wundervolle Thaten; — welche Versuchung für ehrgeizige Menschen!

Wissenschaftlicher Gewinn für die Philosophie war von allen diesen Bemühungen nicht zu erwarten, vielmehr zu befürchten, daß Schwärmerei und Aberglaube wieder

in

in philosophischer Gestalt auftreten, und den reinen Sinn für Wahrheit trüben, wenigstens dem Forschungsgeiste eine falsche Richtung geben würde. Dieses traf auch nur zu sehr ein. Die Verbindung zwischen den Morgenländern und Europa, welche durch die neuen Pythagoräer gestiftet wurde, war eine ergiebige Quelle, woraus die Schwärmerei und der Aberglaube beständig neue Nahrung erhielt.

Unter allen neuen Pythagoräern hat keiner einen so großen Ruhm und so großes Ansehen erhalten, als **Apollonius von Tyana**, einer Stadt in Cappadocien, der schon in früher Jugend den Pythagoras zum Muster nahm, und wirklich auch, wenn man bei dem Aeußern stehen bleibt, in vielen Stücken erreichte, durch Liebe zur Gerechtigkeit, Mäßigkeit, Entsagung aller entbehrlichen Bedürfnisse, Enthaltung von allen thierischen Nahrungsmitteln, strenge Keuschheit, durch Frömmigkeit und Andacht sich auszeichnete, und wenn man seinen Lebensbeschreibern Glauben beimessen will, sehr wunderbare Handlungen verrichtete, Krankheiten heilte, Dämonen austrieb, künftige Dinge vorhersagte, in den Herzen der Menschen las, und endlich auf einmal verschwand, ohne daß man den Ort, den Tag und die Art seines Todes erfahren konnte. Was das Leben dieses Wunderthäters noch besonders merkwürdig macht, ist der Umstand, daß er nur um einige Jahre früher als Jesus geboren war, und viele seiner Wunderthaten große Aehnlichkeit mit den von Jesus verrichteten haben. Aber die Schriftsteller, welche sein Leben beschrieben haben, vorzüglich **Philostrat**, haben ihre Glaubwürdigkeit selbst durch die Art der Erzählung so wenig gerechtfertiget, daß man mit gutem Grunde annehmen kann, daß Apollonius zwar ein Schwärmer, aber kein Wunderthäter war, wie sie ihn schildern, und daß der größte Theil des Wunderbaren in seinem Leben eine Erdichtung ist, welche vielleicht einen frommen Betrug zum Grunde hat. Dieses läßt sich

zu

zu einem ziemlichen Grad historischer Wahrscheinlichkeit erheben.

Philostrat bekam von der Kaiserin Julia, Gemahlin des Kaisers Severus, einer abergläubischen Dame 88), den Auftrag, das Leben des Apollonius aus den Papieren des Damis mit Benutzung einiger andern Quellen zu schreiben, und er unterzog sich dieser Arbeit, um theils diesen außerordentlichen Mann, dessen Leben und Thaten nicht genug nach Verdienst bekannt geworden, in ein helleres Licht zu stellen, theils auch einige Vorurtheile gegen ihn zu zerstreuen 89). Es war ihm darum zu thun, den Apollonius von dem Vorwurfe der Magie zu befreien, ihn aber zugleich als einen Philosophen darzustellen, der den Pythagoras noch weit übertreffe. Er bediente sich zu diesem Zwecke, außer den Schriften des Damis, welcher den Apollonius auf seiner Reise nach Indien begleitet hatte, und seit dieser Zeit sein unzertrennlicher Gefährte gewesen war, des Maximus, der nur das aufgezeichnet hatte, was während seines Aufenthalts zu Aegä vorgefallen war, und des Moeragenes, der nur eine unvollständige Lebensgeschichte aufgesetzt hatte, einiger eigenen Aufsätze des Apollonius, nämlich seiner Briefe und seines Testaments, dann aber der Nachrichten, welche er selbst in den Städten und Tempeln sammelte, wo Apollonius sich aufgehalten, und wegen seiner Thaten oder wegen des wieder in Gang und Ansehen gebrachten Tempeldienstes,

vor-

---

88) Spartianus, vita Severi c. 3. Caracallae c. 9. 10.
89) Philostratus de vita Apollonii, Ausgabe von Olearius, Leipz. 1709. 1 B. 1 — 3 K. ἀδελφα γαρ τετοις (nämlich Pythagoras und Empedokles) επιτηδευσαντα Απολλωνιον και θειοτερον η ὁ Πυθαγορας τη σοφια προσελθοντα, τυραννιδων τε ὑπεροχουντα, και γενομενον κατα χρονος ετ᾽ ουχ ικανες ετ αν νεες, ατω οἱ ανθρωποι γιγνωσκωσιν απο της αληθινης σοφιας, ἡν Φιλοσοφως τε και ὑγιως επησκησεν, αλλ᾽ ὁ μεν το, ὁ δε το επαινει τε ανδρος.

vorzügliche Hochschätzung genossen hatte 90). Diese letzten Nachrichten mögen, nach dem eigenen Geständniß des Philostratus, den größten Theil der Wundergeschichten ausgemacht haben 91).

Diese Quellen, woraus Philostratus die Lebensgeschichte des Apollonius geschöpft hat, können nicht für rein und zuverläßig gehalten werden. Der Sammler sowohl als seine Gewährsmänner sind für ihren Helden sehr eingenommen, und gehen nur darauf aus, ihn in bewunderungswürdiger Größe zu zeigen; wie unsicher Nachrichten sind, welche auf bloßes Sagen und Traditionen beruhen, ist außerdem bekannt, und sie sind es aus natürlichen Ursachen bei Heiligen am meisten. Philostratus erzählt selbst ein sehr auffallendes Beispiel davon. Ungeachtet, nach seiner Erzählung, Apollonius die Absicht hatte, seinen Tod vor aller Welt verborgen zu halten, und ungeachtet er auch wirklich meisterhaft von dem Schauplatze seines Wirkens wie ein unsichtbares Wesen abgetreten war, so hörte er doch in verschiedenen Orten, zu Ephesus, Lindus und in Kreta ganz abweichende Erzählungen von seinem Hinscheiden, eine immer abenteuerlicher als die andere 92). Die Priester konnten außer der Verehrung ihres Heiligen mancherlei Interesse haben, wirkliche Thatsachen zu vergrößern, und selbst manche Erdichtungen hinzusetzen.

Ein

---

90) Philostratus I. c. 2. δοκει δε μοι μη περιιδειν την των πολλων αγνοιαν, αλλ' εξακριβωσαι τον ανδρα τοις τε χρονοις, καθ' ας ειπε τι η επραξε τοις τε της σοφιας τροποις, υφ' ων εψαυσε το δαιμονιος τε και θεος νομισθηναι. ξυνελεκται δε μοι τα μεν εκ πολεων, οποσαι αυτα ηρων, τα δε εξ ιερων, οποσα υπ αυτα απκηηχθη παραλελυμενα τας θεσμας ηδη, τα δε εξ ων ηποι ετεροι περι αυτα, τα δε εκ των εκεινα επιστολαι.

91) Philostratus VIII. c. 31. ταφω μεν ει η ψευδοταφιω τ' ανδρος κδαμε προστυχων οιδα, και τοι της γης οσην εστι, επελθων πλασην, λογοις δε πανταχε δαιμονιοις.

92) Philostratus VIII. c. 29.

Ein außerordentlicher Mann, der übernatürliche Dinge verrichtet, sein ganzes Leben hindurch als unter dem besondern Schutze einer Gottheit stehend, sich beweiset, einen besondern Ruf von Frömmigkeit zu erhalten weiß, die religiöse Verfassung bestehen läßt, die Tempel, Orakel und Priester in ihrem Ansehen befestiget; ein solcher Mann mußte in jenen Zeiten eine erwünschte Erscheinung seyn, weil er allein die wankende Priesterherrschaft von dem gänzlichen Verfalle zu retten vermochte 93). Wie hätten die Priester der Versuchung widerstehen können, einen solchen Mann auch nach seinem Tode ganz zu dem Werkzeuge ihrer Absichten zu machen. Ist nun der Sammler ein Mann ohne durchdringenden Verstand, ohne kritischen Prüfungsgeist, ohne philosophischen Sinn, wie sich Philostrat genugsam verräth, so darf man aus solchen Quellen und auf einem solchen Wege nichts als einen abenteuerlichen Roman erwarten.

Drei Punkte müssen hier vorzüglich in Betrachtung gezogen werden. Wenn Apollonius wirklich seinem Leben und Thaten nach ein so außerordentlicher Mann war, wie ihn Philostrat beschreibt, so stehet es beinahe einem Wunder ähnlich, daß er zu den Zeiten des Philostratus noch ein so unbekannter Mann war. Kein Schriftsteller erwähnt seiner vor dem Apulej und Lucian, kein Geschichtschreiber gedenkt seiner, da er doch keinen geringen Einfluß auf den Gang der öffentlichen Dinge, und den Vespasian und Titus, wie er sich rühmte, zu Kaisern gemacht hatte; selbst sein Proceß, seine Vertheidigung vor dem Domitian, und seine Lossprechung, welche mit so viel glorreichen Umständen verbunden war, hätte die allergemeinste Aufmerksamkeit erregen müssen. Allein über alles dieses herrscht das tiefste Stillschweigen; und da diese Facta von der Art sind, daß
sie

---

93) Man lese nur Plinius Briefe an den Kaiser Trajan. X. 97.

sie an sich schon wenig Glauben verdienen, so kann man nach diesem Stillschweigen wohl nicht anders, als sie für spätere Erdichtungen halten. Dazu kommt nun zweitens die auffallende Aehnlichkeit einiger von dem Philostratus erzählten Wunder des Apollonius mit den von Jesus verrichteten. Eine einzige Geschichte kann hier statt aller andern dienen. Als sich Menippus mit einem schönen Weibe verehelichen wollte, entdeckte Apollonius unter dieser schönen Gestalt einen häßlichen blutdürstigen Geist, der ihn dringend bat, er möchte ihn nicht martern und nicht zwingen, daß er gestehen müßte, wer er sey 94). Philostrat setzt hinzu, dieses sey die berühmteste That des Apollonius; gleichwohl waren die besondern Umstände, wie es scheint, nur allein dem Damis bekannt. Drittens in der ganzen Lebensbeschreibung des Philostrats ist gar keine Einheit. Hätte Philostrat die Absicht gehabt, zu zeigen, Apollonius sey ein Zauberer oder Mager gewesen, so hätte er seine Absicht vollkommen erreicht. Aber seine Lebensbeschreibung sollte das Gegentheil zeigen, und den Apollonius von diesem Vorwurfe befreien; gleichwohl enthält sie so viele Begebenheiten, welche eine übernatürliche Kenntniß und Kräfte voraussetzen, ohne daß sie in den ganzen Context des Lebens dieses Mannes passen, daß man sich dieses ganze Gewebe nicht anders erklären kann, als daß es aus heterogenen Bestandtheilen zusammengesetzt worden. Apollonius versichert dem Damis, seinem Begleiter, daß er alle Sprachen verstehe, ohne sie gelernt zu haben, aber er bedarf eines Dolmetschers bei den Indiern; er versichert, alles zu wissen, und weiß nicht, daß er von dem Euphrates bei den Aegyptischen Gymnosophisten verleumdet worden. Die Geschichte von der Verbindung des Apollonius mit diesem Euphrates, einem stolzen Philosophen, seine Erbitterung

---

94) Philostratus IV. c. 25. δακρυοντι εφκει το φασμα, και εδεετο, μη βασανιζειν αυτο, μηδε αναγκαζειν ομολογειν ὁ, τι ειη.

bitterung über denselben, als er glaubte, durch diesen Mann verdunkelt zu werden, die gehäßige Schilderung von dem Charakter desselben, die dem Urtheil des jüngern Plinius, der den Euphrates persönlich kannte und sehr schätzte, völlig widerspricht 94 b), ist so voll von Widersprüchen, Ungereimtheiten, und wirft selbst auf des Apollonius Charakter so viel Schatten, daß hieraus schon allein die unlautere Zusammenmischung des Ganzen und die historische Unzuverläßigkeit des Philostratus erhellet.

Wir schließen also nach diesen Gründen, daß des Apollonius Lebensbeschreibung einen starken Zusatz von Erdichtungen bekommen habe, entweder vorsätzlich oder zufällig, und im ersten Falle wahrscheinlich zu dem Zwecke, dem sinkenden Ansehen der heidnischen Religion eine neue Stütze zu geben. Eine neue Bestätigung erhält diese Vermuthung durch die Geschichte des Gauklers Alexanders, welcher, wie Lucian versichert, eigentlich durch einen Schüler des Apollonius seine betrügerische Kunst gelernt hatte, und mit seinen eigennützigen Zwecken das Interesse der Tempel und Priester recht gut zu vereinigen wußte 95). Apollonius war zwar unstreitig ein Schwärmer, oder wie es damals hieß, ein Magus, das heißt, er trauete sich selbst gewisse geheime, nicht allgemein mittheilbare Kenntnisse zu, die er theils als eine Frucht seiner Studien, theils als ein Geschenk der Götter betrachtete; aber ein solcher Wundermann, mit einem solchen lächerlichen Dünkel, der sich alle Augenblicke selbst bloß gibt, kurz ein solcher ungereimter Mann, wie er in der Lebensbeschreibung des Philostratus

---

94 b) Plinii *Epist.* I. 10.
95) Lucianus *Alexander* 5 B. der zweiten Ausg. p. 69. ην δε ὁ διδασκαλος εκεινος και εραστης το γενος Τυανευς, των Απολλωνιῳ τῳ Τυανει τῳ πανυ συγγενομενων, και την πασαν αυτα τραγῳδιαν ειδοτων. ὁρᾳς, εξ οιας σοι διατριβης ανθρωπον λεγω.

lostratus erscheint, war er gewiß nicht. Uebrigens würden wir uns bei diesem Manne nicht so lange aufhalten, wenn er nicht der erste gewesen wäre, der den Versuch machte, die Schwärmerei an philosophische Gründe anzuschließen, und dadurch die Bahn zu den mancherlei supernaturalistischen Systemen brach, welche in der Folge dem menschlichen Verstande eine so falsche Richtung gaben.

Er hatte in seiner Jugend sich mit der Philosophie der meisten griechischen Schulen bekannt gemacht, unter allen aber die Pythagorbische, als die vorzüglichste, sich erwählt, und auch seine äußere Lebensart nach den Vorschriften derselben eingerichtet. Er genoß nur vegetabilische Nahrungsmittel, und verabscheuete das Schlachten und Opfern der Thiere, weil die Erde, welche dem Menschen zum Wohnplatz gegeben sey, ihn auch allein ernähren müsse. Die vegetabilische Nahrung hielt er aber auch für die dem Geiste angemessenste, in sofern sie die Feinheit und Schärfe der Sinne und die Kraft des Geistes stärke, um den Gang des Schicksals und das Zukünftige so klar als das Wirkliche einzusehen. Diese Reinheit und Heiterkeit des Geistes und der Sinne war nämlich die Bedingung, unter welcher ein Mensch der göttlichen Offenbarung theilhaftig werden könne, so daß er in seinem Innern, wie in einem klaren Spiegel, das Künftige anschaue [96]. Dieses ist die göttliche Mantik, welche dem Zusammenhange der Begebenheiten, dem Verhängniß folgt, nur das voraussagt, was und wie es durch Gründe bestimmt, nothwendig erfolgt, da hingegen die Magie als trügliche Kunst sich anheischig macht, selbst in den bestimmten Naturgang der Dinge einzugreifen, und denselben durch

---

[96] Philostratus *vita Apollon.* V. c. 12. VIII. c. 7. §. 9. τατο μοι τας αισθησας εν αυτιῳ τινι απορρητῳ φυλαττα, κ'εκ εα θολερον περι αυτας ιδεν ειναι, διορᾳν τε, ωσπερ εν κατοπτρᾳ αυγη, παντα γινομενα τε και εσομενα.

durch Mittel, welche im Verhältniß zu dieser Absicht ungereimt erscheinen müssen, abzuändern. Da nun eine bestimmte Reihe von Veränderungen in der Welt, und in derselben jedem Menschen sein Loos bestimmt ist, so daß keine Macht etwas darin ändern kann; so ist die Magie eine Kunst des Betrugs, welche der leicht zu berückenden Einbildungskraft ein Gaukelspiel vormacht, daß das Wirkliche den Schein des Nichtwirklichen, und das Nichtwirkliche den Schein des Wirklichen gewinnet 97).

Ob Apollonius, wie Philostrat erzählt, die große Reise nach Indien, und später nach Aegypten und Aethiopien zu den Gymnosophisten gemacht habe, ist kein sicheres historisches Factum, weil die Quellen, aus welchen Philostrat schöpfte, ziemlich verdächtig sind. Aber für unwahrscheinlich kann man sie doch auch nicht halten. Da die Sagen von des Pythagoras Reisen in diese Länder schon vorhanden waren, so konnte sich ein Mann, der den Pythagoras zu seinem Vorbilde gewählt hatte, gar wohl auf diesen Gedanken kommen. Auch erhielt sich schon lange die Sage, daß die Gymnosophisten große Weise wären, und noch später wollte Plotin nach Persien und Indien reisen, um aus jener Quelle der Weisheit seine Einsichten zu vermehren. Dieses Vorurtheil für Asien und Aegypten, als die Hauptniederlage aller Weisheit, aus welcher sie theilweise in andere Länder ausgeflossen, beweiset, daß die griechische Philosophie sich wieder dem Zustande der Kindheit näherte; beweiset, daß der Geist gründlicher Forschung sich verloren, daß man aus Ueberdruß und Uebersättigung der bisher bestandenen Systeme, und aus Bequem-

---

97) Philostratus *vita Apollon.* VIII. c. 7. §. 16. V. c. 12. VIII. c. 7. §. 3. ἀλλὰ τὰς γόητας ψευδοσοφας φημι. τα γαρ ουκ οντα ειναι, και τα οντα απιστεισθαι, παντα ταυτα προστιθημι τη των εξαπατωμενων δοξη. το γαρ σοφον της τεχνης επι τη των εξαπατωμενων τε θαυμασιων αγεται κατται.

quemlichkeit von Außenher durch Mittheilung zu erlangen suchte, was nur durch angestrengtes Durchforschen der Geistesnatur zu finden war; daß man lieber genießen und beschauen, als denken und forschen wollte. Hat auch Apollonius diese Reisen nicht unternommen, noch durch dieselben den Wahn von der Unübertreflichkeit indischer Weisheit veranlaßt (was von derselben in des Philostrats Erzählung vorkommt, ist nicht von der Art, daß es diese Vorurtheile begünstigen könnte, ausgenommen bei Menschen, denen der Verstand vor Schwärmerei und Aberglauben schwindelt), so siehet man doch deutlich genug, daß schon vor den Zeiten der alexandrinischen Neuplatoniker dieser Wahn Credit erhalten haben mußte.

In der Lebensbeschreibung des Philostrats äußert Apollonius oft recht vernünftige Gedanken über moralische und religiöse Gegenstände, z. B. über den **Thierdienst der Aegyptier**; er behauptet, es sey besser gewesen, anstatt solcher Bildnisse gar keine hinzustellen, denn der menschliche Geist bilde etwas vortreflicheres als jede Kunst; bei solchen Bildern aber verliere sich die Fähigkeit, das Schöne anzuschauen, und selbst etwas Besseres unter der äußern Hülle zu ahnden [98]: über das **lossprechende und verdammende Gewissen** [99], und mehreres, was wirklich Achtung für den Mann einflößt; aber von eigentlichen philosophischen Forschungen kommt fast gar keine Spur vor. Jedoch findet man in dem 58 Briefe — wenn anders die Briefe des Apollonius echt sind — die Grundzüge eines Systems, das man gewissermaßen das Vorspiel des Spinozistischen nennen könnte. Es existirt nur ein Wesen, eine Substanz, die ursprüngliche, welche man Gott nennen kann, die allen Dingen zum Grunde liegt, ewig und

---

98) *Philostratus vita Apollon.* IV. c. 19.
99) *Philostrat. vita Apollon.* VII. c. 14.

und in ihrem Wesen unveränderlich ist, durch Bewegung und Ruhe Modificationen leidet, sich ausdehnt und zusammenziehet, und dadurch das Schauspiel von Veränderungen darbietet, welches in der Welt sichtbar ist. Kein Ding entstehet und vergehet, sondern es wird nur sichtbar und unsichtbar, indem sich die Materie verdichtet oder verdünnet. Das Subject von den thätigen und leidenden Veränderungen, welche an den einzelnen Dingen erscheinen, ist keines von den Scheinsubstanzen, sondern die eine Substanz. Es ist daher ein irriger Wahn, wenn die Aeltern glauben, sie wären die wirkende Ursache von der Erzeugung eines Kindes, da sie sich doch nur leidend als Werkzeuge dabei verhalten, so wie die Erde bei den Producten, welche aus ihr hervorwachsen. Es ist Thorheit, daß man trauert und jammert, wenn ein Mensch stirbt. denn der Tod ist nichts als Zurückgang in das göttliche Wesen [100]). Es ist

100) *Epist. Apollonii I. VIII.* θανατος αδεις αδενος, η μονον εμφασει, καθαπερ αδε γενεσις αδενος η μονον εμφασει. το μεν γαρ εξ ασιας τραπεν εις φυσιν εδοξε γενεσις. το δε εκ φυσεως εις ασιαν, κατα ταυτα θανατος· ατε γιγνομενα και αληθειαν τινος, ατε φθειρομενα ποτε. μονον δε εμφανης οντος, αορατα τε υστερον, το μεν δια παχυτητα ύλης, το δε δια λεπτοτητα της ουσιας, εσης μεν αει της αυτης, κινησει δε διαφερασης και στασει. τατο γαρ πη το ιδιον, αναγκη. της μεταβολης, εκ εξωθεν γινομενης ποθεν. αλλα τα μεν ολα μεταβαλλοντος εις τα μερη, των μερων δε εις το ολον τρεπομενων. ενοτητι τα ολα. α δε εργεσεται τις· τι τατο εσι το ποτε μεν ορατον, ποτε δε αορατον, η τοις αυτοις γινομενον η αλλοις; φαιη τις αν, ως ιδοι ἑκαστα ετι των ενθαδε γενων, ὁ πληρωθεν μεν, εφανη δια την της παχυτητος αντιτυπιαν· αορατον δε εστιν, κενωθεν δια λεπτοτητα· της ύλης βια περιχυθεισης εκρυσης τα περιεχοντος αυτην αιωνια μετρα, γεννητα δε αδαμως αδε φθαρτα. τι δε και το της πλανης επι τοσατον ανελεγκτον; οιονται γαρ τινες

ist nicht unwahrscheinlich, daß ein eifriger Anhänger des Pythagoras auf diese Gedankenreihe kommen konnte; denn sie läßt sich aus Pythagoräischen Ideen sehr natürlich entwickeln. Hieran schließt nun Apollonius, oder wem sonst diese Gedanken angehören, die Idee einer Weltordnung, welche von Gott abhängt, so daß nichts geschiehet, was nicht Gottes Wille ist, und daß alles, was geschiehet, gut und recht ist; die Pflicht des Tugendhaften, sich diese Weltordnung gefallen zu lassen, und dasjenige, was ihm als Individuum als individuelles Wohl erscheint, dem allgemeinen Weltbesten unterzuordnen. Auch die Behauptung eines unveränderlichen Schicksals paßt, wie schon Brucker gezeigt hat, recht gut in diese Ideenreihe.

Die übrigen Pythagoräer beschäftigten sich zum Theil besonders mit der Erforschung der Natur und der Heilkunde, wie Anaxilaus unter dem August, der dadurch in den Verdacht der Magie kam, und aus Italien verbannt wurde; theils mit der Zahlenlehre, als Moderatus und Nicomachus; theils mit Erklärung und Ausübung der praktischen Philosophie, wie Q. Sextius, Sotion aus Alexandria, der Lehrer des Seneca, und Secundus aus Athen. Unter diesen genannten Männern waren mehrere, welche eine Vereinigung der Pythagoräischen Philosophie mit andern versuchten. Moderatus behauptete, daß die Zahlenlehre des Pythagoras und seiner Schüler nichts anders als ein symbolisches Zeichensystem gewesen sey, wodurch sie aus Mangel an bestimmten Ausdrüken

τινες ὁ πεπονθασιν αυτοι, τυτο πεποιηκεναι, μη ειδοτες, ὡς ὁ γεννηθεις δια γονεων γεγεννηται, ουχ ὑπο γονεων, καθαπερ το δια γης φυεν, ουκ εκ γης φυεται. παθος τε ουδεν των φαινομενων περι έκαςον, αλλα μαλλον περι ἓν έκαςα. τυτο δε τι αν αλλο τις ειπων, η την πρωτην ουσιαν, ορθως αν ονομασειε; ἡ δη μονη κρατειται και πασχει, πασι γινομενη παντα θεος αιδιος, ονομασι δε και προσωποις αφαιρουμενη το ιδιον, αδικουμενη τε.

ten die Begriffe über das Wesen der Dinge bezeichnet hätten, welche in der Folge Plato, Aristoteles und deren Schüler aus der dunklen Hülle der uneigentlichen Ausdrücke entkleidet, und nun für ihre eigne Erfindungen ausgegeben hätten. Nach dieser falschen Voraussetzung, welche jene großen Philosophen zu bloßen Nachbetern und Betrügern macht, erklärte nun Moderatus die Zahlenlehre des Pythagoras auf die Art, daß er die vorzüglichsten Ideen des Plato und Aristoteles denselben unterlegte [101]).

Wahrscheinlich war aber Moderatus nicht der erste, welcher die Platonische und Pythagoräische Philosophie zu vereinigen suchte. Denn wir finden, daß schon Platos nächste Nachfolger Speusipp und Xenokrates anfingen, manche Platonische Sätze durch Pythagoräische Formeln auszudrücken. Und da Plato die gesammte Mathematik der Philosophie gewissermaßen unterordnete, weil sie immer nur etwas Bedingtes darstellen kann, und zu ihrer Begründung selbst philosophischer Principien bedarf, so ist es nicht unwahrscheinlich, daß diesen Wink Mehrere benutzten, und selbst an die Arithmetik, welche gleichsam als der allgemeine Theil der Mathematik zu betrachten ist, speculative Forschungen anschlossen, und auf diese Art eine mathematische Metaphysik aufstellten, aus welcher in der Folge die verschiedenen speculativen Zahlentheorien und die Versuche, die Platonische und Pythagoräische Philosopheme zu vereinigen, hervorgingen.

Diese Deutung fand ungemein viel Beifall; sie gewährte müßigen Köpfen einen neuen Stoff, ihren gaukleri-schen

---

101) Porphyrius vita Pythagorae §. 32. 53. μη δυναμενοι τα πρωτα ειδη και τας πρωτας αρχας σαφως τῳ λογῳ παραδιναι, δια τε το δυσπερινοητον αυτων και δυσεξοιστον, παρεγενοντο επι τας αριθμας, ευσημε διδασκαλιας χαριν, μιμησαμενοι τας γεωμετρας και τας γραμματικας.

Tennem. Gesch. d. Philos. V. Th.

schen Geist und Scharfsinn daran zu üben; sie stellte die alten Philosopheme in einer scheinbar neuen Gestalt dar, und eröffnete wieder neue Ansichten von der Einheit und Zusammenstimmung der Pythagoräischen und Platonischen Philosophie: und schon dieses einzige Thema schloß für die müßige Speculation ein neues Feld auf, worauf Phantasie und Verstand einen freien Spielraum erhielt, ein luftiges Bauwerk zu unternehmen, das keinen festen Boden hatte. Wie bald dieses leere Phantasiespiel Eingang fand, siehet man daraus, daß schon der nüchterne Sextus, so wie der zur Schwärmerei geneigte Plutarch, diese Zahlenphilosophie, die viel neuern Ursprungs ist, für echt pythagoräisch gelten läßt. Die Gründe dieses Beifalls sind nicht schwer zu entdecken. Die dunkle und räthselhafte Gestalt der Pythagoräischen Philosophie, vorzüglich der Zahlentheorie, der Mangel an echten Schriften dieser Schule, welche allein die Aufhellung derselben vorbereiten und vollenden konnten, das Bedürfniß des Verstandes, jedem Philosophen einen bestimmten Sinn, und den Worten deutliche Begriffe unterzulegen, nöthigte auf der einen Seite die spätern Denker, auch in der Zahlentheorie eine gewisse Andeutung auf bestimmte Begriffe und Erkenntnisse zu suchen. Da nun Pythagoras eben das Object und Ziel bei seinen Forschungen gehabt hatte, als die folgenden Denker, wiewohl diese zum Theil ganz andere Ansichten und Grundsätze befolgt hatten, so war es in soweit natürlich, daß man die deutlicher entwickelten Sätze als dieselben Resultate betrachtete, welche in den Zahlen auf eine mehr bildliche Art angedeutet worden. Das Bestimmtere mußte zur Erklärung des Unbestimmteren dienen. Die Zahlen und ihre Verhältnisse ließen sich als metaphysische Formeln betrachten, welchen mehrere Begriffe und Sätze untergelegt werden können, da sie keinen bestimmten Inhalt hatten. Indessen ließ sich doch das Platonische System, theils wegen mancher Aehnlichkeiten, theils wegen des vorausausgesetzten gemeinschaftlichen Ursprungs, noch am ersten an dieses Zeichensystem anpassen.

Dieses Verfahren beruhet aber auf nichts als Willkürlichkeit, und konnte keinen wissenschaftlichen Gewinn bringen. Ist die Annahme von der Identität des Pythagoräischen und Platonischen Systems gegründet, so hat sie nur historischen Werth zur Aufhellung des ältern, dunkeln und weniger entwickelten Systems: aus dem wissenschaftlichen Gesichtspunkte mußte aber das Unbestimmtere gegen das Bestimmtere aufgegeben, das Aeltere verlassen, das Neuere beibehalten werden. Dieses ist der natürliche Gang der wissenschaftlichen Cultur. Ist die Annahme aber grundlos, so hat dieses Verfahren selbst in geschichtlicher Hinsicht den Nachtheil, daß die Verschiedenheit beider Systeme verwischt oder in Schatten gestellt wird, und das eigentliche philosophische Forschen eine ganz falsche Richtung erhält. Denn nun wird über dem Symbol, welches zur Einkleidung der entdeckten Wahrheiten dienen soll, der eigentliche Gegenstand und Zweck alles Nachforschens vergessen, und anstatt die Selbstverständigung des menschlichen Geistes mit sich selbst zu befördern, und die letzten Gründe aller Ueberzeugungen in helleres Licht zu setzen, überläßt man sich dem regellosen Spiel der Phantasie im Verhüllen und Enthüllen der Wahrheit durch symbolische und allegorische Zeichen und Deutungen, und vermehrt nicht die Summe der Erkenntniß, sondern nur den Scheinbesitz derselben durch Worte und Zeichen.

Was aber dieser Art zu philosophiren am meisten zu Statten kam, war der Vorsprung, welchen die Mathematik vor der Philosophie gewonnen hatte. Arithmetik und Geometrie waren in einzelnen Theilen zu einem hohen Grade von Vollkommenheit gediehen, durch den Scharfsinn und den analytischen Geist der Griechen eben sowohl, als durch die Natur des Objects. Die Betrachtung der Größen und ihrer Verhältnisse bedurfte keiner tiefsinnigen Begründung in Ansehung des objectiven Gehalts; wenn sich ein Begriff in der Anschauung darstellen, oder die Anschauung auf Begriffe bringen ließ, so war keine weitere Nachfrage wegen ihrer Realität nothwendig. Die Analyse der in der Anschauung gegebenen oder hervorgebrachten Constructionen konnte also ungehindert ihren freien Gang gehen. In diesem Punkte stehet nun die Philosophie der Mathematik weit nach; welches sich schon in der Geschichte beider Wissenschaften deutlich genug offenbaret. Seit den ersten philosophischen Versuchen waren die Denker weder in den Principien noch in den Resultaten einig; entgegengesetzte Systeme traten hervor, und es begannen ewige Streitigkeiten über die Frage, welches das Wahre unter denselben sey. Da hingegen die Mathematik ungehindert von einer Entdeckung zur andern fortging, so war der Wunsch, der Philosophie durch Vereinigung mit der Mathematik dasselbe Glück zu verschaffen, um so natürlicher je weniger der wahre Unterschied zwischen beiden Wissenschaften deutlich aus einander gesetzt worden war. Aber die Natur beider Wissenschaften widerstrebt einer innigen Vereinbarung, so daß nur das scheinbare Vereinigungsmittel übrig blieb, die philosophischen Speculationen in die mathematischen Zeichen einzukleiden, wozu wegen der Allgemeinheit und Leerheit am Inhalte die arithmetischen die passendsten waren. Und so ging diese Art Philosophie hervor, welche in einer entlehnten Terminologie alle Freiheit hatte, nach willkürlichen Associationen über die Gränze alles philosophischen Wissens zu schwärmen.

Wie man Philosophie und Mathematik mit einander zu vereinigen suchte, stehet man aus Jamblichs Commentar zu Nikomachus Arithmetik. Dieser schreibt dem Pythagoras einen Begriff von Philosophie zu, der ursprünglich
pla-

platonisch ist, und in welchem der Unterschied zwischen der
philosophischen und mathematischen Erkenntniß, wie ihn
Plato entwickelt hatte, so verwischt ist, daß die Merkmale
der Philosophie nun auch auf Mathematik passen. Die
Philosophie, sagt er, erklärte Pythagoras für das Streben und die Liebe zur Weisheit, welche die Wissenschaft der
in den Dingen enthaltenen Wahrheit ist. Unter den Dingen aber verstand er die immateriellen, ewigen,
allein thätigen, d. i. unkörperlichen Wesen,
welche immer ein gleichförmiges, unveränderliches Seyn
haben, um sie von den uneigentlich so genannten Dingen,
welche körperlich, materiell entstanden und vergänglich,
und im strengen Sinne kein wahres reines Seyn haben,
zu unterscheiden. [101]). Nachdem man dem Pythagoras
eine Platonische Erklärung von der Philosophie unterge-
schoben hatte, durfte man sich mit demselben Rechte erlau-
ben, dieser so genannten Pythagoräischen Zahlenphilosophie
einen Platonischen Satz zum Grunde zu legen. Der Hauptsatz derselben war nämlich: die Zahlen sind nicht
die zählbaren Objecte selbst, noch in ihnen
gegründet [102]). Plato hatte nämlich diesen Satz aufgestellt, um den Unterschied zwischen seinen Ideen und den
Zahlen des Pythagoras zu entwickeln, und dadurch die rea-
listische Ansicht des Pythagoras, nach welcher die Zahlen
constitutive Principien, reale Bestandtheile der Dinge
selbst sind, verworfen [103]). In dieser Bedeutung wurden
nun

---

101) **Iamblichus** *ad Nicomachi Arithmeticam intro-
ductionem edit. Tennulii* p. 5. Φιλοσοφιαν Πυθαγορας ωνο-
μασε πρωτος, και ορεξιν αυτην ειπεν ειναι και οιονει φιλιαν
σοφιας. Σοφιαν δε, επιστημην της εν τοις αγιν αληθειας.
Οντα δε ηδει και ελεγε τα αυλα και αιδια και μονα δραστικα,
οπερ εστι τα ασωματα.

102) **Sextus Empiric.** *Hypotyp. Pyrrhon.* III. §
157. ατε αυτα τα αριθμητα εστιν ὁ αριθμος, ὡς απεδειξαν
οἱ Πυθαγορικοι.

103) **Aristoteles** *Metaphys.* I. c. 6. και ετι ὁ μεν
(Πλα-

nun die Zahlen auf eine dreifache Art zum Objecte philosophischer Forschungen gemacht. Man betrachtete sie entweder als die letzten **Principien alles Erkennbaren**, ohne welche weder die gemeine noch die wissenschaftliche Erkenntniß, von welcher Art sie auch sey, bestehen könne; oder man suchte noch **höhere Principien über die Zahlen hinaus in transcendenten Regionen**; oder man suchte durch die Zahlen **gewisse Verhältnisse der Dinge**, gleichviel ob wirklicher erkennbarer oder bloßer Gedankendinge, zu **verdeutlichen und zu begründen**. Die zweite Art finden wir in der Alexandrinischen Schule, und namentlich zuerst bei dem Plotin. Hier haben wir also nur von der ersten und zweiten zu handeln.

Die erste Ansicht war ursprünglich Pythagoräisch. Er hatte behauptet, daß die Zahlen die Principe aller Dinge seyen, theils weil sich ohne Quantitätsverhältnisse keine Objecte denken lassen, theils weil der größte Theil aller unserer Erkenntniß auf Verhältnisse zurückgeführt werden kann. Jetzt, da die Pythagoräische Philosophie wieder in Aufnahme kam, machte man auch mehrere Versuche, jenen Hauptsatz derselben zu begründen; Versuche, welche auf die seit dem Pythagoras entstandenen Systeme Rücksicht nahmen, und sich in dieser Hinsicht über des Pythagoras Einsichten erhoben, in einer andern aber doch nicht

---

(Πλατων) τες αριθμες παρα τα αισθητα· οἱ δ'αριθμες ειναι φασιν αυτα τα πραγματα. και τα μαθηματικα μεταξυ τετων ε τιθεασι. Plato de republica VI. S. 122. 123. Philebus S. 216. 217. Dieses bestätiget auch Sertus selbst. Denn er erklärt den eben angeführten Satz, den er in der angeführten Stelle für pythagoräisch ausgibt, adversus Mathemat. IV. §. 11. 14. für platonisch. Wenn nun ein Schriftsteller, wie Sertus, sich eine solche Verwechselung erlaubt, was darf man nicht von andern erwarten?

nicht darthun können, wie Zahlen constitutive Principe der Dinge sind, und daher wieder auf demselben Punkte stehen bleiben, wo sich Pythagoras befand.

Sextus Empirikus 104) hat uns zwei von diesen Versuchen bekannt gemacht, ohne doch ihre Urheber zu nennen, welche von einer und derselben Idee, daß man nothwendig Zahlen als Principe der Dinge annehmen müsse, ausgehen, aber in der Art und Weise, wie sie die reale Möglichkeit der Dinge aus den Zahlen ableiten, sich von einander trennen. Die echten Naturphilosophen, so schloß man, müssen untersuchen, in welches Einfache die gesammte Natur als etwas Zusammengesetztes sich auflösen lasse, so wie man die Rede in ihre einfachen Bestandtheile zu zerlegen sucht, wenn man über sie philosophirt. Das Einfache ist das Princip des Zusammengesetzten. Daher kann das Princip kein Ding seyn, welches erscheint, denn die Erscheinungen haben ihren Bestand aus gewissen nichtsinnlichen Ursachen 105). Das Princip muß also etwas Unsinnliches seyn. Hier gibt es aber mehrere von einander abweichende Vorstellungsarten, indem einige die Atomen, andere Homoiomerien, andere bloß gedenkbare Körperchen für die letzten Principe der Dinge erklären. Behauptungen, welche zwar darin Wahrheit enthalten, daß sie das Sinnliche aus dem Unsinnlichen erklären, aber darin fehlen, daß sie das Sinnliche als etwas Unkörperliches denken. Denn nur das Unkörperliche kann letztes Element der Körper seyn. Es ist nicht genug, daß man sagt, daß die Atomen ewig und un-

---

104) Sextus Empiric. adversus Mathematic. X. §. 248 seq.
105) Sextus Empiric. advers. Mathemat. X. §. 250. το μεν κν Φαινομενην ειναι λεγειν την των ὁλων αρχην, αφυ-εικον πως εςι. παν γαρ το Φαινομενον εξ αφανων οφειλει συνιςαςθαι.

unveränderlich sind, und schon darum, ungeachtet ihrer körperlichen Natur, als Principe angenommen werden müssen; denn auch ihre ewige Natur zugegeben, so kann man doch in Gedanken sie noch weiter zerlegen und ihre letzten Gründe erforschen, so wie man die Welt, wenn man auch ihre Anfangslosigkeit annimmt, doch in Gedanken als etwas Entstandenes betrachtet, und die Gründe ihrer Einrichtung untersuchet [106]).

Was nun aber als unkörperlich, aller körperlichen Natur vorhergehend gedacht wird, ist darum noch nicht letztes Princip zur Erklärung der Körperwelt. Denn so sind z. B. die Ideen des Plato, ungeachtet sie vor den Körpern vorausgehen, in sofern nach ihnen alles in der Natur wird und entstehet, doch nicht die letzten Principe der Dinge. Denn in sofern man jede Idee für sich betrachtet, wird sie als Eins, in sofern aber mehrere mit einander verbunden werden, als zwei, drei, vier u. s. w. gedacht, so daß die Zahl noch etwas höheres über die Ideen ist, durch dessen Theilnahme sie erst als Eins, Zwei u. s. w. bestimmt werden. Eben so werden vor allen Körpern körperliche Flächen als etwas Unkörperliches gedacht; aber sie sind gleichfalls nicht das letzte, worauf man in dem Denken kommt; denn die Körperflächen setzen mathematische Flächen, diese aber Linien, die Linien aber wieder Zahlen voraus; denn die Flächen werden durch die Zahl der Linien bestimmt, und jede Linie kann nur so gedacht werden, daß man von einem Punkt zu einem andern fortgehet, welches nicht möglich ist, ohne zwei Punkte zu denken [107]).

Ein anderer Beweis. Alle Dinge lassen sich unter einem dreifachen Gesichtspunkt denken, nämlich unter dem Gesichtspunkt der Individualität, der Entgegensetzung und
des

---

[106] Sextus Empiric. advers. Mathemat. X. §. 251.
[107] Sextus Empiric. advers. Mathemat. X. §. 258.

des Verhältnisses ¹⁰⁸). Unter dem ersten Gesichtspunkte stehen für sich bestehende Dinge, welche ein geschlossenes Ganze ausmachen, ohne sich auf Etwas anderes zu beziehen, als Mensch, Pferd; unter dem zweiten, was sich nur durch Entgegensetzung eines andern denken läßt, als gut, böse, gerecht, ungerecht; unter dem dritten, was nur im Verhältniß zu einem dritten denkbar ist, als rechts, links, oben, unten, doppelt, halb. Die beiden letzten Dinge unterscheiden sich dadurch von einander, daß bei den entgegengesetzten das eine nur mit Aufhebung des andern gesetzt, oder mit Setzung des andern aufgehoben, bei den relativen Dingen aber beide zugleich gesetzt oder aufgehoben werden. Entstehet eine Krankheit, so wird die Gesundheit zernichtet, ist Gesundheit vorhanden, so wird die Abwesenheit der Krankheit gedacht; aber das Doppelte kann nicht gedacht werden, ohne die Hälfte, worauf sich das Doppelte beziehet. Außerdem ist zwischen entgegengesetzten Dingen, wie zwischen Gesundseyn und Kranksey, nichts Mittleres, wohl aber zwischen den relativen, z. B. zwischen dem Größern und Kleinern das Gleiche, zwischen dem zu vielen und zu wenigen das Hinlängliche. — Ueber diese drei Arten von Dingen muß es nun einen höhern Gattungsbegriff geben, welcher die Arten unter sich begreift, und mit dessen Aufhebung auch die Arten aufgehoben werden, aber nicht umgekehrt. Denn die Arten hängen von dem Gattungsbegriff, aber der Gattungsbegriff nicht von den Arten ab. Der Gattungsbegriff der für sich bestehenden Dinge ist die **Einheit**, weil sie für sich bestehet und gedacht wird. Der Gattungsbegriff der entgegengesetzten Dinge ist das **Gleiche und Ungleiche**, denn darin bestehet das Wesen derselben. So ist das Wesen der Ruhe Gleichheit, weil bei derselben weder ein Mehr noch Weniger Statt findet; Ungleich-

---

108) Sextus Empiric. advers. Mathemat. X. §. 263. των γαρ οντων τα μεν κατα διαφοραν νοειται, τα δε κατ' εναντιωσιν τα δε προς τι.

Ungleichheit aber das Wesen der Bewegung, in sofern sie eines höhern oder kleinern Grades fähig ist. Der Gattungsbegriff der relativen Dinge ist das Mehrseyn und Wenigerseyn (ὑπεροχη, ελλειψις), denn groß, größer, viel, mehr, hoch, höher wird als ein Mehrseyn, klein, kleiner, wenig, weniger, niedrig, niedriger als ein Wenigerseyn gedacht. Nun müssen wir sehen, ob nicht diese drei Gattungsbegriffe unter einen gemeinschaftlichen höhern zurückgeführt werden können. Die Einheit ist sich selbst gleich; die Ungleichheit liegt auch in dem Mehr und Weniger; denn ungleich sind Dinge, wo auf der einen Seite mehr, auf der andern weniger ist. Das Mehr und Weniger kann aber der unbestimmten Zweiheit untergeordnet werden; denn das Mehrseyn und Wenigerseyn wird zuerst in Zweien angetroffen, In dem Uebertreffenden und dem Uebertroffenen. Also sind die zwei höchsten Gattungsbegriffe die **Einheit** und die **unbestimmte Zweiheit** [109]).

Diese Einheit und unbestimmte Zweiheit sind nun die Principe der Zahlen sowohl als der Welt und aller in ihr befindlichen Dinge. Denn aus der Einheit entspringt die Zahl Eins, und aus der unbestimmten Zweiheit vermittelst der Einheit, Zwei (zweimal Eins ist Zwei), und so fort alle Zahlen, indem Eins als bestimmend bei aller Zahlerzeugung fortschreitet, und die Zweiheit Zwei und so fort alle Zahlen erzeuget. Daher liegt in dem Eins der Begriff des Wirkenden, so wie in der unbestimmten Zweiheit der Begriff der leidenden Materie; und so wie durch das Eins und die unbestimmte Zweiheit alle Zahlen entstehen, so entstehen auch durch dieselben alle Dinge [110]). So kann an

die

---

109) Sextus Empiric. *advers. Mathemat.* X. §. 263 — 276.

110) Sextus Empiric. *advers. Mathemat.* X. §. 276. 277.

die Stelle der Einheit der Punkt gesetzt werden, denn dieser ist wie jene untheilbar, und das erste Element der Linien, so wie die Einheit der Zahlen. Die Linie fällt unter den Begriff der Zweiheit, denn beide werden durch das Fortschreiten von einem zum andern gedacht. Oder auf eine andere Art: Die Linie ist eine Länge ohne Breite zwischen zwei Punkten. Denkt man sich zwei Punkte in entgegengesetzter Richtung und einen über der Mitte der zwischen beiden gezogenen Linie, so kommt die zweite Dimension hinzu, und es entsteht eine Fläche; setzt man dazu noch einen vierten Punkt von oben, so entsteht durch Hinzukommen der dritten Dimension der Umriß eines pyramidalischen Körpers. So entstehen also vermittelst der Zahlen Linien, Flächen und Körper [111]).

Andere aber leiten eben diese Folgen nicht aus zwei, sondern aus einem Princip der Einheit ab. Ein Punkt in Bewegung bildet eine Linie, eine Linie in Bewegung eine Fläche, eine in die Tiefe bewegte Fläche einen mathematischen Körper; aus diesem entstehen die dichten Körper Erde, Wasser, Luft, Feyer und überhaupt die Welt, welche nach harmonischen Verhältnissen, die auf Zahlenverhältnisse zurückkommen, eingerichtet ist [112]).

---

277. κατα ταυτα δε και οἱ λοιποι αριθμοι εκ τυτων απετελεσθησαν, τυ μεν ενος αει περιπατευντος, της δε αοριςυ δυαδος δυο γεννωσης και εις απειρον πληδος τας αριθμας εκτεινοσης· ὁθεν φασιν, εν ταις αρχαις ταυταις του μεν τε δρωντος αιτιε λογον επεχειν την μοναδα· του δε της πασχυσης υλης την δυαδα. και ὁν τροπον τας εξ αυτων ὑποςαντας αριθμας απετελεσαν ἐτω και τον κοσμον και παντα τα εν κοσμω συνεςησαντο.

111) Sextus Empiric. advers. Mathemat. X. §. 278—280.

112) Sextus Empiric. advers. Mathemat. X. §. 281—283.

Es ist leicht einzusehen, aus welchen Gründen diese Aufstellung eines allgemeinen Princips, welche sich auf Pythagoräische und Platonische Ideen gründet, bei einigen Denkern Beifall finden konnte, so unzureichend das Princip noch in vielen Rücksichten ist. Denn es war die Frage nach einem **Princip der Dinge**, nicht der Erkenntniß überhaupt, oder der philosophischen insbesondere. In dieser Hinsicht mußten sich die Zahlbegriffe wegen ihrer Allgemeinheit und Nothwendigkeit vor allen andern empfehlen. Sie sind wirklich constitutive Elemente des Verstandes, aber nicht der Dinge selbst; nothwendig zum Denken jedes Gegenstandes, Bedingungen der Erfahrungserkenntniß als Momente der Thätigkeit des Verstandes in Verbindung des unter der Form der Zeit angeschaueten Mannigfaltigen; unter welcher Bedingung allein ihre Nothwendigkeit und Allgemeinheit in ihrer Anwendung auf Erfahrungsgegenstände begreiflich wird. Auch darf man sich nicht wundern, daß und warum gerade diese mathematischen Begriffe vorzüglich zur Begründung einer allgemeinen Philosophie für tauglich gehalten wurden. Denn alles Mathematische, in sofern es zur Form des Erkennens gehört, tritt in eine innige Verbindung mit dem Stoff der Erkenntniß und bildet die formalen Bestandtheile jedes für die Wahrnehmung gegebenen Objectes. Daher die nicht leicht zu vermeidende Täuschung, daß es nicht subjective, sondern objective in jedem vorgestellten Dinge sey. Die innige Verbindung der Functionen des Verstandes mit der Form der Sinnlichkeit veranlaßt den Schein, daß die Zahlbegriffe Principe jedes Dinges überhaupt sind.

Daß aber nun diese Erkenntnißacte mit den objectiven Merkmalen der Dinge verwechselt, daß nur einige der Erkenntnißacte für die einzigen Principe der Dinge betrachtet werden, und daß hierbei nur auf das, was Object des Verstandes ist, nicht auf die Objecte, Bedürfnisse und Ansichten

sichten der Vernunft Rücksicht genommen wird, auf das Absolute und Unbedingte, welches die Vernunft zu erforschen strebt, gar nichts berechnet ist: dieses macht die Unhaltbarkeit, Einseitigkeit und Inconsequenz des Systemes aus. Dazu kommt noch als eigenthümlicher Fehler, daß zwischen dem Princip und dem, was daraus abgeleitet wird, eine zu große Kluft befestiget ist, als daß je eine Theorie einen Uebergang bahnen könnte. Wie nämlich aus einem bloßen Schema der Größe oder den Zahlen den Raum erfüllende Körper entstehen, oder wie das Nichtsinnliche, welches keinen realen Inhalt hat, sondern nur die Form der Körper bestimmt, einen realen Inhalt bekommt, und sich zu dem Sinnlichen umstalte, das ist bloß angenommen, aber nicht erklärt worden, wie es doch hätte geschehen müssen, wenn das Princip wirklich ein reales Princip wäre.

Von der zweiten Art, die Zahlen symbolisch zu behandeln, enthalten sehr viele Schriften nach Christi Geburt mehr als zu viel Beispiele, welche beweisen, wie sehr diese Denkart nach bloßen gemachten Analogien der Zahlen auch den Objecten, welche keine Aehnlichkeit mit Zahlen haben, gewisse Eigenschaften und Verhältnisse anzukünsteln, beliebt war. Nachdem Pythagoras angefangen hatte, den Zahlbegriffen in Rücksicht auf die Bildung neuer Größen und Größenverhältnisse verschiedene Grade von Vollkommenheit beizulegen, und sie als Bezeichnungen gewisser Grade und Arten der Vollkommenheit und Unvollkommenheit in den Objecten zu betrachten, ging man auf diesem Wege weiter, der dem bloßen Gedankenspiel so vielen Raum verstattete, weil man ohne große Anstrengung des philosophirenden Nachdenkens fremde und eigne Beobachtungen leicht an diese Analogien anknüpfen, und dadurch den Schein von philosophischen Forschungen gewinnen konnte [113]).

Unter

---

113) Beispiele dieser arithmetischen Philosophie findet man
unter

Unter den oben genannten Pythagoräern verdient noch Sextius eine Auszeichnung, der ein strenges Moralsystem vortrug und eine neue Schule stiften wollte. Wahrscheinlich war sein Moralsystem ein durch Pythagoräische Sätze modificirter Stoicismus, der sich durch strenge Grundsätze auszeichnete, aber nicht sowohl darauf berechnet war, die Ethik als Wissenschaft zu vervollkommnen, als die damals so ausgearteten Menschen auf den Weg der Natur und Sitteneinfalt zurückzuführen [114]). Darum empfahl er nach dem Beispiel des Pythagoras die Enthaltung von den Fleischspeisen, welche nur zur Vermehrung des Luxus dienten, und durch die beständige Gewohnheit Thiere zu schlachten, den Hang zur Grausamkeit nährten; da doch der fruchtbare Boden der Erde eine überflüssige Mannigfaltigkeit von Nahrungsmitteln darbiete [115]). Es ist leicht begreiflich, warum dieser Mann, der nach seinen Grundsätzen strenge lebte, keinen Beifall fand, und seine gestiftete Schule mit ihm erlosch [116]).

V.

unter andern beim **Plutarch** in seiner Abhandlung *de ii delphico.* **Gellius** *Noct. Atticar.* III. c. 10. **Macrobius** *in Somnium Scipionis* I. 1. c. 5. 6. **Hierocles** *in carmen aureum* p. 225.

114) Seneca *Epist.* 59. 64. 98. *de ira* l. III.

115) Seneca *Epist.* 108.

116) Seneca *Quaest. natural.* VII. c. 32. Sextiorum nova et romani roboris secta inter initia sua, cum magno impetu coepisset, extincta est.

V. Platoniker.

Unter allen griechischen Schulen war die Platonische die zahlreichste. Die Form und der Inhalt der Schriften des Plato hatte für Männer von sonst sehr verschiedener Denkart viel Anziehendes, die Mannigfaltigkeit in den philosophisch behandelten Gegenständen reizte bald zu neuen Untersuchungen, bald bot sich in denselben genug Anlaß zur Anwendung derselben in verschiedenen Verhältnissen des menschlichen Lebens dar; auch war seine Philosophie am ersten geeignet, durch die schöne Darstellung ein intellectuelles Interesse hervorzubringen und zu unterhalten. Zudem verstattete die freie Manier des Raisonnements und der Mangel einer streng wissenschaftlichen Aufstellung und Entwickelung der Grund- und Folgesätze seiner philosophischen Ueberzeugungen eine gewisse Freiheit des Nachphilosophirens, im Trennen und Verbinden der einzelnen Sätze, im Anknüpfen an fremde und eigne Ideen, und im Verschmelzen mit den jedesmal gangbaren Vorstellungsarten. Besonders war dieses der Fall mit den mythischen Vorstellungen, welche Plato oft so künstlich mit den Resultaten seiner philosophischen Forschungen verwebet, daß nicht gewöhnlicher Scharfsinn dazu gehöret, den Gränzpunkt zu entdecken, wo er der Einbildungskraft erlaubte, philosophisch zu dichten. Nach der Denkungsart, welche, durch mehrere Zeitumstände begünstiget, die Schwärmerei der Phantasie und der Vernunft höher achtete, als ein strenges an bestimmte Regeln gebundenes Denken, bekam gerade das Transcendente und Mystische, wodurch die Einbildungskraft das Uebersinnliche aufzufassen strebte, um so mehr Werth, je mehrere Berührungspunkte die Neigung, morgenländische Vorstellungsarten auf die Philosophie des nüchternen Griechen zu pfropfen, in jenen zufälligen Bestandtheilen der Platonischen Philosophie fand.

So begegneten sich zwei verschiedene Richtungen in einem Punkte: der Orientale suchte seine bildliche, schwärmerische und mystische Religion und phantastischen Vorstellungen von der hyperphysischen Welt mit deutlichen entwickelten Begriffen zu vereinigen; der Grieche seine Ideen in Anschauungen zu verwandeln. Der Mysticismus wurde also der Vereinigungspunkt von beiden entgegengesetzten Richtungen, und das Resultat war das neuplatonische alexandrinische System, von dem wir erst in einem der folgenden Abschnitte handeln werden. Hier schicken wir nur einige Betrachtungen über die Platoniker voraus, welche vor der Erscheinung der eigentlichen Alexandrinischen Philosophie auftraten.

Unter diesen Anhängern der Platonischen Philosophie finden sich manche berühmte und ausgezeichnete Namen, aber kein Philosoph von originalen Ansichten oder wissenschaftlicher Denkart, daß er darum eine Auszeichnung verdiente. Die Auslegung der Platonischen Schriften, die Erklärung und Anwendung der in denselben enthaltenen Philosopheme, oder der bloße mündliche Vortrag derselben machte die einzige Beschäftigung dieser Männer aus. Daher gehören Thrasyllus, Theon Smyrnäus, Alcinous, Plutarchus, Calvisius Taurus, Apulejus, Atticus, Numenius, Maximus Tyrius, mehr in eine Literaturgeschichte, als in eine Geschichte der Philosophie, und wir begnügen uns nur mit einigen Bemerkungen über ihre Bearbeitung der Platonischen Philosophie überhaupt.

Der eigenthümliche Charakter der Philosophie dieser Männer ist, daß sie bei den Principien, von welchen Plato ausgegangen war, und bei seinen Resultaten stehen bleiben, die Philosophie hinlänglich begründet halten, und nur bei einzelnen Lehrsätzen, was die Erklärung oder Anwendung zur Erklärung anderer Dinge anlangt, verweilen, vorzüglich bei den dunkelsten und abgezogensten Speculationen.

Die

Die beiden kurzen Abrisse der Platonischen Philosophie, welche wir von Alcinous und Apulejus haben, stellen die Philosopheme des Plato in keinem strengen Zusammenhange, sondern blos unter die drei Theile der Philosophie, Logik, Metaphysik und Moral geordnet dar; sie befriedigen allenfalls denjenigen, der die vornehmsten Behauptungen des Plato wissen will, aber nicht denjenigen, der eine Einsicht in das System derselben sich zu verschaffen wünscht. Uebrigens sind beide von dem Fehler frei, fremde Philosopheme unter die Platonischen einzumischen, oder eine Harmonie verschiedenartiger Systeme erkünsteln zu wollen. Indessen findet man doch in sofern eine Veranlassung zu einer solchen Vermischung, als Alcinous unter der Logik des Plato nicht die logischen Sätze, welche Plato wirklich in seinen Schriften entwickelt, sondern die Regeln der Vernunftlehre aufstellt, welche er angewendet hat und wozu sich Belege in seinen Schriften finden. Apulejus hingegen, anstatt der Platonischen Logik, sogar einen Abriß der Aristotelischen Lehre von den Sätzen und Schlüssen gibt.

Schon die nächsten Nachfolger des Plato, Speusipp und Xenokrates, waren geneigt, problematische Sätze, welche Plato aus der Volksreligion entlehnte, wie z. B. von den Dämonen, nicht als wenn er von ihnen etwas philosophisch zu wissen gemeint hätte, sondern als bloße Gegenstände der Meinung, aus einem höhern Gesichtspunkte zu betrachten und ihre zufällige Verbindung mit seiner Philosophie für wesentlich zu halten. Es ist daher kein Wunder, daß in den Zeiten nach Christi Geburt diese Neigung sich weiter verbreitete, und der Wahn einer wirklichen Erkenntniß der übersinnlichen Welt immer fester wurzelte, da dieses selbst gewissen philosophischen Hypothesen nicht anders ging. Was nur als möglicher Grund zu Erklärung der Natur angenommen wurde, das erhielt durch die Behandlung der phantasirenden Vernunft immer mehr

mehr den Schein von wirklichen Naturwesen; und Vorstellungsarten, welche nur nach dem Geist der Zeiten mit gewisser Schonung behandelt werden mußten, erhielten immer mehr die Gültigkeit philosophischer Erkenntnisse. Anstatt daß Plato die Philosophie rein und unabhängig von irgend einer Lehre der positiven Religionen darzustellen strebte, wiewohl er nicht umhin konnte, auch auf sie zuweilen Rücksicht zu nehmen; suchte man jetzt immer mehr das ganze Religionsgebäude mit der Philosophie zu vereinigen, nachdem man vorher in die Mythen einen philosophischen Sinn hineingetragen hatte. Vorzüglich ist Plutarch reich an solchen allegorischen Deutungen alter Mythen; der auch sogar den Versuch machte, das Aufhören der Orakel aus Platonischen Hypothesen zu erklären.

Vorzüglich bemerkt man bei diesen spätern Platonikern einen Hang, bloße Vorstellungen zu hypostasiren, und die Natur zu personificiren. So machen sie aus der Materie, welche Plato nur darum Seele nannte, weil er sie als die regellose Urkraft dachte, ein wirkliches seelenartiges Wesen mit Empfindungen und Begehrungen ohne Vernunft; und so ist auch die gute Weltseele eine wirkliche vernünftige Substanz, ungeachtet ein verständiger Leser des Plato leicht entdecken wird, daß dieser Philosoph sich nur die Naturgesetze des Weltalls, welche von der höchsten Intelligenz herrühren, darunter wollte gedacht wissen [117].

Also ist das Streben unläugbar, der Platonischen Philosophie eine größere Ausdehnung zu geben, die Sphäre ihrer Anwendung zu erweitern. Allein weil man dabei von keinen bestimmten philosophischen Principien ausging, so bestand diese Erweiterung in einer bloßen Anhäufung verschiedenartiger Stoffe; es war keine Entwickelung von Innen heraus, sondern eine bloße Zusetzung von Außen.

Die

---

[117] *Plutarchus de Iside* 8 B. S. 180. 183.

Die Haupttendenz ging aber auf das Uebersinnliche und Uebernatürliche und die Erklärung der Natur aus jenem, welche eben sowohl durch den natürlichen Hang des menschlichen Geistes, als durch die Beschaffenheit der damals gewöhnlichen Philosophie begreiflich wird, in sofern diese sowohl wegen der geahndeten Unvollkommenheit, als wegen der zu großen Bekanntschaft und Gemeinheit, keine vollkommene Befriedigung mehr gewährte. Daher immer ein Versuch nach dem andern, die Erkenntniß des Uebersinnlichen zu erweitern, und die Data dazu aus den Lehren, Symbolen und Gebräuchen aller bekannten Religionen zu sammlen. Denn hier hatte die Phantasie freies Spiel, aus gegebenem Stoffe neue Schöpfungen hervorzubringen, welche mit gewissen nicht deutlich entwickelten Ideen der Vernunft, als erkünstelte Anschauungen verbunden, den Schein von wirklichen Erkenntnissen hervorbrachten. Diese Quelle war unerschöpflich, und gewährte daher hinreichend Mannigfaltigkeit und Abwechselung. Selbst die Anwendung gewisser Philosopheme zur Erklärung dieser oder jener religiösen Idee erhielt immer den Reiz der Neuheit, weil sie sich an keine strengen Regeln fesseln durfte, und dabei doch durch manche unerwartete Combinationen geistiges Vergnügen gewährte [118]).

Hierdurch wurde natürlich die mythische Religion immer mehr mit der Philosophie verwebt, je mehr man in den Mythen, in den Opfergebräuchen und andern religiösen Handlungen, vorzüglich aber in den Mysterien tiefsinnige Wahrheiten und Offenbarungen aus dem Geisterreiche

---

[118]) Man kann diese Eigenthümlichkeit der neuern Platonischen Philosophie nirgends besser, als bei dem Plutarch, einem sonst sehr vernünftigen und mit Recht geschätzten Schriftsteller, kennen lernen. Seine Abhandlungen von der Isis und dem Osiris, über das Aufhören der Orakel, liefern schon allein eine Menge Belege dazu.

zu finden glaubte, welche nur durch die Hülle allegorischer Zeichen und Worte erforscht werden müßten [119]). Es ist sonderbar, daß Plato gegen solche allegorische Deutungen der Fabeln ganz eingenommen war, und sie für nichts als unnütze Zeitverschwendung müßiger Köpfe hielt, seine spätern Nachfolger aber die Mythen für eine nicht jedem zugängliche Fundgrube tiefer Weisheit hielten [120]; aber dieses Phänomen läßt sich nicht nur aus dem Zeitgeiste erklären, sondern auch selbst aus der in Jronie eingekleideten Geringschätzung des Plato gegen die Mythenweisheit, welche sehr leicht von Eingenommenen für das Gegentheil genommen werden konnte. Und dann ist es auch unläugbar, daß in vielen Mythen religiöse Ideen angedeutet sind, deren Enthüllung die allegorische Deutung derselben überhaupt und durchgängig rechtfertigen zu können schien. Da nun in dem großen römischen Reiche durch den Verkehr mannigfaltiger Völker auch ihre Religionen immer bekannter wurden, so ist leicht zu begreifen, was für ein reichhaltiges Feld hierdurch für diese Art von Philosophie geöfnet wurde.

Aus denselben Ursachen, aus welchen sich die Vereinigung der Religion mit der Philosophie erklären läßt, ist auch begreiflich, warum aus dem ganzen Inhalte der Platonischen Philosophie vorzüglich diejenigen Theile einer besondern Aufmerksamkeit gewürdiget wurden, welche die allerdunkelsten sind, und alle angewandte Mühe zur Erklärung am wenigsten belohnen, wohin unter andern die Entstehung

---

[119] Plutarchus *de defectu oraculorum* 9 B. S. 321. ὡς (es war die Rede von der Natur der Dämonen) ἴχνη και συμβολα πολλαχȣ θυσιαι και τελεται και μυθολογιαι σωζεσι και διαφυλαττεσι ενδιεσπαρμενα. περι μεν ȣν των μυςικων, εν οις τας μεγιςας εμφασεις και διαφασεις λαβειν ες της περι δαιμονων αληθειας, ευςομα μοι κεισθω. *de Iside et Osiri* p. 183. 194. 195.

[120] Plato *Phaedrus* 10 B. S. 285.

stehung der Weltseele und der menschlichen Seelen, und die dabei zu Hülfe genommenen Zahlenverhältnisse gehören. Man vergaß nach und nach, daß Plato selbst alles, was er in dem Timäus von der Entstehung des Universums vorgetragen hatte, selbst nur als philosophische Hypothese angesehen wissen wollte, und wenn er auch Gott, die Ideen und die Materie für die letzten Principien aller Dinge hielt, doch urtheilte, daß es für Menschen nicht möglich sey, die bestimmte Art einzusehen, wie durch und aus diesen Principien alles entstanden sey.

Während das System des Plato in Ansehung seines speculativen Theils anfing, eine Ausdehnung zu erhalten, welche wahrscheinlich nicht in der Idee seines Stifters gelegen hatte, blieb dennoch die Grundlage desselben unverändert, vorzüglich in den praktischen Grundsätzen, weil man das Fundament dieser Philosophie für fest gegründet, und daher die Principien keiner weitern Untersuchung bedürftig hielt, und nur auf die Anwendung und Ausbreitung derselben bedacht war. Diese Ueberzeugung hatten aber auch die Anhänger der übrigen Schulen von den Grundsätzen ihres Systems: die darüber geführten Streitigkeiten waren eben so erfolglos gewesen, als die Angriffe der Skeptiker. Denn die letzten konnten, wenn sie auch noch so sehr Blößen in einzelnen Systemen aufdeckten, doch nicht das wesentliche Bedürfniß des menschlichen Geistes vernichten, noch die Unmöglichkeit eines allgemein gültigen Systems apodiktisch beweisen; die einander entgegengesetzten dogmatischen Parteien aber hatten keinen festen Grund und Boden, auf welchem sie festen Fuß fassen konnten, um die entgegengesetzten Systeme zu widerlegen, sondern mußten sich begnügen, von ihren eignen Principien auszugehen, welche die Gegner nicht anerkannten.

In dieser Lage der Dinge, da sich jedem denkenden Kopfe das Urtheil nothwendig aufdringen mußte, daß von

ent-

entgegengesetzten Systemen nur Eins das wahre seyn könne, wurde der Versuch, mehrere zu vereinigen, ganz natürlich herbeigeführt. Denn auf die Art wurde der Widerstreit, der einmal vorhanden war, wenn er auch nicht getilgt werden konnte, doch vermindert. Das System, welches sich mit mehreren andern vereinigen ließ, gewann dadurch mehr Ansehen, weil es sich dem Ideal der Wissenschaft näherte. Allein diese Vereinigungsversuche, aus welcher Quelle sie auch entsprangen, hatten dennoch keinen wissenschaftlichen Zweck und Erfolg, weil sie aufs gerathewohl ohne alle Methode regellos angestellt wurden. Denn man ging nicht von Principien aus, um in ihnen eine Vereinigung zu stiften, durch Unterordnung oder Beiordnung, oder durch Aufsuchung eines höhern, das die uneinigen Grundsätze bestimmte und mit sich und unter sich zusammenstimmend machte, noch suchte man die Ansichten von der Natur des menschlichen Geistes von ihrer Einseitigkeit zu befreien, und dadurch Widersprüche zu heben. Nein, alle diese Operationen waren zu mühsam für die Richtung des Forschungsgeistes, welcher die Wahrheit auf der Oberfläche, nicht in der Tiefe suchte. Es war schon genügend, wenn man in einzelnen Lehrpunkten und Resultaten, wo der Widerspruch am auffallendsten war, den Schein von Einigkeit hervorgebracht zu haben glaubte.

Historisch läßt sich weder die Zeit noch der Mann bestimmt angeben, der zuerst auf den Gedanken kam, Systeme auf diese Art zu vereinigen; nur dieses ist gewiß, daß es nicht von den eigentlichen Alexandrinern zuerst geschah. Denn Atticus, ein Platoniker, der unter den Antoninen lebte, schrieb schon gegen diejenigen, welche Platos Philosopheme durch Aristotelische zu begründen und zu beweisen suchten [121]); auch erwähnt er einige Philosophen,
man

---

121) Eusebius *Praeparat. Evangelica* l. XI. c. 1.

Atti-

man weiß nicht, ob Platonische oder Aristotelische, welche die gelehrte Welt überreden wollten, Plato lehre gleich dem Aristoteles die Ewigkeit der Welt [122]). Um eben dieselbe Zeit lebte auch Numenius, der für die Harmonie des Plato und Pythagoras so sehr eingenommen war, daß man ihn mit demselben Rechte zu den Platonikern und Pythagoräern zählen konnte. Diese Einstimmigkeit, welche in einzelnen Punkten nicht schwer zu erhärten war, genügte ihm aber noch nicht, sondern es sollte auch Plato mit den Weisen der Hebräer, vorzüglich mit Moses übereinstimmen [123]). Einige gleichlautende Gedanken, und die Hypothese, daß Plato von den Priestern in Aegypten hebräische Lehrmeinungen erhalten haben könne, schienen schon in den Augen derjenigen hinreichende Beweise zu seyn, welche der christlichen Religion einen Dienst zu erweisen glaubten, wenn sie alles was irgend ein Denker durch den Gebrauch seiner Vernunft entdeckt hatte, aus einer gemeinschaftlichen Offenbarungsquelle ableiteten. Man darf sich nicht wundern, wenn die Kirchenväter so dachten, da selbst diejenigen, welche sich für Philosophen ausgaben, wie eben dieser Numenius, so sehr den Charakter der Philosophie aus den Augen setzten, daß sie sogar eine Bestätigung philosophischer Sätze in den religiösen Gebräuchen, Anordnungen und Meinungen der Völker aufsuchen zu müssen glaubten [124]). Es

Αττικος διαφανης ανηρ των Πλατωνικων φιλοσοφων — εν οις ισαται προς τας δια τα Αριστοτελας τω Πλατωνος υπισχυμενας. l. XV. c. 4.

122) Eusebius *Praeparat. Evangel.* l. XV. c. 6. παραιτωμεθα δε νυν, μη εμποδων ημιν τας απο της αυτης εστιας ειναι, οις αρεσκει, και κατα Πλατωνα τον κοσμον αγεννητον ειναι.

123) Eusebius *Praeparat. Evangel.* l. IX. c. 6. Νουμηνιος δε ὁ Πυθαγορικος φιλοσοφος αντικρυς γραφει· τι γαρ εστι Πλατων η Μωσης αττικιζων.

124) Eusebius *Praeparat. Evangel.* l. IX. c. 7. aus dem Numenius: εις δε τατο δεησει ειποντα και σημηναμενον ταις

Es ist nicht zu verkennen, daß allen diesen Versuchen die Idee zum Grunde lag, die Wahrheit könne nur einzig seyn. Aber diese Idee veranlaßte lauter Fehlgriffe, weil man die Quelle der Wahrheit nicht in der Vernunft, wo sie allein zu finden war, suchte, und weil man eben deswegen auch einen sehr schwankenden und unbestimmten Begriff von der Philosophie hatte. Sie verwandelte sich nach ihrer Ansicht in ein Aggregat von mannigfaltigen Kenntnissen, Meinungen und Gebräuchen, welche bloß durch die Beziehung auf das Uebersinnliche und durch die Ableitung aus einer gemeinschaftlichen Quelle Zusammenhang erhielten, ohne systematische Einheit und wissenschaftliche Form. Diesem Streben, welches mehr auf Mannigfaltigkeit als auf Einheit, mehr auf Zusammenhäufung von mannigfaltigen Kenntnissen, als auf Entwickelung des Bewußtseyns gerichtet war, und nicht die Vernunft, sondern eine Auctorität zum letzten Maßstabe des Wahren erklärte, war es nicht entgegen, daß man ohne philosophischen Geist im Einzelnen Speculationsgeist und Scharfsinn bewies. Der Umkreis des menschlichen Wissens war ein für allemal geschlossen; einzelne Gegenstände reizten nach zufälligen Veranlassungen noch zuweilen zum Nachdenken, aber eine durchgreifende lebendige Ergreifung der innern Thätigkeit des menschlichen Geistes trift man in dieser ganzen Periode nicht mehr an, außer bei den folgenden Alexandrinern, und doch auch nur in einer falschen dem Plato nachgeahmten Richtung.

Wenn man von dieser Selbstständigkeit eines freien Nachforschens abstrahirt, welche sich in dieser Periode nur selten

ταις μαρτυριαις τε Πλατωνος, καταχωρησασθαι και ξυνδησασθαι τοις λογοις τε Πυθαγορε, επικαλεισθαι δε τα εθη τα ευδοκιμεντα, προσφερομενον αυτωι τας τελετας, και τα δογματα, τας τε ιδρυσεις συντελεσμενας Πλατωνι ομολογεμενως, οποσας Βραχμανες και Ινδαιοι και Μαγοι και Αιγυπτιοι διεθεντο.

selten in schwachen Spuren äußerte, so schränkt sich alles Nachdenken dieser Platoniker, welche in der Philosophie des Plato ein vollendetes System des Wissens fanden, auf zwei Punkte ein; nämlich auf die Vergleichung des Systems ihrer Schule mit andern ihr ähnlichen oder entgegengesetzten, und auf die weitere Entwickelung und Vertheidigung einzelner Sätze desselben. In der ersten Rücksicht suchte man die Platonische Philosophie bald als Philosophie überhaupt darzustellen, mit welcher alles, was sich als philosophische Wahrheit in andern Systemen findet, übereinstimmig und vereinbar sey; auch wohl mit allen Dogmen und Meinungen religiösen Inhalts zu vermischen, bald die Unähnlichkeit und das Widersprechende im Verhältniß zu andern Systemen ins Licht zu setzen, je nachdem die Reflexion mehr auf Wahrnehmung des Aehnlichen oder des Verschiedenen gerichtet war. So entdeckte Atticus leicht einige Verschiedenheiten zwischen den Philosophemen des Aristoteles und des Plato, so wie Aristobulus zwischen beiden Aehnlichkeiten; aber, wie wir schon erwähnt haben, ohne auf den letzten Punkt, worin beide einstimmig und verschieden sind, durchzubringen.

Was aber die einzelnen Speculationen dieser Männer betrift, so sind wir nicht im Stande, sie im Detail zu verfolgen, weil es uns an historischen Quellen fehlet. Die Schriften, welche sie verfertigten, sind verloren gegangen; und von ihren philosophischen Behauptungen haben andere Schriftsteller selten ein Bruchstück angeführt. Dieses ist auch für keinen großen Verlust zu achten, da sie doch nur ein fremdes System ohne eignen philosophischen Geist wiederholten oder erläuterten. Dieses versichert wenigstens Longinus von allen Anhängern der verschiedenen Schulen, und selbst Numenius, so sehr er zu seiner Zeit geachtet wurde, macht keine Ausnahme [125]).

In

125) Longinus in einem Briefe an den Porphyrius urtheilte nämlich, daß die Schriften des Numenius, Kro-

In sofern also ihre Speculationen über Gott, die Welt und die Seele übereinstimmend sind mit denen der ältern Philosophen, verdienen sie hier keine besondere Notiz. Aber sie erhalten einiges Interesse für die Geschichte der Philosophie dadurch, daß sich in ihnen schon gewissermaßen die Richtung des Geistes äußert, aus welcher der neue oder alexandrinische Platonismus hervorgegangen ist. In dieser Rücksicht verdient Numenius besonders, daß wir bei ihm verweilen. Wir verbinden aber mit ihm den Juden Philo, weil er das erste Vorspiel von der schwärmerischen Ausartung der Platonischen Philosophie gab, welche die spätern Alexandriner vollendeten.

Dieser gelehrte und denkende Jude, welcher in Alexandrien einige Jahre vor Christus geboren worden, war nicht der erste, welcher die gelehrten Kenntnisse und die Philosophie der Griechen zur Erklärung seiner Religion anwandte, — vor ihm hatte schon Aristobulus einen Versuch der Art gemacht — aber doch der erste, der dieses mit mehr Kenntniß und Geist gethan hat. Seine noch vorhandenen Schriften verrathen einen sehr gebildeten Mann, der mit allen Systemen der griechischen Philosophie bekannt war, und sie alle zu seinem Zwecke, die Religionsschriften seiner Nation als ein vollkommenes System göttlicher Weisheit darzustellen, und sie dadurch gegen die Vorwürfe und den Tadel der Nichtjuden zu vertheidigen, gut zu benutzen verstand.

Kronius, Moderatus und Thrasyllus denen des Plotinus und Amalius, in Ansehung der Gründlichkeit, in großer Entfernung nachstehen müßten, und von den übrigen Philosophen seiner Zeit fällte er folgendes Urtheil: τας μεν γαρ λοιπας τι τις αν κινειν οιοιτο δειν, αφεις εξεταζειν εκεινας, πχὁ ὡν ταυτα λαβοντες ητοι γεγραφασιν, κδεν αυτων παρ' αυτων προςτιθεντες, κχ ὁτι των κεφαλαιων, αλλ' κδε των επιχειρηματων, κδ' αν η συναγωγης των παρα τοις πλειοσιν, η κρισεως τε βελτιονος επιμεληθεντες. Porphyrii vita Plotini.

stand. Unter allen aber entsprach dieser Idee keines in dem Grade, als das Platonische. Seine Neigung zum beschaulichen Leben, der Geist, der in Platos Philosophie wehte, der weit mehr ahnden ließ, als in den Worten liegt, und daher dem Mysticismus des Philo sehr zusagte, mußte schon seine Vorliebe für dieselbe bestimmen; aber außerdem ist auch keine so sehr geeignet, den geheimen Sinn einer Religionsurkunde, deren Inhalt dem höhern Grade von Aufklärung nicht mehr ganz angemessen war, herauszuwickeln, und so ihr heiliges Ansehen aufrecht zu halten. Denn bei dem Mangel eines vollständig entwickelten Systems waren die Ideen des Plato einer vielfachen Bildung und Deutung fähig; sie konnten eher aus ihrem natürlichen Zusammenhange gerissen, und den Worten der Religionsurkunde untergelegt werden. Auch die Aehnlichkeit einer Weltschöpfung, worauf die Religionsbücher der Juden sich gründeten, und der Weltbildung, welche Plato als eine annehmliche Idee der Vernunft darstellte, mußte den Versuch begünstigen, dem jüdischen Religionssystem einen höhern philosophischen Schwung durch das System des Plato zu geben. Uns darf aber hier bloß die Umstaltung der Platonischen Ideen, wie sie aus diesem Versuche hervorging, und die Denkart des Mannes beschäftigen.

Gott und die Materie sind die beiden Principe, welche von Ewigkeit waren; Gott die unendliche Intelligenz, welche die Formen von allen möglichen Dingen in sich enthält; die Materie, der formlose Stoff, der ungeachtet seiner Subsistenz, durch den Mangel an aller Form, ein Unding (μη ον) für den Verstand ist. Form und Leben erhielt die Materie durch Gott [1-6]. Dieses ist die

---

126) Philo de mundi opificio (Opera Francofurti 1691.) p. 4.

die Platonische Grundlage des Gedankensystems des Philo. Indem er aber das bildende Urwesen sowohl als die Art, wie es die Welt bildete, nach dem Inhalt der Mosaischen Schöpfungsgeschichte, und der übrigen religiösen Vorstellungen der Juden näher bestimmen will, verfällt er in Schwärmerei, von welcher sich Plato bei allem Schwung seiner Einbildungskraft frei gehalten hatte.

Gott ist das reale Wesen, welches wegen seiner Unendlichkeit von keinem endlichen Wesen erkannt werden kann. Er ist nicht in dem Raume, nicht in der Zeit außerhalb der Sinnenwelt, und durch kein Prädicat eines endlichen Wesens denkbar. Er kann nur gedacht werden als das Reale (ον) ohne bestimmte Realität. Man weiß nur, daß Gott ist, nicht, was er ist [127]. Ungeachtet dieser Ueberzeugung, daß Gott kein Gegenstand der Erkenntniß ist, nimmt er doch unvermerkt Prädicate in die Vernunftidee auf, weil sie für sein Religionssystem unentbehrlich, und ohne bestimmte Merkmale, ohne Haltung ist. Also Gott ist nicht in dem Raume, aber sich selbst der Ort; er erfüllt und begränzt sich selbst. Er ist die hypostasirte Ewigkeit; denn in ihm ist nichts vergangen, gegenwärtig und künftig; er ist ohne Anfang und Ende in seinem ganzen Wesen unveränderlich [128]. Er ist das Urlicht, aus dessen Strahlen

---

127) Philo *de confusione linguarum* p. 340. *Quis rerum divinarum haeres.* p. 512. *Legis allegoriarum* l. I. p. 47.

128) Philo *de confusione linguarum* p. 339. *liber legis allegoriarum* p. 48. επει αυτος εαυτω τυπος και αυτος εαυτου πληρης και ικανος ο θεος τα μεν αλλα επιδεη και ερημα και κενα οντα πληρων και περιεχων· αυτος δε υκ' αδενος αλλα περιεχομενος, ατε εις και το παν αυτος ων. *quod deus sit immutabilis.* p. 298.

len alle endliche denkende Wesen ausgegangen sind [129]).

Als unendliche Intelligenz umfaßt Gott alle Ideen von allen möglichen Dingen. Aber eine Idee Gottes ist nichts anders als das Ding selbst; was er denkt, erhält durch sein bloßes Denken Realität. Der Verstand Gottes (λογος), welcher alle Ideen begreift, ist also die ideale Welt; diese ist das Ebenbild Gottes, sein erstgeborner Sohn, denn sie gehet unmittelbar aus dem Wesen Gottes hervor und muß daher eben so vollkommen seyn, als die höchste Intelligenz selbst. Er nennt diese personificirte Verstandeswelt auch noch den Erzengel, (weil sie die erste aller erschaffenen oder vielmehr aus Gott ausgeflossenen Intelligenzen ist), den himmlischen Menschen, den Aufgang der Sonne [130]).

Dieser Logos ist das Muster, nach welchem Gott die sichtbare Welt schuf. Die göttliche Kraft, wodurch diese gebildet

---

[129] Philo de somniis p. 576. πρωτος μεν ὁ θεος φως ἐσι. — και ε μονον φως, αλλα και παντος ἑτερε φωτος αρχετυπον, μαλλον δε πρεσβυτερον αρχετυπε και ανωτερον, λογον εχων παραδειγματος. το μεν γαρ παραδειγμα ὁ πληρεστατος ην αυτε λογος φως, αυτος δε ουδεν των γεγονοτων ὁμοιος. quod deus sit immutabilis p. 302. 304. η νομιζεις, ακρατον μεν την ἡλιε φλογα μη δυνασθαι θεαθηναι — τας δε αγεννητες ἱερα δυναμεις εκεινας, αἱ περι αυτον και λαμπροτατον φως απαστραπτουσιν, ακρατες περινοησαι δυνασθαι.

[130] Philo legis allegoriarum l. I. p. 46. l. II. p. 93. de sacrificiis Abelis et Caini p. 140. ὁ γαρ θεος λεγων ἁμα εποιει, μηδεν μεταξυ αυτων τιθεις. ει δε χρη δογμα κινειν αληθεστερον, ὁ λογος εργον αυτε. de somniis p. 576. 578. quod deus sit immutabilis p. 300. 298. de mundi opificio p. 4. ουδ᾽ ὁ εκ των ιδεων κοσμος αλλον αν εχοι τοπον, η τον θειον λογον τον ταυτα διακοσμησαντα. επει αν τις ειη των δυναμεων αυτε τοπος ἑτερος, ὡς γενοιτ᾽ αν ἱκανος, ε λεγω πασας, αλλα μιαν ακρατον ηντιναν δεξασθαι τε και χωρησαι. Eusebius Praeparat. Evangel. VII, 13. XI, 15.

gebildet wurde, ist der nach Außen wirkende Logos (λογος προφορικος), welcher mit dem Sprechen verglichen werden kann. So wie Philo durch die anthropomorphische Vorstellung der Schöpfung durch das Reden Gottes, worin doch zugleich etwas Erhabenes liegt, zu diesem Begriff eines schöpfenden Logos geführt wurde, so liegt dem Unterschiede beider Logos die Idee zum Grunde, daß, was Gott unmittelbar wirkt, an Vollkommenheit und Unendlichkeit Gott am nächsten kommt, die Sinnenwelt daher nicht unmittelbar, sondern vermittelst des erstern Logos durch Gott gebildet worden. So wie die Rede Ausdruck des Gedankens ist, so ist die Sinnenwelt eine Nachbildung der Idealwelt, vermöge der Rede Gottes, wodurch das Ideal ausgesprochen und realisirt wurde [131]).

Platos Philosopheme von dem Logos, und die versinnlichte Darstellung der Schöpfungsgeschicht. in den Mosaischen Schriften enthalten also den Stoff von diesem Philonischen Philosophem, welches sich von dem Platonischen dadurch unterscheidet, daß es zwei Logos annimmt, und die Ideen hypostasirt. Dieß ist aber überhaupt der Charakter der schwärmerischen Philosophie, daß sie den Producten ihres denkenden und bildenden Geistes sogleich objective Realität beileget, ohne über die objective Möglichkeit derselben zu reflectiren. Die Einbildungskraft ist sogleich bereit, den Begriffen ein Substrat unterzulegen, und durch gewisse Bilder ihnen Haltung zu geben. Dieser Hang bekommt noch dadurch ein stärkeres Gewicht, wenn sich die Täuschung übernatürlicher Eingebungen und Offenbarungen dazu gesellet, wie dieß der Fall bei Philo war, der nicht allein die Religionsschriften der Juden für wirkliche Offenbarungen hielt, sondern auch überzeugt war, daß

---

131) Philo de mundi opificio p. 5. αδεν αν ετερον ακοι του νοητου ειναι κοσμον, η δια λογον ηδη κοσμοποιηντος. quod deus sit immutabilis.

daß die Erkenntniß Gottes durch unmittelbaren göttlichen Einfluß gewirkt werde [132]. Bei göttlichen Offenbarungen hört aber natürlich die Nachfrage nach den subjectiven Bedingungen der Möglichkeit einer Erkenntniß auf. Gott ist die Quelle aller Wahrheit; was man durch Gott erkennet, ist Wahrheit, wenn man sie auch nicht begreifen kann.

Es ist merkwürdig, daß Philo sich Gott unter dem Bilde eines Lichts denkt, ungeachtet er dem Menschen alle positive Erkenntniß Gottes abspricht, und behauptet, daß das Auge der Seele, wenn es auch von Gott erleuchtet worden, doch nur erkennen könne, daß Gott ist, nicht was er ist. Es beweiset das Uebergewicht der Einbildungskraft über den Verstand. Mit der Idee eines Wesens, von welchem alle Prädicate wirklicher Dinge ausgeschlossen werden, ist nichts anzufangen, und die Vernunft läßt es gerne geschehen, daß die Einbildungskraft ungerufen zu Hülfe kommt, und der Idee etwas Sinnliches einmischt, wodurch sie doch einige Haltung bekommt, wiewohl dieses Spiel selbst keine Prüfung aushält und die Idee verdunkelt. Freylich ist Licht so etwas Feines, daß es um so eher die Phantasie verführet, es als etwas Immaterielles und das Substrat der unendlichen Intelligenz zu betrachten; und die Schnelligkeit, mit welcher es sich verbreitet, und die Objecte dem Auge sichtbar macht, kann leicht die Täuschung veranlassen, darin die Wirkungsart des Unendlichen zu ahnden, und seine Geschöpfe als Figurationen des Urlichtes sich vorzustellen.

Ungeachtet auch einige ähnliche Spuren von dieser Vorstellungsart im Plato vorkommen mögen, so bleiben sie doch noch immer von Vision und Schwärmerei entfernt genug, weil man keinen Grund hat anzunehmen, daß er

---

132) Philo *de praemiis et poenis* p. 917.

er das Bild zur Sache gemacht habe [133]). Plato also abgerechnet, so findet sich in der Philosophie der Griechen und Römer keine Spur weiter davon; aber von Christi Geburt an scheint sich diese Vorstellungsart immer weiter auszubreiten. Daher haben die meisten Gelehrten geglaubt, daß sie in dem Geistescharakter des Morgenländers gegründet sey, und von der Zeit an, da das Verkehr der Morgenländer und Abendländer zugenommen, eine Art von Herrschaft über die Gemüther gewonnen habe. Sie haben es mit gründlicher Gelehrsamkeit bewiesen, daß diese bildliche Vorstellung Gottes unter einem Lichte wirklich im Morgenlande sehr gewöhnlich war, und unter sehr mannigfaltigen Modificationen erscheint. Diese Behauptung zu bestreiten, wäre daher eine lächerliche Verwegenheit. Eine ganz andere Frage aber ist diese, ob sie schlechterdings an eine klimatische Verschiedenheit der Menschen gebunden, und ob sie daher nicht auch unter gewissen Umständen in dem Kopfe eines Occidentalen entstehen konnte; oder mit andern Worten, ob die größere Verbreitung dieser Lichthypothese eine Folge von der stärkern Verbindung der orientalischen Länder mit den occidentalischen, oder vielmehr eine

---

[133] Plessing und Tiedemann haben behauptet, daß sich Plato Gott als Licht vorgestellt habe, Versuche zur Aufklärung der Philosophie des ältesten Alterthums 1 B. S. 310 — 314. *Argumenta dialogorum Platonis* p. 138. 322.) nur mit dem Unterschiede, daß der Letztere es doch nur wahrscheinlich findet, der Erstere dagegen es als historisches Factum aufstellt, und dazu Stellen aus dem Plato anführet, worin dieser gegen seine Ausleger noch immer sehr nüchterne Philosoph offenbar nur analogisch und symbolisch sich ausdrückt, ohne sich eine wirkliche Erkenntniß von Gott und seiner Lichtnatur auch nur im Traume einfallen zu lassen. Man sehe die Hauptstelle *de republica* VI. S. 117 seq. VII. S. 133. und System der Platonischen Philosophie 3 B. S. 153 seq.

eine Folge von dem damaligen herrschenden Charakter der Geistesstimmung gewesen. Dieses letzte anzunehmen, dazu bestimmen uns folgende Gründe.

Wir wollen annehmen, daß der Morgenländer einen gewissen eignen Charakter des Geistes habe, vermöge dessen seine Einbildungskraft ein großes Uebergewicht über die Denkkraft behauptet, so daß er sich alles unter sinnlichen Bildern vorstellet, und alle seine Begriffe in Anschauungen verwandelt und verwirklichet, und wegen der Lebhaftigkeit der Einbildungskraft, Einbildungen von Anschauungen nicht unterscheidet, mit einem Worte, er soll einen größern Hang zum Mysticismus und zur Schwärmerei besitzen. Allein damit kann man nicht behaupten wollen, daß die Schwärmerei allein dem Morgenlande eigenthümlich sey; man würde der Erfahrung widersprechen, welche hinlänglich bewiesen hat, daß der Same derselben überall in dem Menschengeschlechte ausgestreuet ist, obgleich er aus besondern Ursachen nicht allenthalben gleich keimet und reifet. Wo sie nun einmal entwickelt ist, da wird sie sich, gewisse individuelle Verschiedenheiten abgerechnet, immer auf gleiche Art äußern.

Zu dieser beständigen Aeußerungsart der Schwärmerei gehört nun auch die Vorstellung des Uebersinnlichen, besonders der Gottheit unter dem Bilde des Lichts. So verschiedenartig auch die Schwärmerei an sich ist, sie mag mehr Grübelei oder Empfindelei seyn, das Uebersinnliche durch Speculation zu erforschen suchen, oder durch Eingebungen von oben erleuchtet werden, so spielt das Licht immer eine Hauptrolle, wie die Schriften eines Böhme, Pordage, der Bourignon beweisen. Ja selbst unsere neuesten Philosophen, welche das größte aller Geheimnisse, die Construction der Natur und des Geistes gefunden haben, können auf der höchsten Stufe der Speculation des Lichts, der Idee aller Dinge, gar nicht entbehren. Man kann aus diesen Beispielen sicher schließen, daß diese Vorstellungsart mit der speculativen Schwärmerei wesentlich verbunden sey, und man hat daher gar nicht nöthig, ihren eigentlichen Geburtsort nur allein in dem Morgenlande aufzusuchen. Sie ist immer da zu Hause, wo die Anlage zur Schwärmerei sich entfaltet.

Und hierauf führet uns sowohl die Beleuchtung der ganzen Periode der Alexandrinisch Neuplatonischen Philosophie, als die Hypothese des morgenländischen Ursprungs ihrer schwärmerischen Tendenz. Sollte nämlich der Orient den damals cultivirten Theil der Welt mit derselben wie mit einer Seuche angesteckt haben, so müssen wir doch, um dieses Phänomen begreiflich zu machen, eine gewisse Anlage und Neigung voraussetzen, wodurch jene morgenländische Denk- und Sinnesart sich den Abendländern mittheilen konnte. Ohne jene Empfänglichkeit hätte diese keinen Eingang gefunden. Der Abendländer mußte erst dem Morgenländer gleichgesinnt werden, und gewisse Berührungspunkte erhalten, wenn eine wechselseitige Mittheilung der Ideen und Ansichten Statt finden sollte. Die Griechen und Römer waren schon lange in Verkehr mit dem Orient gewesen. Alexanders Zug, die Erbauung Alexandriens, die Kriege der Römer, und die Vereinigung mehrerer Länder in Asien und Afrika unter das große römische Reich, hatten schon mehrere Berührungspunkte durch politische Verhältnisse und den Handelsverkehr hervorgebracht, ohne daß eine merkliche Veränderung in der Denkungsart und in dem literarischen Charakter vorging. Die Gelehrten, welche sich an dem Hofe der Ptolemäer aufhielten, zeigen uns immer ihren eigenthümlichen Geistescharakter ohne orientalischen Anstrich, und auch in der Folge, da die Schwärmerei der Alexandriner ansteckend wurde, gab es noch einzelne Denker, welche sich von dieser allgemeinen Stimmung frei erhielten, ungeachtet sie mit Alexandrinern

lebten,

lebten, und ihre Schriften zum Theil hochschätzten. Was folgt hieraus? Nichts anders als, daß eine eigenthümliche Stimmung des Gemüths die Abendländer den Morgenländern erst näher bringen mußte, ehe die ersten für die Vorstellungsarten der letztern Empfänglichkeit erhalten konnten. Muß man dieses aber annehmen, so lassen sich hernach die besondern Vorstellungsarten eben so natürlich aus dieser Seelenstimmung erklären, als aus einer Geistesmittheilung der Orientalen. Wir wollen damit nicht läugnen, daß der Verkehr beider Erdtheile, zumal in Alexandrien etwas dazu beigetragen habe, die Stimmung des Gemüths, welche der Schwärmerei günstig ist, zu befördern und zu unterhalten, sondern behaupten nur, daß noch ganz andere Ursachen mitwirkten, welche bei jener Voraussetzung einer eigenthümlichen orientalischen Philosophie gewöhnlich kein Gegenstand der Erforschung werden.

Dieselbe Vorstellungsart finden wir nun auch bei dem Numenius, bei welchem eigner Hang zur Schwärmerei und die Bekanntschaft mit den Schriften des Philo zusammenwirkten, ihn für dieselbe zu stimmen. Sein Ausspruch: Plato sey nichts anders als Moses in attischer Sprache, gründet sich wahrscheinlich eher auf die Lectüre der Philonischen, als der Mosaischen Schriften. Aus seinem Studium der Platonischen und Pythagordischen Schule hatte sich die lebendige Ueberzeugung gebildet, daß das wahre Seyn nicht in der Sinnenwelt angetroffen werde, und der Gegensatz zwischen einem Sinnenwesen, welches seine Existenz nur in einem beständigen Kreislaufe von Seyn und Nichtseyn, das heißt, Andersseyn oder unaufhörlichem Werden ankündigt, und einem Noumenon, welches ist, was es ist, ohne allen Wechsel von Bestimmungen in der Zeit, schärfer ausgeprägt [134]. Die Sinnen-

---

[134] Eusebius *Praepar. Evang.* XI. c. 10. XV. c. 17.

welt, wo nur ein veränderliches Seyn sich zeigt, befriediget den menschlichen Geist nicht, er gehet nach einem natürlichen Hange über dieselbe hinaus, und suchet in dem Absoluten die volle Befriedigung der Wißbegierde. Die Frage: ob der Mensch auch ein Vermögen besitze, das Absolute zu erkennen, kam hier noch gar nicht in Anregung. Das subjective Bedürfniß und die Idee des Absoluten, welche die Vernunft darbietet, schien schon hinlänglich zu beweisen, daß die Vernunft dieses Erkenntnißvermögen sey. Denn ohne das Absolute anzunehmen, glaubte er, würde man sich auch kein anderes Seyn erklären können, und das Absolute läßt sich ohne Widerspruch nicht anders denken, als unter einem vollkommenen unveränderlichen Seyn [135]).

Dieser Vernunftbegrif von einem absoluten realen Wesen, welches bloß durch die Vernunft als ein nichtsinnliches Wesen (ασωματον nannte es Numenius) erkannt wird, ist nun die Grundlage von des Numenius hyperphysischen Metaphysik, welche größtentheils mit der des Philo übereinstimmt, ausgenommen, daß er schon nicht mehr von zwei, sondern von drei göttlichen Hypostasen als Principien aller Dinge spricht. Die oberste Gottheit ist das vollkommenste realste Wesen, welches ohne allen Wechsel und Veränderung im Beschauen seiner Selbst die höchste Seligkeit genießet. Die negativen und positiven Prädicate denkt sich Numenius ganz so wie Plato. Nur darin weicht er von diesem ab, daß er sich

Gott

---

135) Eusebius *Praeparat. Evangel.* XI. c. 10. τo ον ᴋτε ποτε ην, ᴋτε ποτε μη γενηται· αλλ᾽ εϛιν υεα εν χρονῳ ὡρισμενῳ τῳ ενεϛωτι μονον· τᴋτον μεν αν τον ενεϛωτα ει τις εθελει καλειν αιωνα, καγω συμβαλευω (συνδοξαζω) — ωϛι τι τι γε ετως λεγομενε, ει γινεται τι εν τῳ λογῳ μεγα αδυνατον, ειναι τε ομα τ᾽ αυτον, και μη ειναι. α δε ετως εχα, σχολη γ᾽ αι αλλο τι ειναι δυναιτο, τε οντος αυτε μη οντος κατα αυτο το ον. XV. c. 17.

Gott weder als die Urſache der Bildung, noch der Erhaltung und Regierung der Welt, aber doch als den Grund aller Vollkommenheit vorſtellt. Denn was Gott bildet, muß den höchſten Grad der Vollkommenheit haben, und daher in dem vollkommenſten Ebenmaß zu Gott, alſo Gott gleich ſeyn. Dann konnte er ſich nicht denken, wie Gott die Welt bilden, erhalten und regieren könne, ohne innige Verbindung des Unendlichen mit dem Endlichen, wodurch die Vollkommenheit und Einfachheit des Unendlichen eingeſchränkt, und ſeine Intelligenz zertheilet, zerſtreuet und von ſich ab auf Dinge außer ihm hingezogen werden müſſe [135]). Dieſe anthropomorphiſche Vorſtellungsweiſe des göttlichen Denkens führte ihn alſo darauf, außer der weltbildenden Gottheit, die Plato nur allein annahm, noch eine höhere Gottheit anzunehmen, die erſtere aber ſich nach einem zweifachen Verhältniß als Intelligenz und weltbildende Kraft als zweifach vorzuſtellen. Seine rationale Theologie beſteht alſo aus folgenden Sätzen.

Der oberſte erſte Gott iſt einfach, unendliche Intelligenz ohne Schranken, die nichts anders als ſich anſchauet, ohne alle Verbindung mit der Welt, daher auch ohne alle Cauſalität für dieſe: ein bloß geiſtiges Weſen [136]). Eine Intelligenz muß indeß doch die Welt

---

135) **Eusebius** *Praeparat. Evangel.* XI. c. 18. ὁ θεος ὁ μεν πρωτος εν ἑαυτῳ ων, ἐστιν ἀπλες, δια το ἑαυτῳ συγγινομενος δι' ὁλου, μη ποτε εναι διαιρετος. ὁ θεος μεντοι ὁ δευτερος και τριτος εστιν εἱς· συμφερομενος δε τη ὑλῃ δυαδι ουση, ἑνοι μεν αυτην, σχιζεται δε ὑπ' αυτης, ἐπιθυμητικον ειδος εχουσης και ρεουσης. τῳ ου μη ειναι προς τῳ νοητῳ, ην γαρ αν προς ἑαυτῳ, δια το την ὑλην βλεπειν, ταυτης επιμελουμενος, απεριοπτος ἑαυτε γινεται και ἁπτεται τα αισθητα και περιεπει, αναγει τε ετι εις το ιδιον ηθος, αποορεξομενος της ὑλης.

136) **Eusebius** *Praeparat. Evangel.* XI. c. 18. τον μεν πρωτον θεον αργον ειναι εργων, ξυμπαντων και βασιλεα.

Welt gebildet haben, weil sie so viel Zweckmäßigkeit und Ordnung enthält: und da der erste Gott der Grund alles Vollkommenen ist, so muß diese Intelligenz in Verbindung mit Gott und der Welt stehen. Das letzte, um die Welt zu bilden und zu regieren; das erste, um dieses auf die vollkommenste Art zu bewirken [137]. Der erste Gott enthält den Samen aller Intelligenz, und legt in jedes Wesen, das mit ihm in Gemeinschaft stehet, den Keim zu allem Wirken. Der zweite Gott, der Demiurg, empfängt von dem ersten diesen geistigen Samen, und pflanzt ihn hernach in jedes vernünftige Wesen. Der erste Gott ist der Vater des zweiten, und dieser der Vater der Welt. Es findet zwischen beiden dasselbe Verhältniß Statt, wie zwischen einem Feldbebauer und dem Sämann. Es ist eine Art von göttlicher Mittheilung, wodurch der Geber einem andern von dem Semen mittheilet, ohne es dadurch selbst aus seinem Besitz zu verlieren, so wie man von einem Lichte viele andere anzünden kann, wodurch jedoch das erste nichts von seinem Lichte verlieret, oder Kenntnisse einem andern mittheilet, ohne durch diese Mittheilung etwas von seinem Wissen einzubüßen. Alle Dinge, welche auf diese Art mitgetheilt werden können, sind von göttlicher Art, dagegen menschliche, irdische Dinge nur so mittheilbar sind, daß sie von einem Besitzer zum andern übergehen [138]. Der Demiurg, welchen Numenius auch

---

[137] Eusebius *Praeparat. Evangel.* XI. c. 18. βλεποντος μεν αν και επεστραμμενα προς ημων εκαστον τε θεκ, (es ist die Rede von dem Demiurg) συμβαινει ζην τε και βιοσκεσθαι τοτε τα σωματα, κηδευοντα (κηδονομενα) τε θεε τοις ακροβολισμοις· μεταστρεφοντος δε εις την εαυτε περιωπην τε θεε, ταυτα μεν αποσβεννυσθαι, τον δε νουν ζην, βιω επαυρομενον ευδαιμονος.

[138] Eusebius *Praeparat. Evangel.* XI. c. 18. ὡσπερ δε

auch) den Sohn und den νχς nennt, steht daher als Intelligenz in einem andern Verhältniß zur ersten Gottheit, und wieder in einem andern zur Welt als die bildende Kraft. Als Intelligenz, die von dem ersten Gott ihr Daseyn erhalten hat, schauet er in diesem sich selbst an, und findet nur darin sein **geistiges Leben, welches in Ruhe und Einheit besteht;** als **weltbildende Kraft** steht er in Causalverhältniß mit der Sinnenwelt, und ist in steter Bewegung; er gibt dieser ihr Daseyn und ihre Beharrlichkeit, verbindet und hält die Materie durch harmonische Verhältnisse zusammen, indem er wie ein Steuermann auf das Schiff und den Himmel, zugleich auf die bewegliche Materie und auf seinen Vater und dessen Ideen den Blick heftet. Die Körperwelt würde in die ewige Finsterniß aufgelöst werden, wenn der Demiurg sein Auge von der Sinnenwelt zurückzöge und sich in der Anschauung seiner selbst, das ist, der ersten Gottheit verlöre, und ein bloß geistiges Leben in ihm begönne. Aber auf der andern Seite hängt auch die Fortdauer und die Ordnung der Welt von diesem Hinschauen auf Gott ab, dessen Leben, Ruhe und Unbeweglichkeit ist, obgleich diese **Unbeweglichkeit wieder seine wesentliche Bewegung ausmacht** [139]). Auf dieses doppelte

---

δε παλιν λογος εςι γεωργῳ προς τον φυτευοντα αναφερομενος· τον αυτον λογον μαλιςα εςιν ὁ πρωτος θεος προς τον δημιεργον. ὁ μεν γε ων σπερμα πασης ψυχης, σπειρα εις τα μεταλαγχανοντα αυτε χρηματα συμπαντα· ὁ νομεθετης δε φυτευει και διανεμει και μεταφυτευει εις ἡμας ἑκαςες τα εκειθεν προκαταβεβλημενα — και γαρ κτε δημιεργειν εςι χρεων τον πρωτον, και τα δημιεργεντος δε (περι) πατρος και υιε χρη ειναι νομιζεσθαι πατερα τον πρωτον θεον.

[139] Eusebius *Praeparat. Evangel.* XI. c. 18. δηλονοτι ὁ μεν πρωτος θεος εςαι ἑςως, ὁ δε δευτερος εμπαλιν εςι κινεμενος. ὁ μεν εν πρωτος περι τα νοητα, ὁ δε δευτερος περι τα νοητα και αισθητα — αντι της προσεσης τῳ δευτερῳ κινησεως, την

doppelte Verhältniß gründet es sich, daß Numenius einen zweiten und dritten Gott unterscheidet, ungeachtet er selbst wiederum einlenkt, und gesteht, daß der zweite und dritte Gott doch nur **ein Wesen** ist [140]). Es ist also eine bloße metaphysische Grille.

Die oberste Gottheit sollte als rein geistiges Wesen keine Gemeinschaft mit der Materie haben, weil er sich dieselbe auf der einen Seite als das realste, über unsern Erkenntnißkreis weit erhabene Wesen, und auf der andern doch wieder höchst menschlich, mit der Schwachheit durch einen zu mannigfaltigen Stoff der Betrachtung zerstreuet zu werden, vorstellt. Nun fragt es sich aber: ist die zweite Gottheit der ersten gleich oder nicht? Im ersten Falle gilt derselbe Grund auch von dem Demiurg, und er durfte daher auch nicht die Welt bilden. Ist aber das zweite, so ist noch weniger einzusehen, wie der Demiurg das vermöge, was die oberste Gottheit nicht kann, ohne ihre Einfachheit zu verlieren. Ueberhaupt ist die Nothwendigkeit einen Demiurg anzunehmen, nur erträumt. Bildet Gott die Welt nicht, weil er zu erhaben ist, und durch seine Thätigkeit nur ein Wesen hervorbringen kann, was ihm vollkommen gleich ist, so muß auch sein Sohn, der Demiurg, ihm an Vollkommenheit gleich seyn, und dann

την προσεχαν τω πρωτω ςασιν φημι ειναι κινησιν συμφυτον, αφ' ης ητε ταξις τε κοσμε και η μονη η αειδιος και η σωτηρια ανακειται εις τα ολα. — ετω και ο δημιεργος την ύλην, τα μητε διακρυσαι, μητε αποπλεχθηναι αυτη (ένεκα), άρμονιᾳ ξυνδησαμενος, αυτος μεν ύπερ ταυτης ιδρυται, οιον ύπερ νεως, επι θαλαττης, της ύλης· την άρμονιαν δε ιθυνει ταις ιδεαις οιακιζων, βλεπει τε αυτι τα κραιᾳ, εις τον ανω θεον, προσαγομενον αυτη τα ομματα, λαμβανει τε το μεν κριτικον απο της θεωριας, το δε όρμητικον απο της εφεσεως.

140) Eusebius Praeparat. Evangel. XI. c. 18. ὁ θεος μεντοι ὁ δευτερος και τριτος εςιν εἷς.

dann dürfte der Demiurg aus demselben Grunde keine Welt bilden. Ist der Demiurg aber ein weniger vollkommenes Wesen, so ist wieder nicht abzusehen, warum Gott nicht auch die Welt bilden konnte. Ueberhaupt ist diese rationale Theologie nichts als ein Gewebe von widersprechenden und leeren Begriffen, das unvermeidlich erfolgt, wenn die Vernunft die Gränzen der Erfahrung überspringt. Sie läßt sich auf die widerstreitenden Sätze zurückführen: **das Reingeistige ist von der Welt abgesondert, und kann auf sie nicht wirken; und das Reingeistige enthält den Grund der Welt; Gott ist das unthätige Princip der Vollkommenheit, und er erzeuget doch den Demiurg und alle Seelen; Gott ist in ewiger Ruhe, und seine Ruhe ist ewige Bewegung.**

Wir finden hier auch einige schwache Spuren von dem Lichtwesen der Gottheit. Das Licht betrachtet er so wie das Wissen, als etwas Göttliches, weil es sich, ohne etwas Substanzielles zu verlieren, vervielfältigen und mittheilen läßt. Dann sagt er auch, die materiellen Wesen würden verlöschen, wenn der Demiurg seinen Blick von ihnen abzöge. Vielleicht würden sich noch mehrere und klärere Spuren davon finden, wenn wir nicht bloß einige wenige abgerissene Fragmente des Numenius besäßen, welche Eusebius aufbewahret hat.

Das reale, absolute Seyn glaubte Numenius, wie wir gesehen haben, nur allein in dem Idealen oder Denkbaren zu finden. Gott, der Demiurg und die von ihm ausgeflossenen Seelen machen das unsichtbare Reich dieser übersinnlichen realen Wesen aus; denn diese subsistiren durch ihre Natur, dagegen die Körper ohne den Einfluß geistiger Kräfte in ein gestaltloses Nichts sich zerstreuen würden.

würden ¹⁴¹). Da die Seelen die eigentlichen Substanzen der Welt sind, so mußte er auch behaupten, daß sie immateriell und unsterblich sind. Die Gründe, wodurch er die Immaterialität bewies, beruhen auf dem eben angegebenen Gegensatz zwischen Körper und Seele. Plato gründete sich auf die Verschiedenheit des Begriffs von Körper und Seele, Numenius aber auf die reale Möglichkeit der Körper. Er schließt so: Die Körper sind ihrer Natur nach veränderlich, ins Unendliche theilbar und auflösbar, mit dem Streben, sich zu zerstreuen. Es muß also etwas vorhanden seyn, was sie zusammensetzt, einiget, und gleichsam mit Gewalt zusammenhält, und dieses ist, was wir Seele nennen. Ist nun die Seele ein Körper, wenn auch noch so fein, was hält sie wieder zusammen? Da dieses nicht bis ins Unendliche fortgehen kann, so müssen wir zuletzt auf etwas Unkörperliches kommen, welches die Seele ist ¹⁴²).

Zwar

---

141) *Eusebius Praeparat. Evangel.* XV. c. 17. ακαν φημι την υλην ατε αυτην ατε τα σωματα ειναι ον. τι αν δε; ει εχομεν παρα ταυτα αλλο τι εν τη φυσει τη των ολων; ναι τυτο αδεν απαν ποικιλον, ει τοδε πρωτον μεν εν ημιν αυτοις αμα παραδαμεν διαλεγομενοι. επει δε τα σωματα εστι φυσει τεθνηκοτα και νεκρα και πεφυρμενα και εδ' εν ταυτω μενοντα, αρ εχι τα καθεξοντος αυτοις δει; παντος μαλλον. ει μη τυχοι δε τατα, αρα μενειεν αν; παντος ηττον. τι αν εστιν το κατασχησον; ει μεν δη και τατο ειη σωμα, Διος σωτηρος δοκα αν μοι δεηθηναι αυτο παραλυομενον και σκιδναμενον. ει μεντοι χρη αυτο απηλλαχθαι της των σωματων παθης, ινα κακεινοις κεκινημενοις την φθοραν αμυνειν δυνηται και κατασχη, εμοι μεν α δοκει αλλο τι ειναι, η μονον γε το ασωματον. αυτη γαρ δη φυσεων πασων μονη εστηκε, και εστιν αραρυια, και αδει σωματικη. ατε γ' αν γινεται, ατε αυξεται, ατε κινησιν κινειται αλλην αδεμιαν, και δια ταυτα καλως δικαιον εφανη πρεσβευσαι το ασωματον.

142) *Nemesius de natura hominis* c. 2. S. 70. κοινη μεν προς παντας τας λεγοντας σωμα την ψυχην αρκεσει τα
παοα

Zwar könnte man einwenden, daß die Stoiker zur Erklärung der realen Möglichkeit der Körper keine Seelenwesen, sondern eine spannende oder dehnende Bewegung (τονικη κινησις) zu Hülfe nehmen, welche zugleich nach außen und nach innen gerichtet sey, durch die erste Richtung die Größe und Beschaffenheiten, durch die zweite, die Einheit und das beharrliche Seyn der Körper bewirke. Allein da jede Bewegung von einer Kraft entspringen muß, so kann man fragen, welches ist diese Kraft, und welches ihr Substrat? Ist sie die Materie, so kommen wir auf das vorige Raisonnement; ist sie nicht Materie, sondern nur in der Materie, so ist sie von der Materie verschieden, und also immateriell. Noch ein Einwurf muß entkräftet werden. Die Körper haben drei Dimensionen oder Ausdehnungen; die Seele ist ebenfalls ausgedehnt, in sofern sie den ganzen Körper durchdringt, und daher auch allerdings ein Körper. Allein die Seele ist ihrer Natur nach keinesweges ausgedehnt, sondern nur zufällig, weil sie ihren Sitz in dem Körper hat, oder wird nur als ausgedehnt betrachtet. Denn jeder Körper ist zwar nach drei Dimensionen ausgedehnt; aber man kann den Satz nicht umkehren, daß alles Ausgedehnte nach drei Dimensionen Körper sey, da auch die Größe und Qualität, obgleich an sich unkörperlich, doch in dem Substrate der Materie zufällig eine Ausdehnung er-

παρα Αμμωνια τα διδασκαλα Πλωτινα και Νεμηνια τα πυθαγορικα λεγομενα. εισι δε ταυτα. τα σωματα τη οικεια φυσει τρεπτα οντα και σκεδαςα και διολα εις απειρον τμητα μηδενος εν αυτοις αμεταβλητα υπολειπομενα, δεεται τα συντιθεντος και συναγοντος και ώσπερ συσφιγγοντος και συγκρατυντος αυτα, όπερ ψυχην λεγομεν. Wenn man diese Stelle des Nemesius mit der vorhin aus dem Eusebius angeführten vergleichet, so ist es nicht zu bezweifeln, daß dieses Raisonnement dem Numenius angehört; vielleicht hat es Ammonius nur deutlicher vorgetragen.

erhalten [143]) Daß nun diese immaterielle Seele auch unsterblich sey, folgt aus denselben Prämissen. Denn ist sie kein Körper, so ist sie ihrer Natur nach eine unvergängliche Substanz.

Numenius metaphysisches System ist also, gleich dem Platonischen, ein **Dualismus, Materialismus und Spiritualismus**, jedoch so, daß der Materialismus dem Spiritualismus untergeordnet ist. Die Körperwelt hat nur ein precäres Seyn unter dem Einfluß des Geistigen; sie würde ohne geistige Substanzen gar kein Daseyn haben. Es ist eine weitere Ausführung der Idee des Plato von dem absoluten Seyn, und diese Idee, welche sich bis jetzt bei allen Platonikern erhalten hatte, gewann nur wieder ein vorzügliches Interesse, da der psychologische Materialismus, welcher durch den Stoicismus die Oberhand erhalten hatte, anfing sein Ansehen zu verlieren. Denn man wurde immer mehr inne, daß sich durch die materialistische Erklärung der Thätigkeiten und Veränderungen der Seele gar nichts aufklären lasse, und wenn man auch die Merkmale eines Körpers oder der Bewegung noch so fein analysire, doch die Möglichkeit des Denkens nie einsehe [144]). Hierdurch gewann die Entgegensetzung der Seele und der Körper eine festere Grundlage, und die weitere Entwickelung derselben ist die Hauptursache der

---

[143]) Nemesius *de natura hominis* c. 2. p. 71. εφαμεν, οτι παν μεν σωμα τριχη διαστατον, ȣ παν δε το τριχη διαστατον σωμα. και γαρ το ποσον και το ποιον, ασωματα οντα καθ' ἑαυτα, κατα συμβεβηκος εν ογκῳ ποσȣνται. ἁτως ἀν και τῃ ψυχῃ καθ' ἑαυτην μεν προσεστι το αδιαστατον, κατα συμβεβηκος δε τῳ, εν ῳ εστι, τριχη διαστατῳ οντι, συνθεωρηται και αυτη τριχη διαστατη.

[144]) Man sehe hierüber ein merkwürdiges Fragment des Longinus in der Ausgabe von Morus S. 285. und Eusebius *Praeparat. Evangel.* XV. c. 21.

der Entstehung des Alexandrinischen mit Schwärmerei verbundenen Spiritualismus, der indessen doch nicht ganz ohne Gewinn für die Erweiterung des menschlichen Wissens war. Denn auch hier gehet es wie bei mehrern Erfindungen, daß man zwar seinen Zweck verfehlet, aber dagegen etwas anderes findet. Man wollte Eroberungen in dem Reiche des Uebersinnlichen machen, und machte Entdeckungen in der Natur des menschlichen Geistes, nur daß sie nicht immer dafür anerkannt wurden. Denn die Erforschung der Seele und ihrer Kräfte wurde für den Schlüssel zur Erkenntniß des Uebersinnlichen und Absoluten gehalten, und die Erweiterung der Psychologie war daher eine natürliche Folge dieser metaphysischen Schwärmerei, wodurch der Nachtheil der letzten wieder einigermaßen vergütet wurde.

Auch Numenius fing schon an, mit mehrerer Aufmerksamkeit manche Erscheinungen des Gemüths zu beachten, wie dieß aus dem, was Porphyrius und Jamblichus bei dem Stobäus hier und da anführen, erhellet. Nur sind diese Anführungen zu kurz und fragmentarisch, ohne alle Gründe und oft so dunkel, daß man nicht weiß, was Numenius behaupten oder nicht behaupten wollte. So viel aber gehet doch hervor, daß es ihm mehr um die Erforschung des metaphysischen Wesens, als der empirischen Erkenntniß ihres Wirkens und Leidens zu thun war. So behauptete er ein gedoppeltes Seelenwesen, ein vernünftiges und unvernünftiges; daß jede Seele ein und dasselbe System von Vorstellungen in Rücksicht auf die Objecte habe, doch jede auf eine andere subjective Weise bestimmt; daß jede Seele, welche mit einem Körper verbunden worden, dadurch für gewisse Vergehungen bestraft werde 145). Ueber das sinnliche Vorstellungsvermögen hingegen scheint er

---

145) Stobaeus *Eclogae Physicae* P. II. p. 836. 866. 912.

er eigne Nachforschungen angestellt zu haben, deren Inhalt sich aber nicht weiter bestimmen läßt ¹⁴⁶).

Außer diesen Speculationen beschäftigte den Numenius auch noch eine historische Darstellung der bisherigen philosophischen Systeme, womit er zugleich die Widerlegung aller außer dem Pythagordischen und Platonischen verband. Pythagoras und Plato waren ihm die beiden großen Genies, welche das System des philosophischen Wissens erschöpft hatten; zuweilen setzte er den Pythagoras noch über den Plato. Er eiferte sehr über die Nachfolger des letztern, daß sie von dem Buchstaben seines Systems abgewichen, und dadurch neue Schulen gestiftet hätten ¹⁴⁷). Einen lebendigen Geist der Philosophie verrathen die Bruchstücke, welche sich bei dem Eusebius finden, nicht.

Wir finden dieselbe Richtung der Speculation auch bei Plutarch, einem Mann, der mit vielfachen gelehrten Kenntnissen ein gesundes praktisches Urtheil vereinigte, und eine große, nicht allein aus den Büchern geschöpfte, Menschenkenntniß besaß. Bei seiner entschiedenen Vorliebe für den Plato und dessen philosophisches System suchte er die religiösen Vorstellungen der Griechen und Aegyptier mit der Philosophie zu vereinigen, und in die erstern Licht und Zusammenhang zu bringen, welches ihn zu mancherlei allegorischen Deutungen und erkünstelten Erklärungsversuchen verleitete. Indem er dabei die einzige richtige Ansicht verließ, die Entstehungsart der religiösen Vorstellungen

---

146) Stobaeus *Eclogae Physicae* P. II. p. 832. Νουμηνιος δε την συγκαταθετικην δυναμιν παραδεκτικην ενεργειων φησας ειναι, συμπτωμα αυτης φησιν ειναι το φαντασικον, κ μη εργον τε και αποτελεσμα, αλλα παρακολουθημα.

147) Eusebius *Praeparat. Evangel.* XIV. c. 5 seq. Sein Werk war betitelt: περι της των Ακαδημαικων προς Πλατωνα διαστασεως. XV. c. 17. XI. c. 10.

gen aus der Natur des menschlichen Geistes und aus dem jedesmaligen Culturzustande der Zeiten, wo sie entstanden, zu erklären, so ließ er sich leicht zu dem Versuche verleiten, einen hyperphysischen Ursprung auszumitteln. Er suchte zu den Mythen von den Göttern ein Object in der Natur, und da bot ihm die Platonische Metaphysik einen glücklichen Fund dar, weil er in dem Philosophem von der Materie, der rohen und gebildeten Weltseele, die Quelle der Mythen fand, und sie daraus so erklären zu können glaubte, daß er alles Anstößige und Vernunftwidrige aus dem Wege schaffte, indem nun nicht mehr die Rede von der höchsten Gottheit, welche das absolute und unveränderliche Wesen ist, sondern von Untergottheiten die Rede sey 148). Eine andere Erscheinung, nämlich der Verfall und das Verstummen der Orakel, welche für einen denkenden Kopf sehr wichtig seyn mußte, suchte er durch allerlei Hypothesen zu erklären, wozu er die Data aus der Philosophie des Plato und Anderer nahm. Vorzüglich that ihm die Lehre von den Dämonen dabei gute Dienste.

Bei allen diesen Veranlassungen zur Speculation, welche die Gestalt der öffentlichen Religion darbot, ist das Streben des menschlichen Geistes nach Einheit und Zusammenhang aller Erkenntnisse nicht weniger unverkennbar, als der gewöhnliche Fehler, daß er viel zu schnell gewisse Sätze als die höchsten Principien betrachtet, unter welche sich alles Mannigfaltige der Erkenntniß ordnen läßt, und ohne vorgängige Erforschung des Erkenntnißvermögens die Einheit, als in der Natur gegeben, voraussetzt, die nur ein Bedürfniß der Reflexion ist. Plutarch ging daher nicht über das Platonische System hinaus, sondern betrachtete es als das allein wahre, und suchte nun mit demselben alle wirk-

148) Plutarchus *de ei apud Delphos* edit. Hutten. T. IX. p. 242. *de Iside et Osiride* p. 194. *de defectu oraculorum* p. 320.

wirklichen und eingebildeten Objecte der Erkenntniß zu vereinigen. Was dem Plato noch problematisch geblieben war, z. B. die Existenz von Dämonen und Untergöttern, das nahm er sogleich als realen Gegenstand an, und verwandelte selbst bloße Abstractionen in Dinge. Diesen Fehler beging er vorzüglich bei der rationalen Psychologie und Kosmologie. So nimmt er die Existenz einer Weltseele in einem ganz andern Sinne als Plato an. Dieser verstehet darunter die ursprünglichen Kräfte der Materie, theils in dem Zustande der Regellosigkeit, ehe sie von Gott bestimmten Gesetzen unterworfen worden, theils in dem Zustande der von Gott herrührenden gesetzmäßigen Wirksamkeit. Aber Plutarch nimmt zwei ursprüngliche **Weltseelen mit Vorstellungen** an, aus deren Vereinigung die gute Weltseele entstand, nämlich **eine bloß sinnlich vorstellende, und eine bloß denkende Seele**, die von einander unabhängig in der Natur existirten. Denn, sagt er, Gott brauchte zur Bildung der Welt einen Stoff, der für die Körper nichts als Körper, und für die Seelen nichts als Seele seyn kann. Aus etwas Körperlosem Körper, oder aus dem Unbeseelten Seelen zu bilden, gehet über die Gränzen der göttlichen Allmacht [149]. Solche Umwandlungen mußte die Platonische Philosophie selbst von ihren Verehrern sich gefallen lassen. Sie ging aus einem tiefen Gefühle der Anforderungen der Vernunft an den Menschen und des Widerspruchs derselben mit den gewöhnlichen religiösen und sittlichen

---

[149] Plutarchus *de procreatione animae ex Timaeo* ed. Francof. p. 1014. ὁ γαρ θεος ουτε σωμα το ασωματον, ουτε ψυχην το αψυχον εποιησεν. p. 1024. κοσμου ψυχην συνιστησιν εξ υποκειμενων της τε κρειττονος ουσιας και αμεριστου, και χειρονος, ην περι τα σωματα μεριστην κεκληκεν, ουχ ετεραν ουσαν, η την δοξαστικην και φαντασικην και συμπαθη τω αισθητω, κινησιν ου γινομενην, αλλ' ιδρυσθωσαν αιδιον, ωσπερ η ετερα. το γαρ νοερον η φυσις εχουσα και το δοξαστικον ειχεν.

lichen Vorstellungen der Menschen hervor; jetzt war Vernunft und Phantasie geschäftig, aus einem Theile dieser Ueberzeugungen, den Plato nur nicht ausdrücklich verworfen hatte, eine Metaphysik herauszubilden, welche Philosophie und Religion wieder in den engsten Zusammenhang bringen sollte. Denn durch die höhere metaphysische Abstraction der Begriffe war Gott ein leeres ontologisches Wesen geworden, welches in keiner Verbindung mit der Welt mehr stand. Diese Kluft widersprach dem dunkel geahndeten Bedürfniß der praktischen Vernunft. So wie sie aber durch Speculation entstanden war, so war auch die speculative Vernunft ebenfalls geschäftig, dieselbe durch ein verbindendes Mittelglied wieder auszufüllen. Das Mittelglied war die Lehre von den Dämonen, welche als Wesen betrachtet wurden, welche auf der Stufenleiter der Wesen zwischen Gott und Menschen in der Mitte stehen, und die Verbindung zwischen dem höchsten Wesen und der Welt vermitteln, so daß Gott durch sie die Welt regieret, den Menschen seinen Willen kundbar machet, und auf der andern Seite wieder die Wünsche, Gelübde und Gebete der Menschen vernimmt [150]).

Dieses Bedürfniß gab Veranlassung, daß die Lehre von den Dämonen eine größere Ausbildung erhielt. Man bemü-

---

150) Apuleius *de deo Socratis* Lugd. Bat. 1623. p. 425. Quid igitur post istam coelestem quidem, sed paene inhumanam tuam sententiam faciam? si omnino homines a diis immortalibus procul repelluntur, atque ita in haec terrae tartara relegantur, ut omnis sit illis adversus coelestes deos communio denegata? — Cui igitur preces adlegabo? cui vota nuncupabo? cui victimam caedam? quem miseris auxiliatorem, quem bonis fautorem, quem adversatorem malis in omni vita ciebo? quem denique, quod frequentissimum est, iuriiurando arbitrum adhibebo?

bemühete sich, das Geisterreich, so wie das Naturreich einzutheilen, mehrere Classen von diesen Mittelwesen nach dem Element, worin sie lebten, nach ihrer Natur, Denkungsart und bestimmten Wirkungskreis festzusetzen; alle diese Träume auf der einen Seite an gewisse philosophische Begriffe und Sätze anzuknüpfen, um der Lehre dadurch einen philosophischen Anstrich zu geben, auf der andern aus ihnen Erscheinungen der wirklichen Welt zu erklären; z. B. Orakel, Weissagungen, angebliche Geistererscheinungen. In allen diesen Rücksichten finden sich bei den Platonikern dieses Zeitraums mehr oder weniger Beiträge, vorzüglich auch bei dem Plutarch, der nicht allein schon eine Art von Dogmengeschichte über die Dämonen, sondern auch selbst manchen Zusatz aus seinem eignen phantasirenden Verstande liefert. So hat er eine eigne Hypothese von der Art, wie die Dämonen auf das Vorstellungsvermögen der Menschen wirken, und Gedanken mittheilen können. Die Gedanken der Dämonen sind nämlich mit einer Art von Glanz und Licht umgeben, wodurch sie alles durchdringen und allen Menschen zugegen sind; sollen sie aber vernehmlich werden, so muß die Seele von unruhigen Gemüthsbewegungen und materiellen Reizen frei seyn [151]). Ausführlich handelt auch Apulejus von den Dämonen, der die Lehrsätze schon mehr in einer gewissen Ordnung vorträgt. Auch Maximus Tyrius machte einen Versuch, die Wirklichkeit der Dämonen philosophisch zu beweisen. Er gehet von dem Satze aus, daß in der Welt eine stetige Stufenleiter der Wesen sey; wären aber keine Dämonen, so

---

151) Plutarchus *de genio Socratis* Tom. X. p. 339. τῳ γαρ οντι τας μεν αλληλων νοησεις οἷον ὑπο σκοτῳ δια φωνης ψηλαφωντες γνωριζομεν· αἱ δε των δαιμονων φεγγος ἐχουσαι, τοις δυναμενοις ελλαμπουσιν, ᾳ δεομεναι ῥηματων κδ᾽ ονοματων, οἷς χρωμενοι προς αλληλας οἱ ανθρωποι συμβολοις ειδωλα των νοουμενων και εικονας ὁρωσιν, αυτα δ᾽ ᾳ γινωσκετι, πλην οἱς επεστιν ιδιον τι και δαιμονιον, ὡσπερ ειρηται, φεγγος.

so würde eine Lücke seyn. Es sind fünf Gegensätze, welche alle Arten von lebenden Wesen und ihre Verkettung umfassen, nämlich: Unsterblich, sterblich; Unveränderlich, veränderlich; Vernünftig, vernunftlos; Empfindend, nicht empfindend; lebend, leblos. Die Gottheit ist unveränderlich und unsterblich; der Mensch vernünftig und sterblich; das Thier vernunftlos und empfindend; die Pflanze empfindungslos und lebend. Zwischen Gott und Mensch fehlt offenbar ein Mittelglied, nämlich die Dämonen, welche unsterblich und veränderlich sind; ohne welche keine vollendete Harmonie in der Welt Statt finden würde. — Mehr Gewicht, als dieser vermeinte Beweis, hat jedoch auch bei diesem Maximus der oben angeführte Grund [152].

Für die historische Kenntniß der ältern Philosophie, vorzüglich der Platonischen, und zur Aufklärung mancher Lehrsätze der letztern lieferte auch der große Arzt Claudius Galenus (geboren nach Chr. G. 131) nicht wenig. Die Verbindung der Philosophie mit der Arzneikunde war für beide Wissenschaften vortheilhaft. Vorzüglich verhinderte die Beschäftigung mit Erfahrungsgegenständen die Ausschweifung in die luftige Gegend leerer Träumereien. Sein Blick war auf den Menschen als Gegenstand der Erfahrung concentrirt, und wenn er sich bestrebte, die Gründe von manchen Erscheinungen zu entdecken, so ging er doch nie, selbst wenn er eine Hypothese wagte, aus dem Kreise möglicher Erfahrung heraus. Er entdeckte zuerst den Ursprung der Nerven in dem Gehirn, und betrachtete sie als die Bedingung des Empfindungsvermögens und der thierischen Bewegung. Um diese Erscheinungen zu erklären, nahm er mit mehreren ältern Aerzten einen äußerst feinen Lebensgeist ($\pi\nu\varepsilon\upsilon\mu\alpha$ $\psi\upsilon\chi\iota\kappa\text{o}\nu$) an, welcher aus der Luft abgesondert werde. Dieser Lebensgeist ist das Princip

---

[152] Maximus Tyrius Dissert. XXVI. XXVII.

cip des wechselseitigen Einflusses zwischen Seele und Körper, und wohl zu unterscheiden von dem eigentlichen Seelenprincip (πνευμα ζωϊκον), das seinen Sitz in dem Gehirne hat. Diese Anwendung der Physiologie zur Erklärung psychologischer Erscheinungen fand damals mehr bei den Aerzten, als bei den Philosophen Eingang, weil sie für diese zu materialistisch war [153]); in neuern Zeiten aber erhielt sie mehr Beifall, so wenig sie auch zur Aufhellung der empirischen Seelenlehre beitragen konnte. Seine Untersuchungen über die Temperamente, wobei er dem Hippokrates größtentheils folgte, haben mehr Interesse für den Arzt, als für den Philosophen. Ueberhaupt war er mit keinem ausgezeichneten philosophischen Talent ausgestattet, obgleich ein guter Kopf; er huldigte einem gemäßigten Dogmatismus, wählte ohne Sectengeist das Beste und Vernünftigste aus allen Schulen, vereinigte es mit seinen Erfahrungskenntnissen, und bestritt den Skepticismus ohne tiefsinnige Abwägung des eigentlichen Streitpunktes. Nur darin beweist sich sein gesundes Urtheil, daß er die Inconsequenz aufdeckt, welche die Skeptiker sich zu Schulden kommen lassen, daß sie dem Verstande alles Vermögen, Wahrheit zu erkennen, absprechen, und doch alles für ungewiß erklären, die Wahrheit jedes Urtheils in Anspruch nehmen, und doch das Ihrige geltend zu machen suchen. Das Urtheilsvermögen ist der oberste Gerichtshof der Wahrheit, vor welchem alle Gründe und Zweifel der Erkenntniß abgethan werden müssen [154]).

Der

---

[153] Nemesius *de natura hominis* c. 2. p. 36.

[154] Galenus *de optimo docendi genere* nach der Erasmischen Uebersetzung. Hinc igitur incipiendum est. Dici enim rursus ipsa mens, quod possibile nobis est naturali iudicio credere sive non credere: ipsum autem iudicium per aliquid aliud iudicare possibile non est. Qui fiet enim, vt id, quo iudicantur reliqua omnia, ab alio quopiam iudicetur?

Platoniker.

Der Skepticismus, der nie eine große Anzahl von Anhängern zählte, war seit dem Aenesidem zwar nicht mit vorzüglichem Interesse gepflegt, aber auch nicht ganz vernachläßiget worden. Selbst das Studium der Platonischen Philosophie, und die Geschichte der Akademie mußte wenigstens die Zweifel gegen die Gewißheit der Erkenntniß in Andenken erhalten, wie das Beispiel des Favorinus beweiset, der ungeachtet seiner Vorliebe für den Plato, dennoch mehrere Schriften skeptischen Inhalts, unter andern von den zehn Zweifelsgründen, von der Erkenntniß, von dem Geist der akademischen Philosophie verfertigte. Er war nicht sowohl ein Skeptiker, als ein bescheidener Dogmatiker, und scheint den Skepticismus mehr historisch als philosophisch dargestellt zu haben. Daher rührte sein Schwanken und seine Inconsequenz, daß er bald behauptete: es sey ihm wahrscheinlich, daß nichts mit Gewißheit erkannt werden könne, und bald darauf die gewisse Erkenntniß mancher Gegenstände einräumte; daß er die Gründe des Skepticismus auseinander setzte, und doch seinen Schülern das Urtheil über wissenschaftliche Gegenstände überließ [155]).

Aus

155) Galenus *de optimo docendi genere.* Recentiores autem (non enim solus fecit hoc Favorinus) nonnunquam eo proferunt epochen, ut negent, vel illud intellectu posse comprehendi, solem esse. Rursus alias eo proferunt cognitionem, ut discipulis suis permittant, antequam didicerint, de scientiis iudicare. Nec enim aliud est, quod dixit Favorinus libro de affectione Academica, cui titulus inditus est Plutarchus: Dicit autem idem in libro ad Epictetum, in quo inducitur Onesimus Plutarchi seruus cum Epicteto disputans. Quin et in libro, quem postea scripsit ad Alcibiadem, laudat etiam alios Academicos, qui in partes ambas sibi pugnantes et contrarias disserebant, ceterum discipulis permittebant, ut quod verius videretur eligerent. In hoc sane ait libro, sibi videri probabile, nihil certo sciri posse. Contra in Plutarcho concedere videtur, esse certam alicuius rei cognitionem.

Aus dieser kurzen Uebersicht gehet das Resultat hervor, daß alle Thätigkeit der Vernunft in diesem Zeitraume sich größtentheils in dem engen Kreise der Schulweisheit herumdrehte. Nicht Erweiterung des Gebiets des menschlichen Wissens nach der Leitung der Gesetze des menschlichen Geistes, sondern nur Erhaltung und Fortpflanzung der Ansichten und Ueberzeugungen, welche frühere Denker gefunden hatten, war das Ziel, wornach die denkenden Köpfe im Allgemeinen strebten. Aber dieses Streben war mit einigen Symptomen verbunden, aus welchen theils der gesunkene Werth der gangbaren Philosophie, theils das Bedürfniß einer höhern Richtung, eines freiern und lebendigern Geistes der Forschung hervorleuchtete. Die Einseitigkeit der Speculation, die Verbreitung des Auctoritätsglaubens ohne eigne innere Ueberzeugung, die todte Wiederholung des bloßen Buchstabens und trockner Formeln älterer philosophischer Systeme, ohne von dem lebendigen Geiste derselben angefacht zu seyn, dieses sind die Gebrechen der herrschenden Philosophie, welche nur dazu dienten, die Philosophen als Narren, und die Philosophie als einen thörigten Wahn in den Augen nüchterner Köpfe lächerlich zu machen. In diesem Geiste schwang Lucian seine Geißel über die Philosophen oder vielmehr Afterphilosophen, und selbst mit zum Theil über die ältern ehrwürdigen Männer, deren Kopien jene auf eine höchst lächerliche Art seyn wollten. Seine lebendigen Schilderungen geben ein sehr treues Bild von dem gesunkenen Ansehen der Philosophie als Wissenschaft. Ungeachtet aller gelehrten Anstalten, und aller Begünstigung, welche die Wissenschaften unter den römischen Kaisern von Trajan an erhielten, hatte sich doch das wahre Interesse für Wahrheit und Wissenschaft in den Köpfen der Meisten verloren, wenn auch Philosophie als Mode betrachtet, und als ein wesentliches Stück des guten Tones bei den bestellten Lehrern derselben gehöret wurde [156]).

Die

---

[156]) Man sehe darüber die Klagen des Taurus bei dem

Gel=

Die Schuld von dieser Geringschätzung der Philosophie tragen aber nicht allein die Philosophaster, deren es in jener Zeit so viele gab, sondern die Ursache lag tiefer verborgen. Die ewige Wiederholung der Schulsysteme, die Verwandelung des freien Nachdenkens in bloße Nachbeterei, der Philosophie in einen Gegenstand der Gelehrsamkeit, welche aus Büchern geschöpft werden könne; die fortdauernde Uneinigkeit und Trennung der Philosophen über alle Gegenstände des menschlichen Wissens, ohne Aussicht einer möglichen Vereinigung, als durch Machtsprüche, welche nicht überzeugen, oder durch Ableitung aus einer gemeinschaftlichen Tradition, wodurch das Ansehen der Vernunft geschwächt werden mußte, oder durch bloß blendende Verwischung und Verdunkelung der Streitpunkte, und durch Zusammenmischung verschiedenartiger Systeme: alles dieses mußte unvermeidlich das Interesse an wissenschaftlichen Untersuchungen nach und nach schwächen, und die Ueberzeugung von dem Werthe der Philosophie als Wissenschaft herabstimmen.

Die Ueberzeugung von der Gewißheit, Haltbarkeit und Zulänglichkeit der gangbaren Philosophie war sehr gesunken, selbst bei denen, welche für eine Art von Philosophie Partie genommen hatten. Dieses verräth sich dadurch deutlich genug, daß sie bei allem Auctoritätsglauben doch theils auf fremde Auctoritäten sich beriefen, um ihr System zu befestigen, wie vorzüglich Numenius that, theils wieder aus andern Systemen Sätze in das ihrige aufnahmen. Es lag darin ein Geständniß, daß bei keiner Partei die reine vollständige Wahrheit zu finden, sondern in allen

ser-

Gellius l. c. 9. Nunc autem istis, qui repente pedibus illotis ad philosophos devertunt, non hoc est satis, quod sunt omnino ἀθεώρητοι, ἄμουσοι, ἀγεωμέτρητοι; sed legem etiam dant, qua philosophari discant.

zerstreuet sey. Auf diesen Gedanken gründete Potamo aus Alexandrien, dessen Zeitalter nicht genau bestimmt, wahrscheinlich aber doch in das zweite Jahrhundert zu setzen ist, einen Versuch einer eigentlich so genannten eklektischen Philosophie [157]. Es scheint aber, als hätte er wenig Glück gemacht. Und in der That kann auch auf diesem Wege wohl mancher Lehrsatz ausgeschlossen werden, welcher nicht erwiesen ist, oder gegen die herrschende Denkungsart anstößt; aber ein vollständiges System von Wahrheit, welches nur aus einer gründlichen systematischen Erörterung des Erkenntnißvermögens hervorgehet, kann auf diesem Wege nicht gefunden werden. Dieses war auch wohl nicht der Zweck des Potamo, sondern nur, diejenigen Sätze zusammenzustellen, worin die Philosophen entgegengesetzter Parteien einstimmen könnten, um auf diese Art ihre Trennung aufzuheben. In diesem Sinne nahm er zwei Principien der Erkenntniß, wonach ihre Wahrheit zu beurtheilen sey, an, die Vernunft, als das Subject aller Erkenntniß und alles Urtheils, und die deutlichste Vorstellung, durch welche die Beurtheilung des Wahren vermittelt werde. Für die theoretische Erkenntniß stellte er vier Principe auf, Materie, wirkende Ursache, die Wirkungsart und den Ort; denn man fragt bei jedem Dinge, woraus es bestehe, wodurch es geworden, wie es wirke und wo es sich befinde. In der praktischen Philosophie stellte er als den höchsten Endzweck auf, ein vollkommenes Leben in Gemäßheit der Tugend, ohne die relativen Güter des Körpers und des äußern Zustandes auszuschließen [158]. Dieses eklektische System, wenn wir es so nennen

---

157) Diogenes Laert. Prooemium §. 21. ετι δε προ ολιγε και εκλεκτικη τις αιρεσις εισηχθη υπο Ποταμωνος τε Αλεξανδρεως εκλεξαμενε τα αρεσαντα εξ εκαστης των αιρεσεων.

158) Diogenes Laert. Prooemium §. 21. αρεσκει δ' αυτῳ

nennen dürfen, dessen rohen Umriß uns Diogenes ziemlich dunkel aufbewahret hat, scheint keine Anhänger gefunden zu haben; aber desto mehr Nachfolger erhielt die eklektische Manier, die Sätze aus verschiedenen Systemen nach subjectiven Bedürfnissen und Ansichten in ein Ganzes zu vereinigen.

Zu den Spuren eines freiern Forschungsgeistes, welcher die Schwächen und Mängel aller bisherigen Philosophie ahndend, das Bedürfniß einer tiefern Forschung empfand, könnte man erstlich die noch fortbestehende, wenn auch nur in einzelnen Stimmen sich vernehmen lassende skeptische Denkart rechnen, wenn nicht gerade in diesem Zeitraume gleichsam eine Art von Scheidewand sich zwischen dem Dogmatismus und Skepticismus erhoben hätte. Wir sehen beide ihren Gang für sich fortschreiten, ohne auf die Schritte der Gegner eine besondere Achtsamkeit zu bezeigen. Sie sind getrennt und äußern keinen wechselseitigen Einfluß. Die wenigen Dogmatiker, welche noch einige Rücksicht auf die Einwendungen des Skepticismus nehmen, wie Favorinus und Galenus, betrachten ihn mehr als ein Stück des Alterthums und als Gegenstand des historischen Wissens, als mit wissenschaftlichem Verstande. Aber noch auffallender scheint es, daß der gelehrteste Skeptiker sich bloß mit den ältern Dogmatikern beschäftigt, und der neuern mit keinem Worte erwähnt. Kannte er sie nicht, oder hielt er es nicht der Mühe werth, von ihnen Kenntniß zu nehmen, weil sie auf dem dogmatischen Wege ihrer Vorgänger fortschreiten?

Aber

τῳ (καθα φησι εν τῃ στοιχειωσει) δυο κριτηρια της αληθειας ειναι, το μεν, ως ὑφ᾽ ὁυ γιγνεται ἡ κρισις, τκτ᾽ εςι το ἡγεμονικον· το δε, ὡς δι᾽ ὁυ, οἱον την ακριβεςατην φαντασιαν. αρχας δε των ὁλων, την τε ὑλην και το ποιϽν, ποιησιν τε και τοποι. εξ ὁυ γαρ, και ὑφ᾽ ὁυ, και ποιω, και εν ᾡ. τελος δε αυτα, εφ᾽ ὁ παντα αναφερεται, ζωην κατα πασαν αρετην τελειαν, ακ ανευ των τε σωματος κατα φυσιν αγαθων και των εκτος.

Aber unverkennbarer liegen die Anzeigen davon in dem Dogmatismus dieser Zeit selbst, indem das Mißverhältniß der Speculation zu den Zwecken und Bedürfnissen der Vernunft sich immer klärer offenbarte. Auf der einen Seite schien die Speculation, welche bloß für das theoretische Interesse der Vernunft bedacht ist, den Menschen gewaltsam in zwei Hälften zerleget und keinen Einfluß auf das praktische Leben hat, keines ernstlichen Studiums werth zu seyn: daher die Verachtung der Menge Afterphilosophen, deren ganze Weisheit in Worten oder in einem gewissen angenommenen Aeußern bestand: daher die vielen Versuche, die Philosophie wieder in das wirkliche Leben einzuführen. Auf der andern Seite war durch die Speculation über das göttliche Wesen selbst eine Lücke entstanden, welche allen Zusammenhang der theoretischen Erkenntniß aufhob, und dem Interesse der theoretischen und praktischen Vernunft widersprach. Indem man nämlich den Begriff des realsten Wesens so weit entwickelt hatte, daß man einsah, kein Prädicat eines erkennbaren Wesens könne dazu gebraucht werden, dasselbe zu bestimmen, wurde man inne, daß der Begriff völlig leer sey. Gleichwohl war dieser Begriff von unendlich wichtigem Interesse. Wenn also auf der einen Seite Gott als das Urwesen durch ein nothwendiges Interesse der Vernunft gedacht wurde, von dessen Willen und Verstand alles, was ist, abhängt, so setzte dagegen jener ontologische Begriff Gott außer allem Verhältniß zur Welt, als ein Wesen, das alle Vollkommenheiten in sich vereiniget, aber von aller Verbindung mit irgend einem andern Wesen abgesondert dasteht; das nicht aus sich heraus gehet, nichts außer sich hervorbringt, ein müßiger Beschauer seiner eignen Vollkommenheiten.

Diese Mängel der Speculation wurde man jetzt, da das Productionsvermögen der Vernunft einen Stillstand gemacht hatte, mit mehr Lebendigkeit inne; auch fing man
an,

an, ihnen schon zum Theil durch ein Mittel abzuhelfen, welches, weil man das Grundgebrechen der Speculation nicht gründlich erkannte, ebenfalls nur ein irriger Ausweg der Speculation war. Die Phantasie mußte mit ihren Bildern der Trockenheit des Raisonnements zu Hülfe kommen, und die Leerheit der Begriffe verdecken, und durch die Einschiebung von Mittelwesen suchte man die alle Gränzen der Erfahrung überfliegende Vernunft mit Welt und Menschenleben wieder in Verbindung zu bringen. Diese Verbindung der Phantasie und der Vernunft zum Behufe der Speculation erzeugte die schwärmerische Philosophie, welche einen weit lebendigern Geist athmet, als alle bisherige, und ein sonderbares Gemisch von Tiefsinn und Träumen der Phantasie ist. Ihr Beginnen haben wir in einzelnen Versuchen kennen gelernt; ihre Vollendung aber werden wir erst in der Folge geschichtlich darlegen, wenn wir vorher die letzte vollkommnere Gestalt des Skepticismus, womit er auf eine Zeitlang gänzlich von dem Schauplatze des Kampfes abtritt, betrachtet haben.

Dritter Abschnitt.

Skepticismus in seiner vollkommneren Gestalt bei dem Sextus.

Der Skepticismus hatte, wie wir gesehen haben, durch Aenesidems Bemühungen eine neue Gestalt gewonnen, aber in Rücksicht auf die Dogmatiker wenig Sensation gemacht. Dasselbe Schicksal hatte auch der Versuch des Sextus, dem Dogmatismus den letzten Streich zu geben. Die Dogmatiker ließen sich dadurch in dem Fortgange ihrer Speculation nicht irre machen; sie rächten sich vielmehr für

für die Schmach, welche in dem Resultate desselben lag, dadurch, daß sie von der Existenz desselben so wenig als möglich Kenntniß nahm ¹). So wie der gegenseitige Kampf aufhörte, verlor auch der Skepticismus allen seinen Reiz, und der Dogmatismus ging seinen Gang ungehindert fort. Worin mag wohl die Ursache dieses Phänomens liegen? Ist es aus dem Wesen des Skepticismus, dessen Verhältniß zum Dogmatismus, und beider zu der Natur des menschlichen Geistes überhaupt, oder insbesondere aus der Gestalt, welche der Skepticismus eben damals angenommen hatte, erklärbar? Beide Ursachen vereinigten sich zur Hervorbringung dieser Wirkung. Der Skepticismus, zumal wenn er allgemein und consequent ist, ist immer ein gespannter Zustand des denkenden Geistes, welcher eine besondere, nicht sehr gemeine Denkart voraussetzt, und durch die Verzichtleistung auf die Befriedigung der natürlichen Wißbegierde für die meisten Menschen etwas Zurückstoßendes hat. Daher kann er nie das wiederholte Streben des Dogmatismus den Umfang des menschlichen Wissens auszudehnen, ersticken. Zu dieser allgemeinen Ursache, welche der Verbreitung des Skepticismus hinderlich ist, kam nun noch die besondere hinzu, daß er auch in seiner vollkommenen Gestalt, wie wir ihn bei dem Sextus finden, doch sich auf die Bestreitung des ältern Dogmatismus ausschließlich einschränkte, und daher bei veränderter Art der Speculation oder bei neuen Versuchen, alte Systeme und Behauptungen in verbesserter Gestalt aufzustellen, leicht den Schein veranlaßte, als träfen die abgestumpften

Waffen

---

1) Dieser Behauptung widerspricht die Versicherung des Sextus gar nicht, daß die Skeptiker bei dem Volke einen größern Namen haben, als die andern Philosophen. (*advers. Mathem.* I. §. 5.) Denn es ist ungewiß, ob sich ihr Ansehen bei dem Volke auf ihren Skepticismus, vielmehr wahrscheinlich, daß es sich auf ihre Geschicklichkeit in der Heilkunst gründete.

Waffen des Zweifels diese nicht mehr, dadurch aber selbst größtentheils aufhörte, zu interessiren, nachdem die Gegenwirkung aufgehoben war. Aber auch selbst die Richtung, welche der Skepticismus genommen hatte, die Art und Weise, wie er noch zuletzt von Sextus aufgestellt, gerechtfertiget und geltend gemacht wurde, trug zu seinem Schicksal nicht wenig bei, wie sich aus der folgenden Darstellung ergeben wird.

So merkwürdig auch Sextus, mit dem Zunamen Empirikus, von der Secte der Aerzte, welcher er anhing, als letzter Skeptiker und als Schriftsteller ist, so unbedeutend ist unsere Kenntniß von seinem Leben. Weder das Geburts- noch das Sterbejahr, weder sein Vaterland noch sein Aufenthaltsort ist bekannt. Indessen ist doch dieses Datum ausgemacht, daß er noch vor dem Diogenes Laertius, der seiner erwähnet, und wahrscheinlich zu der Zeit des Galenus, also gegen das Ende des zweiten Jahrhunderts gelebt hat [2]). Der Umstand, daß Sextus unter den Dogmatikern vorzüglich die Stoiker bestreitet, welche besonders zu den Zeiten des Kaisers Marcus Aurelius Antoninus und kurz nachher im Ansehen standen, begünstiget diese Zeitbestimmung sehr. Auch wird daraus begreiflich, warum Sextus des Stifters der Neuplatonischen

---

2) Diogenes Laert. IX. §. 116. Galenus führt in der Schrift: περι υποτυπωσεως εμπειρικης, welche er in seinem 37 Jahr schrieb, als die letzten Empiriker Theodos und Menodotus an; zwischen diesen und dem Sertus folgt aber in der Reihe derselben nach dem Diogenes, Herodotus, der Lehrer des Sertus. In der εισαγωγη, welche auch dem Galenus beigelegt wird, findet man aber auch den Sertus selbst noch als empirischen Arzt aufgeführt. Der jüngste Philosoph, dessen Sertus erwähnet, ist der Stoiker Basilides, ein Lehrer des Kaisers M. Antoninus. advers. Logic. VIII. §. 258. vergl. Eusebii Chronicon Jahr 2163.

schen Philosophie, so wie dieser selbst keine Erwähnung thut. Was das Vaterland dieses Mannes betrift, so findet man in seinen Schriften bloß einige Data, aus denen wahrscheinlich geschlossen werden kann, daß er ein Grieche war, der sich eine Zeitlang zu Athen, nachher aber an einem andern Ort, vielleicht zu Alexandrien, aufhielt. Denn daß er kein Libyer ist, wie Suidas angibt, ist einleuchtend aus einer Stelle, wo er sein Vaterland Libyen entgegensetzt 3). Da, wo er von den Sitten und Gebräuchen verschiedener Länder und Völker spricht, bedient er sich oft des nur Griechen und Römern gewöhnlichen Ausdrucks, Barbaren, um im Allgemeinen Ausländer zu bezeichnen. Ueberhaupt aber ist die Correctheit, Deutlichkeit und Eleganz der griechischen Sprache, die umfassende Kenntniß der griechischen Gelehrsamkeit, und vor allen seine dem griechischen Charakter angemessene Denkart ein sehr bedeutender Grund, ihn für einen Griechen zu halten 4).

Sextus war, wie mehrere Skeptiker seit dem Aenesidem, ein Arzt, dieß sagt er selbst, und zwar der empirischen Secte zugethan. Dieses letzte ist zwar von einigen bezweifelt worden, weil Sextus selbst nicht die Empiriker, sondern die Methodiker den Skeptikern an die Seite setzt, jene

3) Sextus Empiric. *Hypotyp.* III, §. 213. νομος τε πυρ' ημιν κελευει μιᾳ συνοικειν εκαστῳ· Θρᾳκων δε και Γαιτελων, (Λιβυων δε εθνος τουτο) πολλαις εκαστος συνοικει. II. §. 98. προς καιρον δε αδηλα, απερ την φυσιν εχοντα εναργη, παρα τινας εξωθεν περιστασεις κατα καιρον ημιν αδηλειται, ως εμοι νυν η των Αθηναιων πολις.

4) Sextus Empiric. *advers. Grammat.* §. 246. οιον το υφ' ημων καλουμενον υποποδιον Αθηναιοι και Κωοι χελωνιδα καλουσιν. αλλα εστι το μεν υποποδιος ετυμον, η δε χελωνις ανετυμον. και ε δια τουτο οι μεν Αθηναιοι λεγονται βαρβαριζαν, ημεις δε ελληνιζειν, αλλ' αμφοτεροι ελληνιζειν.

jene aber als negative Dogmatiker betrachtet 5); ungeachtet der von ihm angeführten Unterscheidungsmerkmale ist es aber doch kein Widerspruch, wenn er als Skeptiker auch zugleich empirischer Arzt war, da die Skeptiker mit den Empirikern doch darin überein kommen, daß eine rationale Erkenntniß der Erscheinungen des menschlichen Körpers nicht unter die Wirklichkeiten gehöre, da beide sich bloß in Ansehung des Handelns an die Erfahrung halten, und den Dogmatismus bestreiten. Wenn die Empiriker so weit gingen, daß sie nicht allein die Wirklichkeit, sondern auch die Möglichkeit der rationalen Erkenntniß läugneten, so entfernten sie sich darin nicht sowohl von dem Geiste als von der Sprache der Skeptiker, welche durch ihre Bestreitung des Dogmatismus eben dahin führten. Außerdem ist es wohl möglich, daß Sextus erst mit und durch das Studium der Heilkunst auf den Skepticismus geführt wurde, und nachher nicht Ursache fand, die empirische Schule mit der methodischen zu verwechseln, da in Ansehung des Heilverfahrens beide, wie es scheint, einstimmig waren.

Sextus ist der vorzüglichste Skeptiker unter den Alten. Er hat dem Skepticismus die größte Ausdehnung gegeben, den Dogmatismus von allen Seiten angegriffen, und ihm keinen Fußbreit Boden übrig gelassen, wo er sich halten könnte. Unter seinen Streichen stürzt das ganze Gebäude der Speculation zusammen, und selbst die Hofnung, aus den zertrümmerten Baumaterialien einen festern Bau aufzuführen, schwindet unter der Menge von Zweifeln dahin. Dieser alles zerstörende Skepticismus tritt gleichwohl in einer

---

5) Sextus Empiric. advers. Grammat. §. 260. 261. advers. Logic. I. §. 202. Hypotypos. Pyrrhon. I. §. 236 seq. Galeni αταγωγη c. 4. της δε εμπειρικης προεστησεν Φιλινος Κωος — μετα Φιλινον εγενετο Σεραπιων Αλεξανδρευς, ειτα Απολλωνιοι δυο, πατηρ τε και υιος Αντιοχεις, μεθ' ὡς Μηνοδοτος και Σεξτος, οἱ και ακριβως εκρατυναν αυτην.

einer so einfachen, kunstlosen Gestalt daher, mit der Miene der Zuversicht, mit affectloser Ruhe eines Weisen. In der That ein kühnes Unternehmen, zu welchem nicht weniger Muth gehörte, als das bewunderungswürdigste System der menschlichen Erkenntnisse aufzuführen. Als sich der Skepticismus noch bloß an die Erscheinungswelt hielt, hatte er ein leichtes Spiel, durch den Widerstreit der Empfindungen den Wahn einer Erkenntniß der Dinge an sich zu zerstören. Jetzt aber, da er nach Aenesidem sich auch an das Gebiet der wissenschaftlichen Erkenntniß wagte, welches durch das angestrengte Forschen vieler großer Denker so herrlich angebauet schien, da wurde das Unternehmen gewagter, nicht allein darum, weil der Skeptiker die ganze Masse menschlicher Erkenntnisse, aller wirklichen und vermeinten Entdeckungen übersehen und eine überlegene Anzahl von Männern bestreiten mußte, sondern auch, weil er wenig für und fast alles gegen sich hatte, das Ansehen der Philosophen und ihrer Systeme, Vorurtheile, das speculative Interesse der Vernunft. —

Dieser Skepticismus ist aber auch aus eben diesen Ursachen ein sehr interessantes Schauspiel für den forschenden Betrachter der Fortschritte der wissenschaftlichen Cultur. Der Zweifelsgeist ist selbst ein unläugbarer Beweis von der höhern Cultur der Vernunft, die erste Aeußerung, daß sie mit sich selbst zu rechnen, ihre Wünsche mit ihrem Vermögen, ihre Hülfsmittel mit ihren Zwecken zu vergleichen anfängt. Welcher Grad von Bildung gehört nicht dazu, ehe die Vernunft von den dunkeln Ahndungen unzureichender Erkenntnißgründe bis zu dem deutlichen Bewußtseyn derselben fortgehen, und sich selbst Rechenschaft über ihre Zweifel und Unzufriedenheit mit der gegenwärtigen Summe wissenschaftlicher Erkenntnisse ablegen kann. Welche Einsicht, Gewandtheit und Behutsamkeit erfordert die Bestreitung aller dogmatischen Behauptungen, wenn sie nicht selbst

selbst Blößen geben, und indem sie von andern dogmatischen Sätzen ausgehet, einen neuen Dogmatismus in einer veränderten Gestalt aufstellen, und sich selbst dem Skepticismus wieder preis geben will? Aber nicht allein der Skepticismus an sich, sondern auch in dem wirklichen Kampfe mit dem Dogmatismus gewähret ein großes Interesse, indem er den eigentlichen Bestand und Gehalt der griechischen Philosophie und Wissenschaft in einer leichten Uebersicht vor Augen legt, den Gewinn und Fortschritt der Mängel und Gebrechen derselben berechnen läßt, und den Punkt genau bestimmt, bis zu welchem die Griechen in der wissenschaftlichen Cultur fortgerückt waren. Ehe wir aber diesen Skepticismus selbst nach seinen Eigenthümlichkeiten betrachten, wollen wir erst untersuchen, welches Verdienst um dessen vollkommnere Gestalt dem Sextus nach Gründen der Wahrscheinlichkeit beizulegen ist.

Daß der Skepticismus nach dem Aenesidem große Fortschritte in Rücksicht auf das Formale und Materiale gethan habe, erhellet schon aus dem ersten Abschnitte dieses Hauptstücks, und aus Sextus eigenem Geständniß [6]. Denn Aenesidem hatte schon, was die Erkenntniß der Außendinge, und die Behauptungen der Dogmatiker über einzelne Gegenstände des Wissens betrift, eine große Menge Materialien gesammlet, woraus die Nothwendigkeit, jedes entscheidende Urtheil zurückzuhalten, in die Augen leuchtete; und die Folgenden werden gewiß nicht ermangelt haben, auf diesem Wege weiter zu gehen. Was das Formelle betrift, so konnte auch zu dem, was das Wesentliche des Skepti-

---

[6] Sextus Empiric. Hypotypos. Pyrrhon. I. §. 222. περι δε τε, ει εϛιν (Πλατων) ειλικρινως Σκεπτικος, πλατυτερον μεν εν τοις υπομνημασι διαλαμβανομεν· νυν δε ως εν υποτυπωσει διαλαμβανομεν κατα Μηνοδοτον και Αινησιδημον· ετοι γαρ μαλιϛα τωυτης προεϛησαν της ϛασεως.

Skepticismus anlangt, auch nicht viel hinzugethan werden, seitdem Aenesidem auf den Widerstreit der Erscheinungen, und seine Nachfolger auf die logische Unzulänglichkeit aller dogmatischen Begründung der Erkenntniß aufmerksam gemacht hatten. Dieses bestätiget die nähere Betrachtung der von dem Sextus gegebenen Darstellung des Skepticismus vollkommen. Allenthalben, wo er die Unerweislichkeit einer dogmatischen Lehre darthun will, beruft er sich darauf, daß die Dogmatiker das Unerwiesene als gewiß annehmen, oder, daß ihre Gründe wieder neue Gründe in das Unendliche fort bedürfen, oder daß sie ihre Gründe aus dem Begründeten, und dieses wieder aus den Gründen herleiten, oder daß wegen der Relation des Unbekannten mit dem Bekannten, keine Erkenntniß des Ersten möglich sey. Er beobachtet also genau das logische Verfahren, welches nach seiner eignen Aussage die neuern Skeptiker seit Aenesidems Zeiten eingeführt hatten 7).

Erwägen wir diese Vorarbeiten in beiden Rücksichten, so können wir nicht behaupten, daß Sextus den Skepticismus vollendet habe. Er hat in dem Wesentlichen desselben nichts geändert, nichts hinzugethan; er folgt den Ansichten, welche seine Vorgänger eröffnet hatten. Aber dadurch soll auch nicht behauptet werden, daß er gar kein Verdienst um die skeptische Philosophie habe; es bleibt ihm das untergeordnete Verdienst der **allgemeinen Anwendung und der vollendetern Darstellung**. Denn können wir gleich in dieser Rücksicht keine bestimmte Gränzlinie zwischen ihm und seinen Vorgängern ziehen, weil wir die Schriften der letztern mit den seinigen nicht vergleichen können: so ist es doch nicht wahrscheinlich, daß er ohne alle

---

7) Sextus Empiric. *Hypotyp. Pyrrh.* I. §. 164 seq. Man vergleiche auch §. 185. wo er eben dieses Verfahren auf die skeptischen Gründe des Aenesidems gegen die ursachliche Verknüpfung anwendet.

alle Eigenthümlichkeit blos wiederholt haben sollte, was schon vor ihm war gesagt worden. Dazu mißbraucht ein guter Schriftsteller — und dieses ist Sextus unstreitig — seine Talente nicht. Es ist nicht wahrscheinlich, daß der Skepticismus, wenn auch der eigentliche Punkt, worauf es bei dieser Denkart ankommt, die Ansichten von der menschlichen Erkenntniß, die Gründe und Gränzen des Zweifels im Allgemeinen entwickelt und bestimmt worden, sich in völliger Klarheit und Bestimmtheit ausgesprochen, allen Mißverständnissen vorgebeugt, oder auf alle Gegenstände, die eine skeptische Ansicht zulassen, angewendet habe. Man darf daher wohl mit Grund annehmen, daß die Darstellung des Skepticismus, besonders des allgemeinen Theils desselben, dem Sextus eigenthümlich ist, und daß besonders der angewandte Theil, welcher die dogmatischen Behauptungen bestreitet, seiner eignen Ansicht und Beurtheilung der philosophischen Systeme viel zu verdanken hat. Denn es gab noch immer Mißverständnisse in Ansehung des eigentlichen Geistes des Skepticismus, zu welchen selbst die Art, wie sich einige Skeptiker darüber erklärt hatten, und die Schwierigkeit, den rechten Punkt zu treffen, worin sich diese Methode zu philosophiren von der dogmatischen, vorzüglich der negativen, unterschied, Veranlassung gegeben hatte. Und was die Ausdehnung des Skepticismus betrift, so darf man wohl nicht voraussetzen, daß alle Skeptiker, welche größtentheils praktische Aerzte waren, so viel Kenntnisse und Muße besessen haben, um, wie Sextus, den Dünkel der Dogmatiker in allen wissenschaftlichen Zweigen zu demüthigen. Am wenigsten darf man diese umständliche Auseinandersetzung und Prüfung von dem Aenesidem erwarten, da er nur unter dem zehnten Zweifelsgrunde von der Uneinigkeit der Dogmatiker, wahrscheinlich nur im Allgemeinen, gehandelt, und hätte er ihr auch in einer andern Schrift seine besondere Aufmerksamkeit gewidmet, doch sich nicht von aller Anhänglichkeit an dem Dogmatismus losgerissen hatte.

Sextus besaß einen sehr gebildeten Geist, viel Gewandtheit und Scharfsinn, mit viel Kälte und Ruhe des Gemüths. Er umfaßte alle gelehrte Kenntnisse der Vorzeit; alle Versuche, die Wahrheit und Gewißheit einer wissenschaftlichen Erkenntniß zu begründen, alle noch so verschiedenen Ansichten über die wichtigsten, den Menschen am meisten interessirenden Gegenstände hatte er mit der größten Deutlichkeit aufgefaßt; er spricht über ganz verschiedene Wissenschaften mit großer Einsicht und Bestimmtheit; Fehler und Mängel, Widersprüche und Inconsequenzen entdeckt er mit Leichtigkeit. Neben dieser Gewandtheit und Vielseitigkeit offenbaret sich aber auch eine gewisse Beschränktheit des Geistes, welche von der einseitigen Richtung des Geistes entsprang, indem er theils die Sphäre für die Anwendung der Geisteskraft in gewisse Gränzen eingeschlossen hatte, theils auch in dieser Sphäre nur immer einerlei Methode auf eine und dieselbe Art zur Entdekkung der Grundlosigkeit der Behauptungen anwendete, ohne seinen Blick auf die innere Natur des menschlichen Geistes zu richten. Die Einförmigkeit des Gegenstandes und der Behandlung desselben — denn immer sucht er seinen Zweck, die Zurückhaltung des entscheidenden Urtheils, auf eben und dieselbe Weise zu erreichen, durch die Anwendung der fünf neuern skeptischen Gründe — würde daher bald Ueberdruß und Ekel erregen, wenn die Zusammenstellung der widerstreitenden Behauptungen nicht noch andere interessantere Resultate darböte, als Sextus daraus zu ziehen Lust hatte.

Das Thema, welches sich Sextus auszuführen vorgenommen hatte, war die Ungewißheit der objectiven Erkenntniß, der Mangel eines sichern und zuverläßigen Grundsatzes,

satzes, woraus die Uebereinstimmung der Vorstellungen mit ihren Objecten vollkommen einleuchtete, und die Aufdeckung des Dünkels der Dogmatiker, daß sie in Ermangelung eines solchen Princips doch mit einem eitlen Wissen prahlten. Zu dieser Absicht stellt er den Widerstreit der Behauptungen der Dogmatiker als Thatsache auf, und da er diesen Gegenstand bloß aus dem logischen Gesichtspunkte betrachtet, nur aus gegebenen oder gemachten Begriffen raisonniret, ohne auf die Natur und die Gesetze des Erkenntnißvermögens selbst zu achten, so ziehet er daraus die Folgerung, daß sich dieser Widerstreit auf keine Weise heben läßt, weil sich nicht alles beweisen läßt, und doch alles bewiesen werden müßte, wenn man sich der Gewißheit einer Erkenntniß rühmen wollte. In diesem Punkte liegt die Stärke und die Schwäche dieses Skepticismus, welchen wir nun näher kennen lernen wollen. Wir machen den Anfang mit der Darstellung des Skepticismus im Allgemeinen.

Der Skepticismus ist eine eigne Denkart, welche mit dem Dogmatismus, sowohl dem positiven als negativen, nichts gemein hat. Der positive Dogmatismus behauptet von sich eine wirkliche Erkenntniß der Dinge: der negative oder die neue Akademie läugnet die Möglichkeit derselben; der Skepticismus entfernt sich von beiden darin, daß er weder jene behauptet, noch dieses läugnet, sondern nur auf die Zurückhaltung eines entscheidenden positiven oder negativen Urtheils bringet. Der Dogmatiker glaubt die Wahrheit gefunden zu haben, der Akademiker hat das Suchen als unmöglich aufgegeben, der Skeptiker bezweifelt nur das Gefundenseyn und behält sich das Suchen vor [8]).

Dieser

---

[8]) Sextus Empiric. *Hypotypos. Pyrrhon.* I. c. 1.

Dieser Gegensatz: **Skepticismus ist kein Dogmatismus**, ist dem Sextus der Hauptpunkt bei seiner Darstellung der Skepticismus. Von dieser Seite war er nämlich am häufigsten angegriffen worden, daß man ihn als einen dem positiven Dogmatismus entgegengesetzten Dogmatismus betrachtete, welcher die Unmöglichkeit der Erkenntniß behaupte; und man forderte in dieser Hinsicht mit Recht einen Beweis von ihm, welchen er nicht geben konnte, ohne von etwas Gewissen auszugehen, wodurch er sich selbst hätte zerstören müssen. Diese Folgerung war ganz richtig, weil man von beiden Seiten noch nicht dahin gekommen war, die Logik, als Wissenschaft von den bloß formalen Gesetzen des Denkens, bei diesem Streite außer dem Spiele zu lassen. Aus dieser Ursache gibt sich nun Sextus alle Mühe, den Skepticismus als das Gegentheil vom Dogmatismus, das ist, nicht als dogmatisches System, auch nicht als Kunst, den Zweifel hervorzubringen, sondern als **individuelle Denkart** darzustellen. Aber dieses ist ihm nicht ganz gelungen; es offenbaren sich manche Widersprüche sowohl in der Erklärung selbst, als in der wirklichen Anwendung.

Der **Skepticismus** besteht, nach ihm, **in dem Vermögen, das sinnlich Vorgestellte und Gedachte auf jede mögliche Weise einander entgegenzustellen, und dadurch wegen des Gleichgewichts der Gründe zur Zurückhaltung alles Urtheils über die Objecte und zur Gemüthsruhe zu gelangen** 9).

Der

---

9) Sextus Empiric. *Hypotyp. Pyrrhon.* I. c. 4. ἔϛι δὲ ἡ σκεπτικὴ δύναμις ἀντιθετικὴ φαινομένων καὶ νοουμένων καθ᾽ οἱονδήποτε τρόπον, ἀφ᾽ ἧς ἐρχόμεθα διὰ τὴν ἐν τοῖς ἀντικειμένοις πράγμασι καὶ λόγοις ἰσοσθένειαν τὸ μὲν πρῶτον εἰς ἐποχὴν, τὸ δὲ μετὰ τοῦτο εἰς ἀταραξίαν.

Der letzte Zweck des Skeptikers ist Gemüthsruhe. Denn es ist nicht möglich, bei der Betrachtung des Widerstreits in den Dingen und Meinungen ruhig und gleichgültig zu bleiben, so lange man noch an die Möglichkeit einer objectiven Erkenntniß glaubet; und in dem Praktischen zeiget sich diese Unruhe in Ansehung der für gut oder böse erkannten Objecte noch mehr, man mag in dem Besitze derselben seyn oder nicht. Wer aber zweifelt, der höret auf, an den Objecten selbst Interesse zu nehmen, und es ist ihm gleichgültig, ob man in Ansehung derselben etwas bejahet oder verneinet, ob man sie besitzet oder nicht besitzet [10]). Nach der obigen Erklärung des Skepticismus müßte man einen ganz andern Zweck erwarten, nämlich die **Aufregung des Forschungsgeistes durch die Aufdeckung des bisherigen Mangels am Wissen.** Denn er ist die Art zu philosophiren, wo man die Wahrheit noch nicht gefunden zu haben glaubt, und sich noch mit der Findung derselben beschäftiget. Wie kann aber das fortgesetzte Suchen und Forschen Statt finden, wenn alles Interesse an theoretischer Erkenntniß verschwunden, und Gleichgültigkeit an die Stelle desselben getreten ist? Wie kann überhaupt Zweifel und Gleichgültigkeit mit einander bestehen, da der Zweifel immer eine unruhige Gemüthsstimmung ist? Jene Gemüthsruhe, welche mit Gleichgültigkeit verbunden ist, kann nicht aus dem Zweifel hervorgehen, sondern aus der innigen Ueberzeugung, daß **alles Forschen vergeblich ist,** der Widerstreit in den Vorstellungen auf keine Weise gehoben werden kann.

Der

---

10) Sextus Empiric. *Hypotyp. Pyrrh.* I. c. 6. 12. §. 25. αρξαμενοι γαρ φιλοσοφειν υπερ τε τας φαντασιας επικριναι και καταλαβειν, τινες μεν εισιν αληθεις, τινες δε ψευδεις, ωστε αταραχτησαι, επεσον εις την ισοσθενη διαφωνιαν· ἡν επικριναι μη δυναμενοι, επεσχον. επεσχοντι δε αυτῳ τυχικως παρηκολουθησεν ἡ εν τοις δοξαστοις αταραξια.

Der Skepticismus gehet aus dem **Gleichgewicht der Gründe** hervor. Wenn man durch Entgegensetzung der Objecte und Vorstellungsarten den Widerstreit bemerket, so daß auf der einen Seite so viel Gründe sind, als auf der entgegengesetzten, und kein Grund einen Vorzug vor dem andern in Ansehung der Ueberzeugungskraft behauptet, so kommt das Gemüth in den Zustand des Gleichgewichts, daß es sich weder auf die eine noch auf die andere Seite neiget, sich weder zum Fürwahrhalten, noch zum Gegentheil bestimmt [11]).

Der Gegenstand des Skepticismus ist nicht subjective, sondern objective Erkenntniß, nicht das, was uns erscheint, sondern was den Erscheinungen zum Grunde liegt. Wir fühlen uns von den äußern Objecten auf eine gewisse Weise afficirt, wir stellen uns die Objecte auf diese oder jene Art vor. Der Skeptiker läugnet diese Vorstellungen und Empfindungen, und die Beziehungen derselben auf sein vorstellendes Subject nicht ab; was aber die Objecte ausser dieser subjectiven Beziehung seyn, und wie sie beschaffen seyn mögen, dieß ist der Punkt, welcher den Dogmatiker und Skeptiker trennt. Der erste behauptet, dieses Object an sich zu erkennen, es sey durch Vorstellungen der Sinnlichkeit oder des Verstandes; der Skeptiker hingegen findet sich durch das Gleichgewicht der Gründe genöthiget, alles Urtheilen darüber auszusetzen [12]). Was unmittelbar wahr-

---

11) Sextus Empiric. *Hypotypos. Pyrrhon* I. §. 12.
συςασεως δε της σκεπτικης εςιν αρ,η μαλιςα το, παντι λογῳ λογον ισον αντικεισθαι. απο γαρ ταυτα καταλεγειν δοκουμεν ες το μη δογματιζειν.

12) Sextus Empiric. *Hypotypos. Pyrrhon* I. §. 19.
οταν δε ζητωμεν, ει τοιουτον εςι το υποκειμενον, οποιον φαινεται το μεν, ότι φαινεται, διδομεν, ζητουμεν δ' ου περι τα φαινομενα, αλλα περι εκεινα, ό λεγεται περι τα φαινομενα.

wahrgenommen, empfunden, gedacht wird, das hat für uns subjective Realität. Dieses nennet Sextus das Phänomen, das unmittelbar gewisse, das Bekannte (πρόδηλον); das Object aber, worauf sich die Vorstellungen beziehen, was nicht unmittelbar wahrgenommen wird, das Unbekannte (αδηλον, αφανες) 13). Wir können diesen Gegensatz nicht besser als durch die Unterscheidung der kritischen Philosophie zwischen Erscheinung und Ding an sich ausdrücken. Man muß sich hüten, diesen Gegensatz mit der Unterscheidung der kritischen Philosophie zwischen Erscheinung und Ding an sich für einerlei zu halten. Der Skeptiker fing nur an, diesen Unterschied zu entwickeln, welcher erst durch die kritische Erwägung des Erkenntnißvermögens sein volles Licht erhielt, und er gründete sich dabei fast ausschließlich auf die verschiedene Art, wie Menschen afficirt und zu Vorstellungen bestimmt werden. Hätte er darin eine völlige Uebereinstimmung gefunden, so würde er nach den deutlichen Erklärungen des Sextus vielleicht kein Bedenken gefunden haben, das dadurch Vorgestellte für das Reale, das Ding an sich zu halten 14). In diesem Sinne läßt er Erscheinungen unangefochten; und wenn er Erscheinungen mit Erscheinungen in Widerstreit setzt, so will er nicht diese bestreiten, sondern nur die Trüglichkeit der Vernunft in ein helleres Licht setzen, und Mißtrauen gegen ihre vermeinten Entdeckungen in dem unbekannten Felde der Dinge an sich erwecken, da sie selbst unmittelbare Wahrnehmungen beinahe in einen leeren Schein verwandelt 15).

Der

---

13) Sextus Empiric. I. §. 20. II. §. 8. 124. III. §. 6.
14) Sextus Empiric. advers. Logic. II. §. 352. α μεν γαρ συμφωνα ευρισκεται τα αισθητα τοις αισθητοις, και τα νοητα τοις νοητοις, και εναλλαξ, ισως αν παραχωρμιεν, αυτα τοιαυτα τυγχανων, οποια φαινεται.
15) Sextus Empiric. Hypotypos. Pyrrhon. I. §. 20.

Der Skeptiker trägt seine Zweifel bloß als ein psychologisches Factum, als individuelle Ansicht vor. Sowohl das Gleichgewicht der Gründe, als den dadurch in ihm bewirkten Zustand des Zweifels will er nur für so etwas angesehen wissen, das ihm als Individuum so vorkomme, nicht aber als etwas objectiv und allgemein Gültiges. Er legt seine Ansicht dar, aber er macht keinen Anspruch darauf, von andern zu verlangen, daß sie in dieser Vorstellungsart mit ihm durchgängig übereinstimmen sollen, und ist weit entfernt von der Anmaßung, seine Vorstellungsart für die einzig richtige zu halten. Sein Zweifel erstreckt sich nicht allein über die dogmatische, sondern auch selbst über seine eigne skeptische Ansicht. Wenn er daher nach seiner Ansicht sich so ausdrückt: dieses oder jenes ist eben so wenig wahr als falsch, alles ist ungewiß und unbegreiflich; ich entscheide über nichts: so will er, daß dieses Urtheil auch von seinen eignen Urtheilen und Aussagen gelte, gerade so, wie das Urtheil: alles ist falsch, oder nichts ist wahr, auch sich selbst mit unter derselben Sphäre begreift 15b).

Der Skepticismus ist daher auch ein reiner Gegensatz des Dogmatismus. Er hat nicht nur kein

---

ȣ γαρ τοιυτος απατεων ετιν ὁ λογος, ὥτε και τα φαινομενα μονον εχι των οφθαλμων ἡμων ὑφαρπαζαν, πως κ χρη ὑφορασθαι αυτον εν τοις αδηλοις.

15b) Sextus Empiric. *Hypotyp. Pyrrhon.* I. §. 14. ὥσπερ ἡ παντα ετι ψευδη, φωνη, μετα των αλλων και ἑαυτην ψευδη ειναι λεγει, και ἡ, ϗδεν εστιν αληθες, ὁμοιως· ἑτως και ἡ, ϗδεν μαλλον, μετα των αλλων και ἑαυτην φησι μη μαλλον ειναι, και δια τϗτο τοις αλλοις και ἑαυτην συμπεριγραφει. — το δε μεγιστον, εν τη προφορα των φωνων τϗτων το ἑαυτϗ φαινομενον λεγει, και το παθος απαγγελλει το ἑαυτϗ αδοξαστως, μηδεν περι των εξωθεν ὑποκειμενων διαβεβαιϗμενος. §. 197. 198. 200. 206. 207.

kein Dogma, sondern ist auch selbst kein Dogma. Ueber die Objecte, von welchen der Dogmatismus sich eine Erkenntniß anmaßet, oder selbst die Möglichkeit derselben aufhebt, fällt er gar kein Urtheil, weder bejahend noch verneinend, sondern legt nur sein Bekenntniß nieder, daß, wie die Sachen jetzt stehen, die Natur der Objecte ihm problematisch scheine, und man daher weder positiv noch negativ darüber ein Urtheil fällen könne.¹⁶). Daher hat er auch nicht nöthig, seine Ansicht zu beweisen; sein Zweifel gehet aus den Thatsachen, welche er vorleget, unmittelbar hervor. Er hält sich nur an das, was factisch ist, sowohl in Ansehung seines eignen Erkenntnißvermögens, als in Ansehung der dogmatischen Versuche. Daß er empfinde und denke, sagt ihm sein Bewußtseyn; was aber das Empfinden und Denken sey, das kümmert ihn nicht; er läßt sich in keine Erörterung der Bedingungen und Gesetze des Erkennens ein ¹⁷). Die durchgängige Uneinigkeit in den Behauptungen der Dogmatiker, und der Widerstreit in den Vorstellungen der Menschen ist Thatsache, und diese legt er unbefangen vor Augen. Das Gleichgewicht des Gemüths in Ansehung der Gründe der Ueberzeugung ist ebenfalls ein Factum, welches in seinem Innern vorgehet, und als solches, nicht als Dogma stellt er es dar, und daher würde er selbst alles dasjenige, was man zu seiner Widerlegung sagen möchte, nicht für eine Widerlegung, sondern vielmehr Bestätigung seiner Vorstellungsart ansehen müssen ¹⁸).

So

16) Sextus Empiric. Hyp. Pyrrh. I. §. 199. 208. 200.
17) Sextus Empiric. Hypotypos. Pyrrhon. I. §. 9. η καθ' οίον δηποτε τροπον φαινομενων και νοουμενων ίνα μη ζητωμεν, πως φαινεται τα φαινομενα, η πως νοειται τα νοουμενα, αλλ' απλως ταυτα λαβωμεν.
18) Sextus Empiric. Hypotypos. Pyrrhon. I. §. 200. τουτο δε εστιν κ διαβεβαιωμενου περι του, τα παρα τοις δογματικοις

So deutlich und bestimmt erklärt sich Sextus über das Object und das Wesen des Skepticismus. Es ist dabei nicht zu verkennen, daß ihm die Mängel der Darstellungen des Skepticismus und die dadurch veranlaßten Mißverständnisse und Angriffe der Dogmatiker diese bestimtere Erklärung abgedrungen und gleichsam nahe gelegt hatten. So erwähnt er eines Vorwurfs, welcher den Skeptikern gemacht wurde, daß sie nämlich auch die Thatsache, daß der Mensch von außen afficirt werde und Empfindungen habe, abläugneten [19], und gewisse Skeptiker, welche die Aussage, jedem Grunde steht ein anderer in Rücksicht auf die Ueberzeugung gleicher Grund entgegen, nicht als individuelle Ansicht, sondern als ein Postulat oder Vorschrift für den Skeptiker betrachteten, welche soviel sage, als, der Skeptiker müsse jeder dogmatischen Behauptung, jedem Grunde einen gleichgeltenden entgegenstellen, wonach der Skepticismus nicht als Denkart, sondern als Kunst, den Zweifel hervorzubringen, müßte vorgestellt werden [20].

Un-

τικοις ζητημενα φυσεως ειναι τρικυτης, ὡς ειναι ακαταληπτα· αλλα το ἑαυτα παθος απαγγελλοντος· καθο φησιν, ὑπολαμβανω, ὁτι αχρι νυν ἀδεν κατελαβον ἑκατων ἐγω, δια την των αντικειμενων ισοσθενειαν. ὁθεν και τα ὡς περιτροπην φερομενα παντα, (ἀκ) απαδοντα ειναι δοκει μοι των ὑφ᾽ ἡμων απαγγελλομενων. §. 12.

19) Sextus Empiric. Hypotypos. Pyrrhon. I. §. 19.
20) Sextus Empiric. Hypotyp. Pyrrhon. I. §. 204. προφερονται δε τινες και ἀτω την φωνην, παντι λογῳ λογον αντικεισθαι τον ισον, αξιωντες παραγγελματικως τἀτο· παντι λογῳ δογματικως τι κατασκευαζοντι, λογον δογματικως ζητωντα ισον κατα πιστιν και απιστιαν μαχομενον αυτῳ αντιτιθωμεν. — παραγγελλωσι δε τἀτο τῳ σκεπτικῳ, μηπως ὑπο τε δογματικα παρακρωσθαι, απαστη την περι αυτα ζητησιν, και της φαινομενης αυτοις αταραξιας, ἡν νομιζωσι παρυφιςασθαι τῃ περι παντων ἐποχῃ, — σφαλη προπετευσαμενος.

Ungeachtet Sextus diese Darstellung des Skepticismus nicht zu der seinigen zu machen scheint, so wird sie doch durch die Anwendung, die er davon macht, begünstiget. Und eben hieraus erhellet, daß seine Erklärung nicht ganz mit dem Wesen des Skepticismus zusammenstimmt, und die erste nur dazu dienen sollte, wirklichen und möglichen Angriffen vorzubeugen.

Ein Skepticismus, welcher es darauf anlegt, alles Interesse der Untersuchung zu zernichten, und sich nicht damit begnüget, den Dünkel der Dogmatiker aufzudecken, den Mangel an Gründlichkeit, Haltbarkeit und Gewißheit in dem ganzen Gebiet der menschlichen Erkenntniß in das Licht zu setzen, sondern auch die Möglichkeit, es in Ansehung des Wissens oder Nichtwissens zur Gewißheit zu bringen, wenn auch nicht mit den Worten läugnet, doch in der That zernichtet; ein solcher Skepticismus kann für nichts anders gehalten werden, als ein **negativer Dogmatismus**, so sehr auch Sextus sich Mühe gibt, den Unterschied zwischen dem pyrrhonischen Skepticismus und dem der neuen Akademie, den er für den negativen Dogmatismus hält, zu erhärten.

Daß wir durch diese Behauptung dem Skepticismus kein Unrecht thun, können wir mit Gründen beweisen. **Erstlich ist dem Skepticismus das ernstliche Streben nach Wahrheit und das reine Interesse dafür fremd.** Denn er erlaubt sich auch viele Sophismen zur Bestreitung der Dogmatiker, nicht nur, wie Sextus zuweilen selbst gesteht, um sich eine Kurzweil zu machen, und die Verwirrung des Dogmatikers zu vermehren, sondern auch nicht selten, wenn er keine andern Waffen kennt, um dogmatische Behauptungen zu bestreiten [21]). Zweitens: **Dem Skeptiker ist sein Zweifel**

---

21) Sextus Empiric. Hypotyp. Pyrrh. I. §. 62. 63. III. 280. 281. Beispiele von solchen handgreiflichen Sophistereien,

fel lieber als die Wahrheit. Wenn ihm daher ein Satz oder Urtheil vorkommt, welchem er kein gleichwichtiges entgegensetzen kann, so beruft er sich lieber auf die Zukunft, welche durch einen fruchtbareren Geist finden werde, was jetzt noch nicht vorhanden sey, als daß er bekennen sollte, hier scheitere sein Skepticismus. Dieses offenbaret sich auch in dem Geständhisse, eine Widerlegung des Skepticismus werde ihn nur noch mehr in seiner Denkweise bestärken, weil er sich überzeugt habe, jedem Satze, jedem Grunde stehe ein anderer von gleichem Gewicht entgegen [22]). Drittens: Er verkennet die Gränzen und den Zweck, welche er sich selbst vorgesetzt hat, wenn er sogar die Möglichkeit der Erkenntniß nicht nur bezweifelt, sondern

phistereien, welche mit einem reinen Interesse nicht bestehen, sind sehr häufig, z. B. Hypotyp. Pyrrhon. II. §. 22 seq. 85 seq. Nicht selten verdrehet er die Behauptungen der Dogmatiker auf die gröbste Weise, und verletzt also eine Hauptregel, welche er den Gegnern zur Pflicht macht, in wissenschaftlichen Untersuchungen die Worte nach der größten Schärfe und Bestimmtheit zu gebrauchen. advers. Logic. II. §. 129. ὥστε ἐν μεν τῷ βιῳ και τῇ κοινῇ συνηθᾳ τοπον αχει ἡ καταχρησις. ὁταν δε τα προς την φυσιν ζητωμεν πραγματα, τοτε εχεσθαι δει της ακριβειας.

22) Sextus Empiric. Hypotypos. Pyrrhon. I. §. 33. οἷον ὅταν τις ἡμας ἐρωτησῃ λογον, ὁν λυσαι ε δυναμεθα, φαμεν προς αυτον, ὁτι ὡσπερ προ τε γενεσθαι ἀσηγησαμενον την αιρεσιν, ἡ μετερχῃ, ἀδειν ὁ καθ' ἀυτην λογος ὑγιης ὡν ἐφαινετο, ὑπεκειτο μεν τοι ὡς προς φυσιν· ἁτως ἐνδεχεται και τον ἀντικειμενον τῷ ὑπο σε ἐρωτηθεντι νυν λογον ὑποκεισθαι μεν ὡς προς την φυσιν, μηδεπω δ' ἡμιν φαινεσθαι. §. 200. ὑπολαμβανω, ὁτι αχρι νυν ἀδει κατελαβον εκατων ἐγω, δια την των αντικειμενων ἰσοσθενειαν. ὁθεν και τα εις περιτροπην φερομενα παντα, (εκ) ἀπᾳδοντα ειναι δοκει μοι των ὑφ' ἡμων ἀπαγγελλομενων. II. §. 259.

dern auch die Unmöglichkeit zu beweisen versucht. Wie sollte noch eine Erkenntniß möglich seyn, wenn weder durch die Sinne noch durch den Verstand, weder unmittelbar noch mittelbar irgend ein Object mit Gewißheit erkannt werden kann; wenn es keine gültigen Urtheile und Schlüsse, keine Demonstration, keinen unmittelbar gewissen Grundsatz oder Kriterium des Wahren gibt noch geben kann. Der Skepticismus überschreitet offenbar die Gränzen, welche er sich selbst vorgesteckt hatte, wenn er zu beweisen unternimmt, daß selbst der Begriff eines demonstrativen Wissens in sich selbst widersprechend, und die Hofnung, es einmal dahin zu bringen, unmöglich sey [23]). Wenn der Skeptiker hierbei von reinem Interesse für die Wahrheit beseelet wäre, so würde er sich bescheiden, nur die jetzt vorhandenen Theorien des Denkens und Erkennens widerlegt zu haben, und nicht sich selbst mit dem Scheine blenden, als könne es keine gründlichern geben. Und zu welchem Zweck kann endlich ein ewiger Streit zwischen dem Skeptiker und Dogmatiker dienen, wenn er so beschaffen ist, und so geführet wird, daß er ohne Ende fortdauern muß? wenn der letzte immer ein festes Zutrauen zur Vernunft bei allem Mißlingen, und eine hofnungsvolle Aussicht auf ihre volle Befriedigung, der erste aber ein stetes Mißtrauen und Verzweifelung an der einmal zu findenden völligen Einsicht und Ueberzeugung als Maxime bei dem Streite befolgt? Nichts anders kann auf Seiten des Skeptikers daraus entspringen, als eine gänzliche Gleichgültigkeit, eine Zernichtung alles Interesse für Wahrheit und Erkenntniß.

Eben

---

23) Sextus Empiric. *adversus Logic.* I. §. 439. πλην τοῦγε κεφαλαιον, ει μητε πασαι αἱ φαντασιαι εισι πισται, μητε πασαι απιστοι, μητε τινες μεν πισται, τινες δε απιστοι, ουκ αν ειη κριτηριον της αληθειας ἡ φαντασια, ᾡ ακολουθον το μηδεν ειναι κριτηριον. §. 316. II. §. 38. νυν δε ὁταν και ἡ επινοια εὑρισκηται αδυνατος ἡ της αποδειξεως, αναμφιλεκτως και ἡ της ὑπαρξεως ελπις αποκοπτεται.

Eben darum hatte der Skeptiker jetzt den Streit auf einen Standpunkt hingeführt, auf welchem für ihn wenigstens alle weitere Forschung, woraus eine endliche befriedigende Auflösung der Frage: was kann man wissen, und wo ist die Gränze des Nichtwissens? hervorgehen konnte, wie mit einem Strich zernichtet wird. Er will, man soll bei dem Streitigen stehen bleiben, und macht dadurch, so viel an ihm ist, den Streit ewig. Der Widerstreit der Vorstellungen und Behauptungen, das Gleichgewicht der Gründe auf beiden Seiten, dieß ist sein einziges Thema, und er hat gewonnenes Spiel, wenn es ihm gelingt, alle tiefere Forschung, welche in den Vorstellungen die Gesetze und Bedingungen der Erkenntniß selbst, und dadurch die einzig möglichen Erkenntnißprincipien zu ergründen strebt, abzuschneiden. Denn auf diesem Felde der bloßen Vorstellungen, wo von allen Bedingungen derselben abstrahiret wird, kann er ohne Ende Beweis vom Beweise, und Gründe von den Gründen fordern, und immer sicher seyn, daß er den Dogmatiker durch die Anwendung seiner fünf skeptischen Regeln in die Enge treibt. Aber er muß es sich ebenfalls gefallen lassen, wenn er endlich von dem Dogmatiker dahin gebracht wird, daß er sich, um seinen skeptischen Gründen Gewicht zu geben, auf ein subjectives Gefühl, eine individuelle Ansicht beruft, welche er eben darum, weil sie auf keinen objectiven Gründen beruhet, keinem andern außer sich ansinnen kann [24].

Der

---

24) Sextus Empiric. advers. Logic. II. §. 473. 474. ὅμως δὲ καὶ τὰς Σκεπτικὰς, ἂν δέῃ ὑπὲρ αὐτῶν ἀποκρίνασθαι, ἀσφαλῶς ἀποκρίνεται. Φήσουσι γὰρ, τὸν κατὰ τῆς ἀποδείξεως λόγον πιθανὸν εἶναι μόνον, καὶ πρὸς τὸ παρὸν πείθειν αὐτὰς καὶ ἐπάγεσθαι συγκατάθεσιν· ἀγνοεῖν δὲ, εἰ καὶ αὖθις ἔσται τοιοῦτος, διὰ τὸ πολύτροπον τῆς ἀνθρωπίνης διανοίας. ὅτω γὰρ γενομένης τῆς ἀποκρίσεως, ἐδὲν ἔτι δυνήσεται λέγειν ὁ δογματικός. ἢ γὰρ τοῦτο διδάξει, ὅτι ἐκ ἔστιν ἀληθὴς ὁ κατὰ τῆς ἀπο-

Sextus Empirikus.

Der Skeptiker muß, wenn er beweisen will, der Dogmatiker habe Unrecht, daß er eine gewisse Erkenntniß von irgend einem Objecte zu haben glaube, selbst von etwas Gewissen ausgehen. Denn wie kann er sonst etwas beweisen? Auch dann, wenn er in seinen Gränzen bleibt, und sich bloß darauf einschränkt, die Demonstrationen der Dogmatiker umzustoßen, muß er doch gewisse Regeln der Demonstration, oder gewisse Gesetze des logischen Denkens anerkennen, nach welchen er zeigen kann, daß eine Demonstration fehlerhaft oder mangelhaft ist. Hätte ihn nun ein reines Interesse für Wahrheit beseelt, so würde er sich bestimmt und deutlich über das Gewisse und Unstreitige, was er anerkenne oder voraussetze, und den Gegenstand seines Zweifels, nach genau abgemessenen Gränzlinien erklärt haben. Der Skepticismus hätte dann an Kraft und Gewicht gewonnen, seine Gründe schneidender gemacht, zugleich die wirklichen faulen Flecken in dem Gebäude des menschlichen Wissens mehr entblößt, und den Forschungsgeist zu neuen Versuchen gereizt.

Aber dieses ist nicht geschehen, wenigstens nicht so vollständig, als man es aus Interesse für die Wahrheit hätte wünschen sollen. Sextus bestimmt wohl das Object des Streits zwischen dem Dogmatiker und Skeptiker, welches dasjenige betrifft, was außer allem Vorstellen gelegen ist, aber nicht das Gewisse in dem Vorstellen, welches weder die eine noch die andere Partei verkennen können, wenn sie vernünftig streiten wollen. Die Gesetze des formalen Denkens,

αποδαξεως κομισθαι λογος· η τυτο παρατησα, ὁτι ε παθα του σκεπτικου. αλλα το μεν πρωτον δακνυς, ε τῳ σκεπτικῳ μαχεται, δια το μηδε εκεινον διαβεβαιωσθαι περι τυτα τα λογα ὡς αληθας, μονον δε λεγαν, ὁτι πιθανον ετι. το δε δευτερον ποιων, προπετης γενησεται, αλλοτριον παθος θελων λογῳ καταπαλαισαι.

Tennem. Gesch. d. Philos. V. Th.   T

Denkens, nach welchen Begriffe objectiv gültig verbunden und getrennt, und Schlußreihen können gebildet werden, sezt Sextus bald voraus, bald bestreitet er sie wieder mittelbar, indem er jede objectiv gültige Verknüpfung der Begriffe zu Urtheilen und Schlüssen als möglich läugnet. Den Grundsatz des Widerspruchs erkennt er nicht allein öfters als ein Gesetz des menschlichen Denkens an, sondern gründet darauf auch seinen Zweifel gegen die Gewißheit der dogmatischen Behauptungen, weil sie so widersprechend unter einander sind, und widerstreitende Sätze nicht zugleich wahr seyn können 25). Gleichwohl wird er nicht inne, daß der letzte Zweck des Skepticismus, das **Gleichgewicht des Urtheiles in allen Gegenständen des dogmatischen Wissens**, oder die Ueberzeugung, daß Satz und Gegensatz gleiche Ueberzeugungskraft haben, diesem Grundsatze schnurstracks widerstreitet, und nicht das letzte Resultat dieser Forschungen seyn kann 26). Der größte Widerspruch der Art, in welchen ihn der Hang, alles zu bezweifeln, verstrickt, ist aber unstreitig das Unternehmen, **durch Vorstellungen beweisen zu wollen, daß es keine Vorstellungen gebe** 26b).

Es ist wahr, nach den Worten hat der Skepticismus, wie wir gesehen haben, einen andern Zweck, nämlich
zu

---

25) Sextus Empiric. advers. Logic. II. §. 119. των δε μαχομενων ε δυνατον επισης ειναι πιστα und §. 34. παντων οντων αληθων, θησομεν τα μαχομενα αληθη. τετο δε εστιν ατοπον.

26) Sextus Empiric. advers. Logic. II. §. 159. σκεπτικον εθος το μη μετα παθματος και συγκαταθεσεως εκτιθεσθαι τας κατα της ὑπαρξεως τα σωματα λογχς· αλλως τε (αλλα) εις ισοσθενειαν την ζητησιν αγειν και δεικνυναι, οτι επισης ετι πιστον τῳ ειναι τι σημειον το μη ειναι, η αναπαλιν επισης απιστον τῳ μηδεν υπαρχειν το υπαρχειν τι σημειον.

26b) Sextus Empiric. advers. Logic. I. §. 371.

zu zeigen, daß durch alle bisherigen Forschungen noch kein fester Punkt für das Erkennen gefunden sey, und dadurch den Forschungsgeist zu neuen, reichlichern Gewinn versprechenden Versuchen anzureizen. Und mit diesem würde das Resultat, daß man nach der bisherigen Ansicht und Methode auf lauter Widersprüche gerathe, sehr gut zusammen stimmen. Es ist aber auch gezeigt worden, daß die Skeptiker diesen Zweck stillschweigend wieder zurückgenommen, und ihrem Raisonnement ein ganz anderes Ziel vorgesetzt haben, indem sie sich nicht begnügten, die Widersprüche aufzudecken, welche der Dogmatismus enthält, oder worauf er führet, sondern sich selbst bestrebten, Widersprüche zu machen, wo keine waren, um dadurch den höchsten Grad von Verwirrung und Verlegenheit herbeizuführen, in welchem man am gerathensten findet, alles fernere Forschen als vergeblich aufzugeben, und sich durch einen allgemeinen Zweifel von allem Interesse für Wahrheit loszureißen, mit einem Worte, den Skepticismus nicht zum Mittel zur künftigen sichern Einsicht und Erkenntniß, sondern zum letzten Resultat und Zweck alles Forschens zu machen.

Dadurch offenbaret sich nun die Inconsequenz und auch die schwache Seite des Skepticismus auf die vollkommenste Art. Denn als negativer Dogmatismus hat er gar keinen Grund, worauf er die Ueberzeugung von der Unmöglichkeit einer gewissen Erkenntniß stützen könnte. Womit kann er beweisen, daß keine gewisse Erkenntniß möglich ist, wenn er keine Erkenntnißgründe, keine Gesetze des Denkens anerkennet. Gibt er aber diese zu, so muß er auch einräumen, daß es doch etwas Gewisses für das Erkennen gebe, und wäre es auch nur die bestimmten in der Natur des Verstandes gegründeten Bedingungen des Denkens und Erkennens; so muß er wenigstens eine bestimmte Sphäre des möglichen Wissens, und gewisse Gränzen des Skepticismus anerkennen. Aber damit ist dem Skepticismus, wie er sich in den griechischen Denkern ausgesprochen hat, nichts gedient. Sie nehmen alles Wissen in Anspruch, und um die Allgemeinheit des Zweifels zu retten, geben sie lieber seine Gründlichkeit in den Kauf. Damit sie nicht genöthiget werden, ihren Zweifel aus Grundsätzen zu beweisen, berufen sie sich zuletzt auf ihr individuelles Bewußtseyn, nach welchem sie außer ihrem Vorstellen von keinem Gewissen, und von keiner objectiven Wahrheit etwas wissen. Ein Factum ihres eigenen Bewußtseyns kann ihnen von keinem angefochten oder widerlegt werden; sie müssen sich aber dagegen bescheiden, dasselbe Recht auch andern Denkern zu lassen, und können von ihrer eignen Denkweise als Factum keinen andern durch nothwendige Gründe überzeugen. Also ist der Skepticismus, in sofern er sich bloß auf ein individuelles Factum des Bewußtseyns gründet, für jeden andern, der nicht in derselben Gemüthsstimmung ist, grundlos, und zerstöret selbst den Zweck, welchen er vorschützt, ein fortgesetztes gründlicheres Forschen zu veranlassen:

Ungeachtet dieses Mangels an Consequenz und Gründlichkeit, welcher aus der Abwesenheit eines lautern und innigen Interesse für Wahrheit entsprang, hört aber dennoch dieser Skepticismus nicht auf, eine merkwürdige Erscheinung in der Geschichte der Bestrebungen der menschlichen Vernunft zu seyn. Denn einmal verdient die Denkart des Skeptikers über Erkenntniß und Speculation, wenn er sie auch aus einer mißverstandenen Liebe zur Consequenz nur als individuelle Ansicht ankündiget, eben so gut eine nähere Betrachtung, als die Speculationen der Dogmatiker. Zweitens dient der Skepticismus auch dazu, die Kenntniß von der Philosophie der Griechen bis auf seine Zeit zu vervollständigen, in sofern er theils alle wirklichen Versuche der speculativen Philosophie seiner Censur unterwirft, und meistentheils auffallende Fehler und Mängel in denselben aufdeckt, theils seine Angriffe auf dieselbe aus

den-

denselben falschen Grundsätzen entspringen, welche die dogmatischen Versuche hervorgebracht hatten. Wir werden daher das Raisonnement des Sextus gegen die Erkenntniß überhaupt und gegen einzelne philosophische Wissenschaften seinem Hauptinhalte nach darstellen und beleuchten.

Nach der obersten Eintheilung der Philosophie sind alle skeptischen Raisonnemens gegen die Logik, Physik und Ethik gerichtet. Der Hauptongriff gegen die Logik besteht darin, daß sie keine unbezweifelt gewissen Erkenntnißgrundsätze aufstelle. Die Verwechselung der Gesetze des Denkens und des Erkennens, welche die Zweifel gegen die Möglichkeit einer objectiven Erkenntniß veranlaßte, diente auch dazu, diesen Zweifeln einen Schein von Wahrheit zu geben, welcher aber verschwindet, wenn man beide gehörig unterscheidet. Doch ehe wir hier in das Detail eingehen, müssen wir die Zweifel gegen die Möglichkeit, eine Wissenschaft zu lehren und zu lernen, vorausschicken, welche in lauter Sophismen bestehen, aber unser Urtheil über den Zweck und das Verfahren des Skeptikers in das hellste Licht setzen.

Das Lehren und Lernen einer Wissenschaft setzt vier Bedingungen voraus; es muß ein Object des wissenschaftlichen Vortrages, einen Lehrer und Lernenden, und eine Methode des Lernens geben. Sextus bemühet sich nun zu zeigen, daß keine von diesen Bedingungen möglich ist, und dieses nicht sowohl aus der Natur des Erkenntnißvermögens, sondern durch Schlüsse aus Begriffen, welche die aufgeworfene Frage nicht im geringsten entscheiden, und daher bloß dem Verstande ein Blendwerk vormachen [27].

Wenn etwas gelehret wird, so ist es entweder etwas Wirkliches, in sofern es wirklich

---

[27] Sextus Empiric. advers. Mathemat. I. §. 9.

lich ist, oder etwas Nichtwirkliches, in sofern es nicht wirklich ist ²⁸). Das letzte ist nicht möglich. Denn würde etwas Nichtwirkliches gelehrt, so wäre es ein möglicher Gegenstand einer Lehre, und würde dadurch in die Sphäre der wirklichen Gegenstände versetzt. Es wäre also zugleich wirklich und nicht wirklich, was sich widerspricht. Ferner kann einem Undinge kein Accidenz zukommen; das Gelehrtwerden wäre aber ein Accidenz. Was gelehrt wird, lernt man nur dadurch, daß es eine Vorstellung erweckt. Was aber nicht zu den wirklichen Dingen gehört, kann keine Vorstellung erwecken. Endlich kann auch kein Unding etwas Wahres seyn, und was gelehrt wird, kann nur als etwas Wahres, also als etwas Reales gelehrt werden. — Eben so wenig kann aber auch das Wirkliche gelehrt werden. Denn das Wirkliche, in sofern es wirklich ist, wird von allen auf gleiche Weise vorgestellt, ist allen auf gleiche Weise bekannt. Das Lernen setzt aber etwas Unbekanntes voraus, welches aus dem Bekannten erkannt werden muß. In sofern es nun nichts Unbekanntes gibt, ist auch kein Gegenstand des Lernens möglich ²⁹). Zudem müßte dieses, in sofern es zu den wirklichen Dingen gehören soll, entweder etwas Körperliches oder Unkörperliches seyn. Aber weder das eine noch das andere ist möglich.

Ein Körper kann nicht Gegenstand der Lehre seyn, da nach den Stoikern nichts gelehrt werden kann, was nicht eine

28) Sextus Empiric. advers. Mathemat. I. §. 10. απερ διδασκεται τι, ητοι το ον τῳ οναι διδασκεται, η το μη ον τῳ μη οναι.

29) Sextus Empiric. advers. Mathemat. I. §. 14. και μην ουδε το ον τῳ οναι διδακτον εστιν· επειδηπερ των οντων πασι φαινομενων επισης, παντα εστι αδιδακτα· ῳ ακολουθησει το μηδεν οναι διδακτον. δει γαρ υποκεισθαι τι αδιδακτον, ινα εκ τω γινωσκομενω γενηται η τουτο μαθησις.

eine durch Worte bezeichnete Vorstellung (λεκτον) ist. Ein Körper ist aber kein Wort, kein Begriff. Außerdem ist ein Körper weder empfindbar noch denkbar. Das erste nicht, wir mögen uns den Körper nach dem Epikur als etwas aus Größe, Gestalt und Widerstand Zusammengesetztes, oder als etwas, das den Raum nach drei Dimensionen erfüllt, entweder ohne Solidität, wie die Mathematiker, oder mit Solidität, wie Epikurus denken. Denn das aus mehrern Merkmalen Zusammengesetzte ist kein Gegenstand der Empfindung, sondern des Denkens. Und gesetzt, der Körper könnte auch durch Empfindung wahrgenommen werden, so wäre er schon darum kein Gegenstand der Belehrung, weil man den Gebrauch der Sinne zur Vorstellung äußerer Gegenstände als etwas Angebornes nicht zu lernen braucht. Sollte aber, zweitens, der Körper als etwas Gedachtes Gegenstand der Belehrung seyn, so muß der Verstand, ehe er das Zusammengesetzte denkt, erst die einzelnen Merkmale, woraus er besteht, auffassen. Diese Merkmale sind aber nichts Körperliches, und so wird er durch das Zusammenfassen derselben etwas Unkörperliches denken, was eben darum nicht durch Lehre mitgetheilt werden kann, weil das Denken des Zusammengesetzten das Denken des Einzelnen der Bestandtheile voraussetzt, und das Unkörperliche wieder durch Empfindung, welche eine Afficirung des Sinnorganes voraussetzt, noch durch Schlüsse aus dem Sinnlichen vorgestellt werden kann, da es nichts Sinnliches enthält, woraus der Begriff desselben abgeleitet werden könnte [30]).

Ueber-

---

30) Sextus Empiric. advers. Mathem. I. §. 20 seq.
ει γαρ μητε μηκος ετι κατ᾽ ιδιαν τε σωμα, μητε πλατος η βαθος· το δε εξ ἁπαντων νοουμενον· αναγκη, παντων ασωματων οντων, και το εξ αυτων συγκι, ασωματον νοαν και α σωμα. δια δε τετο και αδιδακτον, προς τῳ τον νοητα το εκ τετων συνισως σωμα, προτερον οφαλαν αυτα ταυτα νοαν, ινα κα-
και κ

Ueberhaupt müßten empfindbare Körper allen vorstellenden Wesen auf gleiche Art bekannt und vorstellbar seyn, und bedürften eben deswegen keiner Belehrung. Denkbare Körper sind dagegen ein Unbekanntes, welches wegen der nicht zu entscheidenden Uneinigkeiten der Philosophen, kein Gegenstand der Belehrung seyn kann. Derselbe Grund gilt auch von dem Unkörperlichen der Platonischen Ideen, den Stoischen Begriffen von dem Ort, dem Leeren, der Zeit u. s. w. Also kann überhaupt nichts gelehrt werden. Dazu kommt noch dieses. Wenn etwas gelehrt wird, so ist es entweder wahr oder falsch. Das Falsche kann aber nach dem allgemeinen Eingeständniß nicht gelehrt werden; und auch das Wahre nicht, weil es streitig und zweifelhaft ist. Denn das Zweifelhafte kann nicht gelehrt werden. Ferner ist es entweder ein wissenschaftlicher Gegenstand (τεχνικον) oder nicht. In dem letzten Falle ist es auch kein Gegenstand der Lehre. In dem ersten aber bedarf es keiner Lehre, wenn es an sich klar und einleuchtend ist, ist es aber nicht evident, so kann es nicht gelehrt werden [31].

Es kann zweitens keinen Lehrer geben. Hier lassen sich nur vier Fälle denken. Entweder belehrt der Laie den Laien, oder der Gelehrte den in gleichem Grade Gelehrten, oder der Laie den Gelehrten, oder der Gelehrte den Laien. Kann nun gezeigt werden, daß keiner dieser Fälle möglich ist, so ist auch bewiesen, daß es keinen Lehrer gibt. Der erste Fall ist so unmöglich, als daß ein Blin-

---

κατα δυνατον η νοειν. η γαρ περιπτωτικως αυτα νοησει, η κατα μεταβασιν απο περιπτωσεως. ετε δε περιπτωτικως, ασωματα γαρ ετι, και των ασωματων εκ αντιλαμβανομεθα περιπτωτικως, αει κατα θιξιν γινομενης της περι την αισθητιν αντιληψεως· και μην ωδε κατα μεταβασιν απο περιπτωσεως, τω μηδεν εχειν αισθητον, αφ' ε μετιων τις ποιησεται τετων επινοιαν.

[31] Sextus Empiric. advers. Mathem. I. §. 26—30.

Blinder einen Blinden führen kann; in dem zweiten bedarf
keiner des andern Unterricht. Der Laie kann den Gelehrten nicht unterrichten, denn das wäre soviel, als der Se-
hende würde von dem Blinden geführt; der Gelehrte kann
endlich den Laien nicht unterrichten, weil es zweifelhaft ist,
ob es einen Gelehrten gibt, da die Grundsätze jeder Wissenschaft von den Skeptikern bezweifelt werden. Zudem ist
der Uebergang von dem Ungelehrtseyn zum Gelehrtseyn
ganz unbegreiflich. Weder in dem Zeitpunkte, da der Un-
gelehrte noch ungelehrt ist, kann er ein Gelehrter werden,
noch in dem Zeitpunkte, wo er Gelehrter ist, weil er nicht
werden kann, was er schon ist [32]). Zudem kann Jemand
die Sätze, deren Inbegriff eine Wissenschaft ausmacht,
nicht auf einmal, sondern einen nach dem andern auffassen.
So lange er nur einen dieser Sätze inne hat, ist er noch
kein Gelehrter; er kann es also auch nicht durch den stufen-
weise fortgehenden Unterricht werden, da er nie bestimmen
kann, ob nicht noch dieser oder jener Satz zu dem vollendeten Inbegriff der Wissenschaft gehören müsse. Und wie
ist es möglich, daß Jemand, ohne in eine Kunst oder Wissenschaft eingeweihet zu seyn, einen Theil, ein abgerissenes
Stück derselben fassen und begreifen kann? Aus denselben
Gründen kann es nun auch keinen Lernenden geben [33]).

Was die Methode des Lehrens und Ler-
nens betrift, so beruhet sie entweder auf der Anschaulich-
keit der Gegenstände oder auf Mittheilung durch Worte.
Ist ein Gegenstand anschaulich, so kann er vorgewiesen
werden, und es bedarf keines Unterrichtes. Die Worte
aber haben entweder eine Bedeutung oder keine. Ist das
letzte, so können sie auch nichts lehren. Ist das erste, so
ist

---

32) Sextus Empiric. advers. Mathemat. I. §. 31 seq.

33) Sextus Empiric. Hypotypos. Pyrrhon. III. §.
260 seq.

ist die Bedeutung entweder durch die Natur oder durch Willkür mit ihnen verknüpft. Jenes kann nicht seyn, weil sonst Jeder, der ein Wort höret, auch die damit verbundene Vorstellung haben müßte, er mag ein Kenner oder ein Fremdling in der Sprache seyn. Ist also die Bedeutung willkürlich, so ist offenbar, daß diejenigen, welche einem Worte einen Sinn beilegten, den Gegenstand, dessen Zeichen nun das Wort ward, vorher ohne Zeichen vorgestellt haben müssen, daß sie daher aus dem Worte nichts Unbekanntes erkennen, sondern nur das, was sie schon wußten, durch Worte erneuern. Das können aber diejenigen nicht thun, welche etwas lernen wollen, was sie nicht wissen, also vermögen sie auch nichts aus den Worten zu lernen 34).

Dieses skeptische Raisonnement gegen die Möglichkeit des wissenschaftlichen Lehrens und Lernens, beruhet auf lauter Sophismen. Es gehet nicht in die Natur der Gedankenmittheilung, nicht in die innern Bedingungen derselben ein, sondern bleibt nur bei den äußern Bedingungen stehen, aus welchen es die Unmöglichkeit, daß ein Denker seine Gedanken einem andern mittheilen, und diesen von der Wahrheit derselben überzeugen könne, durch falsche Schlüsse, welche nicht einmal blenden, ableiten will. Eine richtigere Bestimmung des Objects des Unterrichts und der Methode, welche Sextus mit den Worten, als den Mitteln der Gedankenmittheilung, verwechselt, zerstreuet sogleich allen Schein. Außerdem, daß diese offenbar dem Gorgias abgelernten Trugschlüsse gar nicht den Gegenstand treffen, muß man sich wundern, daß Sextus nicht eingesehen hat, daß sie, wofern sie einige Beweiskraft haben sollten, eben so gut gegen den Skepticismus, als gegen den Dogmatismus gelten. Wenn der Skeptiker einen Zweck hat, so muß er die Absicht haben, die Dogmatiker und Andern, die keine

---

34) Sextus Empiric. *advers. Mathemat.* I. §. 36 seq.

ne Partei genommen haben, von der Grundlosigkeit der Speculation zu überführen; er will belehren. Wie kann er aber das, wenn überhaupt Belehrung etwas Unmögliches ist, oder wenn sie durch Worte, als die einzigen allgemeinen Zeichen der Vorstellungen, nicht möglich ist? Das Raisonnement beweiset gegen sich; es beweiset gar nichts, weil es zu viel zu beweisen unternimmt. Von gleicher Beschaffenheit sind nun größtentheils die folgenden, gegen die Erkenntniß gerichteten. Es ist um der vielen wichtigen Zweifel willen, welche mitunter vorkommen, sehr Schade, daß sie Sextus mit so elenden Sophismen vermischte, als wollte er absichtlich den Skepticismus dadurch wieder entwafnen.

Die Gründe gegen die Logik, als Wissenschaft von den Erkenntnißprincipien, haben den Zweck, zu zeigen, daß es kein gewisses Kriterium der Wahrheit einer Erkenntniß gebe, und daß sich selbst das Wahre, als Object der Erkenntniß, nicht ohne Widerspruch denken lasse. So lange sich Sextus an die dogmatischen Lehrsätze hält, sie an sich und in Beziehung auf einander beurtheilet; so lange er nur darauf ausgehet, daß jeder Versuch ein allgemeines Princip der Erkenntniß aufzustellen, den die Dogmatiker bisher gemacht haben, an sich unbefriedigend sey, und einer durch den andern aufgehoben werde: ist er in seiner Sphäre, und sein Raisonnement ist meistens bündig und treffend. Aber er bleibt nicht dabei stehen, sondern will zugleich durch sein Raisonnement beweisen, daß jeder Versuch fruchtlos sey, und der menschliche Verstand nie weiter kommen könne, als zur Erkenntniß, daß er sich alles assertorischen Urtheilens auf ewig enthalten müsse; und dieses führet ihn weiter, als der wohlverstandene Skepticismus gehen kann, und nöthiget ihn, zu Sophismen Zuflucht zu nehmen, welche er sonst wohl als Blendwerk eingesehen und zu seinem eignen

nen Vortheil gar nicht gebraucht hätte. Dieses wird die Darstellung der Zweifelsgründe selbst einleuchtend machen, zu welchen wir nun schreiten.

Von dem Kriterium der Wahrheit.

Das Kriterium der Wahrheit ist eine Richtschnur, nicht wonach man sich in seinen Handlungen richtet, denn dieses bestreiten die Skeptiker nicht; sie bedürfen als Menschen, die nicht unthätig seyn können, einer solchen für das praktische Leben; die Erfahrung (Φαινομενον) bestimmt ihr Handeln — sondern wonach man über das objective Seyn und Nichtseyn der Dinge, oder über Wahrheit und Falschheit urtheilet 35). Dieses Kriterium kann nach einer dreifachen Rücksicht beurtheilet werden. Man kann nämlich fragen: wer beurtheilet die Wahrheit? der Mensch; wodurch? durch den Sinn oder den Verstand; wonach? nach den Vorstellungen 36).

Nach den Stoikern ist das Wahre von der Wahrheit in drei Punkten verschieden. Erstlich in Ansehung des Wesens. Die Wahrheit ist ein Körper; das Wahre aber etwas Unkörperliches. Das Wahre bestehet in durch Worte ausgedrückten Urtheilen. Die Wahrheit aber ist die Wissenschaft, welche alles Wahre bestimmt, also eine

Modi-

---

35) Sextus Empiric. advers. Logic. I. §. 29. το κριτηριον, ᾧ προσεχοντες, τα μεν ὑπαρχειν φαμεν, τα δε μη ὑπαρχειν· και ταυτι μεν αληθη καθισταται, ταυτι δε ψευδη.

36) Sextus Empiric. advers. Logic. I. §. 35. παρεστι μεντοι και το λογικον τουτο ὑποδιαιρεισθαι, λεγοντας, το μεν τι ειναι κριτηριον ὡς ὑφ' οὗ· το δε, ὡς δι' οὗ· το δε, ὡς προσβολη και σχεσις. ὑφ' οὗ μεν, ὡς ανθρωπος· δι' οὗ δε, ὡς αισθησις· το δε τριτον, ὡς ἡ προσβολη της φαντασιας. Hypotyp. Pyrrhon. II. §. 16.

Modification des vorstellenden Subjects, welches ein Körper ist. Zweitens: in Ansehung der Bestandtheile. Das Wahre ist etwas Einartiges und Einfaches, ein einzelnes Urtheil. Z. B. Es ist Tag. Die Wahrheit als Wissenschaft ist eine Verbindung mehrerer Sätze. Drittens in Ansehung ihres Verhältnisses zu einander. Das Wahre ist nicht nothwendig mit der Wahrheit verbunden. Ein Narr und ein Kind sagt wohl zuweilen auch etwas Wahres, aber nicht mit dem Bewußtseyn, daß es wahr ist. Die Wahrheit ist aber allezeit mit der Wissenschaft verbunden, und wer diese besitzt, ist ein Weiser, der nie lüget, auch wenn er etwas Unwahres sagt, weil er allezeit weiß, daß es nicht wahr ist, und dieses aus einer guten Absicht thut 37).

Ueber das Kriterium der Wahrheit herrscht die größte Uneinigkeit unter den dogmatischen Philosophen. Einige haben behauptet, es gebe gar kein Kriterium, wie Xenophanes, Xeniades, Anacharsis, Protagoras, Dionysidorus, Gorgias, Metrodorus, Anaxarchus der Eudämonist, und Monimus der Cyniker. Andere nehmen zwar ein Kriterium an, weichen aber in der Bestimmung desselben gar sehr von einander ab. Nach einigen ist die Vernunft, nach andern das Gefühl, nach dem Epikur der Sinn, nach Plato und Aristoteles die Vernunft und der Sinn, nach den Stoikern die begreifende Vorstellung der letzte Bestimmungsgrund der Wahrheit. Diese Uneinigkeit hätte dem Sextus genug Stoff zu Zweifeln dargeboten, wenn er nicht nur historisch die abweichenden Behauptungen aus einander setzen, sondern auch sie seiner Censur unterwerfen, und daraus das Resultat hätte herleiten wollen, daß es der Vernunft noch nicht gelungen sey, sich zu sichern Principien der Erkenntniß zu erheben. Er wählt dagegen einen andern

---

37) Sextus Empiric. advers. Logic. L. §. 38 seq.

andern Weg, um über den Dogmatismus zu triumphiren, nämlich den Beweis, daß keines von den drei Kriterien möglich sey, der auf demselben dogmatischen Verfahren beruhet, dieselbe Nachfrage nach einem Kriterium erweckt, und wenn er auch völlig gelungen wäre, doch die Bedenklichkeit stehen läßt, ob nicht ein ganz anderes Kriterium möglich sey, welches alle drei beurtheilten überflüssig mache.

1. **Der Mensch kann nicht das Kriterium der Wahrheit seyn.** Ist dieses erst zweifelhaft gemacht, so ist es fast überflüssig, über die andern noch etwas zu sagen, da die übrigen entweder Theile, oder Thätigkeiten, oder Zustände des Menschen sind. Für das erste müßte nun vor allem der Begriff des Menschen etwas ausgemachtes seyn, wenn wir uns den Menschen als dasjenige Wesen denken sollen, welchem die Erkenntniß ausschließend angehöret. Ist aber der Mensch, der die Wahrheit erkennen soll, ein unbegreifliches Wesen, so muß die Wahrheit selbst unerforschlich seyn [38]).

Unter denen, welche diesen Begriff untersuchten, erklärte sich Sokrates sogleich für das Nichtwissen. Ich weiß nicht, sagt er, ob ich ein Mensch bin, oder ein anderes wandelbareres Thier als Typhon [39]). Demokrit wagt es zwar, den Begriff zu entwickeln; er konnte aber nichts mehr darüber sagen, als was jeder unwissende Mensch weiß. Der Mensch ist, was wir alle wissen. Denn wir alle wissen, was ein Hund, ein Pferd, eine Pflanze ist; aber von allen diesen ist nichts der Mensch. Zudem setzt er schon voraus, was einer Erklärung bedurfte.

Denn

---

38) Sextus Empiric. *advers. Logic.* I. §. 264. x γαρ καταληπτος παντως εςιν ο ανθρωπος· ω επεται, την της αληθειας γνωσιν ανευρετον υπαρχειν, τα γνωριζοντος αυτην ακαταληπτα καθεςωτος.

39) Plato *Phaedrus* 10 B. S. 285.

Denn wer wird eingestehen, daß Erkenntniß der Natur des Menschen so etwas Gemeines sey, da der pythische Gott sie als das höchste Problem aufgab? Höchstens kann man nur von den gründlichsten Philosophen etwas Befriedigendes darüber erwarten 40).

Die Epikureer glaubten, den Begriff des Menschen sogar anschaulich geben zu können, wenn sie sagten: der **Mensch ist diese bestimmte Gestalt mit der Beseelung.** Es entging ihnen, daß wenn etwas, worauf man mit dem Finger hinweiset, Mensch ist, alles, was nicht aufgewiesen wird, kein Mensch ist. Weist man auf einen Mann, so ist das Weib kein Mensch; und zeigt man auf ein Weib, so ist der Mann kein Mensch u. s. w. Andere Philosophen suchten den Begriff des Menschen als Gattungswesen zu bestimmen, als wenn dadurch auch der Begriff des individuellen Menschen könnte gegeben werden. Hier findet man unter andern die Erklärung: **der Mensch ist ein denkendes, sterbliches, der Vernunft und der Wissenschaft empfängliches lebendes Wesen** 41). Auf diese Art erklärt man aber nicht, was der Mensch selbst ist, sondern nur seine Accidenzen, welche doch von dem, welchem sie angehören, verschieden sind. Einige Accidenzen können von ihren Subjecten nicht getrennt werden, z. B. Länge, Breite, Tiefe von den Körpern; denn einen Körper kann man nicht ohne diese denken;

40) Sextus schicanirt hier offenbar den Democrit, wie noch mehr aus *Hypotyp. Pyrrhon.* II. §. 23. erhellet, wenn er einen Gedanken, worin Democrit eine Definition für überflüssig erklärt, für eine Definition nimmt, und daraus unter andern die Folgerung zieht: **Wir alle wissen, was ein Hund ist; also ist der Mensch ein Hund.**

41) Sextus Empiric. *advers. Logic.* I. §. 269. ανθρωπος εςι ζωον λογικον, θνητον, νε και επιςημης δεκτικον.

ten; andere sind trennbar, und die Subjecte bleiben, wenn auch die Accidenzen nicht vorhanden sind, wie Laufen, Reden, Schlafen, Wachen in Ansehung des Menschen. Ungeachtet dieses Unterschiedes ist doch das Accidenz niemals das Subject selbst. Es ist daher ein eitles Unternehmen, durch Accidenzen eine Erklärung von dem Menschen zu geben. Lebendes Wesen ist ein allgemeines Accidenz des Menschen, ohne welches er gar nicht wäre; die Sterblichkeit ist kein Accidenz, sondern nur eine zufällige Folge; so lange wir Menschen sind, leben wir, und sind nicht todt; das Denken und die Wissenschaft ist ein Accidenz, aber kein allgemeines; einige Menschen sind, ohne daß sie denken, wie in dem Schlafe, und der Mangel der Erkenntniß raubt noch nicht den Anspruch auf Menschheit, wie bei dem Wahnsinn. Jene Philosophen geben uns also für das Verlangte etwas anderes. Ferner macht das Prädicat Thier, noch keinen Menschen, sonst würde jedes lebende Wesen ein Mensch seyn; auch nicht das Denken, sonst würden auch die Götter, welche denken, vielleicht auch einige andere Thiere, zu Menschen werden; auch nicht die Sprache, woferne wir nicht Raben und Papageyen für Menschen erklären wollen; nicht die Sterblichkeit aus demselben Grunde. Die Empfänglichkeit der Vernunft und der Wissenschaft ist auch kein nothwendiger Charakter der Menschheit; erstlich paßt dieses auch auf die Götter; zweitens ist das, was diese Empfänglichkeit hat, der Mensch, dessen Natur sie unerklärt gelassen haben.

Man erwiedert darauf: nicht ein einzelnes von den aufgezählten Prädicaten, sondern die Vereinigung derselben macht den Menschen [42]). Allein das ist nichts gesagt. Wenn kein einzelnes

---

42) Sextus Empiric. advers. Logic. I. §. 276. ἕκαστον μὲν τῶν κατηριθμημένων οὐκ ἔστιν ἄνθρωπος· πάντα δὲ εἰς τὸ αὐτὸ συναχθέντα ποιεῖ τοῦτον.

zelnes Prädicat der Mensch ist, so kann auch die Verbindung derselben nicht den Menschen machen, da in der Verbindung weder etwas Neues hinzugesetzt noch etwas weggenommen, noch sonst verändert wird. Sodann lassen sich jene Prädicate nicht einmal alle zusammen verbinden, damit aus dem Ganzen ein Mensch werde. Die Sterblichkeit ist keines von unsern Accidenzen, so lange als wir Menschen sind; wir schließen nur aus der Erfahrung, daß alle uns ähnliche Wesen gestorben sind, daß wir ebenfalls sterblich sind, obgleich der Tod noch entfernt ist. Wir denken zu einer Zeit, und zu einer andern nicht. Denken und Erkennen sind keine Prädicate, welche dem Menschen zu jeder Zeit zukommen.

Platos Erklärung: der Mensch ist ein ungeflügeltes, zweifüßiges Thier, mit breiten Nägeln, welches der praktischen Erkenntniß fähig ist [43]), ist noch fehlerhafter. Zu den vorigen Fehlern kommt noch der hinzu, daß er ein Prädicat ungeflügelt, was gar nicht zur Bestimmung des Menschen gehört, aufnimmt. Doch hieraus erhellet schon hinlänglich, daß der Begriff des Menschen nicht so leicht ist, als es scheint.

Ist nun schon der Begriff des Menschen so schwierig, so muß es noch mehr die Erkenntniß desselben seyn. Denn wovon man keinen Begriff hat, kann auch kein Gegenstand der Erkenntniß seyn. Dieses läßt sich auch auf eine andere Weise einleuchtend machen. Soll sich der Mensch selbst erkennen, so ist entweder der ganze Mensch das

---

[43]) Sextus Empiric. *advers. Logic.* I. §. 281. ἄνθρωπος ἐστι ζῶον ἄπτερον, δίπουν, πλατυώνυχον, ἐπιστήμης πολιτικῆς δεκτικόν. Diog. Laert. VI. §. 40. Plato *Politicus* 6 B. S. 24.

das erforschende und erkennende Subject, oder der ganze Mensch der Gegenstand der Forschung und Erkenntniß, oder ein anderer Theil der Gegenstand, ein anderer das Forschende und Erkennende 44). Das erste und zweite ist ungereimt; denn ist er ganz das Forschende und Erkennende, so bleibt nichts übrig für den Gegenstand, und ist er ganz dieses, so ist nichts da, was forschen und erkennen soll. Das dritte wäre also bloß gedenkbar; allein auch hier zeigen sich lauter Unbegreiflichkeiten. Körperliche Masse, Sinne und Verstand, dieß sind die einzigen Bestandtheile des Menschen. (Wie doch Sextus auf einmal assertorisch behaupten kann, was er vorher für höchst zweifelhaft und ungewiß erklärte?) Er muß also entweder mit dem Körper die Sinne und den Verstand erkennen, oder umgekehrt mit den Sinnen und dem Verstande den Körper.

Das erste ist aber unmöglich, weil der Körper ohne Empfindung und Vernunft und seiner Natur nach untauglich zu solchen Thätigkeiten des Vorstellenden ist. Hätte aber der Körper die Fähigkeit, die Sinne und den Verstand sich vorzustellen, so müßte er diesen ähnlich, auf gleiche Art afficirt, selbst Sinn und Verstand werden. So wie dasjenige, was das Gesicht wahrnimmt, in sofern es siehet, selbst Gesicht seyn wird, und dasjenige, welches das Warme als warm wahrnimmt, nicht anders wahrnehmen kann, als daß es erwärmt, d. h. selbst etwas Warmes wird: so muß auch der Körper, wenn er den Sinn wahrnimmt,

---

44) Sextus Empiric. advers. Logic. I. §. 284. απερ καταληπτον εςιν ὁ ανθρωπος, ητοι ὁλος δι' ὁλε ἑαυτον ζητει τε και καταλαμβανει, η ὁλος εςι τι ζητεμενον και ὑπο την καταληψιν πιπτον, ὡσπερ α και την ὁρασιν ὑποθοιτο τις ἑαυτην ὁρωσαν, η γαρ ὁλη εςαι ὁρωσα η ὁρωμενη, η μερει μεν ἑαυτην ὁρωσα, μερει δε ὑφ' ἑαυτης ὁρωμενη. Vergl. §. 312.

nimmt, ihn als Sinn wahrnehmen, also empfinden und selbst zum Sinn werden. Dann würde aber der Körper nicht das Object, sondern das Subject der Untersuchung werden, und kein Unterscheidungsmerkmal zwischen dem Körper und zwischen den Sinnen und dem Verstande übrig bleiben, was ungereimt ist, und allen Begriffen der Dogmatiker widerspricht.

Vielleicht ist aber der Sinn dasjenige, wodurch der Mensch den Körper erkennet? Aber die Sinne verhalten sich nur leidend, nehmen die Eindrücke wie das Wachs auf, und wissen außerdem nichts. Wollten wir ihnen die Nachforschung eines Gegenstandes beilegen, so würden wir sie zu einem denkenden Vermögen machen, welches gegen ihre Natur ist. Durch das Weiße, Schwarze, Süße, Bittere und durch Wohlgerüche afficirt zu werden, dieß ist ihre Eigenthümlichkeit; nicht aber das selbstthätige Forschen. Wie könnte daher durch sie eine körperliche Masse erkannt werden? Das Gesicht nimmt wohl die Gestalt, die Größe und Farbe wahr; aber das ist noch keine körperliche Masse; und wenn es auch dasjenige anschauet, dessen Accidenzen die Gestalt, Größe und Farbe sind, so kann es doch nicht das Object selbst, sondern nur seine Accidenzen wahrnehmen. Es ist nur eine leere Ausflucht, wenn man sagt, aus der Verbindung der Accidenzen resultire das, was man Körper nennt. Es ist nicht allein falsch, sondern es würde auch dieses zugegeben nicht folgen, daß die Sinne den Körper erkennen, denn sollte dieses möglich seyn, so müßten die Sinne auch ein Verbindungsvermögen besitzen, und z. B. diese bestimmte Größe mit dieser Gestalt verbinden, um sich einen Körper vorzustellen. Das Verbinden ist aber eine Thätigkeit der Denkkraft, nicht der Sinne. Diese können nicht einmal die einzelnen Accidenzen erkennen. Um sich z. B. eine Länge vorzustellen, muß man Theile zu Theilen hinzusetzen, indem man von einem Punkt anfängt, und bei einem aufhöret. Dieß kann der Sinn nicht, welcher nicht denket. Und wie kann er sich die Tiefe der Ausdehnung vorstellen, da er nur bei der Oberfläche stehen bleibt 45)?

Die Sinne können also keinen Körper, auch nicht sich selbst erkennen. Denn wer siehet durch das Gesicht das Gesicht, oder durch das Gehör das Gehör? Eben so unmöglich ist es, daß das Gesicht den hörenden Gehörsinn sehen, oder das Gehör den sehenden Gesichtssinn hören kann, denn da müßte der Gesichtssinn wie der Gehörsinn, und umgekehrt, afficirt werden, und beide Sinne ihre Natur gegen einander vertauschen 46).

Es bleibt also nur Eine Möglichkeit übrig, daß nämlich die Denkkraft die Körper, die Sinne und sich selbst erkenne. Allein auch hier finden sich der Unbegreiflichkeiten so viele, daß jeder Ausweg versperrt ist. Wenn wir erstlich den Fall setzen, daß der Verstand den Körper und seine Accidenzen erkenne, so müssen wir fragen: ob der Verstand den ganzen Körper auf einmal auffaßt, oder nur die Theile desselben nach und nach, und durch die Verbindung derselben zur Erkenntniß desselben

---

45). Sextus Empiric. advers. Logic. I. §. 293 seq. και μην ουδε αι αισθησεις. αυται γαρ πασχουσιν μονον και κηρου τροπον τυπουνται, αλλο δε ισασιν ουδε εν. — το ζητειν ενεργητικως ουκ εστιν ιδιον αυτων. — αλλα τε συντιθεναι τι μετα τινος, και το τοιονδε μεγεθος μετα τε τοιαδε σχηματος λαμβανειν, λογικης εστι δυναμεως. αλογος δε γε εστιν η ορασις. τοινυν ου ταυτης εργον καθεστηκε το αντιλαμβανεσθαι του σωματος. καιτοι ου μονον ου την κοινην συνοδον ως σωμα νοειν εστιν αφυης, αλλα και προς την εκαστα των του τω συμβεβηκοτων καταληψιν πεπηρωται, οιον ευθεως μηκους. καθ᾽ υπερθεσιν γαρ μερων τουτο λαμβανεσθαι πεφυκεν, απο τινος αρχομενων ημων, και δια τινος, και επι τι καταληγοντων· οπερ ποιειν αλογος φυσις ου δυναται.

46) Sextus Empiric. advers. Logic. I. §. 301. 302.

desselben gelangt 47)? Das erste werden die Dogmatiker wegen der möglichen Folgerungen nicht einräumen, und das zweite ist noch unbegreiflicher als das in Frage stehende. Einige von den Theilen des ganzen Körpers sind ohne Vernunft (αλογα), und diese afficiren uns auf eine vernunftlose Weise (αλογως). Wird nun der Verstand von diesen auf diese Art afficirt, so wird er vernunftlos werden, und aufhören, Verstand zu seyn. Aus eben dem Grunde kann er aber auch nicht die Sinne erkennen, weil diese nicht denken, er würde durch ihr Afficiren zum denklosen Sinn werden, und durch die Verähnlichung mit denselben nicht mehr das untersuchende Subject, sondern das zu untersuchende Object seyn, welches wieder ein anderes forschendes Vermögen voraussetzte.

Verstand und Sinn, erwiedern die Dogmatiker, ist ein und dasselbe Vermögen, nur in verschiedener Rücksicht, so wie ein und derselbe Becher in einer Rücksicht hohl, in einer andern erhaben, und ein und derselbe Weg für die Hinaufgehenden steil, für die Heruntergehenden abschüssig ist. Auf diese Art kann der Verstand die Sinne erkennen. Das ist aber nur eine leere nichtssagende Ausflucht. Denn die eben erhobene Schwierigkeit kehrt in ihrer ganzen Kraft wieder zurück. Wie kann das Vermögen, welches Sinn und Verstand zugleich ist, in sofern es Verstand ist, sich, in sofern es Sinn ist, fassen und erkennen? Muß nicht das Denkende, in sofern es das Nichtdenkende vorstellet, zum Nichtdenkenden werden, was ungereimt ist 48)?

End-

47) Sextus Empiric. advers. Logic. I. §. 303. ὅταν γαρ αξιωσωσι, την διανοιαν αντιληπτικην γινεσθαι τε τε ὁλα σωματος, και των εν αυτῳ, πευσομεθα, ποτερον ὑφ' ἑν ὁλῳ επιπεσουσα τῳ ογκῳ την καταληψιν ποιηται, η τοις μερεσιν αυτα, και ταυτα συντιθεισα, το ὁλον καταλαμβανεται.

48) Sextus Empiric. advers. Logic. I. §. 307 — 9.

Endlich kann auch der Verstand sich nicht selbst erkennen. Er müßte nämlich sich mit seinem gesammten Vermögen, oder nur mit einem Theile desselben erkennen. In dem ersten Fall würde er ganz das Erkennende und Erkenntniß seyn, und damit das Object der Erkenntniß aufgehoben werden, was sich nicht denken läßt. In dem zweiten aber müßte ein Theil des Verstandes den ganzen Verstand erkennen, wo wieder dieselbe Ungereimtheit einer Erkenntniß ohne Gegenstand sich ergeben würde; oder ein Theil einen andern Theil, wo immer wieder die Frage zurückkommt, wie dieser sich selbst erkennen kann: man müßte ins Unendliche immer einen andern Theil annehmen, der diesen erkennte. Die Frage ist unbeantwortlich, weil man nie auf ein erstes Erkennende kommt, oder der Gegenstand der Erkenntniß gänzlich verschwindet 49). Noch mehr. Wenn der Verstand sich selbst erkennte, so müßte er auch den Ort, in welchem er sich befindet, erkennen. Denn die Erkenntniß eines Objects schließt allezeit auch die Vorstellung des Raums, den es einnimmt, ein. Hätte nun der Verstand eine Erkenntniß von sich und seinem Sitze, so würden die Philosophen nicht so uneinig wegen des Sitzes des Verstandes seyn, da einige den Kopf, andere die Brust, und jene wieder bald das Gehirn, bald die Gehirnhäute, diese aber bald das Herz, bald aber die Oefnungen der Leber dafür halten 50). Dieses sind die allgemeinen Zweifelsgründe gegen das erste Kriterium der Wahrheit. Da aber die Dogmatiker so viel Dünkel besitzen, daß sie sich allein den Fund der Wahrheit zueignen, und andern nicht einmal ein Urtheil darüber zugeste-

---

49) Sextus Empiric. advers. Logic. I. §. 310 — 312. ὥστε ἄναρχον εἶναι τὴν κατάληψιν, ἤτοι μηδενὸς εὑρισκομένε πρῶτα τε τὴν κατάληψιν ποιησομένε, ἢ μηδενὸς ὄντος τε καταληψομένε.

50) Sextus Empiric. advers. Logic. I. §. 313.

gestehen; so müssen wir noch besonders ihre Behauptungen umstoßen.

Wenn Jemand vorgibt, er habe die Wahrheit entdeckt, so beruhet sein Vorgeben entweder auf einer bloßen Aussage, oder einem Beweise seiner Aussage. Eine bloße Aussage kann aber keine Versicherung von einer größern Glaubwürdigkeit vor einem andern geben, der das Gegentheil aussaget. Beruft er sich auf einen Beweis seiner Aussage, so muß er einen gültigen, haltbaren Beweis aufstellen. Ob er dieß sey, kann man nicht beurtheilen, bis ein Kriterium der Wahrheit aufgefunden ist, in welchem alle einverstanden sind. Ein solches aber ist noch nicht gefunden, sondern wird noch gesucht. **Also ist die Entdeckung eines Kriteriums unmöglich** [51]).

Weil aber diejenigen, welche sich als Schiedsrichter über die Wahrheit aufwerfen, von verschiedenen Seiten ausgehen, und eben deswegen unter einander uneinig sind, so müssen wir einen Entscheidungsgrund haben, um zu bestimmen, welchen und welchen nicht wir beistimmen sollen. Dieser Entscheidungsgrund widerspricht entweder allen, oder ist nur mit Einem einstimmig. Im ersten Falle gehört er selbst mit in die Summe des Streitigen, und kann, da er selbst einer Beurtheilung bedarf, nicht zum Kriterium dienen. Nicht anders ist es aber auch in dem zweiten Falle [52]).

Worauf könnte sich auch ein Dogmatiker stützen, um sich die Entscheidung über die Wahrheit anzumaßen? Auf das

---

51) Sextus Empiric. advers. Logic. I. §. 314—316. ἀλλ' ἵνα μάθωμεν, ὅτι ὑγιής ἡ ἀπόδειξις ἐστιν, ἡ προςχρώμενος κριτήριον ἑαυτὸν ἀποφαίνεται, ὀφείλομεν ἔχειν κριτήριον, καὶ τοῦτο προωμολογημένον· οὐκ ἔχομεν δέ γε σύμφωνον κριτήριον. ζητεῖται δέ· οὐκ ἄρα δυνατόν ἐστιν εὑρεῖν κριτήριον.

52) Sextus Empiric. advers. Logic. I. §. 317—319.

das Alter? Mehrere an Alter gleiche Dogmatiker haben dieses gethan, z. B. Plato und Demokrit, Epikur und Zeno. Und lehrt nicht die Erfahrung, daß Jünglinge mehr Einsicht und philosophischen Geist haben, als Greise? wenn auch diese eine größere Erfahrung haben. — Die größere Anstrengung des Nachdenkens? In Untersuchung der Wahrheit scheuet kein Denker die Arbeit. Darin sind sie alle einander gleich. Ein größerer Verstand? Alle Denker waren verständige, einsichtsvolle Männer. Sollte aber auch Einer vor dem andern einen Vorzug behaupten, wer bürgt uns dafür, daß er sein größeres Talent nicht mißbrauchte, nicht um die Wahrheit zu vertheidigen, sondern dem Falschen den Schein des Wahren zu leihen, wie es die Redner machen? Die größere Anzahl der Uebereinstimmigen? Wenn wir die Anhänger der verschiedenen Schulen zusammenstellen, so findet sich, daß die Anzahl der Einstimmigen der Menge der ihnen Widersprechenden gleich ist. Alle Anhänger des Aristoteles stimmen unter sich überein, streiten aber gegen die Epikureer, und diese gegen die Stoiker. Warum soll man also dem Epikur eher folgen als dem Aristoteles? Etwa weil dieser weniger Anhänger hat? Es ist ja nicht unmöglich, daß es in der Philosophie hergehet, wie in dem gemeinen Leben, wo Ein kluger Mann mehr gilt als viele Unkluge; es kann einer allein allen Menschenverstand, und die übrigen nur Gänseverstand haben, und die letzten verdienen darum nicht mehr Gehör, wenn sie einstimmig einem Andern beistimmten. Die Mehrheit der Einstimmigen führet uns aber noch zu einem ganz entgegengesetzten Resultat, indem sie uns immer eine noch größere Anzahl der Mißhelligen erblicken läßt. Wir wollen annehmen, die Anzahl der stoischen Philosophen sey größer als der Anhänger jeder andern Schule, und sie soll einstimmig behaupten, Zeno habe die Wahrheit gefunden. Aber die Epikureer werden sich ihnen widersetzen, die Peripatetiker sie der Unwahrheit beschuldigen, und die Akademiker mißer sie bestreiten. Nimmt man diese Parteien zusammen, so machen die Widersprechenden eine weit größere Anzahl aus. Ferner haben diejenigen, welche einem Andern als Erfinder der Wahrheit beistimmen, entweder eine und dieselbe Ansicht und Denkart, oder eine verschiedene. Das letzte kann nicht seyn, sonst würden sie unter einander uneinig seyn. Haben sie aber einerlei Ansicht und Denkart, so treten sie in das Verhältniß der Gleichheit mit demjenigen, der das Gegentheil behauptet, und man muß nicht auf die Vielheit der Stimmen, sondern auf den Bestimmungsgrund achten, so daß die Mehrheit nichts dazu beiträgt, um einer Behauptung mehr Gewicht zu geben 53).

Hieraus erhellet, daß kein Mensch sich selbst für das Kriterium der Wahrheit ausgeben kann; zweitens aber auch, daß dieses Kriterium selbst unerforschlich ist. Denn wer sich anmaßet, die Wahrheit zu beurtheilen, muß ein Kriterium der Wahrheit haben. Dieses Kriterium stützt sich entweder auf einen Erkenntnißgrund oder nicht. In dem letzten Fall ist es selbst etwas Zweifelhaftes, und ist zur Bestimmung der Wahrheit untauglich. Im ersten Falle ist der Erkenntnißgrund entweder von einem andern Grunde abgeleitet, oder nicht. In diesem Falle muß es verworfen werden; in jenem Fall aber muß man von einem Grunde ins Unendliche fort immer neue Gründe fordern. Ferner, wenn das Kriterium der Wahrheit bezweifelt wird, so bedarf es einer Demonstration. Da aber einige Demonstrationen wahr, andere falsch sind, so müßte jene Demonstration des Kriteriums wieder durch ein Kriterium bewähret werden, das Kriterium also durch die Demonstration, und die Demonstration durch das Kriterium. Also ein Beweis im Cirkel. Keines kann aber durch das andere bewiesen werden, weil jedes sonst zugleich überzeugend und nicht

---

53) Sextus Empiric. advers. Logic. I. §. 320 — 336.

nicht überzeugend seyn müßte; überzeugend, in sofern es etwas anders beweisen soll, nicht überzeugend, in sofern es selbst eines Beweises bedarf 54).

II. **Es gibt kein Kriterium, wodurch das Wahre gefunden und beurtheilet werden kann.** Wenn der Mensch das Wahre findet, so findet er es entweder bloß durch den Gebrauch der Sinne, oder durch das bloße Denken, oder durch beides zugleich 55).

Nicht durch den bloßen Gebrauch der Sinne, wie schon aus den obigen Gründen erhellet. Die Sinne denken nicht; sie empfanden bloß von den vorstellbaren Objecten Eindrücke, führen aber nicht zur Vorstellung des empfundenen Objects. Man empfindet durch die Sinne bloß Farben, den Geschmack und den Schall; aber nicht, daß dieses Object weiß oder süß sey 56). Es gehört Gedächtniß und Denken dazu, um ein Object, z. B. einen Menschen, eine Pflanze vorzustellen. Man stellt sich einen Menschen vor, wenn man Farbe, Größe, Gestalt und einige andere Eigenschaften in eine Vorstellung verbindet. Die Verbindung aber ist weder Farbe, noch Geschmack, noch Schall, welche die Sinne allein empfinden 57): Auch können

---

54) Sextus Empiric. *advers. Logic.* I. §. 337—342.
55) Sextus Empiric. *advers. Logic.* I. §. 343.
56) Sextus Empiric. *advers. Logic.* I. §. 344. 345.
 ε γαρ μονον λευκαντικως η γλυκαντικως δει κινεισθαι το ληψομενον τ' αληθες εν τοις υποκειμενοις· αλλα και ας φαντασιαι αχθηναι τα τοιαυτα πραγματος, τουτο λευκον εςι, και τουτο γλυκυ εςι. τω δε τοιουτω πραγματι ουκετι της αισθησεως εργον εςι επιβαλλειν.
57) Sextus Empiric. *advers. Logic.* I. §. 346. 347.
 συνεσεως τε δει και μνημης προς αντιληψιν των υποκειμενων. — χρωματος γαρ μετα μεγεθες και σχηματος και αλλων τινων ιδιωματων συνθεσις εςιν ο ανθρωπος, συνθειναι δε τι μνημονικως κ δυναται η αισθησις.

können die Sinne schon darum nicht als Regel der Wahrheit dienen, weil sie oft trügen, und unter einander uneinig sind; sie bedürfen vielmehr selbst eines Kriteriums, wonach sie beurtheilet werden müssen 58).

Nicht durch das bloße Denken. Soll der Verstand das Wahre beurtheilen, so muß er sich selbst vorher erkennen, die Natur, durch welche, das Wesen, woraus, und den Ort, wo er ist, ehe er sich an andere Gegenstände waget 59). Von dem allen aber kann er nichts begreifen. Denn einige, wie Dicäarch, halten den Verstand für nichts anders, als den auf gewisse Weise modificirten Körper. Andere betrachten ihn als ein von dem Körper verschiedenes Wesen, welches nicht denselben Ort mit dem Körper einnimmt; einige lassen ihn außer dem Körper subsistiren, wie Aenesidem nach dem Heraklit, andere nach dem Demokrit in dem ganzen Körper, andere in einem Theile des Körpers, welchen sie sehr verschieden bestimmen. Wie die Meisten glauben, ist der Verstand etwas ganz anderes, als die Sinne; einige aber, wie Strato und Aenesidem, nehmen an, er sey mit den Sinnen identisch, und blicke durch die Sinnenorgane wie durch gewisse Oefnungen hervor. — Es gibt auch mehrere Gedanken, welche nicht mit einander zusammen stimmen, und diese bedürfen daher selbst eines Beurtheilers. Dieses ist nun entweder der Verstand, oder etwas vom Verstande Verschiedenes. Der Verstand kann aber nicht selbst sein Kriterium seyn, eben weil er mit sich selbst mißhellig ist, und zu dem zu Beurtheilenden gehört. Soll

---

58) Sextus Empiric. advers. Logic. I. §. 345.
59) Sextus Empiric. advers. Logic. I. §. 348—350.
ειπερ γαρ επι γνωμων εςι τ' αληθας η διανοια, προτερον ωφειλεν εαυτην επιγινωσκειν — ετως εχειν και την διανοιαν, ηπερ διακριτικη εςιν τα αληθας και τα ψευδας, πολλω προτερον τῃ εαυτης φυσει συνεπιβαλλειν δι' ην, και τῃ εξ ης εςι, τοπῳ τῳ εν ῳ πεφυκε, τοις αλλοις απασιν.

Soll er durch etwas anderes beurtheilet werden, so ist dieses und nicht der Verstand das Kriterium [60]). — Und da wir nach den meisten Philosophen nicht allein Verstand, sondern auch Sinnlichkeit haben, welche vor dem Verstande vorausgehet, so muß die vorliegende Sinnlichkeit nothwendig den Verstand hindern, die äußern Objecte zu erkennen. Denn so wie ein Körper, welcher zwischen dem Gesichte und einem sichtbaren Körper befindlich ist, das Gesicht den letzten nicht sehen läßt; so muß auch der Gesichtssinn, der zwischen dem Verstande und dem äußerlich Sichtbaren in der Mitte liegt, den Verstand hindern, den sichtbaren Gegenstand aufzufassen, und so auch bei den übrigen Sinnen. Der Verstand kann also nichts erkennen, weil er von dem Aeußern abgeschnitten ist, und durch die Sinne verfinstert wird [61]).

Nicht durch beides, so daß der Verstand durch Mitwirkung der Sinne die äußern Objecte erkennte [62]). Denn der Sinn stellt dem Verstande nicht die äußern Objecte dar, sondern verkündiget nur seine Empfindung, z. B. das Gefühl die Erwärmung von dem Feuer ohne das brennende Feuer selbst dem Verstande zu vergegenwärtigen. Doch auch seine Empfindung kann er nicht einmal dem Verstande mittheilen. Denn was

---

[60] Sextus Empiric. advers. Logic. I. §. 351.

[61] Sextus Empiric. adversus Logic. I. §. 352. 353. προς τουτοις επει ε μονον εστιν εν ημιν διανοητικον, αλλα συν τουτῳ και αισθητικον, οπερ προκειται του διανοητικου, εξ αναγκης τουτο αυτο προκειμενον ουκ εασει την διανοιαν των εκτος αντιλαμβανεσθαι. — ενδον αν αποκεκλεισμενη η διανοια, και ταις αισθησεσι επισκοτουμενη, ουδενος εσται των εκτος αντιληπτικη.

[62] Sextus Empiric. advers. Logic. I. §. 354. λεκτεαι αρα λεγει αμφοτερα, τουτεστι την διανοιαν, ως υπουργῳ χρωμενην τῃ αισθησει, λαμβανειν τα εκτος· ο παλιν εστιν αδυνατον.

was die Veränderung des Gesichtsſinnes aufnimmt, wird eben ſo afficiret, wie der Gesichtsſinn, und ſo auch bei den übrigen Sinnen. Der Verſtand müßte alſo ſelbſt zum Sinne werden, wenn er die Empfindungen der Sinne empfangen ſollte, und aufhören, das Denkende zu ſeyn, und könnte dann nicht die Empfindungen der Sinne als Denkkraft aufnehmen [63]. Wenn der Verſtand aber auch die Empfindungen der Sinne empfinge, ſo würde er doch nicht die äußern Objecte erkennen. Denn dieſe ſind unſern Empfindungen ganz unähnlich, und es iſt ein ſehr weiter Abſtand zwiſchen der Vorſtellung und dem Vorgeſtellten. Das Feuer brennt nicht ſo, aber die Vorſtellung des Feuers. Doch wenn wir auch die Aehnlichkeit unſerer Empfindungen mit den äußern Objecten zugeben, ſo erkennet doch der Verſtand nicht die Objecte ſelbſt, ſondern nur das, was dieſen ähnlich iſt. Nun iſt dasjenige, was mit einem andern Aehnlichkeit hat, noch immer von dem letzten ſelbſt verſchieden, und der Verſtand kann daher, weil er die äußern Objecte nicht ſelbſt vorſtellet, auch nicht wiſſen, von welcher Beſchaffenheit ſie ſind, und ob ſie mit den Empfindungen Aehnlichkeit haben. Erkennet er nun nicht die Objecte der Sinne, ſo kann er auch die nichtſinnlichen nicht erkennen, in ſofern man annimmt, daß ſie durch Schlüſſe aus den ſinnlichen Objecten erkannt werden.

Folg-

---

63) Sextus Empiric. advers. Logic. I. §. 354—356. ἡ γαρ αισθησις ꭛ τα ꭛κτος παϱιϛησι τῃ διανοιᾳ· το δε ιδιον αγγελλα παθος. καιτοι ꭛δε τ꭛το. ꭛ γαρ ληψεται ἡ νοησις το της αισθησεως παθος, αισθησις ꭛ϛαι — αισθησις δε ꭛ϛα, αλογος ꭛ϛιν· αλογος δε γενομενη, ꭛κπεϛαται τ꭛ ꭛τι νοησις ὑπαρχειν· μη ꭛ϛα δε νοησις, ꭛ ληψεται το της αισθησεως παθος ὡς νοησις.

Folglich ist der Verstand kein Kriterium der Wahrheit [64]).

Hier begegnen uns die Dogmatiker mit einer Einwendung, welche nichts beweiset, als ihre Einfalt. Sie sagen nämlich, die von einander verschiedenen Vermögen der Seele, das sinnliche und das denkende, wären nicht von einander getrennt, sondern, so wie das Honig seiner ganzen Materie nach zugleich feucht und süß sey, so habe auch die Seele zwei einander entgegengesetzte Vermögen, welche ihr ganzes Wesen durchgreifen, von welchen das denkende durch die denkbaren Gegenstände in Bewegung gesetzt werde, das sinnliche aber die Sinnengegenstände erkenne. Daher sey es ein ungegründetes Vorgeben, wenn man sage, der Verstand, oder überhaupt die Seele könne nicht die Unterscheidungsmerkmale beider Arten von Dingen wahrnehmen, weil sie durch die verschiedene Einrichtung beider Vermögen in den Stand gesetzt werde, die sinnlichen und die denkbaren Objecte zu erkennen [65]). — Denn so

sehr

---

[64]) Sextus Empiric. advers. Logic. I. §. 357. 358. κ'αν λαβῃ δε των αισθησεων παθος, κη εσεται τα εκτος· ανομοια γαρ εςι τα εκτος τοις περι ημας παθεσι, και μακρῳ διαφερει η φαντασια τα φαντας. — ἐτως η διανοια τοις παθεσιν επιβαλλουσα, τα εκτος μη θευσαμενη, ετε ὁποια εςι ταυτα εισεται, αδ' ὁτι ὁμοια εςι τοις παθεσιν. μη γινωσκουσα δε τα φαινομενα, κδε τα κατα την απο τετου μεταβασιν αξιεμενα γνωριζεσθαι αδηλα συνησει.

[65]) Sextus Empiric. advers. Logic. I. §. 359. 360. μη κεχωρισθαι ταυτα τα διαφεροντα της ψυχης μερη, τετεςι το λογικον και αλογον. αλλ' ὡς το μελι ολον δι' ὁλε ὑγρον ἁμα και γλυκυ εςιν· ἁτω και η ψυχη ολη δι' ολε δυο εχει τας αντιπαρηκεσας αλληλαις δυναμεις· ὡς η μεν εςι λογικη, η δε αλογος· και κινεισθαι την μεν λογικην ὑπο των νοητων, την δε αλογον αντιληπτικην γινεσθαι των αισθητων. οθεν και ματαιον ειναι το λεγειν την διανοιαν, η κοινως την ψυχην, μη δυνασθαι της ἑτερας τετων πραγματων διαφορας αντιλαμβανεσθαι. διαφορον γαρ εχουσα την κατασκευην, ευθυς και αμφοτερων εςαι αντιληπτικη.

sehr auch diese Vermögen einem und demselben Subjecte anzugehören, einander zu begegnen, und die ganze Seele zu durchdringen scheinen, so sind sie doch wesentlich von einander verschieden, und das sinnliche Vermögen ist etwas anderes als das denkende. Schwere und Farbe, Gestalt und Größe sind Accidenzen, welche sich an einer und derselben körperlichen Substanz befinden, aber gleichwohl wesentlich verschieden, weil man sich jedes als etwas anderes denkt. So ist auch das denkende Vermögen, sollte es auch in demselben Subjecte mit dem sinnlichen gleichsam vermischt seyn, doch als Vermögen von dem letzten verschieden; daraus folgt aber, daß das eine nicht auf dieselbe Art als das andere kann bewegt und afficirt werden. Sonst würden sich beide in einander verwandeln, das denkende in das sinnliche, wenn es sinnlich, und das sinnliche in das denkende, wenn es als denkendes afficirt würde 66).

Wollte man auch annehmen, der Verstand sehe durch die Sinnenorgane als Fenster heraus, und er fasse die äußern Objecte ohne Mitwirkung der vor ihm liegenden Sinne, so entfernt diese Voraussetzung nicht die geringste Schwierigkeit. Denn der Verstand müßte, wenn er auf diese Art etwas erkennen sollte, es als an sich erkennbar (εναργες) erkennen. Dergleichen gibt es aber nicht. Nach den Gegnern ist dasjenige an sich erkennbar, was aus sich

66) Sextus Empiric. advers. Logic. I. §. 361—363. αυται γαρ αι δυναμεις, και ει τα μαλιστα δοκουσι περι την αυτην ουσιαν συνιστασθαι, και αντιπαρηκειν αλληλαις, και δι' ολης πεφοιτηκεναι της ψυχης, ουδεν ησσον ετερογενως διαφερουσιν αλληλων, και αλλο μεν τι εστιν ηδε, αλλο δε ηδε — ετι τοινυν και η προειρημενη λογικη δυναμις, καν αναμιξ υποκειται τω αλογω, δυναμει παλιν αυτης διοισει, ῳ λοιπον συνεξερχεται, το μη δυνασθαι την ετεραν ωσαυτως τη ετερα κινεισθαι και ομοιοπαθειν. επει δησει μιαν αμφοτερας γινεσθαι, την μεν λογικην αλογον, εαν αλογως πασχη. την δε αλογον λογικην, εαν λογικως κινηθη.

sich selbst begriffen wird, und keines andern bedarf, um vorstellbar zu seyn. Nun wird aber nichts aus sich selbst begriffen und vorgestellt, sondern nur aus den Empfindungen, welche von den die Empfindungen verursachenden Objecten verschieden sind. Wenn ich in der Nähe des Feuers erwärmt werde, so vermuthe ich aus meiner Empfindung, daß der äußere Gegenstand, das Feuer, warm ist. Da nun alles, dessen Vorstellung aus einem andern genommen wird, durchaus unerkennbar ist, alle Dinge aber nur nach unsern Empfindungen, welche nicht die Objecte selbst sind, vorgestellt werden, so sind alle äußere Objecte uns unbekannt. Denn, um das Unbekannte zu erkennen, muß etwas Gewisses gegeben seyn; ist dieses nicht vorhanden, so verschwindet auch die Erkenntniß des ersten. Man kann auch nicht sagen, daß die äußern Objecte zwar an sich unbekannt sind, aber doch in sofern von uns erkannt werden, als der Schluß von den Empfindungen unumstößlich gewiß ist. Denn es ist nicht schlechterdings nothwendig, daß unsern Empfindungen die äußern Objecte entsprechen müssen. So wie die Peitsche durch die Schläge auf die Haut Schmerz erreget, aber nicht selbst Schmerz ist, und Speisen dem Essenden Genuß gewähren, aber nicht selbst das Vergnügen sind, so ist es möglich, daß das Feuer erwärmet, ohne selbst nothwendig warm zu seyn, und das Honig kann die Empfindung der Süßigkeit geben, ohne selbst süße zu seyn. Das Wahre ist also kein Gegenstand der Erkenntniß, weil es nichts an sich gewisses und absolut erkennbares gibt [67]).

Dieses

---

[67]) Sextus Empiric. advers. Logic. I. §. 364—368.
καὶ ὑποδώμεθα δε, την διανοιαν δια των αισθητικων πορων, ωσπερ τινων οπων προκυπτουσαν, και χωρις των προκειμενων αυτη αισθησεων τοις εκτος πραγμασι προσβαλλουσαν, απορος αδεν ησσον

Dieses Resultat ergibt sich auch aus der Uneinigkeit der Philosophen in Ansehung der wichtigsten Gegenstände. So wird die objective Realität der sinnlichen Vorstellungen ohne Einschränkung bald geläugnet, wie vom Demokrit, bald behauptet, wie vom Epikur und Protagoras, bald unter gewissen Einschränkungen geläugnet und behauptet, wie von den Stoikern und Peripatetikern [68]).

Wenn nun auch überhaupt der Verstand, oder die Sinnlichkeit, oder beides zusammen, als Kriterium der Wahrheit hypothetisch anerkannt würde, so müßte man doch, um dieses Urtheil zu begründen, entweder etwas sinnlich Vorstellbares, oder etwas Unbekanntes zu Hülfe nehmen. Jenes kann aber nicht zur Regel unsers Urtheils dienen, weil seine Realität selbst noch bezweifelt wird, und für das zweite wäre es verkehrt und ungereimt, aus dem Unerkannten die Erkennbarkeit dessen, was doch einigen Schein für sich hat, daß es erkennbar sey, zu bewähren.

III. Der Verstand sowohl als die Sinne können ohne Vorstellungen nichts erkennen. Wir müssen also, drittens,

ἧσσον και κατα τυτο ἡ ὑποθεσις εὑρεθησεται. δα γαρ την ἀτως των ὑποκειμενων αντιλαμβανομενην διανοιαν, ὡς εναργων των ὑποκειμενων αντιλαμβανεσθαι. ἐδεν δε ἐστι εναργες — εκ αρα δυνατον εστι το εν τοις ὑποκειμενοις αληθες λαβειν. εναργες γαρ ἀξιεται τυγχανειν ὑπο των εκκιτων το εξ ἑαυτε λαμβανομενον, και μηδενος ἑτερε χρηζον ὡς παρατασιν. ἐδεν δε εξ ἑαυτε πεφυκε λαμβανεσθαι, αλλα παντα εκ παθες, ὁπερ ἑτερον ἠν τα ποιεντος αυτα φαντασα.

68) Sextus Empiric. adveᵣs. Logic. I. §. 369. δα πρωτον ὡς την τετων κρισιν ητοι φαινομενον τι παραληφθηναι, ἠ ἀδηλον· αλλα φαινομενον μεν, ουκ οιον τε· εκ γαρ της αμφισβητεμενης ὑλης ὑπαρχον, αμφισβητησιμον εσται, και δια τετο ου κριτηριον. ει δε αδηλον, ανεστραπται τα πραγματα, ει εκ τε μη γινωσκομενε, βεβαιεσεται το δοκει γινωσκεσθαι.

Tennem. Gesch. d. Phil. V. Th.   X

drittens, auch noch nach einem Kriterium der Vorstellungen fragen. Aber hier gibt es der unauflöslichen Zweifel nicht weniger. Von denen, welche die Vorstellung als den Maßstab für die Beurtheilung der Dinge betrachten, achten einige bloß auf die gewissen (καταληπτικη), andere bloß auf die wahrscheinlichen Vorstellungen. Wir werden aber die gemeinschaftliche Gattung von beiden, das ist, die Vorstellung schlechtweg, umstoßen und zeigen, daß es keine Vorstellung gibt, wodurch das Daseyn der gewissen und wahrscheinlichen von selbst über den Haufen fällt 70).

Wenn die Vorstellung ein Abdruck in der Seele ist, so geschieht der Abdruck entweder so, daß er Erhöhungen und Vertiefungen hat, oder durch eine bloße Veränderung; jenes ist Kleanths, dieses Chrysipps Meinung. Die erste hat alle die Ungereimtheiten zur Folge, welche Chrysippus aus einander gesetzt hat. Erhält nämlich die Seele bei dem Vorstellen einen Abdruck wie Wachs, so muß jede Vorstellung durch die darauf folgende Bewegung verdunkelt werden, so wie wir es bei dem Siegelwachs sehen. Dadurch wird aber das Gedächtniß, welches die Vorstellungen wie eine Schatzkammer aufbewahret, und jede Kunst und Wissenschaft als eine geordnete Reihe von Vorstellungen aufgehoben. Ueberhaupt können mehrere und verschiedenartige Vorstellungen in der Vorstellkraft der Seele nicht bestehen, wenn die daselbst befindlichen Abdrücke jederzeit anders vorgestellt werden. Denn wir sehen,

---

70) Sextus Empiric. advers. Logic. I. §. 371. επα γαρ των τη φαντασια τα πραγματα κανονιζοντων, οἱ μεν τη καταληπτικη προσεσχον, οἱ δε τη πιθανη, το κοινον αμφοτερων γενος ἡμας εκβαλοντες, τατ' εςιν αυτην την φαντασιαν, ανκιρωμεν.

sehen, daß gröbere Körper als die Luft, wie das Wasser, eine Modification und Gestaltung nicht fortdauernd erhalten können; vielweniger wird also Luft und Geist den erhaltenen Eindrücken Dauer geben können, da diese Körper viel feiner und flüssiger sind 71).

Weit schlimmer stehet es mit der zweiten Meinung, nach welcher die Vorstellung bloß in einer Veränderung der Seele besteht. Diese Veränderung müßte so gedacht werden, daß entweder eine Bestimmung der Seele an die Stelle der andern tritt, oder daß auch die Substanz der Seele verändert wird. In dem ersten Fall muß mit jeder Vorstellung eine andere Modification verbunden seyn, eine neue also die ältere aufheben; dadurch wird aber das Behalten einer Sache in dem Bewußtseyn unmöglich. Im zweiten Fall aber muß die Seele mit jeder Vorstellung aufhören, Seele zu seyn, und vernichtet werden 72).

Außerdem bringen die Zweifel wegen der Möglichkeit einer Veränderung die Dogmatiker ins Gedränge. Denn bei einer Veränderung wird entweder das Bleibende oder das Nichtbleibende verändert. Eines ist aber so unmöglich als das andere. Das Bleibende kann nicht verändert werden, weil es in seinem Seyn beharret; das Nichtbleibende auch nicht, weil dieses nicht mehr

---

71) Sextus Empiric. *advers. Log.* I. §. 373—375. verglichen 4 B. S. 50. 63.

72) Sextus Empiric. *advers. Log.* I. §. 376—378. των γαρ ετεροιωσεων ἡ μεν τις εςι παθος, ἡ δε, ως αλλαγη τε υποκαμενε. — και αἱ μεν κατα παθος, επει κατα τας διαφορες φαντασιας παθος διαφορον εςι, το νεον παθος αλλασσει το αρχαιοτερον και ετως εκ εςαι κατοχη τινος πραγματος περι την διανοιαν, οπερ ατοπον. ει δε αλλαγη τε υποκαμενε, αμα τε φαντασικε τινος λαβειν, ἡ ψυχη ετεροιεμενη, εκβησεται τε ψυχη τυγχανειν και φθαρησεται.

mehr ist, sondern schon verändert ist. Aus diesem Grunde läßt sich auch keine Vorstellung als Veränderung denken 73).

Wenn wir aber aber auch die Wirklichkeit der Veränderungen zugeben, so folgt daraus noch nicht die Wirklichkeit der Vorstellung. Sie soll ein Abdruck in der Grundkraft der Seele seyn, und man ist noch nicht einig, ob es eine Grundkraft gibt, und wo sie ihren Sitz hat. So läugnet Asklepiades das Daseyn einer Grundkraft, andere räumen sie ein, streiten aber über ihren Sitz. So lange nun diese Uneinigkeit unentschieden ist, muß es auch zweifelhaft bleiben, ob die Vorstellung ein Abdruck in der Grundkraft ist 74).

Doch es sey die Vorstellung ein Abdruck in der Grundkraft der Seele. Da dieser Eindruck nicht anders als durch die Sinne der Grundkraft mitgetheilt werden kann, so fragt sich: **ob die Veränderung in der Grundkraft der Seele eben dieselbe ist, welche in den Sinnen vorgehet, oder verschieden?** In dem ersten Falle wird das Veränderte sich nicht von dem Sinne unterscheiden, nicht ein denkendes, sondern empfindendes Vermögen seyn; in dem zweiten aber muß die Seele nicht das Object, wie es den Sinnen zum Grunde liegt, sondern ein anderes auffassen; das Object wird von anderer Natur seyn, als die Vorstellung von demselben, welche die Seele gebildet hat. Welches wieder ungereimt ist. Die Vorstellung kann also auch nicht eine solche Veränderung und Abbildung in der Vorstellkraft der Seele seyn 75).

Die

---

73) Sextus Empiric. advers. Logic. I. §. 378. 379.
74) Sextus Empiric. advers. Logic. I. §. 380. ελεγετο γαρ τυπωσις ειναι ηγεμονικα. τατο δε ο εςι το ηγεμονικον, και, ει τινι τοπω εςιν, εχ ωμολογηται.
75) Sextus Empiric. advers. Logic. I. §. 381. 382.

Sextus Empirikus. 325

Die Vorstellung ist eine Wirkung des vorgestellten Objects, und dieses, als die Ursache der Vorstellung, muß einen Eindruck auf das sinnliche Vermögen machen. Da aber die Wirkung und die hervorbringende Ursache verschiedene Dinge sind, so wird die Seele die Wirkungen der Vorstellungen, aber nicht die äußern Objecte selbst empfangen. Wollte man aber sagen, die Vorstellkraft ergreife die äußern Objecte durch die Veränderung, in welche sie durch die Objecte versetzt worden, so kommen wir auf die obigen Schwierigkeiten zurück. Denn die äußern Objecte stehen mit unsern Vorstellungen entweder in dem Verhältnisse der Identität oder der Aehnlichkeit. Das erste ist unmöglich; denn wie kann ein und dasselbe Ding zugleich als Ursache und Wirkung von sich selbst gedacht werden? In dem zweiten Falle denkt der Verstand nicht die Objecte selbst, sondern nur, was ihnen ähnlich ist. Zudem ist dieses noch obendrein unbegreiflich. Denn woher weiß der Verstand, daß die Objecte den Vorstellungen ähnlich sind? Ohne Vorstellung? Ohne Vorstellung kann der Verstand unmöglich denken. Durch die Vorstellung? So müßte die Vorstellung zugleich sich selbst und das vorgestellte Object vorstellen. Daß die Vorstellung das Object vorstelle, ist vielleicht nicht unmöglich, eben weil es ihr Object ist; allein wie kann sie sich selbst vorstellen? Müßte nicht ein und dasselbe Vorstellung und das Vorgestellte Ursache

und

αλλ επει ουκ αλλως αναγγελλεται η τοιαυτη τυπωσις τω ηγεμονικω, ει μη δια της αισθησεως, — ζητω, ποτερον οια εστιν η περι την αισθησιν ετεροιωσις, τοιαυτη γινεται και η περι το ηγεμονικω, η διαφορος. και ει μεν η αυτη, επει εκαστη των αισθησεως αλογος εστι, και το ετεροιωμενον αλογον εσται, και ε διαφερον της αισθησεως. ει δε διαφορος, ε τοιατον ληψεται το φαντασον, οποιον υποκειται. αλλ ετερον μεν εσται το υποκειμενον, διαφερουσα δε η περι το ηγεμονικον συνισαμενη φαντασια.

und Wirkung von sich selbst seyn? Dieses ist undenkbar [76]).

Doch wir wollen diese Zweifel ruhen lassen, und uns die Vorstellung denken, wie sie die Dogmatiker sich vorstellen mögen. Hier stoßen wir aber wieder auf neue Zweifel. Denn soll die Vorstellung das Kriterium der Wahrheit seyn, so müssen entweder alle Vorstellungen wahr seyn, wie Potagoras, oder alle falsch, wie Xeniades der Korinther, oder einige wahr, einige falsch, wie die Stoiker, Akademiker und Peripatetiker behaupten. Wir können aber weder das erste, noch zweite, noch dritte annehmen; also ist die Vorstellung kein Kriterium [77]).

Sind alle Vorstellungen wahr, so folgt daraus, daß auch die Vorstellung, nicht jede Vorstellung sey wahr, wahr ist, wodurch jener Satz umgestoßen wird. Es streitet auch gegen die einleuchtende Erfahrung, welche uns viele falsche Vorstellungen aufweiset. Die Vorstellungen, es ist Tag, es ist Nacht; Sokrates lebt, Sokrates ist gestorben, weichen gar sehr in Ansehung der Ueberzeugung und des Gefühls, welches sie begleitet, ab, so daß wir uns daraus für überzeugt halten, es sey jetzt Tag, und Sokrates sey todt. Die Verbindung von Vorstellungen ist wahr oder falsch wegen der bestimmten Folge oder des Widerstreits der Dinge. Wenn es Tag ist, so ist es helle; und wenn du wandelst, so bewegst du dich, sind einleuchtende Folgerungen;

offen-

---

[76] Sextus Empiric. advers. Logic. I. §. 383—387. προς τουτοις, η φαντασια αποτελεσμα εστι του φαντου, και το φαντασον αιτιον εστι της φαντασιας, και τυπωτικον καθεστηκε της αισθητικης δυναμεως· διηνοχε τε το αποτελεσμα του ποιουντος αυτου αιτια. οθεν επι ταις φαντασιαις επιβαλλει ο νους, ληψεται τα αποτελεσματα των φαντασιων, αλλ' ου τα εκτος φαντασα.

[77] Sextus Empiric. advers. Logic. I. §. 388.

offenbare Widersprüche hingegen enthalten die Sätze: wenn es Tag ist, so ist Nacht, und wenn du wandelst, so bewegst du dich nicht. Denn wenn man das eine setzt, so wird das andere aufgehoben, weil es einander widerspricht. Widerspruch läßt sich aber nicht denken, wenn es nicht falsche Vorstellungen gibt. Denn widersprechend ist etwas, wenn es als wahr dem Falschen, und als falsch dem Wahren widerspricht 78). Wenn alle Vorstellungen wahr sind, so gibt es nichts Unbekanntes und Ungewisses. Denn wenn es Wahres und Falsches gibt, und man nicht weiß, was von diesen das Wahre oder Falsche ist, so entstehet der Zustand der Ungewißheit. Wer saget: es ist für mich ungewiß, ob die Sterne eine gerade oder ungerade Zahl ausmachen, der sagt im Grunde nichts anders als: ich weiß nicht, ob es wahr oder falsch ist, daß die Sterne eine gerade oder ungerade Zahl ausmachen. Sind also alle Vorstellungen wahr, so existirt für uns nichts Ungewisses und Unbekanntes; so ist alles gewiß, und alles Forschen und Zweifeln höret auf, so verschwindet Wahrhaftigkeit, Untrüglichkeit, Belehrung, Irrthum, Kunst, Demonstration und Tugend. Man kann nicht lügen und sich irren ohne Kunstkenntniß, und böse seyn, wofern es nichts Falsches gibt. Dann ist aber auch keiner wahrhaftig, untrüglich, Kunstkenner u. s. w. Denn das eine kann man sich nur im Verhältniß zu dem andern vorstellen, wie das Linke und

---

78) Sextus Empiric. advers. Logic. L. §. 389—392. πασαν μεν αν φαντασιαν κα εποι τις αληθη δια την περιτραπην. — και χωρις δε της τοιαυτης περιτροπης παρα τα φαινομενα ετι και την εναργειαν, το λεγει, πασαν φαντασιαν ειναι αληθη, πολλων πανυ ψευδων εσων. — και ο αυτος λογος επι της εν τισι πραγμασιν ακολυθιας τε και μαχης αληθης τε και ψευδης ετι. — και η τα ετερα θεσει κρισις ην τη λοιπα, η συνακολυθει τι τινι, και μαχεται παντως ετερω. ει δε ετιν τι τινι μαχομενον, κ πασα φαντασια ετιν αληθης. το γαρ τινι μαχομενον ως αληθες ψευδει, η ως ψευδος αληθει μαχεται.

und Rechte, so daß wenn das Eine von den Entgegengesetzten nicht ist, auch das andere nicht ist [79]).

Endlich könnte man gar noch folgern, daß kein Thier, keine Pflanze, ja die Welt selbst nicht in der Wirklichkeit vorhanden ist. Denn ist alles wahr und für uns gewiß, so muß es auch die Behauptung seyn, daß wir nichts erkennen, alles dunkel und ungewiß ist; und so würden wir nicht einmal sagen können, daß uns Thiere, Pflanzen, die Welt erscheine, welches ungereimt ist. Aus allen diesen Gründen können nun nicht alle Vorstellungen wahr seyn [80]). Aus denselben Gründen können aber auch nicht alle Vorstellungen falsch seyn. Beide Sätze: alle Vorstellungen sind wahr, und, alle sind falsch, kommen im Grunde auf eins hinaus. Sind sie alle falsch und keine wahr, so ist auch der Satz wahr, nichts ist wahr; ist nichts wahr, so ist Wahres das Gegentheil von der Voraussetzung [81]). Denn es ist nicht leicht möglich, etwas für falsch zu erklären, ohne nicht zugleich auch das Wahre zu bestimmen. Wenn wir z. B. sagen, das erste ist falsch, so ist es soviel als: es ist wahr, daß das erste falsch ist. Auch müssen wir erinnern, daß sich ein in die Augen fallender Unterschied unter den Vorstellungen gar nicht wegläugnen läßt, nach welchem einige unsere Ueberzeugung abnöthigen, andere zurückstoßen. Es leuchtet auch ein, daß ohne diesen Unterschied der Vorstellungen in Ansehung der Wahrheit und

Falsch-

---

[79] Sextus Empiric. advers. Logic. I. §. 393 — 396.

[80] Sextus Empiric. advers. Logic. I. §. 397.

[81] Es ist nicht wohl möglich, diese dem Gorgias nachgeahmte Sophisterei in der deutschen Sprache verständlich nachzubilden, α γαρ πασαι φαντασιαι εισι ψευδεις, και ουδεν εστιν αληθες, αληθες εστι το, ουδεν εστιν αληθες. η μη μηδεν εστιν αληθες, εστιν αληθες. Sextus Empir. advers. Logic. I. §. 399.

Falschheit, keine Kunst, und das Gegentheil, kein Lob und Tadel, kein Betrug Statt finden werde [82]).

Wir müssen also annehmen, daß einige Vorstellungen wahr, einige falsch sind, wie die Stoiker einige objectiv wahre, die Akademiker einige wahrscheinliche Vorstellungen und ihr Gegentheil unterscheiden. Nur findet sich, daß sie diesen Unterschied nicht beweisen können, sondern nur als bewiesen annehmen. Die objectiv wahre Vorstellung ist nach den Stoikern eine solche, welche von einem wirklichen Objecte herrührt, mit demselben übereinstimmt, in der Seele abgedrückt und eingeprägt, und von der Art ist, wie sie von einem nicht wirklichen Objecte nicht herrühren könnte. Die Akademiker sind geneigt, die ersten Merkmale einzuräumen, aber das letzte könne nicht zugestanden werden. Denn es entstehen Vorstellungen von nichtwirklichen Objecten, wie von den wirklichen, welche eben so klar und lebhaft sind, und dieselben ihnen angemessenen Handlungen zur Folge haben, wie die letzten, zum Beweise, daß sie nicht unterscheidbar sind [83]). In dem Durste labet ein Trunk Wasser eben so gut den Wachenden, als den Träumenden, und wer vor einem furchtbaren Thiere fliehet, schreiet eben so gut

[82]) Sextus Empiric. advers. Logic. L. §. 400. ενεςι δε κατα τον αυτον τροπον και ενταυθοι διδασκαν, ότι εναργης σχεδον εςι των Φαντασιων αί διαφοραι, καθ᾽ άς αί μεν επισπωνται ημων την συγκαταθεσιν, αί δ᾽ αποκρουνται. και ετε άπασαι επισπωνται κοινως, ετε άπασαι συλληβδην αποκρουνται.

[83]) Sextus Empiric. advers. Logic. I. §. 402. 403. γινονται γαρ και αφο μη ύπαρχοντων φαντασιαι, ώς απο ύπαρχοντων, και τεκμηριον της απαραλλαξιας, το, επισης ταυτας εναργης και πληκτικας εύρισκεσθαι. το δε επισης η πληκτικας και εναργεις ειναι, το τας ακολυθες πραξεις επιζευγνυσθαι.

gut in dem einen als dem andern Zustande. Die Vorstellungen wirken auf die Wahnsinnigen nicht anders als auf die Gesunden. Wir müssen also sagen, daß die objectiv wahren Vorstellungen nicht von den falschen zu unterscheiden sind, weil sie das Fürwahrhalten und die ihnen gemäßen Handlungen auf gleiche Weise bestimmen. Dieses zeigt sich auch in Ansehung des innern Characters und der Form des Abdrucks, wodurch nach den Stoikern eine Vorstellung genau ihrem Objecte entspricht [84]). Denn bei Dingen, welche der Gestalt nach ähnlich, dem Subjecte nach verschieden sind, z. B. bei zwei einander höchst ähnlichen Eiern ist es unmöglich, die objectiv wahre Vorstellung von der falschen zu unterscheiden, so daß auch selbst der stoische Weise nicht untrüglich bestimmen kann, ob das eine Ei das aufgewiesene oder ein anderes ist, weil die objectiv wahre Vorstellung kein eigenthümliches Gepräge hat, welches sie von der falschen unterschiede [85]). Von dem Gesicht müßte man noch am ersten erwarten, daß es die Objecte mit ihrem eigenthümlichen Character und Unterscheidungsmerkmalen auffaßte. Aber wie sehr man sich in dieser Hofnung täusche, haben schon die Akademiker dargethan [86]).

Da nun der objectiv wahren Vorstellung diejenige, welche das nicht ist, vollkommen ähnlich ist, so kann jene nicht zur Richtschnur der Wahrheit dienen. Wenn in dem Sorites, behauptet Chrysipp [87]) mit seinen Nachfolgern,

[84]) Sextus Empiric. advers. Logic. I. §. 408. αλλα γαρ αὐτη μεν ἡ απαραλλαξια των τε καταληπτικων και των ακαταληπτων φαντασιων, κατα το εναργες και εντονον ιδιωμα παρισεται· ουδεν δε ἡττον δακνυται τοις απο της Ακαδημιας και ἡ κατα χαρακτηρα και ἡ κατα τυπον (απαραλλαξια).
[85]) Sextus Empiric. advers. Logic. I. §. 409. 410.
[86]) Sextus Empiric. advers. Logic. I. §. 411. 412. Vergl. 4 B. S. 199.
[87]) Vierter B. S. 280.

gern, die letzte einleuchtend wahre Vorstellung so nahe an eine andere, deren Evidenz nicht einleuchtet, gränzt, daß sich beide beinahe nicht unterscheiden lassen, so werde der Weise mit dem Beifallgeben an sich halten, und sich nur da bestimmt erklären, wo der Unterscheidungsmerkmale mehrere sind. Können wir nun beweisen, daß vieles Falsche und Unzuverläßige mit der objectiv wahren Vorstellung auf demselben Gränzpunkte liege, so ist auch dargethan worden, daß man die letztere nicht als wahr anerkennen dürfe, aus Besorgniß, man möchte wegen der zu großen Nähe dem Unerkannten und Falschen seinen Beifall geben. Ein Beispiel wird das Gesagte klärer machen. Funfzig ist wenig, mag als Beispiel einer objectiv gewissen und, zehntausend ist wenig, als Beispiel einer objectiv ungewissen Vorstellung gelten. Zwischen beiden sind viele Zwischenvorstellungen, und der Weise wird sich daher nicht lange bedenken, die erstere für wahr und gewiß zu erklären. Warum sollte er das aber nicht auch bei der, Ein und funfzig ist wenig, thun, da zwischen dieser und der vorhergehenden nichts in der Mitte ist? Nun ist dieses aber die erste objectiv ungewisse Vorstellung nach der, funfzig ist wenig; er muß also einer ungewissen Vorstellung beistimmen, und wenn er einmal so weit ist, so ist nicht abzusehen, warum er nicht auch die Zehntausend ist wenig, als wahr anerkennen sollte, da eine ungewisse Vorstellung der andern, in sofern sie ungewiß ist, gleich ist, so wie dieses auch bei den falschen Vorstellungen Statt findet, aus welchem Grunde auch Zeno mit seinen Nachfolgern die Gleichheit aller moralischen Uebertretungen behauptete. Doch gesetzt auch, es fänden bei den ungewissen Vorstellungen gewisse Grade Statt, so würde ihnen das zu nichts helfen. Denn nun müßte folgen, der Weise dürfe nicht beistimmen der mehr ungewissen Vorstellung, aber nicht, der weniger ungewissen Vorstellung, welches ungereimt ist. Denn der Weise ist den

Stoi-

Stoikern ein mehr als menschliches Wesen, mit vollkommener Erkenntniß und Untrüglichkeit des Urtheils [88]).

Damit die Vorstellung etwas Aeußeres erkenne, müssen nach den Stoikern fünf Bedingungen zusammen treffen, nämlich, das Sinnenwerkzeug, der Sinnengegenstand, der Ort, die Art und Weise, und der Verstand. Fehlt nur eine Bedingung, z. B. der gesunde Verstand, so ist die Erkenntniß unmöglich. Daher ist auch nach Einigen nicht die objectiv wahre Vorstellung schlechthin, sondern nur dann das Kriterium, wenn in Ansehung ihrer Natur und Entstehung kein Fehler Statt gefunden hat. Eben dieß ist aber eine Unmöglichkeit. Denn wegen der abweichenden Beschaffenheit der Sinnenorgane und mehrerer äußern Verhältnisse erscheinen uns nicht dieselben Gegenstände und auf dieselbe Art, und wir können also nie gewiß seyn, ob sie wirklich die objective Natur haben, wie sie uns erscheinen, oder etwas anderes sind. Es gibt also auch keine Vorstellung, bei welcher nicht eine Abweichung von den Bedingungen eintreten sollte [89].

Zudem machen sie sich auch eines Cirkels in der Erklärung schuldig. Auf die Frage: welches ist die objectiv wahre Vorstellung, geben sie zur Antwort: diejenige, welche von dem Wirklichen herrührt, demselben entspricht, in der Seele so abgedrückt und abgeprägt

---

[88] Sextus Empiric. advers. Logic. I. §. 416—423.

[89] Sextus Empiric. advers. Logic. I. §. 424. 425. ἵνα γε μην αισθητικη γενηται φαντασια κατ' αυτους οἷον ὁρατικη, δει πεντε συνδραμειν, το, τε αισθητηριον, και το αισθητον, και τον τοπον, και το πως, και την διανοιαν. ὡς εαν, των αλλων παρoντων, ἑν μονον απῃ, καθαπερ διανοια παρα φυσιν εχουσα, ε κωθησεται, φασιν, ἡ αντιληψις ενθεν και την καταληπτικην φαντασιαν, ελεγον τινες, μη κοινως κριτηριον, αλλ' ὅταν μηδεν εχῃ κατα τον τροπον ενστημα. Vergl. §. 254.

prägt ist, daß sie in der Art von dem Nichtwirklichen nicht entstehen konnte. Da nun jede Erklärung von dem Bekannten ausgehen muß, so entsteht die neue Frage: Was ist das Wirkliche? Hier kehren sie nun zur ersten Erklärung zurück und sagen: Wirklich ist dasjenige, was eine objectiv wahre Vorstellung erweckt. So weist also die Erklärung der objectiv wahren Vorstellung auf die von dem Wirklichen, und diese wieder auf jene zurück, und man erhält von beiden keinen deutlichen Begriff [90]).

Da das Vorgestellte bald außer der Vorstellung, in welcher es uns erscheinet, auch in der Wirklichkeit, bald aber bloß in der Vorstellung Etwas ist, und um beides zu unterscheiden, ein Kriterium nothwendig ist: so ist auch ein Kriterium erforderlich, damit die objectiv gewissen (καταληπτικη) Vorstellungen von denen, welche es nicht sind, unterschieden werden können. Dieses Kriterium kann entweder selbst eine objectiv gewisse, oder eine ungewisse Vorstellung seyn. Ist das letzte, so wird folgen, daß eine nicht gewisse Vorstellung das allgemeine Kriterium aller Vorstellungen sey, da durch sie auch sogar das Gewisse beurtheilet werden soll. Dieses mögen aber die Dogmatiker selbst nicht einräumen. Eine gewisse Vorstellung aber zum Kriterium zu machen, ist lächerlich. Denn wir suchten eben ein bestimmtes Merkmal, um das Gewisse zu beurtheilen, und dann müßte über jede als Kriterium angegebene gewisse Vorstellung eine neue zur Bestätigung der ersten, und das ins Unendliche fort gesucht werden [91]). Allein es ist möglich, wird man vielleicht sagen, daß eine objectiv reale Vorstellung in sich selbst das Kriterium enthält, sowohl für den Gegenstand,

90) Sextus Empiric. advers. Logic. I. §. 426. 427.
91) Sextus Empiric. advers. Logic. I. §. 427—429.

stand, daß er etwas Reales ist, als auch für die Vorstellung, daß sie dieses Reale darstellet [92]). Dann müßte man aber auch umgekehrt sagen können, der vorgestellte Gegenstand enthalte in sich selbst das Kriterium seiner selbst und seiner Vorstellung. Denn der Fall ist bei beiden eben und derselbe. Wegen des Widerstreits der Gegenstände und der Unverträglichkeit der Vorstellungen sucht man etwas Gewisses, wonach das Wirkliche und Nichtwirkliche, das Wahre und Falsche bestimmt und von einander unterschieden werden kann. Dazu kann aber weder der Gegenstand noch die Vorstellung, eben wegen des Widerstreitenden, gebraucht werden. Zudem ist nach den Stoikern allein der Weise in dem Besitz des Wahren und Gewissen, und jede Vorstellung des Nichtweisen ist Unwissenheit; da nun der Weise noch immer eine Idee ist, deren Realität in der Wirklichkeit vergeblich gesucht wird, so ist auch die Wahrheit nothwendig unerforschlich. Und wie konnte Zeno, Cleanth, Chrysipp und die übrigen Häupter der Stoa, welche nach ihrer eignen Lehre unter die Klasse der Thoren gehören, wissen, ob sie einen Theil der Welt, oder nicht vielmehr das Ganze der Welt ausmachten, ob sie Männer oder Weiber, ob es nur eine Welt gebe, und ob sie von der Vorsehung regieret werde? u. s. w. [93]).

Mit denen, welche wahrscheinliche Vorstellungen annehmen, können wir bald fertig werden. Die Wahrscheinlichkeit sehen sie entweder als eine taugliche Regel für das gemeine Leben, oder als brauchbar zur Erfindung der objectiven Wahrheit an. Das erste würde ungereimt seyn. Denn keine einzelne wahrscheinliche Vorstellung ist dazu

---

[92] Sextus Empiric. advers. Logic. I. §. 430. αλλ' ισως τις ερει, την καταληπτικην Φαντασιαν, και τα Φαντατα, οτι κατα αληθειαν υποκειται, και εαυτης, οτι καταληπτικη εστι, κριτηριον υπαρχειν.

[93] Sextus Empiric. advers. Logic. I. §. 431—434.

dazu an sich schon hinreichend, sondern es bedarf bei jeder noch der Reflexion, in wiefern und wodurch die eine wahrscheinlich, eine andere geprüft und mit sich selbst zusammenstimmend sey 94). Die wahrscheinliche Vorstellung ist aber auch zweitens zur Erfindung der Wahrheit untauglich. Denn indem wir sie nach allen ihren Bestandtheilen und Rücksichten prüfen, muß in uns nothwendig der Argwohn entstehen, ob nicht etwas übersehen worden, was zur Untersuchung gehörte. Daher ist keine wahrscheinliche Vorstellung von der Besorgniß des Gegentheils frei, mit welcher die Erkenntniß der Wahrheit verschwindet. Zudem werden die Akademiker mit ihren eignen Waffen geschlagen, wodurch sie die Dogmatiker bekämpfen. Denn so wie es falsche Vorstellungen gibt, welche den wahren vollkommen ähnlich sind; so ist es auch wahrscheinlich, daß, obgleich eine wahrscheinliche Vorstellung vollständig geprüft ist, es doch eine andere ihr vollkommen ähnliche geben kann, welche falsch ist. So können wir uns für gesund an Körper und Seele halten, und doch ist es möglich, daß wir es nicht sind.

Das Resultat von allen diesen Betrachtungen ist also dieses: Es gibt kein Kriterium der Wahrheit. Dagegen erheben die Dogmatiker folgenden Einwurf: Wie kann der Skeptiker dieses Resultat aufstellen? Er muß es entweder auf Gründe stützen oder nicht. In dem letzten Falle aber verdient es kein Gehör; in dem ersten Falle aber schlägt er sich mit seinen eignen Waffen, denn indem er behauptet, es gibt kein Kriterium der Wahrheit, leitet er dieses

---

94) Sextus Empiric. advers. Logic. I. §. 437. ὐδεμια γαρ τετων των Φαντασιων δυναται κατ' ιδιαν χρααν προς τας τε βια διεξαγωγας, αλλα χραα εςιν ἱκαςη και της τηρησεως, καθ' ἣν ἠδὶ μεν δια τοδε ἐςι πιθανη, ἠδὶ δε δια τοδε διεξωδευμενη κατ απεριςπαςος. Vergl. 4 B. S. 362. 363.

dieses Urtheil von Gründen ab, welche er für gültig ansehen muß 95). Hierauf ist zu antworten, daß die Skeptiker die Sitte haben, das als wahr angenommene nicht zu beweisen, sondern sich mit den gemeinen Begriffen und Urtheilen als hinlänglichen Beweisen zu begnügen; dagegen alles, was verwerflich scheint, in Schutz zu nehmen, und es in denselben Rang mit geltenden Wahrheiten zu setzen. Auch bei den gegenwärtigen Angriffen auf das Princip der Wahrheit ist es uns nicht in den Sinn gekommen, dasselbe aufzuheben, sondern wir wollten nur zeigen, es sey nicht anzunehmen, daß es ein Kriterium der Wahrheit gebe, da sich dagegen so vieles Gründliche sagen lasse. Sollte es auch den Schein haben, als würde von uns dadurch zugleich das Kriterium aufgehoben, so können wir doch dazu als Kriterium nicht die sich uns darbietende Ansicht brauchen, nach welcher wir die uns einfallenden wahrscheinlichen Gründe gegen die Wirklichkeit des Kriteriums vortragen, doch ohne ihnen Ueberzeugungskraft einzuräumen; denn diese läugnen wir auch nicht den entgegenstehenden in gleichem Grade ab 96).

Eine

---

95) Sextus Empiric. *advers. Logic.* I. §. 440. πως ποτε και ὁ Σκεπτικος το μηδεν ειναι κριτηριον αποφαινεται. ητοι γαρ ακριτως τουτο λεγει, η μετα κριτηριου. και ει μεν ακριτως, απιστος γενησεται, ει δε μετα κριτηριου, περιτραπησεται, και λεγων, μηδεν ειναι κριτηριον, ὡμολογησα, ως την τουτου παραστασιν κριτηριον παραλαμβανειν.

96) Sextus Empiric. *advers. Logic.* I. §. 443. ὁτι σκεπτικου εςι ἠθος, το τοις πεπιστευμενοις μη συνηγορειν, αρκεισθαι δ᾽ επ᾽ αυτοις ὡς αυταρκει κατασκευῃ τῃ κοινῃ προληψει· τοις δε απιστοις κἂν δοκῃσι συνηγορειν, και ως ισοσθενουσιν αυτων ἑκαστον αναγειν τῃ περι τα παραδοχης αξιωματα κισει. τοινυν και ετι του παροντος ουκ αναιρουντες το κριτηριον, τους κατα τουτο χειριζομεν λογους, αλλα βουλομενοι δειξαι, ὁτι ου παντως πιστον εςι το ειναι κριτηριον, διδομενον εις τ᾽ εναντιον και

Eine andere Ausflucht der Dogmatiker ist eine Kinderei. Sie meinen nämlich, es sey nichts Unmögliches, ein Kriterium zu finden, welches kein höheres über sich voraus setze, sondern sich selbst und alles andere bewähre, so wie das Richtmaß und die Wage sich selbst und allem andern Regel ist, und das Licht sich selbst und alles andere offenbaret. Denn bei den angeführten ist noch etwas Höheres, nämlich Sinn und Vernunft, welche daher zum Beweise der Richtigkeit jener gebraucht werden. Hier aber soll es über das Kriterium kein höheres geben; was dieses daher von sich selbst aussagt, gilt nichts, und einen höheren Erkenntnißgrund kann es nicht für sich anführen 97).

Wenn wir nun diese skeptischen Gründe gegen die Möglichkeit eines ersten Erkenntnißprincips mit prüfendem Geiste erwägen, und die Frage aufwerfen: **Was ist durch dieselben bewiesen?** So dürfte wohl jeder unbefangene Denker in folgenden Resultaten die befriedigende Antwort darauf finden. Erstlich würde Sextus viel bündiger und siegreicher in seinen Raisonnements gewesen seyn, wenn er sich darauf eingeschränkt hätte, dieß Unbefriedigende, Unzureichende, Unbestimmte und Schwankende in den

και των ισων αφορμαν. ειτα και τω οτι συγκαιρειν δοκωμει το κριτηριον, δυναμεθα εις τουτο ουχ ως κριτηριω χρησθαι τη προχειρω φαντασια, καθ ην τους προσπιπτοντας ημιν πιθανους λογους τιθεντες εις το μηδεν ειναι κριτηριον, εκτιθεμεθα μεν, ου μετα συγκαταθεσεως δε τουτο ποιουμεν, δια το και τους αντικειμενους λογους επισης ειναι πιθανους.

97) Sextus Empiric. advers. Logic. I. §. 441. 442. 446. αλλα δυναται τι και εαυτω ειναι κριτηριον, ως επι καινοτης και ζυγι εγινετο· οπερ εστι μειρακιωδες. τουτων μεν γαρ εκαστω εστι τι υπερεκβεβηκος κριτηριον, ως αισθησις και ο διο και επι την κατασκευην αυτων ερχομεθα τα δε νυν υπο την ζητησιν πεπτωκοτος κριτηριον ουδεν θελκτιν υπερανω τυγχανει τοινυν απιστοι εστι περι αυτα (αυτου) τι λεγειν, και μη εχοι τε πραγματευειν την αληθειαν.

den Bemühungen der Dogmatiker, ein erstes Princip der Erkenntniß aufzustellen, in das hellste Licht zu setzen, ohne damit eine ganz fremdartige Untersuchung wegen der Möglichkeit eines solchen Princips zu vermengen. Zweitens würde Sextus wohl gethan haben, wenn er genauer unterschieden hätte, was die Dogmatiker nur zu oft auch verwechselt hatten, nämlich die logische und die reale Wahrheit, um einen festen und sichern Punkt zu haben, worauf er stehen, und seine Angriffe gehörig gegen den eigentlichen Gegenstand des Streits lenken könnte. Ungeachtet er mehr als einmal versichert, daß die Wirklichkeit oder Nichtwirklichkeit der vorgestellten Gegenstände, nicht bloß die Beziehung der Vorstellungen auf etwas Objectives, sondern auch ihre vollkommene Identität mit den Objecten, der Streitpunkt sey, in welchem sich der Skeptiker von dem Dogmatiker trenne, so verliert er doch nicht selten diesen Gesichtspunkt zum großen Nachtheil seiner skeptischen Betrachtungen aus den Augen. Dahin gehört vornämlich das unüberlegte Unternehmen, nicht etwa die objective Realität der Vorstellungen, wie sie von den Dogmatikern, vorzüglich den Stoikern behauptet wurde, zu bestreiten, wogegen seine Einwürfe bedeutend sind, weil die Dogmatiker aus Mangel bestimmter Principien sich nicht gehörig orientirt, nicht reiflich erwogen hatten, was sie erforschen und untersuchen sollten, sondern sogar Vorstellungen überhaupt zu läugnen. Wie konnte es aber einem sonst scharfsinnigen Denker entgehen, daß dieses ein Wagstück sey, das nicht gelingen kann; daß es selbst nicht einmal möglich ist, durch Sophistereien einen dialektischen Schein hervorzubringen. Wie war es möglich, daß er nicht inne wurde, er überschreite die Gränzen des Skepticismus, wenn er ein so gewisses Factum des Bewußtseyns, daß wir Vorstellungen haben, durch seine skeptischen Gründe umzustoßen suche? Seine Gründe sind auch nicht sowohl gegen die Wirklichkeit der Vorstellungen, als gegen einige der gewöhnlichsten Begriffe

griffe von den Vorstellungen und ihrer Entstehungsart
gerichtet. Sind die letzten unrichtig oder führen auf Ungereimtheiten, so ist damit die Wirklichkeit des Factums
noch keinesweges umgestoßen. Drittens: Sextus
bestreitet die Wirklichkeit und Möglichkeit eines obersten
Princips der Wahrheit und Erkenntniß aus bloßen Begriffen, nicht aus der Natur des Erkenntnißvermögens. Sein
Verfahren ist dem der Dogmatiker angemessen. Aber eben
deshalb bewirkt er so wenig Ueberzeugung als die Gegner;
beide wissen ihre Forderungen und Ansprüche nicht gehörig
zu begründen und in den Gränzen zu halten. Ungeachtet
aller dialektischen Gründe gegen die objective Möglichkeit des
Erkennens regt sich immer ein geheimes Mißfallen und der
Verdacht, daß diese Raisonnements nichtig sind, und durch
die Erforschung des Erkenntnißvermögens von selbst über
den Haufen fallen müssen. Viertens: Sextus schwächt,
ohne daß er es selbst weiß, seine Raisonnements gegen die
Dogmatiker dadurch, daß er alles mögliche aufbietet, sie
durch Aufhäufung mehrerer Gründe, ohne auf ihr inneres
Gewicht zu sehen, zu verstärken. Er scheint die Maxime
zu befolgen, daß wenn ein Grund zu schwach und unwirksam ist, ein anderer seine Stelle vertreten müsse. Fünf-
tens: Er macht zuweilen ein Urtheil geltend, wenn er
Vortheile daraus für einen bestimmten Zweck ziehen kann,
und zu einer andern Zeit erkennt er die Richtigkeit des Urtheiles zu einem andern Zweck wieder nicht an. So erkennt
er zwar einen wirklichen Unterschied der Vorstellungen in
Ansehung der Evidenz, der Consequenz, und überhaupt in
Ansehung der Uebereinstimmung mit der Erfahrung an [98]),
ungeachtet mit diesem angenommenen Unterschiede die vor-
gebliche Bestreitung der Wirklichkeit der Vorstellungen in
dem auffallendsten Widerspruche stehet, zeigt aber durch die

---

[98] Sextus Empiric. advers. Mathem. VII. §. 389 — 392.

Prüfung der unzureichenden Bemühungen der Dogmatiker, daß man noch nicht den Unterschied auf einen deutlichen Begriff gebracht, also noch kein Kriterium der Wahrheit gefunden habe. Wäre er nun bei diesem Resultate stehen geblieben, so würde er den Skepticismus in den gehörigen Schranken gehalten haben. Allein er will nun daraus die Folgerung ableiten, daß es unmöglich sey, eine bestimmte Regel für jenen Unterschied aufzufinden, daß man also in Ansehung des Gebrauchs der Vorstellungen zum Erkennen den Unterschied als nicht gegeben zu betrachten habe. Er sucht also, so viel als an ihm ist, den erst zugegebenen Unterschied wieder aufzuheben. Sechstens: Aus allem erhellet, daß mit dem dialektischen Geiste dieser Raisonnements kein wissenschaftlicher Zweck, kein Interesse für Wahrheit verbunden war; daß der Skeptiker mit eben der Gleichgültigkeit, mit welcher er die dogmatischen Gebäude der Speculation zertrümmerte, auch seine eignen Ansichten, Grundsätze und Raisonnements hingab, zufrieden, wenn nur alles niedergerissen, und keine Hoffnung zum neuen Aufbau begründet worden.

Bei allen diesen Fehlern, wodurch der Skepticismus sich selbst und dem Interesse für Wahrheit schadete, ist doch auf der andern Seite nicht zu verkennen, daß er viele wichtige Winke und Ansichten enthält, jedoch ohne sie zu benuzen. Dahin gehört z. B. der trefliche Gedanke, daß alle Verbindung und Einheit in den Vorstellungen eine Function des Verstandes sey. Vorzüglich aber liegt selbst in der dialektischen Behandlung des Streitpunktes und in der Vergleichung der Resultate des Skepticismus und des Dogmatismus für den Forscher, welcher wirklich von dem Interesse für Wahrheit beseelet ist, ein fruchtbarer Schatz von wichtigen Wahrheiten, der Keim zu vielen regulativen Ideen und propädeutischen Regeln für den wissenschaftlichen Gebrauch des Verstandes und für die Aufstellung von sichern

sichern Grundsätzen für das Denken und Erkennen. Aber es mußte sich ein heller Kopf finden, der sich mit Freiheit über den Kampfplatz beider Parteien erhob, und mit unbefangenem, durch kein Interesse für eine von beiden einseitig gewordenen Blicke in das innere Wesen des Dogmatismus und Skepticismus eindrang und entdeckte, daß beide um ein selbstgemachtes Phantom kämpften. Beide hatten sich den Gesichtspunkt verrückt, und von ihnen war daher nicht zu erwarten, daß sie sich gehörig orientirten. Der Dogmatiker, besonders der Stoiker, mit welchem es der Skeptiker hauptsächlich zu thun hat, betrachtet mit Uebergehung der innern Organisation des Erkenntnißvermögens die vollkommenste Uebereinstimmung der Vorstellung mit dem Objectivrealen als die Grundstütze und das Fundament aller Erkenntniß; er kann aber diese Uebereinstimmung eben so wenig beweisen, als die Unmöglichkeit der Erkenntniß überhaupt ohne Voraußsetzung dieser Bedingung. Der Skeptiker suchet zu beweisen, daß es keinen bestimmten, zureichenden Erkenntnißgrund für diese Uebereinstimmung gebe, und bezweifelt daher die Möglichkeit der Erkenntniß überhaupt, ohne sich in die Untersuchung der Bedingungen und Gesetze der Erkenntniß selbst einzulassen. Das zweite folgt nicht aus dem ersten; es ist eine Erkenntniß möglich, wenn auch das Objective nicht so vorgestellt wird, wie es an sich außer allem Verhältniß zu dem Vorstellenden ist. Das erste ist die Behauptung, durch welche der Skeptiker seine Ueberlegenheit über den Dogmatiker geltend machte, und noch geltender hätte machen können, wenn er diesen Standpunkt behauptet, und nicht die Möglichkeit der Erkenntniß überhaupt auf dogmatische Art, durch Raisonnements aus bloßen Begriffen, bestritten hätte, wodurch er zuletzt gezwungen wurde, um seinem Skepticismus Haltung zu geben, seine größtentheils bündigen Gründe für bloße subjective Ansichten auszugeben, welche auf nichts als Wahrscheinlichkeit für den, der in gleicher Seelenstimmung

sich

sich befindet, Anspruch machen. Er benahm sich dadurch selbst die Möglichkeit, die wirklichen Mängel der bestehenden Philosophie und das Bedürfniß fest bestimmter Principien für die Forschung mit der erforderlichen Kraft und einleuchtenden Bündigkeit darzustellen.

Eben dieselben Resultate ergeben sich auch aus dem zweiten Buche gegen die Logiker, in welchem Sextus zeigen will, erstlich, daß das Wahre nicht nur kein Kriterium, sondern auch nicht einmal ein Object habe, indem das Wahre ein eingebildetes Nichts sey; zweitens, daß es weder unmittelbar noch mittelbar durch Schlüsse erkannt werden könne, und er bestreitet in dieser Absicht die dogmatische Lehre von den Zeichen, oder unmittelbaren, und der Demonstration oder den mittelbaren Schlüssen.

Bestimmter kann man die Tendenz des Sextus in diesen beiden Büchern so fassen. Es soll gezeigt werden, daß wir die Dinge nicht erkennen, wie sie an sich sind. Erstlich daraus, daß es kein Princip, kein Kriterium gibt, nach welchem man die Vorstellungen, welche ihren Objecten vollkommen entsprechen, von den andern unterscheiden kann; zweitens daraus, daß er selbst zweifelhaft zu machen sucht, ob es solche Dinge an sich, Objecte, welche unabhängig von Vorstellungen so beschaffen sind, wie sie vorgestellt werden, in der wirklichen Natur gibt. Durch beide Punkte ist, wie er glaubt, die Frage wegen unmittelbarer Erkenntniß verneinend beantwortet. Es gibt keine unmittelbare Erkenntniß des Objectiven. Objecte, welche unmittelbar durch die Sinne oder den Verstand erkannt werden, nannten die Dogmatiker πρόδηλα; ihnen entgegen stehen die αδηλα, von welchen es, wie sie behaupten, eine mittelbare Erkenntniß gibt, vermittelst der Zeichen und Schlüsse. Durch die Dinge, welche uns erscheinen,

erhalten

erhalten wir zugleich eine mittelbare Ansicht, einen Blick auf die Dinge, welche in dem Hintergrunde liegen. Die Erscheinungen sind die Zeichen von den nicht unmittelbar wahrnehmbaren Dingen an sich, und die Schlüsse entwikkeln diesen Zusammenhang zur deutlichen Ansicht 99).

Das erste Raisonnement, wodurch bewiesen werden soll, daß das Wahre nichts Reales, Wirkliches ist, ist eigentlich das umgekehrte skeptische Verfahren des ersten Buches. In dem ersten sollte nämlich gezeigt werden, daß das Wahre problematisch ist, weil es kein evidentes Kriterium desselben gibt; hier aber, daß es kein Kriterium gibt, weil das Wahre ein Unding ist 99b). Allein dieser Schluß ist ohne Untersuchung des Erkenntnißvermögens dialektisch, und sein Gegensatz eben so gedenkbar. Ein Kriterium des Wahren ist an sich eben so möglich, wenn es auch wirklich nichts Wahres gibt, welches durch das Kriterium unterschieden wird, als daß es etwas Wahres oder objectiv Reales gibt, wenn auch kein Kriterium vorhanden ist,

99) Sextus Empiric. advers. Logic. II. §. 140. 142. και προδηλα μεν, τα αυτοθεν υποπιπτοντα ταις τε αισθησεσι και τη διανοια. αδηλα δε, τα μη εξ αυτων ληπτα — το μετα τουτο σκεπτομεθα και περι των συντιθεμενων εφοδων απο τω κριτηρια προς καταληψιν τα μη αυτοθεν υποπιπτοντες αληθυς, τουτεςι τα τε σημεια και της αποδειξεως. και ταξει γε πρωτοι περι σημειων λεγωμεν. μετουσια γαρ ταυτα η αποδειξις εκκαλυπτικη γινεται του συμπερασματος. Man vergleiche Hypotypos. Pyrrhon. I. §. 138. wo nach dem Sinne der Dogmatiker die φανερεια οψις των αδηλων genannt werden.

99b) Sextus Empiric. advers. Logic. II. §. 3. και οι τροποι μηδενος οντος εν τη φυσει των πραγματων ευθεος και ςρεβλε, ουδε καιων εςι δοκιμαςικος τυτων, και μηδενος οντος βαρεος και κυφα σωματος, συναναιρειται η τε ζυγα κατασκευη ουτω μηδενος οντος αληθους, οιχεται και το της αληθειας κριτηριον.

ist, um es als solches zu erkennen. Der Schluß erhält nur durch die Verwechselung und Vermengung der logischen und realen Wahrheit einigen Schein, welche Verwechselung durch das ganze Raisonnement hindurchläuft. Wäre erst hinlänglich der Begriff des Wahren in dieser doppelten Beziehung bestimmt worden, so würde der Streitpunkt gar sehr ins Enge gezogen und das skeptische Raisonnement einleuchtender geworden seyn. Ein zweiter Fehler bestehet darin, daß hier die Untersuchung ganz davon abstrahiren sollte, ob es ein Kriterium des Wahren gibt oder nicht [100]); dieses geschiehet aber nicht immer so, wie es hätte geschehen sollen, sondern die Prämissen werden oft durch die Schlußfolge bewiesen. Hier folgt nun das Raisonnement selbst.

Wenn wir uns an die Begriffe der Dogmatiker halten, so beweiset schon ihre Uneinigkeit unter einander, daß es nichts Wahres, nichts Falsches gibt [101]). Denn einige Dogmatiker behaupten, durch ihre Untersuchungen gefunden zu haben, daß das Wahre ein Unding, andere, daß es etwas Wirkliches sey. Zu den erstern gehört Xeniades der Korinthier, vielleicht auch Monimus der Cyniker, nach welchem alles ein bloßer Dunst ist, und alle Menschen nur im Wahne das Nichtwirkliche sich als wirklich vorstellen. Die zweiten erklären bald nur Objecte des Verstandes, bald nur Objecte der Sinne, bald Objecte der Sinne und des Verstandes zusammen für das Wahre. Für das Intelligible erklärt sich Demokrit und Plato. Demokrit sagt, was die Sinne wahrnehmen, ist nicht so in der Natur vorhanden, weil die Atomen, aus welchen alle Dinge beste-

---

[100] Sextus Empiric. adversus Logic. II. §. 2. ὁμοίως δὲ καὶ ἐξ ἐπιμέτρου παρέσαι διδάσκομεν, ὅτι καὶ μηδὲν αἰτιαμένους πρὸς τὸ κριτήριον λεγομένους, ἡ περὶ αὐτὰ τὰ ἀληθὲς διασκέψις ἱκανὴ ἐστιν, ὡς ἐποχὴν ἡμᾶς κατασκευάσθαι.

[101] Sextus Empiric. advers. Logic. II. §. 3 — 11.

bestehen, von allen sinnlichen Merkmalen getrennt sind. Plato stützt seine Behauptung darauf, daß die Sinnenobjecte immer im Werden begriffen sind, nie ein festes Seyn haben. Ihr Wesen ist wie ein Strom im beständigen Flusse. Daher ist kein Object auch nur zwei Augenblicke ein und dasselbe Ding, und kann, wie auch Asklepiades sagt, nicht zweimal angeschauet werden, wegen der schnellen Folge der Veränderungen. Aenesidem, Heraklit und Epikur erklären sich überhaupt für die Sinnengegenstände; doch hat jeder wieder seine besondere Vorstellungsart. Aenesidem nimmt einen Unterschied in dem Wahrnehmbaren an, in sofern einiges allen, einiges nur diesem oder jenem Subject nach seiner besondern Constitution erscheine; das erste sey das Wahre, das zweite das Falsche. Epikur hält alles Sinnliche für wahr und real. Wahrheit und objective Realität ist nicht verschieden. Denn wahr ist dasjenige, was wirklich so ist, wie man es sich vorstellt, und falsch, wenn es nicht so ist. Jeder Sinn nimmt aber dasjenige wahr, was in seinen Wahrnehmungskreis fällt, und weil er nicht denkt, kann er nichts hinzuthun, nichts wegnehmen, nichts verändern, also muß er das Object vorstellen, wie es wirklich ist. Jeder Sinn ist daher wahr. Dagegen kann dasjenige, was der Verstand sich vorstellt, wahr oder falsch seyn. Nach den Stoikern sind einige Objecte sowohl der Sinne als des Verstandes wahr; die ersten aber nicht unmittelbar, sondern in Beziehung auf die ihnen entsprechenden denkbaren Gegenständen. Denn wahr ist nach ihnen, was wirklich und einem andern entgegengesetzt; falsch, was nicht wirklich und keinem andern entgegengesetzt ist. Ein Urtheil, welches etwas denkbares ist, enthält also die Bestimmung des Wahren [102].

102) Man vergleiche über diese historischen Angaben, die manche berichtigende Bestimmung erfordern, 1 B. S. 190. 285 seq. 2 B. S. 287 seq. 310—312. 3 B. S. 403 seq. 4 B. S. 262.

Es gibt noch einen andern Punkt, in welchem sich die Dogmatiker von einander trennen. Nach einigen ist das Wahre und Falsche bloß in den durch Worte bezeichneten Gedanken, nach andern bloß in den Worten, nach andern bloß in der Thätigkeit des Verstandes gegründet [103]). Die erste Meinung ist die der Stoiker. Gedanken, Wortzeichen und Gegenstand stehen nach ihnen im Zusammenhange; das zweite und dritte ist körperlich, das erste etwas unkörperliches. Der Gedanke ist entweder unvollständig oder vollständig. Ein vollständiger Gedanke ist ein bestimmtes Urtheil (αξιωμα), welches wahr oder falsch seyn kann. Epikur und Strato der Physiker, welche bloß Objecte und ihre Zeichen, die Worte, annehmen, scheinen der zweiten Meinung anzugehören, und das Wahre und Falsche bloß in den Worten bestehen zu lassen. Die dritte Meinung dürfte bloß hypothetisch angenommen seyn.

Gegen alle diese Meinungen und Voraussetzungen gibt es allgemeine und besondere Zweifelsgründe. Wir fangen mit den ersten an. Wer behauptet, daß es etwas Wahres gibt, der behauptet es entweder mit oder ohne Beweis. Im letzten Falle kann man ihm mit demselben Rechte die entgegengesetzte Behauptung entgegensetzen. Im ersten Fall ist sein Beweis entweder wahr oder nicht wahr. Ist er nicht wahr, so verdient er kein Gehör; ist er wahr, so fragt sich: woher ist man von seiner Wahrheit überzeugt? Aus ihm selbst? So würde man eben so gültig beweisen können, daß es kein Wahres gibt. Aus einem andern Beweise? So wird man nach Gründen dieses neuen Beweises, und so ins Unendliche fort, fragen. Da also dieser Beweis eine unendliche Reihe von Schlüssen erfordert,

---

103) *Sextus Empiric. advers. Logic.* II. §. 11. οἱ μὲν περὶ τὰ σημαινόμενα τὸ ἀληθές τε καὶ ψεῦδος ὑπεστήκιτο· οἱ δὲ περὶ τῇ φωνῇ· οἱ δὲ περὶ τῇ κινήσει τῆς διανοίας.

fordert, das Unendliche aber nicht aufgefaßt werden kann, so ist die feste Ueberzeugung von der Wirklichkeit des Wahren unmöglich ¹⁰⁴).

Gibt es etwas Wahres, so muß es entweder etwas Wahrgenommenes (φαινομενον), oder etwas Nichtwahrnehmbares (αδηλον), oder nach verschiedenen Rücksichten zugleich wahrgenommen und nicht wahrnehmbar seyn ¹⁰⁵). In dem ersten Falle ist entweder alles oder nur einiges Wahrgenommene wahr. Das erste kann nicht seyn, da die Vorstellungen in dem Schlafe und dem Wahnsinn nicht wahr sind, und man bei dem großen Widerstreite der Vorstellungen einräumen müßte, das Widerstreitende sey zugleich vorhanden und gleich wahr, welches ungereimt ist. Ist aber das zweite, so müssen wir ein Kriterium zur Unterscheidung des Wahren haben, und dieses Kriterium ist nun entweder selbst wieder etwas Vorgestelltes, oder nicht. Ist das erste, so müssen wir wieder ein neues Kriterium haben, und so in das Unendliche fort. Ist das zweite, so ist nicht bloß das Vorgestellte (φαινομενον), sondern auch gegen die Voraussetzung etwas Unbekanntes (αδηλον) wahr, denn wahr müßte das Nichtvorgestellte seyn, nach welchem man die Wahrheit des Vorgestellten beurtheilen wollte. Und woher könnte die Wahrheit des Unbekannten erkannt werden? Unmittelbar durch sich selbst? So müßte alles Unbekannte wahr seyn. Durch einen Beweis aus dem Vorgestellten oder Nichtvorgestellten? Wenn wir das Eine annehmen, so müßten wir Gründe von Gründen ins Unendliche fordern, und bei dem andern, das Eine durch das Andere wechselsweise im Cirkel beweisen. Auf dieselbe Art erhellet auch die Unmöglichkeit des zweiten Falles. In dem dritten Falle stoßen wir auf dieselben Widersprüche.
Denn

---

104) Sextus Empiric. advers. Logic. II. §. 15.
105) Sextus Empiric. advers. Logic. II. §. 17—31.

Denn wenn wir das Vorgestellte, in sofern es vorgestellt, und das Unbekannte, in sofern es unbekannt ist, als das Wahre setzen, so müssen wir annehmen, daß das Vorgestellte entweder darum wahr ist, weil alles, oder weil einiges Vorgestellte wahr ist, und so auch bei dem Unbekannten [106]).

Einige leiten auch aus dem obersten Gattungsbegriffe eines Dinges Widersprüche her. Denn diese oberste Gattung ist entweder wahr oder falsch, oder wahr und falsch zugleich, oder weder das Eine noch das Andere. Ist sie wahr, so muß alles in ihrer Sphäre enthaltene wahr seyn. Sind aber alle Dinge wahr, so existirt nichts Falsches. Ist dieses, so ist auch nichts wahr, wie wir oben gezeigt haben. Ferner müßten wir, wenn alles wahr ist, auch das Widersprechende als wahr setzen, was ungereimt ist. Aus denselben Gründen kann die oberste Gattung auch nicht falsch seyn. Die beiden letzten Fälle sind aber noch ungereimter, weil aus ihrer Annahme folgen würde, daß alles zugleich zum Theil wahr, zum Theil falsch, oder weder wahr noch falsch sey [107]).

Das Wahre ist entweder etwas Absolutes und für sich Bestehendes, oder etwas Relatives. Es kann aber weder das Eine noch das Andere seyn; also ist es gar nicht [108]). Denn das Absolute afficirt alle auf einerlei Weise;

---

106) Sextus Empiric. advers. Logic. II. §. 30. κ γαρ το φαινομενον, καθο φαινομενον εςι, τυτο υποτιθεμιθα αληθες· ητοι καθο παν φαινομενον ες ιν αληθες υποτιθεμιθα αυτο αληθες, η καθο υ παν.

107) Sextus Empiric. advers. Logic. II. §. 32—36.

108) Sextus Empiric. advers. Logic. II. §. 37. και μην το αληθες ητοι των κατα διαφοραν και φυσει ες ιν η των προς τι. Diese Eintheilung ist zwar der Sache nach nicht neu; sie scheint aber von den Skeptikern erst bestimmter auf-

Weise; das Warme ist nicht für den Einen warm, für den Andern kalt, sondern für alle Menschen von einerlei Gemüthszustand warm; aber nicht so ist es mit dem Wahren, da eine und dieselbe Sache dem Einen wahr, dem Andern falsch dünkt. Ist das Wahre etwas Relatives, so wird es bloß gedacht, hat aber außer der Vorstellung keine Wirklichkeit 109); so ist es ferner zugleich wahr und zugleich falsch, so wie nach verschiedenen Rücksichten ein und dasselbe für den Einen rechts und oben, für den Andern links und unten ist, und daher so wenig wahr als falsch.

Das Wahre ist entweder etwas Sinnliches, oder Intelligibles, oder beides zugleich 110). Alle diese Fälle sind aber unmöglich. Sinnlich kann das Wahre nicht seyn, weil es nicht, so wie das Sinnliche überhaupt, durch die Sinne erkannt werden kann. Denn zur Erkenntniß des Wahren gehört Denkkraft, die Sinne aber denken nicht; nicht intelligibel, denn da würde folgen, daß nichts Sinnliches wahr ist, was ungereimt ist. Und würde das Wahre gedacht, so müßte es entweder von allen gemeinschaftlich, oder von einigen auf besondere Art gedacht werden. Jenes ist nicht möglich; dieses würde keine Ueberzeugung, sondern nur Streit bewirken 111). Der dritte Fall ist eben so unmöglich.

aufgefaßt worden zu seyn, wie aus §. 161. erhellet. Sextus nennt auch τα κατα διαφορας, απολυτα §. 273. κατα περιγραφην και απολυτως νοουμενα §. 387. 394. also die erste Spur von dem Gebrauch der Terminologie des Absoluten, wiewohl noch sehr unbestimmt.

109) Sextus Empiric. advers. Logic. II. §. 38. u δε των προς τι εστιν, επει τα προς τι νοειται μονον, ουχι δε και υπαρχει παντως και τ'αληθες επινοητον εσται μονον, ουχ υπαρξει δε.

110) Sextus Empiric. advers. Logic. II. §. 40. u γαρ εστιν τι αληθες, ητοι αισθητον εστιν η νοητον εστι, η και νοητον εστι και αισθητον, η ουτε αισθητον εστιν ουτε νοητον.

111) Sextus Empiric. advers. Logic. II. §. 44. και μην

möglich. Entweder ist alles Sinnliche und alles Denkbare, oder nur Einiges wahr. Das erste kann nicht seyn, weil das Sinnliche mit dem Sinnlichen, und das Denkbare mit dem Denkbaren, und wiederum das Sinnliche mit dem Denkbaren, und dieses mit jenem streitet; und wenn alles wahr ist, so müßte dasselbe seyn und nicht seyn, wahr und falsch seyn; das Zweite aber eben so wenig, denn um consequent zu seyn, muß man alles Sinnliche und alles Denkbare entweder für wahr oder für falsch erkennen, in sofern eins wie das andere ohne Gradunterschied sinnlich oder denkbar ist. Man denkt sich aber nicht alles Sinnliche, noch alles Denkbare als wahr oder falsch. Also ist nur einiges von demselben wahr. Das ist richtig, wird man sagen; aber die Wahrheit wird nicht nach dem, wie sie erscheint, sondern nach einem andern Grunde verstanden. Gut. So mögen die Dogmatiker nur diesen Grund vor Augen legen, damit er uns zur Annahme oder zur Verwerfung bestimme. Und dann müssen sie doch diesen Grund wieder entweder als etwas ihnen so Erscheinendes oder nicht setzen. Thun sie das erste, so widersprechen sie sich, da sie die Wahrheit nicht in den Erscheinungen suchen; thun sie das zweite, wodurch können sie beweisen, daß etwas, das ihnen nicht erscheint, doch für sie wirklich ist?

Was gibt uns denn Ueberzeugung? Muß man etwa für das Wahre das Wahrscheinliche halten, von welcher Beschaffenheit man sich dasselbe immer vorstellen mag, als sinnlich oder intelligibel? Allein auch hier finden wir keinen Ausweg. Denn da dasselbe Wahrscheinliche nicht alle und dieselben nicht immer überzeuget, so müßte man einräumen,

μητε δε νοητον εςιν· επει ουδε εςαι των αισθητων αληθες· ο παλιν ατοπον. ητοι γαρ πασι κοινως εςαι νοητον, η τισιν ιδιος ουτε δε πασι κοινος οιος τε μιχι νοητον το αληθες, ουτε τισιν ιδιως. το τε γαρ κοινως πασι νοισθαι, αδυνατον· το τε ιδιως τισι η τισιν, απιςον και μαχιμον.

räumen, ein und daſſelbe ſey wirklich und nicht wirklich, daſſelbe Wahre ſey auch zugleich falſch). Denn in ſofern etwas gewiſſe Menſchen überzeugt, iſt es wahr und wirklich, und in ſofern es andere nicht überzeuget, falſch und nicht wirklich. Es iſt aber unmöglich, daß Ein und daſſelbe ſey und nicht ſey. Alſo kann das Wahrſcheinliche das Wahre nicht ſeyn, man müßte denn ſagen, was viele überzeuge, das ſey das Wahre, ſo wie wir das Honig wirklich ſüße nennen, weil es ſich vielen Geſunden als ſüße und nur dem Einen, dem Gelbſüchtigen, ſich anders darſtellt. Das iſt aber leeres Geſchwätz. Forſchen wir nach der Wahrheit, ſo muß man nicht auf die Vielheit der Uebereinſtimmenden, ſondern auf ihre Beſchaffenheiten ſehen. Der Kranke hat eine beſondere Beſchaffenheit, und alle Geſunde einerlei Organiſation. Man darf alſo der Empfindung der letzten nicht mehr glauben als der Empfindung jenes Einen. Sonſt müßte man, vorausgeſetzt, daß der Honig der krankhaften Mehrheit bitter, und nur einem Geſunden ſüße ſchmeckte, nothwendig ſagen: der Honig ſey bitter. Iſt dieß aber nicht ungereimt? Wir müſſen alſo das Zeugniß der übereinſtimmig Empfindenden auf die Seite ſetzen, und die Wahrheit auf eine andere Art unterſuchen [112].

Nun zu den beſondern Zweifelsgründen. Diejenigen, welche behaupten, alles ſey falſch, widerlegen ſich ſelbſt. Denn wenn alles falſch iſt, ſo iſt auch das Urtheil falſch, welches alles für falſch erklärt. Die Anhänger des Demokrits und Platos, welche die Realität der Sinnengegenſtände läugnen, verwirren die Dinge, und untergraben nicht allein die Wahrheit, ſondern auch den Begriff der Dinge. Denn alles Denken entſpringt aus den Empfindungen und Eindrücken, oder ſetzt dieſe als

Bedin-

---

[112] *Sextus Empiric. advers. Logic.* II. §. 51—54.

Bedingung voraus. Daher hängen auch die falschen Vorstellungen, z. B. im Schlafe und im Wahnsinne von den durch die Sinne aus Eindrücken gebildeten Vorstellungen ab. Und überhaupt läßt sich nichts durch Denken finden, wo nicht schon etwas durch die Sinne gegeben ist, durch dessen Vergleichung, Steigerung, Verringerung und Zusammensetzung der Verstand zu neuen Vorstellungen der Gegenstände gelangt. *Durch die Aufhebung der Sinnengegenstände wird also alles Denken aufgegeben* 113). Wer nun behauptet, daß die Sinnenobjecte falsch und nur die denkbaren Gegenstände wirklich sind, der behauptet dieses entweder ohne Beweis, oder mit Beweis. Im ersten Falle wird er durch die entgegengesetzte Behauptung zurückgewiesen, im andern aber durch den vergeblichen Versuch zu Schanden gemacht. Denn er müßte den Beweis entweder auf das sinnlich Vorgestellte, oder auf das Unbekannte stützen, denn jenes ist nach seiner Hypothese kein wirkliches Ding, und dieses muß vielmehr erst durch das Wahrnehmbare beglaubiget werden.

Epikurus sagt, alle Objecte der Sinne sind wahr, jede Vorstellung rührt von einem wirklichen Objecte her, und ist von derselben Beschaffenheit, wie dasjenige, was den Sinn afficirt. Diejenigen irren, welche meinen, daß einige sinnliche Vorstellungen falsch, einige wahr sind, weil sie die Meinung nicht von der Evidenz der Sinne unterscheiden können. Wenn Orestes die Erinnyen zu sehen glaubte, so war die sinnliche Vorstellung wahr, weil sie durch Bilder, die etwas Wirkliches waren, erregt wurde; aber

---

113) Sextus Empiric. advers. Logic. II. §. 55—62. πασα γαρ ιδησις απο αισθησεως γινεται, η δ χωρις αισθησεως, και η α. ο περιπτωσεως, η δκ ανευ περιπτωσεως. — και καθολου ουδεν εστιν ευρειν κατ' επινοιαν, ὁ μη εχη τι αυτω κατα περιπτωσιν εγνωσμενον. — πασης δε επινοιας προηγεισθαι δει την δια της αισθησεως περιπτωσιν.

aber der Verstand irrte, daß er sich die Erinnyen als dichte
Körper vorstellte. Hernach kann auch jener von einigen
aufgebrachte Unterschied der sinnlichen Vorstellungen nicht
bewiesen werden; nicht durch sinnliche Vorstellungen, weil
die Unterscheidung derselben das Gesuchte ist; nicht durch
das Unbekannte, weil dieses durch die sinnlichen Vorstellungen bewiesen werden muß. Indem Epikurus dieses
saget, geräth er wider seinen Willen in eine Verlegenheit
von ähnlicher Art. Denn wenn er annimmt, daß einige
sinnliche Vorstellungen durch dichte Körper, andere durch
Bilder entstehen, und Meinung von der Evidenz der Sinne
unterscheidet, so frage ich, wie unterscheidet er
jene beiden Arten der Vorstellungen? nicht
durch Evidenz, denn diese ist das Gesuchte; nicht durch
Meinung, denn diese muß durch die Evidenz bewährt
werden. Ueberhaupt ist es ungereimt, das weniger Zweifelhafte durch das Zweifelhaftere begründen zu wollen;
wir fragen nach den Ueberzeugungsgründen für die objective Realität der sinnlichen Vorstellungen, und er verweiset
uns an die fabelhafte und abenteuerliche Meinung von
den Bildern [114]).

Den Stoikern will es nicht besser gelingen. Sie
nehmen zwar einen Unterschied zwischen den sinnlichen und
denkbaren Objecten in Ansehung der Wahrheit an, können
ihn aber nicht deduciren. Denn da sie eingestehen, daß es
leere Vorstellungen (διακενȣς φαντασιας) gibt, so
fehlt es an sichern Unterscheidungsmerkmalen der Vorstellungen; sie können nicht erklären, welche Vorstellungen
objective Realität haben, welche von wirklichen Objecten
herrühren und ihnen entsprechen, und welche nicht von der
Art sind [115]).

Ihre

---

114) Sextus Empiric. advers. Logic. II. §. 63—66.
115) Sextus Empiric. advers. Logic. II. §. 67. 68.

Ihre Lehre von den Gedanken, ihren verschiedenen Arten, und die Behauptung, daß nur in den vollständigen durch Worte ausgedrückten Gedanken (αξιωμασι) Wahrheit und Falschheit enthalten sey, ist eben so grundlos [116]). Denn woher wollen die Stoiker beweisen, daß es solche immaterielle, geistige Gedanken gibt, welche von dem bezeichnenden Worte, z. B. Dion, und dem Gegenstande selbst, z. B. dem Objecte Dion, getrennt sind? Behaupten sie es ohne Beweis: so können wir ihnen mit eben demselben Rechte ohne Beweis den verneinenden Satz entgegenstellen. Der Versuch eines Beweises würde sie dagegen in noch größere Schwierigkeiten verwickeln: denn der Beweis ist eine Rede, welche aus einer Reihe von Gedanken besteht. Durch eine Reihe von Gedanken soll also bewiesen werden, daß es einen Gedanken gibt. Wer wird sich aber auf diese Art davon überzeugen lassen? Zudem würde dieser Beweis entweder ohne weitere Gründe angenommen, oder durch immer neue Gründe bewiesen, und im ersten Fall eine grundlose Ueberzeugung entstehen, im zweiten aber eine unendliche Reihe von Beweisen erforderlich seyn. Ferner ist ihnen ein vollständiger Gedanke z. B. es ist Tag, etwas Zusammengesetztes. Das Geistige kann aber weder zusammengesetzt noch getheilt werden, welches nur bei Körpern angehet [117]). Auch muß ein Gedanke nach ihnen ausgesprochen, geredet werden. Reden heißt aber nach ihnen so viel als, ein Wort, welches das Gedachte bezeichnet, hervorbringen. Dieses ist aber eine Unmöglichkeit. Denn dasjenige, dessen Theile nicht zugleich existiren, das ist selbst nichts Wirkliches. Man nehme das Urtheil: So-

frates

---

116) Sextus Empiric. advers. Logic. II. §. 69 seq. Vergl. 4 B. S. 271.

117) Sextus Empiric. advers. Logic. II, §. 79. ασωματοι δε ουδεν ουτε συντιθηναι ουτε μεριζηναι δυναται· ιδια γαρ σωματων εςι ταυτα.

frates ist. Wenn wir das Wort Sokrates aussprechen, so ist noch nicht das Wort ist vorhanden, und wenn wir dieses aussprechen, so ist das erste nicht mehr. Ja selbst ein einzelnes Wort, wie Sokrates, existirt nicht, denn wenn wir die erste Sylbe So aussprechen, ist die zweite kra noch nicht da, und wird diese ausgesprochen, so ist die erste nicht mehr vorhanden [118]). Doch wir wollen einräumen, ein Gedanke könne ausgesprochen werden, so können wir doch nicht einräumen, daß er wahr oder falsch sey, weil sie sich in einem fehlerhaften Cirkel herumdrehen. Denn ist die Frage von dem, was wirklich ist, so verweisen sie uns auf die objectiv wahre Vorstellung, wenn sie sagen: wirklich ist alles, was eine solche Vorstellung hervorbringt. Fragt man nun weiter, woran man eine solche Vorstellung erkenne, so weisen sie uns wieder an das Wirkliche zurück. Da sie uns also über beides nicht belehren können, so wissen wir auch nichts von ihren wahren oder falschen Gedanken [119]). Hieraus entspringt eine andere Schwierigkeit. Wenn wir erkennen wollen, was ein Mensch ist, so müssen wir vorher die Begriffe von Thier, vernünftig, sterblich, welche die Merkmale des Begriffs des Menschen ausmachen, verstehen lernen. Eben so muß uns der Begriff des Entgegengesetzten erst erklärt werden, ehe wir die stoischen Erklärungen von dem Wahren und Falschen beurtheilen können. Wahr ist, sagen sie, was wirklich, und einem andern entgegengesetzt ist; falsch, was nicht wirklich und einem an-

bern

[118]) Sextus Empiric. advers. Logic. II. §. 80. και δε λεκτοι λεγεσθαι δει. — λεγει γαρ εςι, καθως αυτοι φασιν οἱ απο της Στοας το της τε νοημεις πραγματος σημαντικης προφερεσθαι φωνης — αλλα την σημαντικην φωνην αμηχανοι εςι προφερεσθαι, δια το μ τα μερη μη συνυπαρχειν, μηδε αυτο εκεινο ὑπαρχειν.

[119]) Sextus Empiric. advers. Logic. II. §. 85. 86. Vergl. 4 B. S. 269. 270.

bern entgegengesetzt ist. Worin nun die Entgegensetzung besteht, können sie nicht befriedigend erklären. Entgegengesetzte Urtheile sind, sagen sie, wenn das eine Urtheil durch die Negation etwas mehreres enthält als das andere, z. B. es ist Tag; es ist nicht Tag. Nach diesem Merkmal müßten auch die Urtheile: es ist Tag, und es ist nicht helle, entgegengesetzt seyn, welche sie nicht dafür halten. Ganz recht sagen sie: denn die Negation muß dem andern Urtheile vorgesetzt seyn, um dadurch das ganze Urtheil zu einem verneinenden zu machen. Hier aber beziehet sich die Negation nur auf einen Theil eines zusammengesetzten Urtheiles. Das ganze Urtheil ist: wenn es Tag ist, so ist es helle. Wird dieses letzte verneinend ausgedrückt, es ist nicht helle, so wird dadurch nicht das Ganze verneinend [120]. — Allein durch die Anwendung eines Platonischen Gedankens [121] läßt sich darthun, daß durch die Mittheilung der Verneinung das eine Urtheil keinen größern Inhalt bekommen kann, als das nicht verneinende. Denn wenn durch die Mittheilung der Wärme nichts kalt, und durch die Mittheilung des Kleinen nichts groß, sondern klein wird, die Zahl neun durch Hinzusetzung einer Einheit als einer kleinern Zahl, nicht vergrößert, sondern vermindert wird; so kann auch die Hinzufügung des Zeichens der Verneinung, was doch kleiner als ein Urtheil ist, das Urtheil nicht größer machen.

Die Stoiker theilen die Urtheile ein in einfache und zusammengesetzte, und die einfachen, in bestimmte, unbestimmte und mittlere (ὡρισμενα, αοριϛα, μεσα

---

[120] Sextus Empiric. advers. Logic. II. §. 88. 89. Φασι γαρ αντικειμενα εςιν, ὁτι το ἑτερον τε ἑτερε αποφασει πλεοναζει. — αλλα ουν τετω αντικειμενα εςι, τω την αποφασιν προτεταχθαι τε ἑτερε. τοτε γαρ κυριευει τε ὁλε αξιωματος.

[121] Plato Phaedo c. 50.

μεσα αξιωματα). Bestimmte sind diejenigen, wo man auf das Subject bestimmend hinweiset: dieser sitzt; dieser wandelt; unbestimmte, wo der Hauptbegriff sich auf kein bestimmtes Object beziehet, z. B. Jemand sitzt; mittlere, wo der Subjectbegriff ein Individuum aus der ganzen Sphäre des Begriffs herausnimmt, ohne es weiter zu bestimmen, z. B. der Mensch sitzt, Sokrates wandelt. Das unbestimmte Urtheil ist nur dann wahr, wenn das bestimmte, welches dasselbe Prädicat hat, wahr ist. Denn wenn kein bestimmtes Individuum sitzt, so kann auch das unbestimmte Urtheil, Jemand sitzt, nicht wahr seyn. — Wir mögen die Sophismen, womit Sextus diese logische Regel umstoßen will, nicht der Länge nach anführen. Sie laufen darauf hinaus: es sey unmöglich, ein einzelnes Object eines Prädicats z. B. den Sokrates, bestimmt aufzuzeigen, da Sokrates ein Ganzes, das aus Seele und Leib bestehe, nichts Zeigbares sey. Hieraus soll nun folgen, daß es kein bestimmtes, kein unbestimmtes, noch mittleres, also überhaupt kein einfaches Urtheil gebe, und hiermit könne nicht weiter die Rede von der Wahrheit der einfachen Urtheile seyn [122]. Von ähnlichem Werthe ist auch folgendes Raisonnement gegen die Behauptung der Stoiker; das Urtheil: es ist Tag, es ist Nacht, sey wahr, wenn das Urtheil mit der Wirklichkeit zusammenstimme, und man z. B. das erste aussage, wenn es Tag, und nicht wenn es Nacht sey, widrigenfalls es falsch und das Entgegengesetzte wahr werde; eine Behauptung, gegen welche nichts zu erinnern ist, als daß sie nicht in die Logik gehöret. Sextus findet hier, wo alles so plan und deutlich ist, nichts als abenteuerliche Unverständlichkeit und Ungereimtheit. Er kann es nicht begreifen, wie ein und dasselbe Urtheil (es ist Tag), wenn es zu dem Wahren (es ist Nacht) hinzutrete, dasselbe zum Falschen,

---

[122] Sextus Empiric. advers. Log. II. §. 93—102.

schen, und sich zum Falschen (es ist nicht Nacht) sich gesellend, daſſelbe zum Wahren machen könne; oder wie ein Urtheil zu der abenteuerlichen Kraft komme, das was ist, zum Nichtseyenden, und das Nichtseyn zum Seyn zu machen, und dergleichen erträumte Schwierigkeiten mehr [123]. Wir übergehen die skeptischen Bemerkungen gegen die zusammengesetzten Urtheile, gegen die dogmatische Behauptung, daß Wahrheit und Falschheit nur in den Worten gegründet sey, wo das meiste sophistisch und schielend ist, und selten ein Gedanke vorkommt, der einen tiefern Blick in die Natur des Verstandes verräth, um noch etwas bei der dritten Behauptung, die Wahrheit sey in den Thätigkeiten des Denkens gegründet, zu verweilen. So unbestimmt als diese ausgedrückt ist, konnte sie eben zu keinen fruchtbaren Forschungen führen. Sextus begnügt sich daher damit, durch einige Folgerungen ihre Ungereimtheit darzuthun. Erstlich würde aus ihr folgen, daß, da das Denken in und nicht außer uns ist, keines von den äußern Objecten wahr sey, was ungereimt ist. Zweitens würde es keine allgemeine Wahrheit geben, weil jeder seine eigenthümlichen Denkthätigkeiten hat, welche sich nicht gerade so bei einem andern finden. Gibt es keine allgemeine Wahrheit, so ist alles dunkel, ungewiß und widerstreitend. Es ist aber ungereimt, zu sagen, es gebe keine Wahrheit, in welcher alle einstimmen. Endlich müßte man annehmen, daß alles wahr ist, alles was Epikurus, Zeno, Demokrit und die übrigen Philosophen gesagt haben, da es aus dem Denken eines Jeden derselben hervorgekommen ist. Unmöglich kann aber alles wahr, eben so wenig aber auch alles falsch seyn [124].

Hiermit

---

[123] Sextus Empiric. advers. Logic. II. §. 103 — 107.

[124] Sextus Empiric. advers. Logic. II. §. 137. 138.

Hiermit beschließt Sextus seine Bestreitung des Kriteriums der Wahrheit und der Wirklichkeit, der wahren und der unmittelbaren anschaulichen Erkenntniß, welche an Unbestimmtheit, Mangel an Festigkeit, Einheit und Gründlichkeit dem Dogmatismus wenig nachgibt. Ist es nicht Inconsequenz, wenn er in dem Streite gegen die Stoiker zu beweisen sucht, es gebe keine Wahrheit, und in der Bestreitung der dritten Behauptung darauf fußet, es müsse nicht allein reale Objecte außer dem Vorstellenden, sondern auch überhaupt eine allgemeingeltende Wahrheit geben. Und woher entspringt diese Inconsequenz, als aus dem Mangel an wahrem Interesse für Wahrheit, und aus der unterlassenen Fixirung des eigentlichen Streitpunktes. Wäre er bei dem Punkte stehen geblieben, daß die Dogmatiker noch nicht haben beweisen können, daß die Objecte an sich so beschaffen sind, als wir sie vorstellen, was eigentlich sein Hauptzweck war [125]), so würde er in diesen Gränzen einen weit bündigern und auch die Aufmerksamkeit noch weit mehr erregenden Skepticismus aufgestellt haben.

Jetzt wendet er sich zu dem zweiten Hauptgegenstande, nämlich der mittelbaren Erkenntniß, welche nach den Dogmatikern theils durch Zeichen, theils durch Schlüsse und Demonstration erlangt wird. Das Object dieser Erkenntniß

ει γαρ εν τω κινηματι της διανοιας εςι τ'αληθες, υδεν εςαι των εκτος αληθες· το γαρ κινημα της διανοιας εςιν εν ημιν και υκ εκτος. ατοπον δε το λεγειν, μηδεν ειναι των εκτος αληθες. — των δε κινηματων της διανοιας ιδιων οντων εκαςω, υδεν εςαι κοινον αληθες· μηδενος δε οντος κοινυ τινος αληθυς, παντ' εςαι ασαφη και διαφωρα. — ατοπον δε, το μηδεν ειναι λεγειν συμφωνως αληθες.

125) Sextus Empiric. advers. Logic. II. §. 142. μεθοδικωτερον δε ως μοι των ενεργων υπαρχει ο περι κριτηριυ λογος ημιν αποδεδοται. τυτυ γαρ αβεβαιυ δειχθεντος, αδυνατον γινεται, και το περι των φαινομενων διισχυριζεσθαι, οτι τοιαυτα εςι προς την φυσιν, οποια φαινεται.

niß sind die αδηλα, das ist, alles dasjenige, was sich nicht den Sinnen und dem Verstande als unmittelbar durch sich selbst gewiß und einleuchtend darstellt. Soll dieses erkannt werden, so ist unumgänglich erforderlich, daß das unmittelbar Erkennbare mit demselben in dem Verhältniß des Zeichens zu dem Bezeichneten stehe; vermittelst dieses Verhältnisses kann eine Demonstration nur allein in ihrem Schlußsatze eine verborgene Wahrheit entdecken [126].

Das Verborgene (αδηλον) ist entweder nur auf eine gewisse Zeit, oder seiner Natur nach, oder schlechthin in jeder Rücksicht verborgen. Das erste, wenn ein Gegenstand, der seiner Natur nach anschaulich ist, gewisser Zeitverhältnisse wegen, z. B. Abwesenheit, nicht unmittelbar angeschauet wird; das zweite, wenn ein Gegenstand seiner Natur nach nie ein Gegenstand der anschaulichen Erkenntniß werden kann, z. B. die Schweißlöcher des menschlichen Körpers, der unendliche leere Raum außerhalb der Welt; das dritte, was seiner Natur nach nie ein Gegenstand der menschlichen Erkenntniß überhaupt werden kann, z. B. daß die Sterne in gerader oder ungerader Zahl vorhanden sind, die bestimmte Zahl der Sandkörner in Afrika [127]. Das unmittelbar Erkennbare bedarf keines Zeichens, das schlechthin Verborgene kann kein Zeichen haben, wodurch es erkannt würde; also sind Zeichen nur bei den beiden übrigen Arten des Verborgenen denkbar.

Die

---

[126] Sextus Empiric. advers. Logic. II. §. 140.

[127] Sextus Empiric. advers. Log. II. §. 145—147. προς καιρον μεν αδηλα καλειται, απερ την φυσιν μεν εχοντα εναργη, παρα τινας εξωθεν περιστασεις κατα καιρους ημιν αδηλειται. Τ' φυσει δε γε αδηλα, τα δι' αιωνος αποκεκρυμμενα, και μη δυναμενα υπο την ημετεραν πεσειν εναργειαν. — καθαπαξ δε αδηλα τυγχανειν λεγεται τα μηδεποτε υπ' ανθρωπινην καταληψιν πεφυκοτα πεσειν. §. 316. kommt dieselbe Terminologie, doch mit einigen Abweichungen, vor.

Die Zeichen sind demnach auch von zweifacher Art. Einige dienen bloß zur Erinnerung des unmittelbar Wahrnehmbaren, was uns aber jetzt nicht gegenwärtig ist (ὑπομνηστικον σημειον). Es setzt voraus, daß wir zwei im Zusammenhange stehende Objecte wahrgenommen und die Vorstellungen davon aufbewahret haben, so daß wenn das eine Object nicht gegenwärtig ist, seine Vorstellung durch das andere wieder erweckt werden kann. Auf die Art erinnert uns der Rauch an Feuer, noch ehe wir dieses wahrgenommen haben [128]). Von anderer Natur ist das **offenbarende Zeichen** (ενδεικτικον). Das Bezeichnete kann hier mit dem Zeichen nicht in der Wahrnehmung verbunden seyn, weil es seiner Natur nach kein unmittelbarer Gegenstand der Vorstellung ist; dagegen soll das **Zeichen vermöge seiner Natur und Einrichtung, indem es gleichsam zu uns spricht, das Bezeichnete offenbaren.** So ist die Seele ihrer Natur nach ein für uns verborgenes Object, weil sie nicht anschaulich vorgestellt werden kann; gleichwohl wird sie durch die an dem Körper wahrgenommenen Veränderungen offenbaret. Denn wir schließen aus denselben, daß eine gewisse dem Körper eingesenkte Kraft diese Veränderungen hervorbringt [129]).

Zeichen

---

[128]) **Sextus Empiric.** advers. Logic. II. §. 152. και δη το ὑπομνηστικον συμπαρατηρηθει τῳ σημειωτῳ δι' εναργειας, αμα τῳ ὑποπεσειν, εκεινα αδηλα μενει, αγει ἡμας εις ὑπομνησιν τε συμπαρατηρηθεντος αυτῳ, νυν δε εναργως μη προπιπτοντος, ὡς επι τε καπνε και τε πυρος.

[129]) **Sextus Empiric.** advers. Logic. II. §. 154. το δε ενδεικτικον διαφερει τετε. ὀυκετι γαρ και αυτο συμπαρατηρησιν τῳ σημειωτῳ ενδειχεται. αρχηθεν γαρ ανυποπτον ἐςι το φυσει αδηλον πραγμα, και δια τετο ε δυναται τινι των φαινομενων συμπαρατηρηθηναι· αλλ' αντικρυς εκ της ιδιας φυσεως και κατασκευης, μονον ουχι φωνην αφιεν, λεγεται σημαινειν το ὁ ἐςιν ενδεικτικον.

Zeichen der Erinnerung an etwas ehemals Vorgestelltes räumt Sextus ein, die für das gemeine Leben unentbehrlich sind; aber die zum Behuf des Dogmatismus angenommenen offenbarenden Zeichen bestreitet er nicht, als wenn er mit völliger Ueberzeugung ihre Nichtigkeit darthun wollte, denn dadurch würde er, wie er sagt, in den Dogmatismus verfallen, sondern nur um zu zeigen, daß beide Behauptungen: es gibt solche Zeichen, und es gibt keine, in gleichem Grade glaubhaft oder unglaubhaft sind [130]).

Sein Hauptgrund gegen diese dogmatische Zeichenlehre beruhet auf der logischen Unterscheidung zwischen *absoluten und relativen Gegenständen*. Die Zeichen gehören unter die letzten; dieses räumen die Dogmatiker selbst ein. Relative Dinge können nicht anders, als mit einander vorgestellt werden; und wird das eine aufgehoben, so fällt auch die Vorstellung des andern dahin. Daraus folgt, daß das Zeichen und das Bezeichnete, nämlich der verborgene Gegenstand, zugleich mit einander vorgestellt werden müssen. Ist dieses, so kann auch das erste nicht als Zeichen des zweiten gedacht werden. Denn von zwei zugleich vorgestellten Gegenständen bedarf keines ein Zeichen. Wenn ferner das Zeichen ein erkennbarer Gegenstand ist, so muß es entweder vor, oder mit, oder nach dem Bezeichneten erkannt werden. Das letzte ist ungereimt, weil es dann die Natur eines Zeichens verlöre, und das Bezeichnete nicht mehr ein verborgener Gegenstand wäre. Mit dem Bezeichneten kann es auch nicht erkannt werden; denn in diesem Falle wäre das Bezeichnete etwas Vorgestelltes, welches keines Zeichens bedürfte. Also wird das Zeichen vor dem Bezeichneten erkannt werden müssen. Ehe man aber dieses einräumen kann, muß erst von den Dog-

---

[130] Sextus Empiric. advers. Logic. II. §. 158 — 160.

Dogmatikern bewiesen werden, daß Zeichen und Bezeichnetes keine relativen Dinge sind, oder daß solche nicht zugleich eins mit dem andern vorgestellt werden müssen. Also ist das Zeichen kein Gegenstand der Erkenntniß [131]). Zweitens müßte entweder das Phänomenon ein Zeichen des Phänomenons oder des Verborgenen, oder das Verborgene ein Zeichen entweder des Phänomenons oder des Verborgenen seyn. Von diesen vier Fällen nehmen die Dogmatiker die zwei ersten als Wahrheit an, und geben die zwei letzten Preis. Aber auch die beiden ersten sind nach dem vorhin angeführten Grunde nicht denkbar. Drittens sind die Dogmatiker selbst noch uneins über die Beschaffenheit des Zeichens; Epikur denkt sich dasselbe als etwas Sinnliches, der Stoiker als etwas Denkbares. Diese Uneinigkeit, welche in Ewigkeit fortdauern wird, und selbst durch keine Demonstration, in sofern ihre Möglichkeit selbst noch bezweifelt wird, aufgehoben werden kann, macht daß das Zeichen selbst unter die verborgenen Dinge gezählt werden muß. Gesetzt aber, es wäre ausgemacht, daß das Zeichen entweder ein Object der Sinne, oder des Verstandes sey, so würde dadurch noch nichts für die objective Realität des Zeichens gewonnen, da die Dogmatiker selbst über die objective Realität der sinnlichen und gedenkbaren Objecte in einem ewigen Streite liegen, da die Vorstellungen von der Beziehung des Zeichens auf das Bezeichnete erstaunlich von einander abweichen, und nicht dieselbe Einhelligkeit haben, wie die Vorstellungen der sinnlichen Objecte bei gesunder Beschaffenheit der Sinnenorgane, da Belehrung hinzukommen muß, um das Zeichen zu verstehen; aus diesen und mehreren andern Gründen folgert Sextus, das Zeichen könne nichts Sinnliches, das ist, so etwas, was unmittelbar wahrgenommen wird, seyn; — Folgerungen, welche

---

131) Sextus Empiric. advers. Logic. II. §. 161 — 170.

welche überzeugender seyn würden, wenn er auf den Unterschied zwischen dem Zeichen und der Bedeutung desselben mehr geachtet, und einen bestimmtern Begriff von dem Verborgenen (αδηλον) gehabt hätte, worunter er bald dasjenige verstehet, was nicht unmittelbar wahrgenommen wird, wenn es gleich nach Erfahrungsgesetzen in den Context der Erfahrungserkenntniß gehört, bald dasjenige, was sich nicht erkennen, nur denken läßt [132]).

Lange verweilt er bei der Lehre der Stoiker von den Zeichen, welche dieselben als Gegenstände des Denkens betrachteten. Ihre Erklärung: **ein Zeichen ist der Vordersatz eines richtigen hypothetischen Urtheils, welches den Nachsatz aufdeckt oder bestimmt, und das Verhältniß eines Gegenwärtigen zu einem Gegenwärtigen enthält,** z. B. wenn dieses Weib Milch in den Brüsten hat, so hat sie geboren; oder wenn dieser einen dicken zähen Schleim aus der Lunge auswirft, so hat er ein Geschwür in der Lunge [133]), giebt ihm Veranlassung zu vielen, zum Theil gründlichen Bemerkungen über die Theorie der Stoiker von den hypothetischen Urtheilen und deren Wahrheit. Da er aber eben so wenig als seine Gegner die Form und die Materie dieser Urtheile unterscheidet, so bestreitet er zuweilen, was nicht bestritten werden kann, z. B. den logischen Zusammenhang der Gedanken, daß aus einem Urtheile ein anderes folget, welches sich zu dem ersten wie die Folge zum Grunde verhält, und übergehet, was eigentlich Stoff zu Zweifeln geben kann, wie der Uebergang von dem Erkennbaren

---

132) Sextus Empiric. *advers. Logic.* II. §. 171 — 243.
133) Sextus Empiric. *advers. Logic.* II. §. 245. σημειον και αξιωμα εν υγιει συνημμενω καθηγουμενον, εκκαλυπτικον τȣ ληγοντος. 256. και δια παντος παρον παροντος εστι σημειον.

baren zu dem, was in keiner Rückſicht erkennbar iſt, vermöge des Denkens begreiflich ſey. Dieſes erhellet aus Folgendem. Die Dogmatiker, um ihre Lehre von den Zeichen gegen die ſkeptiſchen Zweifel zu retten, ſagten: der Menſch unterſcheidet ſich von den unvernünftigen Thieren nicht durch die Sprache, denn einige Vögel lernen durch die Kunſt artikulirte Töne hervorbringen, ſondern durch die Vernunft; nicht durch das bloße Vorſtellen, denn das findet ſich auch bei den Thieren, ſondern durch das Vermögen, aus Begriffen zu denken und Begriffe zu verbinden. Daher hat er auch den Begriff von Zuſammenhang und Folge, und den Zeichen. Denn das Zeichen iſt nichts anders als eine Verbindung der Gedanken, durch welche wir das eine unter der Bedingung denken, wenn etwas anderes iſt. Wenn dieſes iſt, ſo iſt dieſes. Aus der Natur und Einrichtung des Menſchen folgt alſo die Wirklichkeit der Zeichen 134). Dieſe Dogmatiker wollten alſo unter dem Namen von Zeichen nur die unmittelbaren Schlüſſe begründen, oder wenn ſie dabei über den logiſchen Geſichtspunkt hinausgingen, ſo mußten ſie vorausſetzen, daß man durch bloße Begriffe das objective Seyn der Dinge erkennen, und ſogar über die Erfahrung hinaus gehen könne. In dieſem Falle dürfte der Skeptiker nur dieſe Vorausſetzung angreifen und widerlegen, um die dogmatiſche Lehre von den Zeichen über den Haufen zu werfen. Dieſen Hauptpunkt übergehet zwar Sextus nicht ganz mit Still-

134) Sextus Empiric. advers. Log. II. §. 275. 276. οἱ δὲ Δογματικοι — τ'ἐναντιον κατασκευαζοντες φασιν, ὅτι ανθρωπος ουχι τῷ προφορικῳ λογῳ διαφερει των αλογων ζωων — αλλα τῳ ενδιαθετῳ, οὐδε τῃ ἁπλῃ μονον φαντασιᾳ (εφαντασιωτο γαρ κἀκεινα) αλλα τῃ μεταβατικῃ και συνθετικῃ. διοπερ ακολουθιας εννοιαν εχων, ευθυς και σημειου νοησιν λαμβανει δια την ακολουθιαν. και γαρ αυτο το σημειον ἐςι τοιουτον· εἰ τοδε, τοδε. ἑπεται ἀρα τῃ φυσει και κατασκευῃ τ'ανθρωπου το και σημειον ὑπαρχειν.

Stillschweigen, gibt sich aber doch die vergebliche Mühe, den Erfahrungssatz, worauf die Reflexion unmittelbar führet, daß der Mensch ein Denkvermögen besitzt, umzustoßen. Er meint, es sey weit problematischer, ob der Mensch Verstand und Urtheilskraft habe, als die Frage, ob es Zeichen gebe; weil einige Dogmatiker, wie Heraklit, ihm dieses Vermögen theils absprechen (was Heraklit doch nur unter gewissen Einschränkungen that), andere, wie Empedokles, es nicht als einen ausschließenden Vorzug des Menschen betrachten. Er konnte und mußte dieß ohne alles Bedenken zugeben, und durfte nur die folgende Bemerkung weiter ausführen und schärfer bestimmen: „in den Phänomenen kann der Mensch einen bestimmten Zusammenhang bemerken, und durch die Erinnerung, er habe dieses mit, oder vor, oder nach einem andern beobachtet, die Vorstellung eines verbundenen Gegenstandes erwekken. Aber daß er dieses auch bei verborgenen und streitigen Gegenständen vermögend sey, dieß werden wir nicht einräumen" [135]). Dagegen hält er sich viel zu lange bei dem Schlusse auf, welchen die Dogmatiker den Skeptikern entgegensetzten: Wenn es ein Zeichen gibt, so gibt es ein Zeichen; wenn es aber kein Zeichen gibt, so gibt es ein Zeichen; nun gibt es nur diese zwei Fälle; es gibt also ein Zeichen [136]). Zur Erläuterung des zweiten bedingten Satzes

---

[135]) Sextus Empiric. advers. Logic. II. §. 288. καὶ φαμεν δε, διαφερειν των αλλων ζωων τον ανθρωπον λογω τε και μεταβατικη φαντασια και εν τη ακολυθια, αλλ᾽ ουτοι γε και εν τοις αδηλοις· και ανεπικριτως διαπεφωνημενοις συγχωρησομεν αυτον ειναι τοιουτον· ει δε τοις φαινομενοις τηρητικην τινα εχων ακολυθιαν, καθ᾽ ην μνημονευων, τινα μετα τινων τεθεηται, και τινα προ τινων, και τινα μετα τινα, εκ της των προτερων υποπτωσεως ανακινειται τα λοιπα.

[136]) Sextus Empiric. advers. Logic. II. §. 281. η εστι τι σημειον, εστι σημειον· η μη εστι σημειον, εστι σημειον. ητοι δ᾽ ουδεν εστι σημειον, η εστιν· εστιν αρα.

Satzes müssen wir hinzufügen, daß dabei hypothetisch vorausgesetzt wird, es sey überzeugend bewiesen worden, daß es kein Zeichen gibt, und daraus gefolgert, daß es Zeichen gebe, in sofern aus Prämissen auf eine gültige Weise Folgen abgeleitet werden. Allein wer siehet nicht sogleich das Sophisma ein, da die logische Wahrheit mit der materiellen verwechselt wird. Anstatt diesen Fehlschluß zu zergliedern, gibt er ihn vielmehr mit demselben Fehler zurück. Wenn der Skeptiker, sagt er, nach den Dogmatikern durch die Behauptung, es gebe kein Zeichen, die entgegengesetzte einzuräumen gezwungen wird, so muß auf gleiche Art derjenige, der Zeichen dogmatisch behauptet, dahin gebracht werden, das Gegentheil einzuräumen. Denn er müßte seine Behauptung durch ein Zeichen (ein Urtheil) begründen; da es aber noch nicht ausgemacht ist, ob es ein Zeichen gibt, so kann er kein Zeichen dazu brauchen, um die Gültigkeit eines Zeichens zu beweisen. Kann er nun dieß nicht, so muß er bekennen, daß es kein Zeichen gibt [137]). Am Ende begnügt er sich mit dem Resultate, Thesis und Antithesis sey gültig, das heißt, man müsse das entscheidende Urtheil zurückhalten [138]).

Die Lehren von den Zeichen und der Demonstration stehen nach der Ansicht der Dogmatiker und Skeptiker in dem engsten Zusammenhange. Jene enthält die Theorie der

---

137) Sextus Empiric. advers. Logic. II. §. 295. ὁ δε λεγων, μη ειναι τι σημειον, σκεπτικως, περιτρεπετο κατ' αυτας εις το λεγειν, μη ειναι τι σημειον. και ὁ λεγων αρα δογματικως, ειναι τι σημειον, περιτραπησεται εις το λεγειν, μη ειναι τι σημειον. αυτικα γαρ τοι λεγοντα ειναι τι σημειον, σημειω δει την αποφανσιν πιςωσασθαι. ασυγχωρητω δε οντος τε ειναι τι σημειον, πως αν ουτος χρησεται τω σημειω προς πιςιν τε ειναι τι σημειον; μη δυναμενος δε αποδειξαι σημειω, το ειναι τι σημειον, περιτρεπεται εις το ὁμολογειν, μηδεν ειναι σημειον.

138) Sextus Empiric. advers. Logic. II. §. 298.

der Urtheile, diese die Theorie der Schlüsse, beide als Mittel betrachtet, das Unbekannte aus dem Bekannten vermöge des Zusammenhangs der Begriffe zu erkennen. Hier hätte ebenfalls das Logische und Metaphysische unterschieden werden müssen. Urtheilen und Schließen sind Funktionen des Denkvermögens, welche als Thatsachen des Bewußtseyns nicht abgeläugnet werden können. Wenn aber auch dieses und was damit als unumgängliche Bedingung zusammenhängt, zugegeben wird, so ist doch die Gültigkeit der Urtheile und Schlüsse, und ihr Verhältniß zur Erkenntniß damit noch nicht in das Licht gesetzt. Beides sind Untersuchungen, welche nicht auf einerlei Momenten beruhen. Die Unterscheidung derselben war schon durch den Begriff, welchen die Dogmatiker von einer Demonstration aufstellten, sehr schwer gemacht. Die Demonstration ist, sagten sie, ein Schluß, wo aus zugestandenen Prämissen nach der Verknüpfung der Begriffe eine Schlußfolge abgeleitet wird, durch welche etwas Unbekanntes erkannt wird, wie folgender: wenn Bewegung ist, so ist auch der leere Raum; es ist Bewegung: also ist der leere Raum 139). Dieser Schluß ist der Form nach logisch richtig; aber es kommt in Ansehung seiner materiellen Wahrheit alles auf die Verknüpfung der Begriffe, Bewegung und leerer Raum, an, welche nach logischen Regeln allein nicht ausgemittelt werden kann. Ohne nun beides, die Form und die Materie der Schlüsse, zu unterscheiden, bestreitet Sextus die Demonstration vorzüglich in metaphysischer Beziehung, als Mittel zur Erkenntniß des Unbekannten, aber so, daß er zugleich die logische Möglichkeit der Schlüsse mit in Anspruch nimmt. Wir treffen auf manche

---

139) Sextus Empiric. advers. Logic. II. §. 314. ἀπόδειξις ἐστι λόγος δι' ὁμολογουμένων λημμάτων κατα συναγωγὴν ἐπιφοραν ἐκκαλυπτων ἀδηλον.

manche feine und richtige Bemerkungen, welche das Blendwerk vermeintlicher Demonstrationen wo nicht völlig klar aufdecken, doch gegen ihre Gültigkeit Mißtrauen erregen; aber auch auf viele Sophismen, welche nicht dem Dogmatismus, sondern dem Skepticismus schaden, auf Uebertreibungen und Spitzfindigkeiten, welche gegen sein reines Interesse für Wahrheit Verdacht erregen, und nur ein Kunststück dialektischer Geschicklichkeit verrathen.

Die Demonstration, sagt er, ist selbst etwas Ungewisses und Dunkles. Ein Urtheil ist nur wahr oder falsch in Beziehung auf das Object, von welchem es etwas aussaget. Stimmt das Urtheil, es ist Tag, nach der Erfahrung mit seinem Gegenstande überein, so ist es wahr, widerspricht es ihm, so ist es falsch. Bei Gegenständen, welche in den Kreis der Erfahrung gehören, ist es daher leicht, die Wahrheit oder Falschheit der sich darauf beziehenden Urtheile zu prüfen; ganz anders ist es aber bei allem, was kein Gegenstand der Wahrnehmung ist, weil jene Beziehung nicht möglich ist, und es ist hier nur der Wahrscheinlichkeit und wahrscheinlichen Ueberzeugungsgründen Raum gelassen. Indem aber der eine sich dieses Wahrscheinliche auf diese, ein Anderer wieder auf eine andere Art vorstellt, entstehet nothwendig Uneinigkeit, weil keiner weiß, ob er die Sache getroffen oder verfehlt habe. Die Schlüsse zielen auf das Unbekannte hin, aber welche es treffen oder verfehlen, das ist die große Frage, welche nicht entschieden werden kann. Daher sind auch selbst die Denker über die Demonstration, ihre Erfordernisse und Gültigkeit so uneinig, daß die Demonstration mit Recht von den Skeptikern unter die dunkeln und problematischen Gegenstände gerechnet wird [140]).

Der

---

140) Sextus Empiric. advers. Log. II. §. 316—336.

Der Skeptiker sucht nun, indem er sich bloß an den problematischen Begriff der Demonstration hält, — denn mit dem Begriff ist noch nicht die Ueberzeugung von der Wirklichkeit des Gegenstandes gegeben — die Wirklichkeit derselben zu bestreiten, nicht die einzelnen in den Wissenschaften vermeintlich gegebenen Demonstrationen, welche nicht zu zählen sind, sondern die Demonstration im Allgemeinen (γενικη αποδειξις), mit welcher alle einzelnen stehn oder fallen. Da die Demonstration in dem obigen Sinne etwas Dunkles und Ungewisses ist, so müßte sie bewiesen werden, entweder durch die Demonstration im Allgemeinen, (welche, wie er selbst unten eingesteht, ein Unding ist, woferne man nicht darunter die logische Form der Schlüsse verstehen will, woran er aber nicht gedacht hat,) oder durch eine besondere. Das letzte ist nicht möglich, weil die Gültigkeit derselben erst durch die Demonstration im Allgemeinen dargethan seyn müßte, und weil man sonst durch einen fehlerhaften Cirkel diese durch jene, und jene wieder durch diese beweisen müßte. Aber auch das erste nicht. Denn sie kann sich nicht selbst begründen, da sie selbst problematisch und Gegenstand der Untersuchung ist; man müßte denn sagen, sie sey von der einen Seite einleuchtend und von der andern dunkel und problematisch, und daher zugleich das Beweisende und das zu Beweisende, was ungereimt ist. Dazu kommt noch, daß die Demonstration im Allgemeinen bestimmte Prämissen und eine bestimmte Schlußfolge haben muß, ohne welches gar keine Demonstration gedenkbar ist; hat sie aber dieses, so wird sie sogleich eine besondere Demonstration [141]. Demetrius von Lacedämon, ein berühmter Anhänger des Epikurus, meinte zwar, man dürfe nur eine besondere Demonstration, z. B. durch welche der leere Raum, oder daß die Atomen

die

---

[141] Sextus Empiric. advers. Logic. II. §. 336 — 346.

die Grundstoffe sind, bewiesen würde, als gültig und begründet beweisen, so würde dadurch auch zugleich die Gültigkeit der Demonstration im Allgemeinen dargethan seyn. Denn wo eine Art einer Gattung ist, da ist auch die Gattung. Allein dieß heißt die Natur umkehren, und gehet auch darum nicht an, weil kein besonderer Satz dieser Art allgemein gültig als Prämisse aufgestellt werden kann, der nicht sogleich von den widersprechenden Dogmatikern in Anspruch genommen würde [142]).

Soll die Demonstration gültig seyn, so müssen es auch die Prämissen seyn; nun können sie nach der allgemeinen Eintheilung der Dinge in sinnliche und denkbare, nur unter den einen oder andern Klassenbegriff gehören. Es gibt aber nichts Allgemeineinverstandenes weder in dem Gebiet der Sinnlichkeit, noch des Verstandes. Man streitet noch darüber, ob den sinnlichen Vorstellungen wirkliche, ihnen vollkommen entsprechende Objecte zum Grunde liegen, ob sie ein objectives Seyn darstellen, oder leere Vorstellungen und bloße Bildungen der Seele sind. Eben so uneinig ist man über die Gegenstände des Verstandes. Und wie kann auch dieses anders seyn, wenn alles Denken aus den sinnlichen Vorstellungen entspringt, und durch diese begründet werden muß. Woher sollte man also gültige Vordersätze zu einer Demonstration hernehmen? Um diesen Einwurf noch allgemeiner zu machen, können wir sagen, alle Prämissen sind Phänomene (Vorstellungen von subjectiver Gültigkeit); ob diese objective Bedeutung haben, ist die Frage; so lange dieses noch nicht ausgemacht ist, haben die Prämissen keine absolute Gültigkeit in sich selbst, sondern müssen bewiesen werden. Aber wodurch will man beweisen, daß meiner Vorstellung ein wirkliches Object ent-

---

142) Sextus Empiric. *advers. Logic.* II. §. 348—353.

entspricht? Durch das Unbekannte? oder durch das Phänomen? Beides ist unstatthaft ¹⁴³).

Allein, sagen die Dogmatiker, wir müssen die Phänomene allerdings zuerst annehmen; denn wir haben außer diesen nichts, worauf sich eine festere Ueberzeugung gründen könnte, und weil das Raisonnement sie weder durch bloße Machtworte, noch durch Schlüsse aus dem Vorgestellten oder Nichtvorgestellten umstoßen kann. — Auf diese Weise greifen aber die Skeptiker die Phänomene nicht an, sondern durch die Vergleichung derselben unter einander und mit den Noumenen. Es ist hier ein ewig nicht beizulegender Widerstreit, so daß weder alles, noch einiges für wahr gehalten, noch alles verworfen werden kann, weil die Phänomene noch am ersten Glauben verdienen. Weil aber in Ansehung derselben so viel Mißhelligkeit herrscht, so muß die objective Realität durch Gründe der Vernunft bewirkt werden, und die Vernunft mehr gelten als die Sinne. Wenn also die Prämissen sowohl, als die Schlußfolge einer Demonstration dunkel und ungewiß sind, so ist es auch die ganze Demonstration, und setzt etwas anderes als Bedingung ihrer Gültigkeit voraus ¹⁴⁴).

„Muß denn aber auch von allen eine Demonstration gefordert werden? Man muß auch einiges hypothetisch annehmen, und das Raisonnement würde keinen Schritt vorwärts thun können, wenn

---

143) Sextus Empiric. advers. Logic. II. §. 354 — 359. και ινα καθολικωτερον ηκωμεν, τα λημματα φαινομενα εςι τα δε φαινομενα εζητηται η υποκειται. τα δε ζητουμενα εξ αυτοθεν εςι λημματα, αλλα οφειλει δια τινος βεβαιωθηναι. τι ετ φαινομενοις, ειοι φαινεται και υποκειται (υποκεισθαι), δια τινος εχομεν παρασεσθαι;

144) Sextus Empiric. advers. Logic. II. §. 360 — 366.

wenn nicht eingeräumt würde, daß etwas durch sich selbst gewiß ist. — Müssen denn aber ihre dogmatischen Speculationen, die doch bloße Dichtungen sind, Fortgang haben, und wohin können sie endlich führen?" Die Phänomene geben uns nichts zu erkennen, als unsere Vorstellungsweise; das ihnen zum Grunde liegende Objective haben sie noch nicht erweisen können, und alle Demonstrationen sind problematisch. Wer sich nicht mit dem begnügt, was sich ihm als Erscheinung darstellt, sondern weiter forscht, der zeigt nur, daß er mit dem, was er für das Leben braucht, nicht zufrieden ist, und mehr als das Mögliche verlangt 145).

Ueberhaupt läßt sich gegen den Gebrauch der Hypothesen, worauf die Dogmatiker ihre Demonstrationen und fast die ganze Philosophie gründen, gar Vieles erinnern. Ist man berechtigt, das, was aus einer Hypothese folgt, als wahr anzunehmen, so darf man auch mit demselben Rechte aus einer andern Hypothese das Gegentheil folgern. Das, was durch eine Hypothese gesetzt wird, ist entweder wahr oder falsch. In jenem Fall thut der Denker, der Hypothesen gebraucht, sich selbst Unrecht, wenn er bittweise annimmt, was er als unmittelbar gewiß setzen konnte, und zu einer Sache seine Zuflucht nimmt, die immer Argwohn erregt; in dem letzten aber versündiget er sich gegen die Natur der Dinge, daß er ein Unding als gewisse Wahrheit aufdringen will. Wenn durch eine Hypothese als Hypothese das Abgeleitete Gewißheit erhielte, so möchten die Dogmatiker ja nicht die Prämissen, sondern die Schlußfolge, das heißt, das Dunkle und Ungewisse

ohne

---

145) Sextus Empiric. advers. Logic. II. §. 367. 368. το δε ότι ου μονον φαινεται, αλλα και υποκειται, ϑελων περισπαν, ουδεν εστι μη τω αναγκαιω προς την χρειαν αρκουμενου, αλλα και το δυνατον συναρπαζειν εσπουδακοτων.

ohne Umschweife hypothetisch setzen. Allen diesen und ähnlichen Einwürfen begegnen die Dogmatiker dadurch, daß sie sagen, es sey nicht so unmöglich, als es scheint, die Bedingungen fest zu setzen, unter welchen eine Hypothese annehmlich oder verwerflich sey. Wenn die Hypothese nichts Ungereimtes enthält, und was aus ihr folgt, wahr und vernünftig ist, so muß auch dasjenige, woraus es abgeleitet worden, wahr und vernünftig seyn [146]. Woher weiß man aber, daß das Abgeleitete wahr ist? Nicht unmittelbar aus sich selbst, denn es ist ungewiß. Nicht aus den Prämissen, denn darüber ist Streit unter den Dogmatikern. Folgte allein aus dem Wahren Wahres, so würde jenes richtig geschlossen seyn: da sie aber behaupten, daß aus dem Falschen Falsches und Wahres folgt, so kann man nicht von der Wahrheit der Folge auf die Wahrheit des Grundes schließen, weil es möglich ist, daß der Grund falsch, und die Folge wahr ist [147].

Nun läßt sich auch noch aus dem Begriffe die Gültigkeit der Demonstration über den Haufen werfen. Bisher ist der Begriff derselben als möglich angenommen worden. Wenn gleich daraus noch nicht die Wirklichkeit folgt, so kann doch nichts für wirklich gehalten werden, wovon nicht wenigstens der Begriff möglich ist. Zeigte es sich nun, daß selbst der Begriff der Demonstration unmöglich ist, so müßten wir sie für ein Unding erklären. — Es gibt eine Demonstration überhaupt (γενικη), und im Besondern (ειδικη). Beide verhalten sich zu einander wie Gattung und Art.

Von

---

[146] Sextus Empiric. *advers. Logic.* II. §. 375. ετι πιϛις εϛι τα εχεσθαι την υποθεσιν, το αληθες ευρισκεσθαι εκ τε, το τοις εξ υποθεσεως ληφθεισιν επιφερομενον. ει γαρ το τετοις ακολυθει τις υγιες, κακεινα οις ακολυθει αληθη και αδιαμφιλεκτα καθεϛηκε.

[147] Sextus Empiric. *advers. Log.* II. §. 376—78.

Von der ersten kann man sich keinen Begriff machen; niemand kennt eine solche, und es kann nie etwas durch sie bewiesen werden. Und wie sollte man sich eine solche Demonstration denken? Entweder als ein aus den Prämissen und der Schlußfolge bestehendes Ganze, oder nicht. Ohne diese wesentlichen Bestandtheile kann keine gedacht werden, und denkt man sie mit denselben, so haben wir nicht mehr die **Gattung**, sondern eine **Art** von Demonstration, weil jeder Beweisgrund und jedes zu Beweisende etwas bestimtes Einzelnes ist [148]). **Gibt es nun keine Demonstration überhaupt, so gibt es auch keine besondere.** Entweder ist das Ganze, die Prämissen und die Schlußfolge, oder die Prämissen allein, die Demonstration. Ist das erste, so muß sie, in sofern sie etwas Dunkles, das zu Beweisende, enthält, selbst dunkel und ungewiß seyn, und also selbst demonstrirt werden, was ungereimt ist. Da ferner die Demonstration nicht an sich, sondern in Beziehung auf dasjenige, was ihr Object ist, als etwas Relatives gedacht wird, jede Beziehung aber außer demjenigen ist, worauf sie bezogen wird, so würde sie auf nichts bezogen werden können, da die Schlußfolge, welche das zu beweisende Object ausmacht, in ihr selbst enthalten ist; oder man müßte außer dieser Schlußfolge noch eine andere außerhalb befindliche annehmen, worauf sich die Demonstration bezöge, so daß eine in der Demonstration, eine außer derselben wäre [149]). Zwei Schluß-

---

148) Sextus Empiric. advers. Logic. II. §. 382.
δυοιν ητ ουσων αποδειξεων, της τε γενικης και της ειδικης την μεν γενικην αυτοθεν ευρησομεν απεπιστητον· ουδεις γαρ ημων οιδε γενικην αποδειξιν· ουδε δια ταυτης πωποτε τι δεδυνηται παρασησαι — ουκ αρα επινοειται η γενική αποδειξις, και μην ουδε γε η ειδικη.

149) Sextus Empiric. advers. Logic. II. §. 387.
ετι η αποδειξις των προς τι εστι· ου γαρ εις εαυτην νευει, ουδε κατα

Schlußfolgen einer Demonstration anzunehmen, ist aber ungereimt. — Den zweiten Fall können wir eben so wenig annehmen. Denn die Verbindung von Prämissen allein ist kein Schluß, und keine Demonstration, ein unvollständiges, nicht gedenkbares Ding.

Auf eben die Art gehet nun auch Sextus die stoische Lehre von den apodiktischen Beweisen durch, für deren Theorie sie sich viel Mühe gegeben hatten. Ungeachtet aller Sophismen und dialektischen Kunstgriffe, welche auch hier nicht fehlen, könnte es ihm doch nicht schwer werden, auch bedeutende Mängel und Fehler in ihrer Theorie aufzudecken, besonders den, daß sie bei dem beständigen Schwanken zwischen formeller und materieller Wahrheit keine sichere völlig zureichende Regel für die Wahrheit der Bedingungs-Schlüsse aufstellen konnten [150]). Er kommt dann wieder darauf zurück, daß die Demonstration etwas Relatives ist, und daher nur in der Seele, nicht außer derselben vorhanden seyn könne, als wenn je ein Denker so gedankenlos gewesen wäre, daß er Denken und Erkennen zu einer existirenden Sache hätte machen wollen. Wenn er also glaubt, auf diesem Wege die Demonstration zernichtet zu haben, so irrt er sehr. Zuletzt schließt er mit dem Schlusse der Dogmatiker gegen die Skeptiker, daß sie ohne Demonstration nichts gegen, und durch Demonstration

κατα περιγραφην νενοηται, αλλ' εχει τι ὁ εστιν αποδειξις. ει δ' ἡ επιφορα εμπεριειληπται αυτῃ, και δε τo προς τι εκτος εστιν εκεινα. τῳ προς ᾡ λεγεται προς τι, προς ουδεν εστιν ἡ αποδειξις νοουμενη, επειπερ ἡ επιφορα εμπεριειχετο αυτῃ· αλλα και ἑτεραν ὑποθησομεθα επιφοραν εκτος, προς ἣν ἡ αποδειξις νοηθησεται, δυο γενησονται επιφοραι κατα τον τοπον, μια μεν ἡ εν τῃ αποδειξει περιεχομενη, δευτερα δε ἡ εκτος, προς ἣν νοειται ἡ αποδειξις. ατοπον δε γε, μιας αποδειξεως δυο λεγειν επιφορας.

150) Sextus Empiric. adoers. Logic. II. §. 411 seq.

tion nicht gegen, sondern für Demonstration beweisen können, indem er ihnen denselben auf eben die Art, wie oben bei der Zeichenlehre, zurückgibt, und sich endlich auf seine subjective Ueberzeugung beruft.

Diese Darstellung des skeptischen Raisonnements gegen die Erkenntniß, das Princip und das Object derselben enthält nun auch zum Theil die Beantwortung der Frage: woher es gekommen sey, daß dieser Skepticismus, wie er von dem Sextus mit aller möglichen Stärke aufgestellt worden, doch so wenig Sensation gemacht, keinen Einfluß auf die Denkart der Philosophirenden gehabt, sondern die Speculation ihren Gang ungestört fortgesetzt habe? Wenn auch das Interesse für die speculative Philosophie nicht gesunken wäre, wenn die Dogmatiker mehr, als geschehen ist, die Gegengründe der Skeptiker zu Ohren genommen und mit der angestrengtesten Aufmerksamkeit geprüft hätten, so würden sie zwar hier und da im Einzelnen Stoff zu Verbesserungen und Berichtigungen ihres Lehrsystems gefunden haben, aber doch nie von der Unrichtigkeit ihres Weges überzeugt, und auf einen richtigern geführt worden seyn. Denn beides, sowohl der Dogmatismus als Skepticismus wandelten selbst auf einem und demselben Wege, nur in entgegengesetzter Richtung. Was jener dialektisch aufgebauet hatte, riß der andere dialektisch nieder. Auf den rechten Standpunkt, auf dem man sich erst orientiren muß, ehe man aus sich heraus in den Kreis des Wirklichen eindringen will, die Untersuchung der Natur, der Gesetze und Bedingungen des Erkenntnißvermögens, die Bestimmung der Sphäre des Erkennbaren für die Wesen, welche an diese Bedingungen gebunden sind, und der Objecte, welche in dieser Sphäre liegen können, kamen

beide,

beide, wenn sie auch zuweilen nahe genug an denselben streiften, nie mit Besonnenheit hinaus. Der Skepticismus deckte viele Fehler in den dogmatischen Lehrgebäuden auf, rügte mit Recht manche unhaltbare Hypothesen, unvollständige und schwankende Begriffe, leere Spielereien mit Begriffen, falsche Schlüsse, Inconsequenzen, Widersprüche; aber nie griff er die Wurzel dieser Gebrechen an; er demüthigte den Stolz und Dünkel der Dogmatiker, aber er ließ den Dogmatismus selbst unangetastet. Und da er eben so wenig als der Dogmatismus sich in den gehörigen Gränzen zu halten wußte, seine Forderungen übertrieb, mit Sophismen zum Theil focht, deren Seichtigkeit jedem einleuchtete; so wurde er im Ganzen wenig geachtet, zog nicht die Aufmerksamkeit, die er von andern Seiten verdiente, auf sich; man betrachtete ihn nicht als eine strenge, aus reinem Interesse geflossene Censur der bestehenden Systeme, sondern als eine Geburt der Eitelkeit, welche ihre Befriedigung durch den Schein einer überwiegenden dialektischen Gewandtheit im Niederreißen und Zerstören suche.

Indessen hatte doch der Skepticismus alle überschwengliche Speculationen, welche auf einen Fund in den eingebildeten Regionen der Dinge an sich ausgehen, verdächtig gemacht, alle möglichen bis dahin versuchten Wege zu einer solchen Erkenntniß zu gelangen, für unsicher erklärt, vor allem aber die Frage nach einem objectiven Zusammenhange der Vorstellungen mit ihren Objecten als unbeantwortlich dargestellt, und dadurch das Gebäude des Dogmatismus in seinen Grundfesten erschüttert, auch nicht selten auf Untersuchungen über die innere Organisation des Erkenntnißvermögens geleitet, und Winke gegeben, welche eine ernstliche Beherzigung verdienten. Aber aller dieser Stoff zu eingreifendern wichtigen Untersuchungen ging für die Wissenschaft verloren, indem der Skeptiker seine wahre Sphäre verkennend, mit dem Ungewissen auch das Gewisse für jedes Bewußtseyn in Anspruch nahm.

Außer-

Außerdem schadete dem Skepticismus sehr, daß er von dem Zweck, den er sich ursprünglich vorgesetzt hatte, in dem Verfolg der darauf gerichteten Bestrebungen ganz abkam, und daher seine Natur verläugnend, in einen negativen Dogmatismus überging. Er wollte zeigen, daß die Wahrheit, deren Erforschung das Ziel der Philosophie ist, zwar noch nicht, wie sich die Dogmatiker einbildeten, gefunden, aber auch die Erforschung derselben nicht schlechthin unmöglich sey, wie die negativen Dogmatiker behaupteten, sondern daß das Forschen noch weiter müsse fortgesetzt werden, bis man sich die Erkenntniß der Wahrheit wirklich errungen habe. Dieses letzte zu zeigen, sollte Zweck des Skepticismus seyn, der in dieser Hinsicht noch immer mit dem Dogmatismus ein gemeinschaftliches Interesse gehabt hätte. Anstatt in diesem Gesichtspunkte und zu diesem Zwecke alle bisherigen Versuche der Philosophen einer strengen Prüfung zu unterwerfen, ihre Fehler und Irrthümer aufzudecken, stellt der Skeptiker unerwartet das seinem Vorhaben entgegengesetzte Resultat auf: alles Erkennen und Wissen ist unmöglich, ist Täuschung und Wahn; der Mensch kann es nie weiter als zu einem bloßen Meinen und subjectiven Dafürhalten bringen. Und man siehet aus seinem ganzen Verfahren, daß hierauf sein ganzes Streben gerichtet war, so oft er auch das Gegentheil versichert. Jetzt steht er als Läugner alles philosophischen Wissens dem Dogmatiker gerade entgegen, er hat ein ganz entgegengesetztes Interesse, oder vielmehr er sucht das natürliche Interesse für Wahrheit und Erkenntniß, welches den Dogmatiker leitet und beseelet, in sich zu vertilgen. Und in dieser Rücksicht mußte er nothwendig in Vergleichung mit den dogmatischen Systemen verlieren; denn der Hang zur Speculation ist mit der Natur des menschlichen Geistes zu innig verwebt, als daß er ausgerottet werden könnte; er will und kann nur geleitet und durch sichere Prin-

Principien beschränkt seyn. Die Verläugnung alles speculativen Interesse streitet daher gegen die menschliche Natur. Am auffallendsten zeiget sich dieser Widerstreit da, wo Sextus nicht allein die dogmatisch aufgestellten Begriffe von Gut und Böse bestreitet, sondern auch die Möglichkeit einer praktischen Erkenntniß und Wissenschaft in Anspruch nimmt.

Sondert man von dem Skepticismus, wie ihn Sextus aufgestellt hat, die falsche Richtung, welche er durch diesen irrigen Gesichtspunkt erhielt; sondert man die Auswüchse, welche das dialektische Verfahren durch das eitle Streben, nichts Festes und Gewisses in der menschlichen Erkenntniß stehen zu lassen, vorzüglich die Sophismen ab, so bleibt doch noch eine große Summe von richtigen Ansichten, Grundsätzen und Folgerungen übrig, welche einer aufmerksamen Erwägung auch in jenen Zeiten würdig waren, noch ein größeres Interesse aber für unser Zeitalter haben, in welchem man über das Wesen des Dogmatismus und Skepticismus und ihr Verhältniß zu einander weit richtigere Einsichten hat. Man wird sehr bald inne, daß eine große Anzahl von skeptischen Raisonnements nichts anders ist, als eine consequentere Fortführung der dogmatischen Ansicht, eine richtigere und vollständigere Entwickelung einzelner Begriffe und Sätze, welche die Einseitigkeit und Unbestimmtheit jener Theorien und Systeme in ein auffallendes Licht setzen, und einen Unbefangenen ganz natürlich auf die Frage führen: ob das Verfahren der Dogmatiker, da es auf solche Widersprüche führet, das richtige, auf den Weg zur Wissenschaft führende sey?

Aus diesem Gesichtspunkte müssen vorzüglich des Sextus zwei Bücher gegen die Physiker und das gegen die Ethiker betrachtet werden. So stellt er in dem ersten Buche gegen die Physiker die gangbarsten Begriffe der Dogmatiker von

von Gott, und die versuchten Beweise für das Daseyn eines solchen Wesens auf, und ohne auf eine strenge Prüfung derselben sich einzulassen, entwickelt er vielmehr die Ungereimtheiten, welche nothwendig folgen, wenn man sich Gott als ein ζωον, wie die Stoiker thaten, vorstellet, wobei ihm Carneades schon meistens vorgearbeitet hatte, und zeigt überhaupt die Schwierigkeit oder vielmehr Unmöglichkeit, sich Gott unter einem bestimmten Prädicat zu denken, worüber schon Plato und Aristoteles einige Winke gegeben hatten [150]).

Auf eben die Art behandelt er die Lehre von den wirkenden und leidenden Principien, daß er Gründe für die Annahme und Gründe gegen dieselbe zusammenstellt, und daraus die Nothwendigkeit, sich alles entscheidenden Urtheiles zu enthalten, herleitet [151]). Bei dem Begriff der Causalität bestreitet er die objective Realität derselben aus einem gedoppelten Grunde: erstlich weil Ursachen und Wirkungen Relationen sind, welche nur gedacht werden können, ohne ihnen objectives Daseyn beizulegen. Zwar folgt daraus, daß Ursache und Wirkung Verhältnißbegriffe sind, noch nicht, daß ihnen kein Object in der Wirklichkeit entspricht, oder daß durch sie ein Zusammenhang der Objecte gedacht werde, wodurch erst die Erfah-

---

150) Sextus Empiric. advers. Physic. I. §. 13 — 194.

151) Sextus Empiric. advers. Physic. I. §. 195 — 330. Sertus führt §. 204. einen dogmatischen Beweis für die Realität des Begriffs Ursache, welcher auf der Verwechselung des Begriffs eines logischen Grundes mit einem realen beruhet, dergleichen auch häufig in den neuern rationalistischen Systemen vorkommen. ὁ, τε λεγων μη ειναι αιτιον, ητοι χωρις αιτιας τουτο λεγει, η μετα τινος αιτιας. — ει δε μετα τινος αιτιας, περιτρεπεται· και τῳ λεγειν, μη ειναι τι αιτιον, τιθησι το ειναι τι αιτιον.

Erfahrung des Wirklichen möglich wird. Aber der Dogmatiker verkennt den Ursprung des Begriffs der Causalität; er betrachtet Ursache und Wirkung als etwas objectiv Gegebenes; und dann sind die Folgerungen des Skeptikers allerdings treffend.

Zweitens: Es läßt sich kein Object der Ursache, also auch keine Wirkung denken. Ursache ist ein leerer Begriff. Denn es gibt kein Entstehen und Vergehen, kein Leiden und überhaupt keine Bewegung und Veränderung, und das ist überhaupt dasjenige, was man unter dem Begriff von Ursache als Gegenstand derselben sich vorstellt. Dieses führet Sextus unter besondern Rubriken aus, wobei er die Gründe der Eleaten und der Sophisten sehr gut zu benutzen weiß. Ueberhaupt aber zeigt er, daß in dem Verhältniß zwischen Ursache und Wirkung, wie man es auch denken möge, Körper als Ursache des Körperlichen oder des Unkörperlichen, oder das Unkörperliche als Ursache des Unkörperlichen oder des Körperlichen, lauter Ungereimtheiten und Widersprüche sich hervorthun [152]. Eben so verfährt er auch bei den Begriffen vom Ganzen und den Theilen, von Körpern, vom Raum und Zeit, Bewegung, Entstehen und Vergehen.

Nirgends aber gelingt es ihm besser, die Dogmatiker in die Enge zu treiben, als bei seinen Angriffen auf ihre Vorstellungsarten von Zeit und Raum, und den darauf gegründeten Begriffen von Linien und Flächen der Körper. Er nimmt Zeit und Raum wie die Dogmatiker hypothetisch als reale Dinge an, und entwickelt nun mit großem Scharfsinne die Widersprüche, welche aus dieser angenommenen Realität unvermeidlich hervorgehen, daß man sich in der That wundern muß, daß nicht gerade nach Sextus Zeiten,
— denn

---

[152] *Sextus Empiric. advers. Physic.* I. §. 207 seq.

— denn da war wenig Sinn für diese feinen Bemerkungen — sondern in den spätern Zeiten bis auf Kant herab, kein denkender Kopf diesen Widerstreit, worin er sich ohne alle dialektische Künste verstrickt fand, daß er die Vorstellung von Raum und Zeit nicht aus seinem Bewußtseyn vertilgen, sie für seine Erkenntniß nicht entbehren, und doch sie nicht ohne Widerspruch denken konnte, nicht mit der angestrengtesten Aufmerksamkeit beachtete. Ein Theil dieses Raisonnements gegen Zeit und Raum, worin der Widerstreit des gemeinen Verstandes und der Speculation so deutlich, als vorher noch nie geschehen war, aufgedeckt worden, mag als ein charakteristisches Gemälde des Skepticismus von dieser Seite hier noch eine Stelle finden.

Der Raum, schlossen die Dogmatiker, muß etwas Wirkliches seyn, denn die Theile desselben, Oben, Unten, Links, Rechts, Hinten, Vorne sind in der Natur gegeben. An der Stelle, wo ehedem Sokrates war, ist nach seinem Tode ein anderer Mensch. Wenn wir die Flüssigkeit aus einem Gefäße ausgießen, und an die Stelle derselben eine andere hineinschütten, so sagt man, das Gefäß sey das Behältniß der ausgegossenen und hineingeschütteten Flüssigkeit. Also muß es auch einen Raum geben, wenn die Stelle, welche Sokrates bei seinem Leben einnahm, ein Anderer nach seinem Tode einnimmt. Wo Körper sind, da gibt es auch Raum. Wenn bei allem, was entsteht, eine Materie, woraus, eine wirkende Ursache, wodurch, ein Zweck, um dessen willen es entsteht, wirklich ist, so muß es auch einen Raum geben, worin es entsteht. Wir können in Gedanken alle Dinge aufheben, nur nicht den Raum, in welchem alle Dinge sind; dieser mit seinen drei Dimensionen, Länge, Breite, Tiefe, ist auch in Gedanken unvertilgbar [153]).

Diese

---

153) **Sextus Empiric.** advers. Physic. II. §. 6—12.

Diese Gründe der Dogmatiker für die Wirklichkeit des Raums beweisen nichts, sondern setzen nur immer voraus, was bewiesen werden sollte. Wer wird sich durch das Vorhandenseyn der Theile von der Wirklichkeit des Ganzen überzeugen lassen. Denn wer den Raum bezweifelt, nimmt auch seine Theile in Anspruch. Dieß heißt das Bezweifelte aus dem Bezweifelten beweisen. Eben das gilt auch von dem zweiten Grunde. Ein anderer ist in der Stelle des Raums, welche ehedem Sokrates einnahm. Ist dieß nicht die Wirklichkeit des Raums annehmen, um sie daraus zu beweisen. Die Skeptiker geben die gemeine Vorstellungsweise zu, nach welcher man allem Wirklichen einen Ort im weitläuftigen Sinne beilegt; sie verlangen aber zu wissen, ob der Raum etwas bloß Gedachtes, oder objectiv Reales, und in dem letzten Falle, von welcher Beschaffenheit, ob er körperlich oder unkörperlich, von einem Raume umschlossen sey oder nicht. Darüber können aber die Dogmatiker keine Belehrung geben [154]).

Wenn es einen Raum gibt, welcher Körper in sich aufnimmt, so ist er entweder ein Körper oder ein Leeres. Wäre er ein Körper, so müßte er, da jeder Körper im Raume seyn muß, wieder in einem andern Raume seyn, und sofort ins Unendliche. Ist er etwas Leeres, das die Körper aufnimmt, so bleibt dieses entweder, wenn ein Körper in denselben tritt, oder
es

---

154) Sextus Empiric. adversus Physic. II. §. 13 — 15. ὅτι μὲν γὰρ λέγομεν ἀφελῶς ἐν Ἀλεξανδρείᾳ εἶναί τινα, καὶ ἐν γυμνασίῳ, καὶ ἐν τῇ σχολῇ, ὁμολογοῦμεν· ἀλλ᾽ ἔστιν ἡμῖν ἡ σκέψις οὐ περὶ τοῦ κατὰ πλάτος, ἀλλὰ περὶ τοῦ κατὰ περιγραφὴν τόπου, πότερόν ἐστιν, ἢ ἐπινοεῖται μόνον. καὶ εἰ ἔστι, ποταπὸς τὴν φύσιν· ἆρά γε σωματικὸς ἢ ἀσώματος· καὶ ἐν τόπῳ περιεχόμενος ἢ οὐδαμῶς.

es weicht auf eine andere Stelle, oder es wird zernichtet 155). In dem ersten Falle wird ein und derselbe Raum leer und erfüllt zugleich seyn, leer in sofern der leere Raum bleibt, erfüllt in sofern er den Körper aufnimmt. Da dieses widersprechend ist, so müssen wir sehen, ob die beiden andern Fälle gedenkbarer sind. Rückt das Leere auf eine andere Seite, um gleichsam Platz zu machen, so muß es als Körper gedacht werden, denn was in dem Raume von einer Stelle zur andern rückt, ist ein Körper, was sich ebenfalls widerspricht. Zudem könnte das Leere, wenn es dem Körper auswiche, nicht von dem Körper erfüllt werden. In dem letzten Falle müßte das Leere ebenfalls wieder als Körper gedacht werden. Denn was aufhört zu seyn, hat auch einen Anfang genommen, und ist überhaupt etwas in Ansehung seines Seyns Veränderliches, was nur auf Körper anwendbar ist.

Wenn ferner der Raum als das, worin Körper sind, gedacht wird, das Enthaltende aber außerhalb dem Enthaltenen ist, so muß der Raum nothwendig entweder als Materie, oder als Form, oder als der zwischen den äußersten Punkten und Gränzen des Körpers befindliche Abstand oder als die Gränzen selbst gedacht werden 156). Keines von diesen Vieren ist aber möglich.
Der

---

155) Sextus Empiric. advers. Physic. II. §. 21. ει δε κενος εστιν ὁ ὑποδεκτικος τε σωματος τοπος· ητοι μενει τετο το κενος επιοντος αυτῳ τε σωματος, η μεθισταται, η φθειρεται.

156) Sextus Empiric. advers. Physic. II. §. 24. ει ὁ τοπος περιεκτικος νοειται τε σωματος, το δε περιεχον εκτος εστι τε περιεχομενε, κατ᾽ αναγκην, ει εστιν ὁ τοπος, οφειλει τι τετων τυγχανειν, ητοι μεν εστιν ὑλη, το δε, ειδος, το δε, μεταξυ διαστημα των εσχατων τε σωματος περατων, το δε περατα εσχατα, denn so muß gelesen werden, nicht τα δε

Der Raum kann nicht **Materie** seyn, denn die Materie ist körperlich, sie beweget sich von einer Stelle des Raums zur andern, ist veränderlich, so daß sie jetzt Luft ist, und durch die Verdickung zu Wasser, durch die Verdünnung wieder Luft wird. Von dem Raume kann man nicht sagen, daß er körperlich sey, aus einem Raume in den andern übergehe, noch verändert werde. Wir können uns wohl denken, daß in dem einen Raume jetzt Luft, dann Wasser ist, aber nicht daß er selbst Luft oder Wasser werde. Eben so wenig ist der Raum als **Form** denkbar. Die Form ist von der Materie nicht zu trennen; die Gestalt einer Statue, und das Erz als Stoff machen zusammen erst den bestimmten Körper. Der Raum ist aber trennbar von dem Körper, wie daraus erhellet, daß der Körper, Form und Materie zugleich, aus einem Raume in den andern übergehet, ohne daß der Raum zugleich mit dem erfüllenden Körper sich fortbewegt. Endlich auch nicht der zwischen den äußersten Endpunkten oder Gränzen des Körpers befindliche Abstand. Denn dieser wird von den Gränzen umschlossen; der Raum wird aber nicht von etwas anderm umschlossen, sondern schließt etwas anderes ein. Die Gränze eines Körpers ist seine Oberfläche, was zwischen der Oberfläche ist, ist nichts anders als der begränzte Körper. Der Raum kann also nicht der zwischen den Gränzen befindliche Abstand seyn, denn da wäre er ein Körper; aus demselben Grunde auch nicht die Gränzen des Körpers selbst, weil diese mit dem Körper unzertrennlich zusammenhangen, Theile desselben sind [157]).

Die Peripatetiker sagen: **Raum ist die Gränze des begränzenden Körpers, und die Gränze des Him-**

περατα εσχατα. Sextus bezieht sich auf eine Stelle des Aristoteles, wo eben diese vier Trennungsglieder vorkommen. Man sehe 3 B. S. 135.

157) *Sextus Empiric. advers. Phys.* II. §. 25—30.

Himmels der Raum, in welchem sich die Welt befindet und
beweget, der Himmel selbst aber, außer welchem nichts
weiter ist, hat keinen Raum. Hiernach scheint Gott der
Raum aller Dinge zu seyn. Denn nach Aristoteles ist der
höchste Gott die Gränze des Himmels, also entweder diese
Gränze selbst, oder außer derselben; ist das letzte, so würde
der Himmel gegen seine Behauptung durch etwas begränzt
und von einem Raume umschlossen. Also müßte Gott
selbst die Gränze des Himmels und der Raum seyn, der
alle Dinge in sich faßt, was ungereimt ist. Ueberhaupt
müßte der Raum als Gränze des begränzenden Körpers
entweder Körper oder unkörperlich seyn. In dem ersten
Fall wäre der Raum, weil jeder Körper in einem Raume
seyn muß, in einem Raume und daher nicht Raum; in
dem zweiten aber würde die Oberfläche, als etwas Unkörperliches, der Raum aller Dinge seyn, was wiederum ungereimt ist. Endlich ist es auch ungereimt, zu sagen, der
Himmel sey sein eigner Raum, denn so wäre er zugleich
dasjenige, was in dem Raume, und das, worin es befindlich ist, er wäre zugleich eins und zwei, Körper und unkörperlich [158].

Nicht weniger Schwierigkeiten finden sich in dem
Begriff von der Zeit. Die Physiker mögen annehmen,
die Welt sey ewig, ohne Anfang, oder in der Zeit entstanden — immer werden sie sich in größter Verlegenheit befinden, wenn sie sich über das, was dann die Zeit ist, erklären sollen. Einige sagen: Zeit ist der Abstand
(die Dauer oder Größe) der Bewegung der Welt;
andere: sie sey diese Bewegung selbst. Weder
nach der ersten, noch nach der andern Vorstellung ist die

---

[158] Sextus Empiric. advers. Phys. II. §. 70—56.
Vergl. 3 B. S. 135. 136. 250—252.

Zeit denkbar ¹⁵⁹). Denn es ist einleuchtend, daß die Dauer der Bewegung, und die Bewegung selbst nichts ist außer dem Beweglichen. Die Zeit sich vorzustellen als die Welt in Bewegung, ist ungereimt. Es läßt sich denken, daß die Bewegung der Welt in einer gewissen Zeit nicht sey. Jede Bewegung geschiehet in der Zeit, also auch die Bewegung der Welt; die Zeit kann aber nicht in der Zeit seyn; weder eine Zeit in sich selbst, denn da müßte sie als zwei Dinge gedacht werden, noch eine in einer andern, nicht die gegenwärtige in der nicht gegenwärtigen, noch die vergangene in der gegenwärtigen Zeit. Wir stellen uns nicht allein die Bewegung, sondern auch die Ruhe in der Zeit vor. Man kann aber eben so wenig sagen, daß Ruhe, als daß die Bewegung die Zeit sey, die Bewegung der Welt ist immer unveränderlich dieselbe; nicht aber die Zeit, denn sie ist bald gleich, bald ungleich, und dann bald kleiner bald größer. Wer die Bewegung des Himmels läugnet, und dagegen die Erde sich herumdrehen läßt, wie der Mathematiker Aristarchus, kann sich dessen ungeachtet noch die Zeit vorstellen. Diejenigen, welche in unterirdischen, dunkeln Höhlen leben, oder von Geburt an blind sind, haben keine Vorstellung von der Bewegung der Welt, aber doch von der Zeit, durch die Folge ihrer Thätigkeiten, wenn sie sich setzen, aufstehen und wandeln. Aus allem diesen erhellet, daß die Zeit und die Bewegung des Himmels nicht ein und dieselbe Sache ist ¹⁶⁰).

Aristo-

159) Sextus Empiric. advers. Physic. II. §. 169. ταχα γαρ και περι τουτο ὁ λογος απορος φαινεται τοις τε κοινον ὑποτιθεμενοις μιαν τον κοσμον φυσικοις, και τοις απο τινος χρονου λεγουσιν αυτον συνεστασθαι. και δη τινες φασι χρονον ειναι διαστημα της του κοσμου κινησεως· οἱ δε αυτην τοιαυτην του κοσμου κινησιν.

160) Sextus Empiric. advers. Physic. II. §. 170 — 175.

Aristoteles sagt: die Zeit ist die Zahl des in der Bewegung ersten und folgenden. Dann wäre aber das Ruhende, Beweglose nicht in der Zeit, oder wäre es in der Zeit, so müßte es zugleich in Ruhe und Bewegung seyn; was sich widerspricht. Daher verließ Strato diese Erklärung, und gab diese: Zeit ist das Maß der Bewegung und Ruhe. Denn die Zeit erstreckt sich über alles Bewegende, wenn es sich bewegt, und über alles Ruhende, wenn es ruhet; und alles was geschiehet, geschiehet in der Zeit. Nun aber ist selbst das Messende in der Zeit, und nicht die Zeit selbst. Die Erklärung ist unrichtig und aus dem angeführten Grunde würde man vielleicht mit mehr Recht folgern können, die Bewegung und Ruhe sey das Maß der Zeit; Ruhe und Bewegung läßt sich klar vorstellen, nicht so die Zeit, und aus dem ersten erklärt man natürlicher das zweite [161]).

Nach Demokrit und Epikurus ist die Zeit ein dem Tag und der Nacht ähnliches Bild. Läßt sich nun zeigen, daß Tag und Nacht selbst keine Wirklichkeit haben, so ist dieser Begriff falsch oder leer. Unter dem Tag verstehet man die zwölf Stunden von Aufgange bis zum Untergange der Sonne. So lange die erste Stunde dauert, sind die übrigen eilf noch nicht vorhanden, und sofort bei allen Stunden. Eine Stunde ist aber kein Tag; da nun immer nur eine Stunde nach der andern, nie mehrere neben einander zur Existenz kommen, so existirt auch kein Tag. Ja selbst strenge genommen, kann auch keine Stunde existiren, in sofern sie aus Theilen besteht, die immer nur wechselnd auf einander folgen. Zudem ist ja der Tag selbst eine Zeit von zwölf Stunden; also wäre die Zeit ein Bild der Zeit. Verstehen aber die Epikuräer nicht dieses unter

---

[161]) Sextus Empiric. advers. Physic. II. §. 175—182.

unter Tag, sondern die von der Sonne erleuchtete Luft, so entspringen noch ungereimtere Folgerungen. Denn dieses Erleuchten der Luft geschiehet selbst in der Zeit; ist nun die Zeit ein Bild in uns von diesem Tage, oder der erleuchteten Luft, so entsteht der Tag in unserm Bilde. Ferner müßte, wenn die Welt untergehet, kein Tag und keine Nacht mehr ist, nach jenem Begriffe auch keine Zeit mehr seyn, welches ungereimt ist, da das Vergehen und Vergangenseyn selbst Begebenheiten sind, die man in die Zeit setzt. — Also wird schon aus den gegebenen Begriffen die Realität der Zeit zweifelhaft [162]. Dieß erhellet nun auch noch aus directen Gründen.

Ist die Zeit etwas Wirkliches, so muß sie entweder endlich oder unendlich seyn. Ist sie endlich, so gab es eine Zeit, wo die Zeit nicht war, und wird eine Zeit seyn, da die Zeit nicht seyn wird. Dieß ist aber ungereimt. Denn das geworden seyn und das Seynwerden sind selbst Zeitbestimmungen. Sie ist also nicht endlich; eben so wenig aber unendlich. Ein Theil der Zeit ist vergangen, ein anderer künftig. Entweder sind diese beiden Theile wirklich oder nicht. Ist das Letzte, so ist die Zeit endlich, begränzt, und wir kommen auf die vorige Ungereimtheit. Ist das Erste, so wird die vergangene und die künftige Zeit in der gegenwärtigen Zeit seyn, was wieder ungereimt ist [163].

Die Zeit müßte entweder untheilbar oder theilbar seyn; da beides nicht möglich ist, so ist die Zeit ein Unding. Untheilbar kann sie nicht seyn, weil

---

[162] Sextus Empiric. advers. Physic. II. §. 182 — 188. χρονος εστι ἡμεροειδες και νυκτοειδες φαντασμα.

[163] Sextus Empiric. advers. Physic. II. §. 189 — 192.

weil sie wirklich in die vergangene, gegenwärtige und künftige eingetheilt wird; aber auch nicht theilbar. Denn alles Theilbare kann von einem Theile desselben gemessen werden, wie die Elle von dem Zolle, als Theile der Elle; nicht so aber die Zeit. Sollte die Zeit von einem Theile derselben, z. B. der gegenwärtigen Zeit gemessen werden, so würde die letzte als Maßstab des Vergangenen oder des Künftigen in die vergangene oder künftige Zeit übergehen. Zudem ist das Vergangene nicht mehr, das Künftige noch nicht, also bleibt eigentlich nur ein Theil der Zeit, die Gegenwärtige. Diese müßte also entweder theilbar oder untheilbar seyn. Aber in einer untheilbaren Zeit kann nichts Theilbares entstehen und vergehen; es kann kein Anfangspunkt, um sich an das Vergangene, kein Endpunkt, um sich an das Künftige anzuschließen: daher auch kein Mittelpunkt seyn. Etwas, das keinen Anfang, Mittel, Ende hat, ist aber gar nichts. Ist die gegenwärtige Zeit theilbar, so wird sie entweder in wirkliche oder in nicht wirkliche Zeittheile getheilt. Ist das letzte, so ist sie selbst nichts Wirkliches; ist das erste, so ist sie nicht mehr ganz vollständig gegenwärtig, sondern ein Theil ist vergangen, ein anderer noch künftig [164].

Wenn man sagt, die gegenwärtige Zeit ist die Gränze der vergangenen und der Anfangspunkt der künftigen, so setzt man eine Zeit aus zwei nicht Bestehenden zusammen, und zernichtet nicht eine, sondern alle Zeit. Denn die Gränze des Vergangenen ist selbst mit dem, was sie begränzt, vergangen, und der Anfang des Künftigen ist noch nicht gegenwärtig; also ist die gegenwärtige Zeit in jener Hinsicht nicht mehr, in dieser noch nicht, und man müßte sie sich zu gleicher Zeit als

---

[164] Sextus Empiric. advers. Physic. II. §. 193 — 200.

als gegenwärtig, vergangen und künftig, das heißt, als sich selbst widersprechend denken [165]).

Wenn die Zeit etwas Wirkliches ist, so muß sie entweder nicht entstanden und unvergänglich, oder entstanden und vergänglich seyn. Beides ist unmöglich. Das erste nicht, denn ein Theil der Zeit ist vergangen, ein anderer soll erst noch kommen, der gestrige Tag ist nicht mehr, der morgende ist noch nicht da. Das letzte nicht; denn woraus soll die Zeit entstehen, in was soll sie sich auflösen? Die vergangene Zeit ist nicht mehr, die künftige noch nicht. Wie kann aus dem, was nicht ist, etwas entstehen, oder in das, was nicht ist, sich auflösen? Ferner ist entweder alle Zeit, oder nur diese und jene Zeit entstanden oder nicht entstanden. Alle diese Fälle sind unmöglich. Ist alle Zeit entstanden, so muß sie in der Zeit entstanden seyn, weil alles, was geschiehet, in der Zeit wird, also entweder dieselbe Zeit in sich selbst, oder die eine in einer andern. Ist sie in sich selbst entstanden, so ist sie entstanden, ehe sie entstanden war, weil alles, worin etwas entstehet, eher da seyn muß, als das Entstehende; sie ist nicht, in sofern sie entsteht, und ist, inwiefern sie in ihr entsteht. Auch eine Zeit kann nicht in einer andern entstehen, wie die künftige in der gegenwärtigen, die gegenwärtige in der vergangenen; denn so wie wir dieses denken, verläßt die eine Zeit ihre bestimmte Stelle, und tritt in die der andern, sie hört auf, diese bestimmte Zeit zu seyn. Nicht entstanden kann aber auch die Zeit nicht seyn; denn es würde dann nur eine Zeit die gegenwärtige seyn, die vergangene mit allem, was in derselben geschehen ist, verschwinden, und so auch die künftige. Was von der ganzen Zeit gilt, muß auch

---

[165] Sextus Empiric. advers. Physic. II. §. 200—202.

auch von dieser und jener Zeit gesagt werden; wir können sie ohne Widersprüche weder mit noch ohne Anfang denken [166]).

Fragen wir endlich nach dem Wesen der Zeit, oder was sie ihrer Natur nach ist, so führen uns die Vorstellungen der Dogmatiker auf lauter Widersprüche und Unmöglichkeiten. Einige Philosophen behaupten, die Zeit sey ein Körper; andere, etwas Unkörperliches, und die letztern betrachten sie bald als eine für sich bestehende Sache, bald als Accidenz eines andern Dinges [167]). Für einen Körper erklärt Aenesidem nach Heraklits Vorgange die Zeit, wenn er behauptet, daß sie nicht von dem Wirklichen und dem Grundkörper verschieden sey. Zeit und Einheit beziehet sich auf das Substanzielle, was körperlich ist. Das Jetzt, was eigentlich die Zeit bedeutet, und die Einheit sey nichts anders als das Wirkliche selbst. Zeitgrößen, als Tag, Monat, Jahr, und Zahlgrößen, als zwei, drei, zehn, hundert wären nichts anders als Vermehrungen des Jetzt und der Einheit. Die Stoiker sagen, alles was ist, ist Körper oder unkörperlich. Der unkörperlichen Dinge nehmen sie vier Arten an, Gedanke, Raum, das Leere, die Zeit. Sie stellen sich also die Zeit als ein unkörperliches, für sich bestehendes Ding vor. Epikur aber, nach der Erklärung des Demetrius aus Lacedämon hält die Zeit für ein Accidenz der Accidenzen, welches Tage, Nächte, Stunden, Veränderungen, Bewegung und Ruhe gleichsam mit begleitet. Tage und Nächte sind Accidenzen der uns umgebenden

[166] Sextus Empiric. advers. Physic. II. §. 203 — 214.
[167] Sextus Empiric. advers. Physic. II. §. 215. αυτικα γαρ των δογματικων φιλοσοφων φασιν οι μεν σωμα ειναι τον χρονον, οι δε ασωματον· και των ασωματων φασιν, οι μεν ως κατ' αυτο τι νοουμενον πραγμα, οι δ' ως συμβεβηκος ετερω.

den Luft, in sofern sie von der Sonne erleuchtet, oder nicht erleuchtet ist. Stunden sind Theile des Tages und der Nacht. Tage, Nächte, Stunden sind aber in der Zeit, so wie Empfindungen, Bewegung, Ruhe, welche sie alle umfaßt; also ist die Zeit eine Accidenz der Accidenzen, etwas Unkörperliches aber Relatives [168].

Die erste Behauptung wird durch die Reflexion sogleich umgestoßen, daß wir uns jeden Körper, den ruhenden und bewegenden, in der Zeit vorstellen. Wäre die Zeit ein Körper, so müßte ein Körper in einem Körper ruhen oder bewegt werden, oder die Zeit in der Zeit seyn, was ungereimt ist. Man unterscheidet alle Körper von der Zeit, in welcher sie existiren, also kann auch nicht die Luft, welche nach Heraklit und Aenesidem der Grundkörper ist, das Wesen der Zeit seyn. Gegen die Behauptung der Stoiker läßt sich einwenden, daß es keinen allgemeinen höchsten Gattungsbegriff der Dinge (wie das Etwas, das sie der Eintheilung in Körper und Nichtkörper zum Grunde legen) gibt, und daß alle ihre unkörperlichen Dinge von den Skeptikern angefochten werden, also auch die unkörperliche Natur der Zeit zu bezweifeln ist. Nach Epikurus Erklärung hat die Zeit als Accidenz keine Realität; sollte sie diese haben, so müßten die Accidenzen als reelle Dinge subsistiren. Kein Accidenz hat aber Subsistenz außer dem Subjecte, von dem es prädiciret wird. Und da Tage, Nächte, Stunden selbst zur Zeit gehören, so wäre die Zeit ein Accidenz der Zeit [169].

Es scheint unbegreiflich, daß nach solchen einleuchtenden Widersprüchen, welche hier Sextus nicht entwickelt, sondern nur angezeigt hat, die Vorstellungsart von der objectiven Realität des Raums und der Zeit noch immer fort-

---

[168] Sextus Empiric. advers. Physic. II. §. 216 — 229.

[169] Sextus Empiric. advers. Physic. II. §. 230 — 247.

fortbestehen konnte. Allein Zeit und Raum sind nothwendige Bedingungen aller Erkenntniß, und ohne kritische Untersuchung des Erkenntnißvermögens werden sie unvermeidlich in die Objecte selbst gesetzt werden müssen.

Auch die skeptische Bestreitung der Ethik ist nicht ohne Verdienst, so sehr auch das Resultat von der Unmöglichkeit einer wissenschaftlichen Erkenntniß von dem, was gut und böse ist, für den menschlichen Geist niederschlagend ist, und dem wichtigsten Interesse, was ein vernünftiges Wesen haben kann, geradezu widerstreitet. Ungeachtet Sextus einen sehr beschränkten Begriff von der Ethik hat, indem er sie nur als Lebenskunst oder Anweisung für die Erreichung und Erhaltung der größtmöglichen Summe von Glückseligkeit betrachtet, und dabei gar nichts von den höhern Forderungen zu ahnden scheint, welche die Vernunft an das menschliche Leben macht; ungeachtet er auch schon darum den Philosophen, deren Begriffe und Grundsätze er prüfet, keine volle Gerechtigkeit wiederfahren läßt, weil keiner derselben, wenn er auch die Forderungen der Vernunft noch so sehr zu den Neigungen herabstimmt, den moralischen Menschen ganz vergessen hat: so dient doch sein Raisonnement, die zufälligen Mängel desselben abgerechnet, dazu, das dialektische Verfahren der griechischen Philosophen in Aufstellung des höchsten Grundsatzes der Moral, indem sie die Begriffe von Gut und Böse nicht auf das Gesetz der Vernunft, sondern auf theoretische Erkenntniß der Natur gründen, zu würdigen, überhaupt auch das Verfahren, Moral als Glückseligkeitslehre zu behandeln, in seiner Unmöglichkeit und Zweckwidrigkeit darzustellen, weil eine solche Glückseligkeitslehre keinen allgemeinen Begriff von Glückseligkeit, der auf alle Menschen Anwendung fände, aufstellen kann, und durch Instinkte und Triebe der Zweck der Natur, Wohlseyn der empfindenden Wesen, weit besser und sicherer erreicht wird, als durch alle Lehren der Vernunft, und weil das Grübeln

über

über das höchste Gut den wirklichen Besitz der Glückseligkeit nicht vermehren, sondern verringern würde, theils durch die Anstrengung der Forschung, theils durch das Ringen nach der Erlangung derselben, theils durch die unvermeidliche Furcht und Besorgniß, es nicht zu erreichen, oder zu verlieren, oder gar das Gegentheil zu erhaschen. So wie Rousseau will, der Mensch soll in den Zustand der Wildheit zurücktreten, in den Wäldern sich mit Eicheln füttern, um ganz ein Mensch nach der Natur zu seyn, weil er den Zustand der Cultur aus einseitigen Ansichten für naturwidrig hielt; so behauptet auch Sextus wegen des falschen Begriffs von der praktischen Philosophie, der Mensch müsse, um glückselig zu leben, alle wissenschaftliche Cultur und Bildung vertilgen, nur den Trieben seiner Natur, den Gesetzen und Gewohnheiten seiner Nation folgen, und das seyn und werden, was der Zufall aus ihm macht, ohne sich ein höheres Ziel, einen letzten Zweck seines Daseyns vorzustellen [170]).

170) Sextus Empiric. advers. Ethic. II. §. 1.
βιοσαι
— — ρησα μεθ' ησυχιης
αει αφροιτισος και ακινητος κατα ταυτα
μη προσεχων δειλοις ηδυλογυ σοφιης.
Pyrrhon. Hypotypos. I. §. 23. 25 seq.

Erster Anhang
Chronologische Tabelle
über
den vierten Zeitraum.

Jahr nach C. G.	Röm. Kaiser	Facta der philos. Geschichte	Andere Begebenheiten
2		Sextus der Pythagoräer	
		Seneca wird geboren	
8		Athenodorus der Stoiker	
13		Sotio, Senecas Lehrer	
14	Tiberius		
32			Christus stirbt
37	Caligula		
41	Claudius	Philo der Jude	
54	Nero		
65		Seneca stirbt	
68		Cornutus wird exilirt	
69	Galba		
70	Otho		Zerstörung Jerusalems
	Vitellius		
	Vespasian.		
		Apollonius von Tyana	
		Euphrates	
80	Titus Vesp.		
81		Titus Musonius Rufus wird aus dem Exilium zurück berufen	
82	Domitian.		
		Epiktet	
89			Domitian verbannt die Phil. u. Mathem. a. Rom
97	Nerva		
99	Trajanus		
		Plutarchus	
118	Hadrianus		Gnostiker
122		Euphrates der Stoiker stirbt	
131		Galenus wird geboren	
		Favorinus	
132			Salvius Julianus edictum perpetuum
134			Basilides der Gnostiker
139	Antonin. P.		Justinus der Märtyrer
142		Taurus der Platoniker	
		Apollonius der Stoiker	
		Basilides der Stoiker	

Jahr nach C. G.	Röm. Kaiser	Facta der philos. Geschichte	Andere Begebenheiten
152		Arrianus	Justinus stirbt
162	M. Aurel. Antoninus	Alcinous Numenius	
167		Peregrinus d. Cynik. stirbt Apulejus Lucian	Athenagoras
173		Atticus der Platoniker	Bordesanes
180	Commodus		
189		Maximus aus Tyrus	Irenäus Rabbi Juda. Talmud
193	Pertinax Salvius Julianus Septimius Severus	Ammonius Saccas	
200		Pantänus der Stoiker Alexander v. Aphrodisias	Clemens von Alexandrien
205		Plotinus wird geboren	Philostratus
212	Caracalla		
218	Macrinus		
219	Antoninus Heliogabal.		
222	Alex. Sev.		
232		Plotinus hört Ammonius	
233		Porphyrius wird geboren	
235	Maximinus		Ulpianus
238	Gordianus		
239	Gordianus der Sohn		Origenes
242		Plotin reiset nach Persien	
244	Philippus	Plotin kommt nach Rom	
246		Amelius hört den Plotin	
250	Trj. Decius		
252	Trebonian. Gallus und Vibius Hostilianus		
254	Aemilianus Valerianus	Longinus	Origenes stirbt
269	Flav. Claud.		
270	Aurelianus	Plotin stirbt	
273		Longinus wird getödtet	
276	Flav. Tacit.		
277	Aur. Probus		
		Porphyrius	Manichäer

Jahr nach C. G.	Röm. Kaiser	Facta der philos. Geschichte	Andere Begebenheiten
282	Aurelius Carus		
284	Diocletian		
300			Arnobius
304	Constantinus u. Maximianus	Porphyrius stirbt	
306	Constantin der Große		
311		Jamblich	Constantinus ein Christ
320			Lactantius
325			Kirchenversammlung zu Nicäa. Athanasius
337	Constantius und Constans		
340			Eusebius Bischof von Cäsarea stirbt
361	Claudius Julianus		
363	Jovianus		
364	Valentinianus und Valens		
379	Theodosius der Große		
395	Arcadius. Honorius		Theilung d. röm. Reichs
400			Augustinus.

Zweiter Anhang.
Literatur des vierten Zeitraums
der Geschichte der Philosophie.

Philosophie der Römer.

Paganinus Gaudentius de philosophiae apud Romanos ortu et progressu. Pisis 1643. 4.

Ioh. Laur. Blessigii Diss. de origine philosophiae apud Romanos. Argentorati 1770. 4.

Iac. Facciolati vita Ciceronis literaria. Patav. 1760. 8.

Middletons römische Geschichte Ciceros Zeitalter umfassend, verbunden mit dessen Lebensgeschichte, aus d. Engl. von G. K. F. Seibel. Danzig 1791. 4 B. 8.

H. Chr. Fr. Hülsemann de indole philosophica M. Tullii Ciceronis ex ingenii ipsius et aevi rationibus aestimanda. Luneb. 1799. 4.

Chr. Meiners Oratio de philosophia Ciceronis eiusque in universam philosophiam meritis in seinen vermischten Schriften 1 B.

I. C. Briegleb Progr. de philosophia Ciceronis. Coburg 1784. 4.

Philosophia M. T. Ciceronis Disp. Praes. *Mat. Fremling* Resp. von *Schoutz*. Lund. 1795. 4.

Adami Bursii Dialectica Ciceronis. Zamosdii 1604. 4.

Cicero de anima platonizans. Disp. Praes. *Casp. Iul. Wunderlich.* Resp. *Andrea Schmaler.* Wittenb. 1714. 4.

Ioh. Phil. Treuneri Diss. de theologia Ciceronis.

Haverungii Diss. de theologia Ciceronis.

Iasonis de Nores brevis et distincta institutio in Ciceronis philosophiam de vita et moribus. Patavii 1597.

Antonii Bucheri Ethica Ciceroniana. Hamb. 16:0. 8.

I. C. Waldin Orat. de philos. Ciceronis Platonica. Ienae 1753.

Examen de la philosophie de Ciceron par Mr. *Gautier de Sibert* in Mem. de l' Acad. des Inscrip. T. XLI. XLIII.

I. C. Briegleb de Cicerone cum Epicuro disputante Cob. 1779. 4.

Chr. Meiners Geschichte des Verfalls der Sitten unter d. Staatsverfassung der Römer. Leipz. 1782. 8.

C. P. Conz Abhandlungen für die Geschichte und das Eigenthümliche der södtern stoischen Philosophie. Tübingen 1794. 8.

Ethices Stoicorum recentiorum fundamenta ex ipsorum scriptis eruta atque cum principiis ethices, quae critica rationis practicae secundum Kantium exhibet comparata, auctore *I. A. L. Wegscheider.* Hamburg 1797. 8.

Ueber das Leben und die Schriften Athenodors. Vom Abbé Sevin in Hißmanns Magazin 4 B. S. 309. aus Memoires de Literature tirés des Registres de l' Acad. roy. des Inscr. T. XIII.

I. F. Hoffmanni Diss. de Athenodoro Tarsensi phil. stoic. Lips. 732. 4.

Leben des stoischen Weltweisen Musonius. Vom Hr. de Burigny; in Hißmanns Magazin 4 B. S. 287. aus Hist. de l' Academie roy. des Inscr. T. XXXI.

Dan. Wyttenbachii Diss. de Musonio Rufo philosopho stoico. Amstelodami 1783. 4.
Iusti Lipsii vita Senecae.
Essai sur la vie de Seneque (p. *Diderot*) in dem 7 T. der franz. Uebersetzung des Seneca von *le Grange*. Paris 1779. 8.
Ueber Senecas Leben und Charakter bei der Uebersetzung der Trostschriften an Helvia und Marcia. Tübingen 1792. 8.
I. Iac. Czolbe Vindiciae Senecae Ienae 1791. 4.
Iusti Siberi Seneca divinis oraculis quodammodo consonans. Dresdae 1675. 12.
I. Andr. Schmidii Disp. de Seneca eiusque Theologia. Ienae 1668. 4.
I. Iani Svaningii Theologia Senecae. Hafniae 1710. 4.
I. Ph. Apini Disp. de religione Senecae. Wittenb. 1693.
L. An. Seneca ab Arnando Fabio atheus proclamatus et a Iac. Petro Huntero defensus. Ratisbonae 1651. 4.
Chr. Ferd. Schulze Prolegomena ad Senecae librum de vita beata. Lips. 1797. 4.

J. S. Beyer über Epiktet und sein Handbuch der stoischen Moral in biogr. und literarischer Hinsicht. Marburg 1795. 8.
Giles Boileau Vie d' Epictete et sa Philosophie. 2 Ed. Paris 1667. 12.
C. A. *Heumanni* Disp. de vita et philosophia Epicteti. Ienae 1703.
Henr. Dodwelli Dissert. de aetate Epicteti et Arriani, in *Hudson's* Geograph. graec. minor. Vol. I.
Mich. Rossal Disquisitio de Epicteto Philosopho stoico, quo probatur, eum non fuisse Christianum. Groningae 1708. 8.
Dan. Mülleri Progr. de Epicteti Christianismo. Chemn. 1724. fol.
Ueber den Epiktet und seine Lampe, von J. J. Sucro. Brandenburg 1759. 8.
Pauli Antonii Disp. Idea philosophiae Epicteticae. Lips. 1681. 4.
Lud. Chr. Crellii Disputationes duae de philosophia Epicteti. Lips. 1711. 1716. 4.
Ueber die Hauptmomente der stoischen Sittenlehre, nach Epiktets Handbuche von H. Kunhardt in dem neuen Museum der Philos. u. Literat. herausg. von Bouterwek. 1 B. 2 St. 2 B. 1 St.
Chr. Meiners Commentatio de Marci Aur. Antonini ingenio, moribus et scriptis; in Commentat. Soc. Götting. Vol. VI.
I. F. Buddei Introductio ad philos. stoicam ex mente M. Antonini, vor der Wollischen Ausgabe des Antonins, Leipz. 1729. 8.
J. W. Reche Versuch einer erläuternden Darstellung stoischer Philosopheme nach dem Sinne des Antonins, in dessen Uebersetzung des Antonins. Frankf. a. M. 1797. 8.
De sectis et philosophia iurisconsultorum opuscula collegit *Gottl. Slevogt*. Ienae 1724. 8.
Iusti Henningii Böhmeri Progr. de Philosophia Iureconsultorum stoica. Halae 1701.
Everardi Ottonis Oratio de stoica veterum iurisconsultorum philosophia. Duisburg 1714.
I. S. *Hering* de stoica veterum Romanorum iurisprud. Stettin 1719.
Westphal de Stoa Iureconsultorum Romanorum. Rostock 1727.

C. F. G. Meister Progr. de philosophia iurisconsultorum Romanorum stoica in doctrina de corporibus eorumque partibus. Goettingae 1756. 4.

I. G. Schumburg de iurisprudentia veterum iurisconsultorum stoica tractatio, hoc est, succincta demonstratio iureconsultos Romanorum non vita solum sed etiam doctrina stoicam philosophiam esse professos eiusque praecepta ad iuris artem transtulisse. Ienae 1745. 8.

Ueber den Einfluß der stoischen Philosophie auf die römische Jurisprudenz. Eine philosophisch-juristische Abhandlung von J. A. Ortloff. Erlangen 1787. 8.

Sigism. Klose Diss. I. II. de Apollonio Tyanensi philosopho Pythagorico Thaumaturgo. Wittenberg. 1723.

I. C. Herzog Diss. Philosophia practica Apollonii Tyanaei in sciagraphia. Lips. 1719.

Ueber den Weltweisen Sertius, vom Hrn. de Burigny in Hißmanns Magazin 4 B. S. 301. aus Histoire de l' Acad. roy. des Inscriptions. Vol. XXXI.

C. F. Stahls Versuch eines systemat. Entwurfs des Lehrbegriffs Philos von Alexandrien, in Eichhorns allgem. Bibliothek der biblischen Literatur. 4 B 5 St.

Diss. de Favorino Philosopho academico. Praes. *Gbr. Porthan* Resp. *Z. Forsmann*. Abo 1789. 4.

C. G. Gloeckner Diss. de Potamonis Alexandrini philosophia eclectica recentiorum Platonicorum disciplinae admodum dissimili. Lips. 1745. 4.

Guil. Langius de veritatibus geometricis adversus Sextum Empiricum. Havniae 1656. 4.

De primis scientiarum elementis seu theologia naturalis, methodo quasi mathematica digesta — accessit ad haec Sexti Empirici adversus Mathematicos decem modorum ἐποχῆς seu dubitationis, secundum editionem Fabricii, quibus scilicet Sextus, Scepticorum coryphaeus, veritati omni in os obloqui atque totidem retia tendere haud dubitavit, succincta cum philosophica tum critica refutatio (per *Iac. Thomson*). Regiomonti 1728. (1734) fol.

Gothofr. Ploucquet Diss. Examen rationum a Sexto Empirico tam ad propugnandam quam impugnandam dei existentiam collectarum. Tubingae 1768. 4.